高职高专教育"十二五"规划建设教材
辽宁职业学院国家骨干高职院校建设项目成果

动物科学基础

黄文峰　杨惠超　主编

中国农业大学出版社
·北京·

内 容 简 介

本教材是畜牧兽医类专业的一门重要专业基础课的教材，按照职业教育教学的要求，从生产实际出发，遵循职业教育“以能力为本位，以岗位为目标”的原则进行编写。

全书共六个项目，即细胞和基本组织、运动系统和被皮系统、内脏、脉管系统、神经系统和内分泌系统、家禽解剖。本教材重点介绍猪、牛和马的解剖构造和生理机能，并对家禽解剖生理特征进行阐述。

通过本教材的学习，学生能获得养殖场的饲养技术人员、防疫技术人员、兽医技术人员以及养殖场管理人员应具备的动物解剖、生理和生化方面的基本知识和基本技能，为畜牧兽医后续专业课的学习打下坚实的基础。

图书在版编目(CIP)数据

动物科学基础/黄文峰，杨惠超主编.—北京：中国农业大学出版社，2014.7

ISBN 978-7-5655-1109-7

Ⅰ.①动… Ⅱ.①黄… ②杨… Ⅲ.①动物学 Ⅳ.①Q95

中国版本图书馆 CIP 数据核字(2014)第 258730 号

书　　名　动物科学基础
作　　者　黄文峰　杨惠超　主编

策划编辑　陈　阳　王笃利　伍　斌　　**责任编辑**　王艳欣
封面设计　郑　川
出版发行　中国农业大学出版社
社　　址　北京市海淀区圆明园西路 2 号　　**邮政编码**　100193
电　　话　发行部 010-62818525，8625　　读者服务部 010-62732336
　　　　　　编辑部 010-62732617，2618　　出　版　部 010-62733440
网　　址　http://www.cau.edu.cn/caup　　**e-mail** cbsszs @ cau.edu.cn
经　　销　新华书店
印　　刷　北京时代华都印刷有限公司
版　　次　2014 年 7 月第 1 版　　2014 年 7 月第 1 次印刷
规　　格　787×1 092　16 开本　16.5 印张　404 千字
定　　价　35.00 元

编审委员会

编审人员

主　编　黄文峰　杨惠超

副主编　李海龙　郝菊秋　张冬波　曹宽仁

编　者　（以姓氏笔画为序）

王丽娟（辽宁职业学院）

刘德成（辽宁职业学院）

李海龙（辽宁职业学院）

杨惠超（辽宁职业学院）

曹宽仁（辽宁省铁岭县动物疫病预防控制中心）

张冬波（辽宁职业学院）

陈士华（辽宁职业学院）

郝菊秋（辽宁职业学院）

高德臣（辽宁职业学院）

黄文峰（辽宁职业学院）

主　审　卜春华（辽宁职业学院）

总 序

《国务院关于加快发展现代职业教育的决定》(国发[2014]19号)中提出加快构建现代职业教育体系,随后下发的国家现代职业教育体系建设规划(2014—2020年)明确提出建立产业技术进步驱动课程改革机制,按照科技发展水平和职业资格标准设计课程结构和内容,通过用人单位直接参与课程设计、评价和国际先进课程的引进,提高职业教育对技术进步的反应速度。到2020年基本形成对接紧密、特色鲜明、动态调整的职业教育课程体系,建立真实应用驱动教学改革的机制,推动教学内容改革,按照企业真实的技术和装备水平设计理论、技术和实训课程;推动教学流程改革,依据生产服务的真实业务流程设计教学空间和课程模块;推动教学方法改革,通过真实案例、真实项目激发学习者的学习兴趣、探究兴趣和职业兴趣。这为国家骨干高职院校课程建设提供了指针。

辽宁职业学院经过近十年高职教育改革、建设与发展,特别是近三年国家骨干校建设,以创新"校企共育,德技双馨"的人才培养模式,提升教师教育教学能力,在课程建设尤其是教材建设方面成效显著。学院本着"专业设置与产业需求对接、课程内容与职业标准对接、教学过程与生产过程对接"的原则,以学生职业能力和职业素质培养为主线,以工作过程为导向,以典型工作任务和生产项目为载体,立足岗位工作实际,在认真总结、吸取国内外经验的基础上开发优质核心课程特色系列教材,体现出如下特点:

1.教材开发多元合作。发挥辽西北职教联盟政、行、企、校、研五方联动优势,聘请联盟内专家、一线技术人员参与,组织学术水平较高、教学经验丰富的教师在广泛调研的基础上共同开发教材;

2.教材内容先进实用。涵盖各专业最新理念和最新企业案例,融合最新课程建设研究成果,且注重体现课程标准要求,使教材内容在突出培养学生岗位能力方面具有很强的实用性。

3.教材体例新颖活泼。在版式设计、内容表现等方面,针对高职学生特点做了精心灵活设计,力求激发学生多样化学习兴趣,且本系列教材不仅适用于高职教学,也适用于各类相关专业培训,通用性强。

国家骨干高职院校建设成果——优质核心课程系列特色教材现已全部编印完成,即将投入使用,其中凝聚了行、企、校开发人员的智慧与心血,凝聚了出版界的关心关爱,希望该系列教材的出版能发挥示范引领作用,辐射、带动同类高职院校的课程改革、建设。

由于在有限的时间内处理海量的相关资源,教材开发过程中难免存在不如意之处,真诚希望同行与教材的使用者多提宝贵意见。

2014年7月于辽宁职业学院 刘瑞年

前　言

本教材根据教育部《关于加强高职高专教育人才培养工作的意见》、《关于加强高职高专教育教材建设的若干意见》、《关于全面提高高等职业教育教学质量的若干意见》等文件精神，并集国家级示范性（骨干）高职院校建设的成果，邀请行业、企业专家共同参与编写。

本教材依据高职高专“项目引导、任务驱动”的教学改革思路，对原有的学科体系教材进行重组、充实和改造，形成了适应岗位能力需求、突出职业能力的适合畜牧兽医专业使用的项目化教材。项目中阐述知识目标、能力目标和素质目标，任务中细化任务目标，使学生在掌握知识和技能的同时，提高综合素质。教材内容充实，推陈出新，主线清晰，图文并茂，语言平实流畅。

本教材集动物解剖、动物生理和动物生化三部分内容为一体进行编写。通过本教材的学习，学生能够掌握正常家畜和家禽各组织、器官、系统的组成、形态和结构，各器官的位置、毗邻关系以及各系统、器官的正常生理功能，糖、蛋白质、脂肪三大营养物质在动物体内的代谢过程及主要次生代谢产物的定性、定量测定与分析技术等，为后续专业核心课程的学习打下良好基础。

本教材具体编写分工如下：项目一中任务 1-1 由郝菊秋编写；项目一中任务 1-2 由张冬波编写；项目二、项目五和项目六由黄文峰编写；项目三中任务 3-1、任务 3-2、任务 3-3、任务 3-4、任务 3-5、任务 3-6、任务 3-8 和项目四中任务 4-1、任务 4-2 由杨惠超编写；项目三中任务 3-7 由陈士华编写；项目三中任务 3-9、任务 3-10、任务 3-11、任务 3-12 由李海龙编写；项目四中任务 4-3 由王丽娟编写；项目四中任务 4-4 由刘德成、高德臣编写；项目四中任务 4-5 由曹宽仁编写。由卜春华审稿。本教材在编写过程中得到了辽宁职业学院教务处、动物科技学院各位老师的大力支持和帮助，在此一并表示感谢。

由于编者水平有限，教材中难免有缺点和错误，恳请广大师生批评指正！

编　者

2014 年 7 月

前　言

[illegible]

[illegible]

[illegible]

[illegible]

[illegible]

目　录

项目一　细胞和基本组织

△【情境描述】

通过显微镜观察细胞及基本组织切片，来学习显微镜的构造、使用方法以及细胞、四大基本组织的构造和功能。

△【知识目标】

掌握显微镜的构造、使用方法和保养方法；掌握细胞结构、功能及生命活动；掌握各基本组织的特点、分布和机能。

△【能力目标】

能正确地操作显微镜；能正确使用显微镜识别细胞结构；能正确熟练使用显微镜识别基本组织的结构。

△【素质目标】

具备团队协作能力；具备认真、耐心的态度进行显微镜的使用，爱护仪器设备、养成良好的操作习惯。

任务 1-1　细胞结构的识别

【任务描述】

尽管动物有机体形态、构造复杂，生理机能多样，但都是由细胞和细胞间质构成的。细胞是动物有机体形态结构、生理机能和生长发育的最基本单位。本单元的主要任务是通过显微镜观察血液涂片，来学习显微镜的构造、使用方法及保养方法，了解细胞的构造，并通过细胞的构造来分析其功能及细胞的生命活动现象。

【任务目标】

1. 掌握显微镜的构造、使用方法，并能正确操作显微镜；
2. 掌握细胞的结构及功能，并能识别细胞的主要结构；
3. 明确细胞的生命活动现象；
4. 具备认真、耐心的态度进行显微镜的使用。

【知识】

一、细胞的形态与大小

(一)细胞的形态

动物体内的细胞种类繁多、形态多样,有圆形、卵圆形、立方形、柱状、梭形、扁平形、星形等(图 1-1)。细胞的形态与其所处的环境、执行的生理机能相适应。例如在血液内流动的血细胞,多呈圆形;接受刺激、传导冲动的神经细胞多呈星形;具有突起、能收缩的肌细胞呈梭形或柱状。

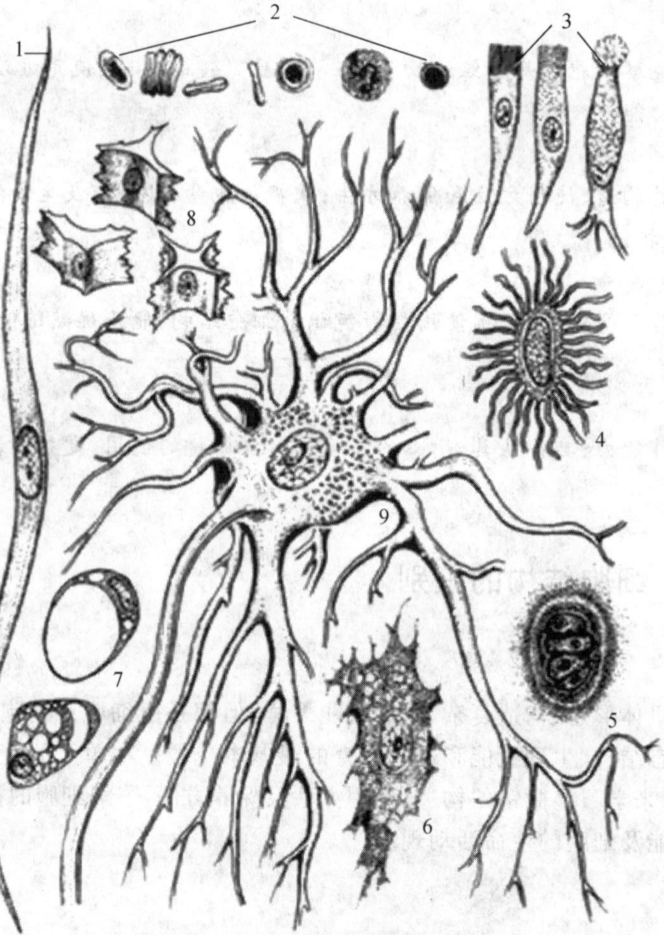

图 1-1 细胞的各种形态

1. 平滑肌细胞 2. 血细胞 3. 上皮细胞 4. 骨细胞 5. 软骨细胞 6. 成纤维细胞 7. 脂肪细胞 8. 腱细胞 9. 神经细胞

(马仲华,家畜解剖学及组织胚胎学,第 3 版,2002)

(二)细胞的大小

细胞的大小不等,相差悬殊,一般动物的细胞直径在 10～30 μm 之间。小脑的小颗粒细胞,直径只有 4 μm,是动物体内最小的细胞;成熟的卵细胞,直径可达 200 μm,是动物体内最大的细胞，而鸡的卵细胞直径可达 2～3 cm，鸵鸟的卵细胞直径可达 10 cm。

二、细胞的构造及功能

细胞形态、大小、功能各异，但都是由细胞膜、细胞质、细胞核三部分构成。细胞质内又含多种细胞器(图 1-2)。

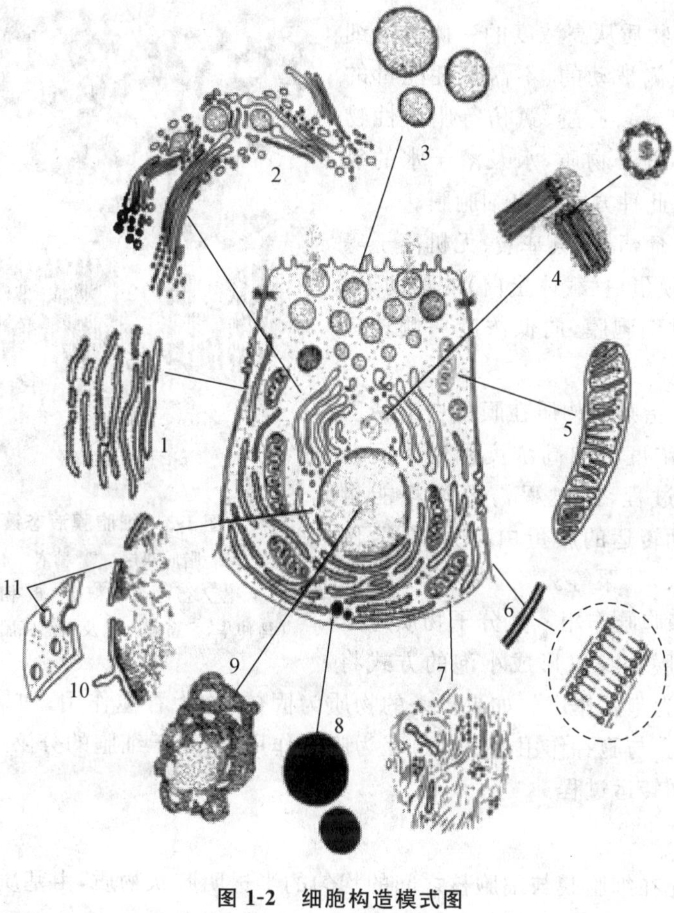

图 1-2　细胞构造模式图

1. 内质网　2. 高尔基复合体　3. 分泌颗粒　4. 中心体　5. 线粒体
6. 细胞膜　7. 基质　8. 脂滴　9. 核仁　10. 核膜　11. 核孔

(马仲华，家畜解剖学及组织胚胎学，第 3 版，2002)

(一)细胞膜

细胞膜是包围在细胞质外表面的一层薄膜，也叫质膜，是细胞的重要组成部分。

1. *细胞膜的构造*　在电子显微镜下观察，细胞膜可分为暗－亮－暗三层结构。在细胞质内的一些细胞器，也具有这三层结构的膜，称为细胞内膜。细胞膜和细胞内膜统称为生物膜。

细胞膜主要由脂类和蛋白质组成，膜的分子结构是由两层磷脂分子和嵌入其中的蛋白质构成(图 1-3)。这两层磷脂分子构成了细胞膜的基本结构，蛋白质则以不同的方式镶嵌在两层磷脂之间或结合在其表面，称为膜蛋白。嵌入的蛋白质可以在处于液态的类脂双层中作一定程度的运动，对于细胞的抗原性、信号识别与传递及其他功能的实现起重要作用；部分暴露在细胞外表面的蛋白质或类脂分子可以与糖分子结合成糖蛋白或糖脂。细胞膜外表面的一层多糖物质称为细胞衣,具有黏着、支持、保护、物质交换及参与细胞的吞噬和吞饮等作用。

2. 细胞膜的生理功能

(1)保护细胞内含物,维持细胞形态和结构的完整性。

(2)参与信号的识别与传递、细胞粘连、免疫反应。

(3)物质转运:

①单纯扩散　物质从高浓度的一侧透过细胞膜向低浓度的一侧被动的、不需消耗能量的物理转运过程。苯、醇、乙醚、氯仿等脂溶性物质,尿素、甘油等小分子物质,水及溶于水的氧及二氧化碳等均以此种方式进出细胞膜。

②易化扩散　葡萄糖、氨基酸、无机离子等非脂溶性物质,在膜蛋白(载体蛋白)的帮助下,由高浓度一侧透过细胞膜,向低浓度一侧转运的过程。

③主动转运　指某些物质在膜蛋白的帮助下,由细胞膜的低浓度侧向高浓度侧逆浓度差方向的物质转运过程,此过程需要消耗能量(ATP)。完成主动转运的膜蛋白称为"泵",例如 Na^+ 泵、K^+ 泵、Ca^{2+} 泵等。

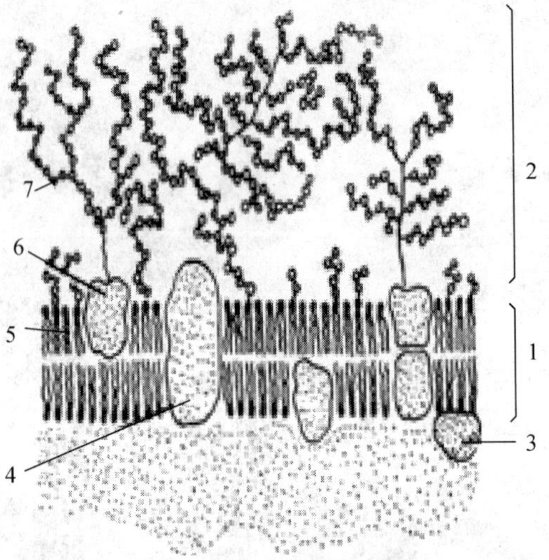

图 1-3　细胞膜液态镶嵌模型图

1. 脂质双层　2. 糖衣　3. 表在蛋白
4. 嵌入蛋白　5. 糖脂　6. 糖蛋白　7. 糖链
(马仲华,家畜解剖学及组织胚胎学,第 3 版,2002)

④胞吞作用和胞吐作用　大分子物质跨越细胞膜时,需细胞膜本身以形成小泡的方式将其摄入细胞内,即为胞吞作用。如果摄入的物质为固体,称为吞噬作用;如果摄入的物质为液体,称为吞饮作用。与胞吞作用相反的过程为胞吐作用,常见于细胞的分泌过程。胞吞作用和胞吐作用都是主动转运过程。

(二)细胞质

细胞质是填充在细胞膜与细胞核之间的均匀的半透明胶状物质,由基质、细胞器和内含物组成。

1. 基质　细胞质内除细胞器、内含物以外均匀透明的胶状物质,约占细胞质体积的一半,是细胞的重要组成部分。细胞器、内含物和细胞核悬浮于基质中,其基本成分包括蛋白质、糖、无机盐、水和多种酶类,是执行细胞功能和化学反应的重要场所。

2. 细胞器　分布于细胞质内具有一定形态并执行一定生理机能的微小器官,常见的细胞器有"一网、五体、三微",即包括内质网、线粒体、高尔基复合体、中心体、核蛋白体、溶酶体、微体、微管和微丝等。

(1)内质网　是由单位膜围成的互相连通、大小不等的扁平囊泡(图 1-4)。表面粗糙,附着有核蛋白体的称为粗面内质网,有合成、分泌、运输蛋白质的作用;表面没有核蛋白体附着的称为滑面内质网,其功能较复杂,参与糖原、脂类、激素的合成和解毒作用。

(2)线粒体　存在于除成熟红细胞外所有的细胞内,主要功能是进行氧化磷酸化,合成 ATP,为细胞生命活动提供直接能量。所以,线粒体被称为细胞的"能量供应站"。

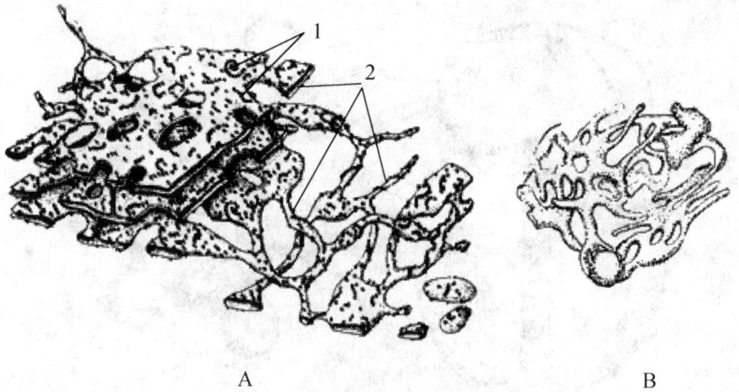

图 1-4　内质网结构图

A.粗面内质网　B.滑面内质网

1. 核糖体　2. 扁平囊

（马仲华,家畜解剖学及组织胚胎学,第 3 版,2002）

光学显微镜下,线粒体呈线状或粒状。在电子显微镜下,线粒体是由内外两层单位膜围成的大小不等的圆形或椭圆形小体(图 1-5)。

(3)高尔基复合体　分布在细胞核附近,电镜下高尔基复合体是由单位膜构成的扁平囊泡、大囊泡和小囊泡结构(图 1-6)。其主要机能是合成糖蛋白、糖脂等多糖类物质,另外,还参与溶酶体的合成。

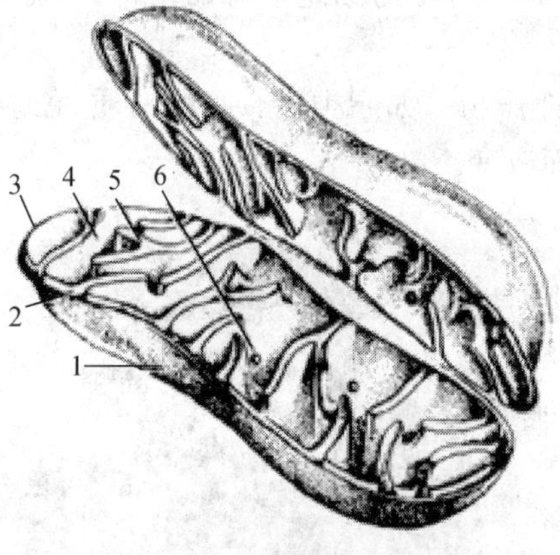

图 1-5　线粒体结构模式图

1. 外膜　2. 膜间腔　3. 内膜　4. 嵴间腔

5. 内膜突起形成的嵴　6. 基质颗粒

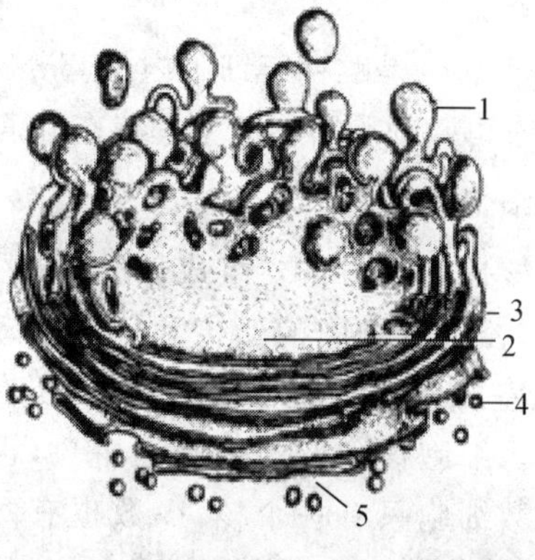

图 1-6　高尔基复合体立体结构模式图

1. 大囊泡　2. 成熟面　3. 层状扁囊

4. 小囊泡　5. 生成面

（马仲华,家畜解剖学及组织胚胎学,第 3 版,2002）

(4)中心体　位于细胞中央近核处,它在细胞分裂时形成纺锤体,与细胞有丝分裂有关。

(5)核蛋白体(核糖体)　是由核糖核酸和蛋白质构成的致密小体,广泛存在于一切细胞内(哺乳动物成熟的红细胞等极个别高度分化细胞除外)。电镜下,核蛋白体的直径为 15～25 nm,由大小两个亚基构成(图 1-7)。均匀分布在细胞质中,称为游离核蛋白体;附着在内质网的表面,称为膜旁核蛋白体。它们是合成蛋白质的重要结构。

(6)溶酶体　是由单位膜围成的圆形或椭圆形小体,散在于细胞质中。其主要作用是分

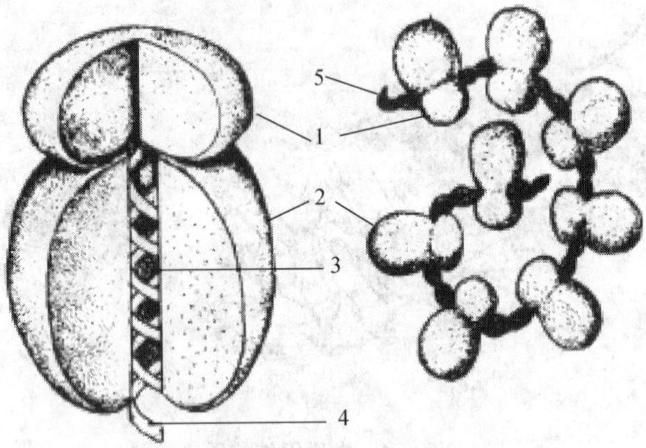

图 1-7 核蛋白体和多聚核蛋白体

1. 小亚基 2. 大亚基 3. 中央管 4. 新生的肽链 5. mRNA

（马仲华，家畜解剖学及组织胚胎学，第 3 版，2002）

解、消化进入细胞内的异物（如细菌、病毒等）和细胞本身衰老死亡的细胞器。是细胞内重要的"消化器官"。

(7)微体（过氧化物酶体） 是由一层单位膜围成的圆形或卵圆形小泡，内含过氧化氢酶和多种氧化酶及类脂和多糖等。目前所知，微体与细胞内物质的氧化以及过氧化氢的形成有关。

(8)微管和微丝 微丝是直径为 5～7 nm 的细丝，与细胞的运动、吞噬、分泌物的排出和胞质分裂等功能有关。微管是直径为 18～25 nm 的细管，参与细胞形态的维持、细胞运动，与细胞分裂有关。

3. 内含物 是贮存于细胞内的营养物质和代谢产物。如脂类、糖原、蛋白质、色素等。其数量和形态可随细胞不同的生理状态和病理情况而改变。

(三)细胞核

细胞核是细胞的重要组成部分，是贮存遗传信息的场所，控制着细胞的遗传和代谢活动。在家畜体内除成熟的红细胞没有细胞核外，所有的细胞都有细胞核。细胞核多位于细胞的中央，也有偏于一侧的。多数细胞只有一个核，少数也有两个核或多个核，如肝细胞、心肌细胞偶有两个核，骨骼肌细胞则有几十个到几百个核。细胞核由核膜、核仁、核基质和染色质构成。

1. 核膜 是包在细胞核外面由内外两层单位膜构成的界膜。两层单位膜之间的间隙为核周隙，外层单位膜的表面附着有核蛋白体，常与粗面内质网相连。核膜上有许多散在的小孔，叫核孔，是细胞核与细胞质之间进行物质交换的通道(图 1-8)。

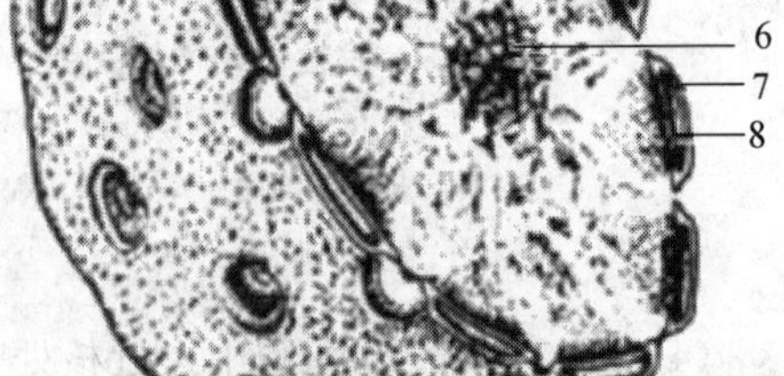

图 1-8 电镜下细胞核结构模式图

1. 核膜 2. 常染色体 3. 异染色体 4. 核孔
5. 核周膜 6. 核仁 7. 核膜外层 8. 核膜内层

（马仲华，家畜解剖学及组织胚胎学，第 3 版，2002）

2. 核仁 是细胞核内的球形小体，一个细胞核内通常有 1～2 个核仁。核仁的化学成分主要是核糖核酸(RNA)和蛋白质。主要功能是形成核蛋白体,核蛋白体形成后,通过核孔进入细胞质内,参与蛋白质的合成。

3. 核基质 是无定形的透明胶状物质,又叫核液,内含多种酶和无机盐等物质。核基质为核内代谢提供稳定的环境。

4. 染色质 由DNA、组蛋白、非组蛋白、少量的RNA组成的复合物,是细胞分裂间期遗传物质存在形式,内含大量的遗传信息,可控制细胞的代谢、生长、分化和繁殖。当细胞进入有丝分裂时,染色质高度螺旋化,变粗变短,形成棒状的染色体(图1-9)。有丝分裂结束后细胞进入分裂间期,染色体又恢复染色质状态。所以,染色质与染色体实际上是同一物质的不同功能状态。

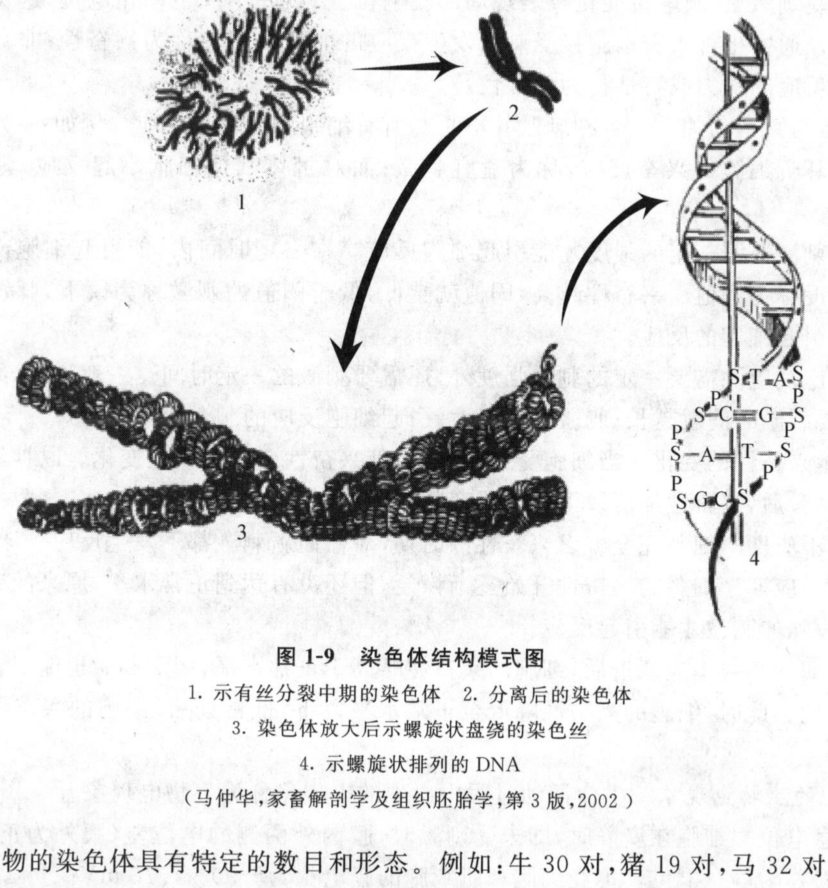

图1-9 染色体结构模式图

1. 示有丝分裂中期的染色体 2. 分离后的染色体

3. 染色体放大后示螺旋状盘绕的染色丝

4. 示螺旋状排列的DNA

(马仲华,家畜解剖学及组织胚胎学,第3版,2002)

各种动物的染色体具有特定的数目和形态。例如:牛30对,猪19对,马32对,驴31对,绵羊27对,山羊30对,狗39对,鸡39对,鸭40对。其中一对为性染色体,决定下一代的性别,其余的则为常染色体。哺乳动物的性染色体分为X染色体和Y染色体,雌性动物体细胞的性染色体为XX,雄性动物体细胞的性染色体为XY。

三、细胞的生命活动

(一)新陈代谢

新陈代谢是细胞生命活动的基本特征,包括互相依存、互为因果的两个对立统一过程,即同化作用和异化作用。同化作用是指细胞不断地从外界摄取营养物质,合成本身需要的物质的过程，也称合成代谢；异化作用是指细胞不断地分解自身物质，释放能量供细胞本身活动需要，并排出废物的过程，也称分解代谢。通过新陈代谢，细胞内的物质不断地进行更新，并保持细胞内外环境的平衡，以维持细胞正常的生命活动。所以，细胞的一切生命活动，都是建立在新陈代谢的基础上，如果新陈代谢停止，就意味着细胞的死亡。

(二)细胞的兴奋性与生物电现象

1. 细胞的兴奋性

(1)兴奋性与应激性　细胞对内外环境的刺激产生膜电位变化的能力或特性，称为细胞的兴奋性。细胞膜电位变化有两种形式。对于神经细胞、肌细胞和腺细胞，接受刺激后膜电位变化表现为可传播的动作电位，该过程称为细胞的兴奋，这三类细胞称为可兴奋细胞；对于其他组织细胞接受刺激后，膜电位变化仅表现局部膜电位变化，并不产生动作电位，这类细胞称为非兴奋细胞。通常把可兴奋细胞接受刺激发生反应的能力或特性称为兴奋性；非兴奋细胞接受刺激发生反应的能力或特性称为应激性。

(2)刺激与兴奋的关系　各种刺激并不是对所有细胞都能引起反应。例如：一定频率的声波能引起内耳听细胞的兴奋反应，称为适宜刺激；而对机体其他细胞不起反应，则称非适宜刺激。

适宜的刺激还需一定的强度才能引起细胞反应。在一定时间内，能引起细胞产生反应的最低刺激强度称为阈值。兴奋性越高，阈值就越低，低于阈值的刺激称为阈下刺激，单个的阈下刺激不能引起细胞的反应。

引起细胞反应除需要一定的刺激强度外，还需要刺激的一定时间。一般说来，细胞的兴奋性越低，需要刺激时间就越长；刺激强度越大，引起细胞反应的刺激时间就越短。

(3)细胞兴奋性的变化　当细胞受到刺激时，其兴奋性会发生较大变化。以神经和肌细胞为例，一次刺激后，兴奋性经历以下各阶段变化，而后恢复正常。

①绝对不应期　细胞完全缺乏兴奋性的时期，对任何新刺激都不发生反应。

②相对不应期　细胞的兴奋性开始逐渐恢复，但还没有达到正常水平，原来的阈刺激不能引起反应，较强的刺激才能引起反应。

③超常期　相对不应期过后，细胞的兴奋性略高于正常水平，阈下刺激也能引起反应。

④低常期　此时，细胞的兴奋性降低至正常水平以下，低常期后，细胞的兴奋性逐渐恢复正常。

2. 细胞的生物电现象　生命活动过程中出现的电现象称为生物电现象。

(1)静息电位　细胞在安静时，即未受刺激时，膜内外两侧的电位差(膜外为正、膜内为负的极化状态)称为静息电位。神经细胞和肌细胞的膜电位为－90～－70 mV。

细胞在静息状态下，膜对 Na^+ 的通透性小，而膜对 K^+ 有较大的通透性，于是 K^+ 浓度差推动 K^+ 从膜内向膜外扩散，正电荷随钾离子外流，而带负电荷的蛋白质不能外流而留在膜内，于是膜外积累正电荷，膜内积累负电荷，这种电位差随着 K^+ 的外流逐渐增大，并对 K^+ 外流产生阻碍作用。当膜内外 K^+ 浓度差(K^+ 外流动力)与电位差(K^+ 外流阻力)达平衡时，K^+ 跨膜净转运为 0，膜内外电位动态稳定于一定水平，即形成静息电位。因此，细胞的静息电位主要由 K^+ 外流所产生，反映 K^+ 的平衡电位。

(2)动作电位　可兴奋组织或细胞接受刺激而发生兴奋时，细胞膜原来的极化状态立即消失，并在膜的内外两侧发生一系列电位变化，这种电位变化称为动作电位。动作电位包括 3 个基本过程:①去极化。膜内原来存在的负电位迅速消失,即膜电位的极化状态消失。②反极化。去极化之后,进而发展为极化状态倒转,即转变为膜内电位为正,膜外电位为负。③复极化。膜内电位达到顶峰后开始下降,恢复至原来静息电位水平。

当细胞受刺激而兴奋时,细胞膜对 Na^+ 通透性突然增大,于是在膜两侧 Na^+ 浓度差的推动下,Na^+ 向细胞内流,而这时对 K^+ 的通透性降低,致使 K^+ 外流减少,膜内正电荷积累,形成去极化和反极化过程。随后膜对 Na^+ 通透性迅速降低,而对 K^+ 通透性又增加,于是 K^+ 外流增多,逐渐恢复到原来的静息电位水平,为复极化过程。复极化过后,Na^+、K^+ 除靠被动扩散外,还有赖于逆浓度差的主动转运作用,在 ATP 分解供能使钠-钾泵运转下,膜内增多的 Na^+ 被排出膜外,同时把膜外增多的 K^+ 吸进膜内,使膜内外的 Na^+、K^+ 浓度完全恢复到静息状态水平。

细胞某一部位兴奋产生动作电位后,能够沿着细胞膜传导至整个细胞。这是可兴奋细胞的特征之一。

(三)细胞的运动

机体内的某些细胞,具有一定的运动能力,在不同环境条件的刺激下,可表现出不同的运动形式。如嗜中性粒细胞的变形运动,肌细胞的收缩与舒张运动,精细胞的鞭毛运动,气管上皮纤毛上皮的摆动等。

(四)细胞的增殖

细胞增殖是细胞生命活动的重要特征之一,细胞增殖是通过细胞分裂的方式进行的。有机体的生长发育、创伤修复、细胞更新以及个体的延续都是细胞分裂的结果。细胞分裂主要有三种类型:无丝分裂、有丝分裂和减数分裂。无丝分裂是低等生物的主要分裂方式;有丝分裂是动物体细胞增殖的方式;减数分裂与精子、卵子的形成有关。

有丝分裂是一个连续的复杂过程,细胞从前一次分裂结束到下一次分裂完成,称为一个细胞周期,每个细胞周期又分分裂间期和分裂期(图 1-10)。细胞总是处于这两个阶段。

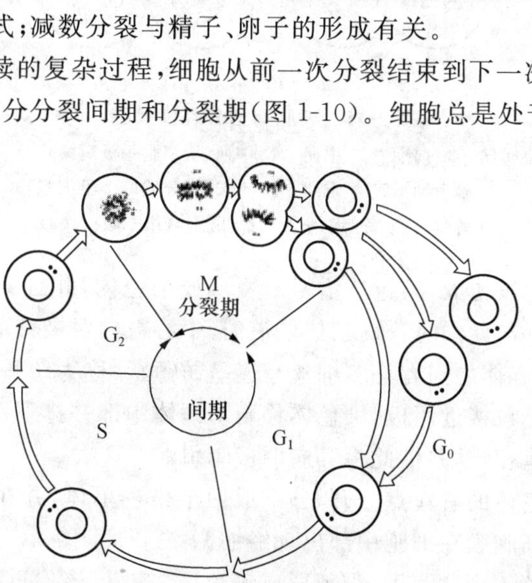

图 1-10 细胞周期模式图

(马仲华,家畜解剖学及组织胚胎学,第 3 版,2002)

1. 分裂间期　指细胞前一次分裂结束到下一次分裂开始的时期。此期细胞贮备能量及细胞分裂时所需要的酶,同时进行 DNA 的合成和复制,为进入分裂期做准备。间期以 DNA

合成为标志,常将其分成三个时期,即DNA合成前期(G_1期)、DNA合成期(S期)、DNA合成后期(G_2期)。细胞完成DNA合成,即进入分裂期(M期)。

2. 分裂期　是一个连续动态的变化过程,根据其主要变化特征,可分为以下四个时期(图1-11)。

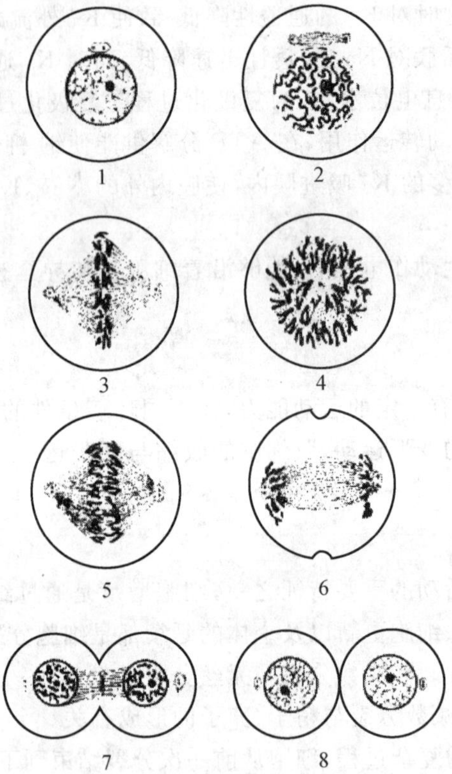

图1-11　细胞有丝分裂模式图

1. 分裂间期　2. 前期　3. 中期　4. 中期(从细胞一极观察)　5. 早后期　6. 晚后期　7. 早末期　8. 晚末期(分成两个子细胞)

(马仲华,家畜解剖学及组织胚胎学,第3版,2002)

(1)分裂前期　细胞核增大,染色质增粗变短形成染色体,并且染色体开始纵裂成两条单体,但在着丝点处相连。与此同时,核膜、核仁消失,中心粒向两极移动,并伸出放射状丝芒,称为星体。分向两极的中心体之间有许多细丝相连呈纺锤状,称为纺锤体。

(2)分裂中期　中心粒接近两极,染色体移至纺锤体中部并排列形成赤道板。每条染色单体的着丝点,均有纺锤丝相连,并借此将其向两极牵引。

(3)分裂后期　染色体的着丝点分开,分离成两个染色单体,并在纺锤丝的牵引下向细胞两极移动。与此同时,细胞膜在细胞中部出现缢缩。

(4)分裂末期　染色体到达两极,重新形成染色质,核膜、核仁重新出现,细胞膜进一步缩窄,并将细胞质分开,形成两个子细胞。

(五)细胞的分化、衰老和死亡

1. 细胞的分化　是指胚胎细胞或未分化细胞,转变为各种形态、功能不同的细胞的过程。

例如:胚胎早期,细胞形态、机能都相似,随着细胞增殖和生长发育,细胞的形态、机能、生理特性逐渐出现差异,最终形成形态和机能各异的细胞。动物出生后,在动物体内仍保存有未分化的细胞,如疏松结缔组织内的间充质细胞、骨髓内的造血干细胞、卵巢内的卵母细胞、睾丸内的精母细胞等,具有分裂增殖的能力,在一定的条件下,能转变为某些成熟和稳定的细胞。

2. *细胞的衰老*　细胞的衰老是细胞生命过程中的必然规律。衰老细胞的主要表现为代谢活动降低,生理机能减弱,形态、结构改变。

3. *细胞的死亡*　细胞死亡是细胞生命活动不可逆的终止。细胞的死亡有两种不同的形式:一种是细胞凋亡,它是细胞在衰老过程中,受程序控制,细胞的功能逐渐衰退的必然结果,凋亡过程中无炎症反应。另一种是细胞坏死,是极端的物理、化学因素或严重的病理性刺激引起的细胞损伤和死亡,坏死细胞的内含物释放到细胞外,发生炎症反应。

四、机体的生理调节

动物有机体各个器官、系统分别执行不同的功能,但它们之间又紧密配合、相互协调,以维持动物有机体的完整统一,并使其适应周围环境的变化。这种统一是通过神经调节、体液调节和自身调节来实现的。

(一)神经调节

神经调节是指神经系统对机体各个器官、系统的活动所进行的调节。调节的基本方式是反射。反射是指在神经系统的参与下,机体对内外环境的变化所产生的规律性应答。反射活动是靠反射弧来实现的。反射弧包括以下5个基本环节,即感受器、传入神经、神经中枢、传出神经和效应器。感受器能感受体内外环境的变化,并将这种变化转变成一定的信号,通过传入神经传到相应的神经中枢,中枢对传入的信号进行分析、综合并做出反应,再通过传出神经改变效应器的活动。实现反射活动,必须保证反射弧的完整性,反射弧的任一环节遭到破坏,反射活动都不能进行。

神经调节的特点是作用迅速、准确,持续时间短暂,作用范围局限,并具有高度的整合能力。

(二)体液调节

体液调节是机体的内分泌腺或具有分泌机能的特殊组织细胞所分泌的激素对某些特定器官的生理机能所进行的调节。此外,组织中的一些代谢产物,如CO_2、乳酸等物质也能通过组织液扩散对局部组织细胞进行功能调节。

体液调节的特点是作用缓慢,持续时间较长,作用范围广泛。体液调节对维持机体内环境稳定以及机体的新陈代谢、生长发育、生殖等,都起到了重要的作用。

(三)自身调节

机体许多器官、组织和细胞能对周围环境的变化产生适应性的反应,这种调节称为自身调节。例如,血管壁中的平滑肌受到牵拉刺激时会发生收缩性反应。

自身调节是神经调节和体液调节的补充,虽然方式简单、幅度小,但其作用十分重要。

【技能】

显微镜的使用与保养

(一)认识显微镜的构造

显微镜的基本构造分为机械部分和光学部分(图 1-12)。

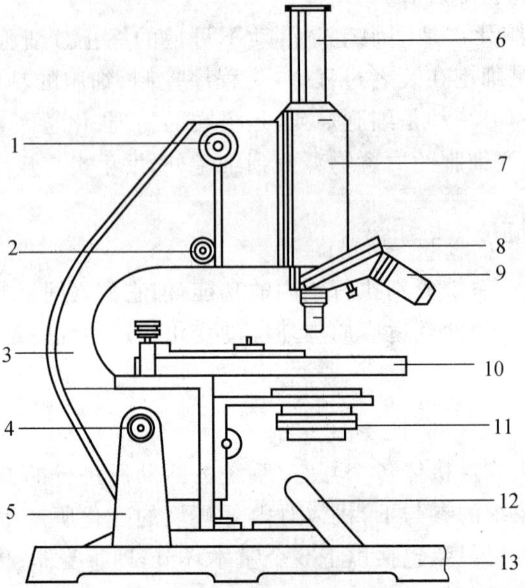

图 1-12 显微镜的构造图

1. 粗调节螺旋 2. 细调节螺旋 3. 镜臂 4. 倾斜关节
5. 镜柱 6. 目镜 7. 镜筒 8. 物镜转换器 9. 物镜
10. 载物台 11. 聚光镜 12. 反光镜 13. 镜座

1. 机械部分 有镜座、镜柱、镜臂、镜筒、活动关节、粗调节器、细调节器、载物台、压夹、推进器、转换器、聚光器升降螺旋等。

镜座:呈方形或马蹄铁形,直接与实验台接触。

镜柱:与镜座相连接的部分,与镜座一起支撑整个显微镜。

镜臂:与镜柱连接的弯曲部分,握持移动显微镜时使用。

镜筒:是附着于镜臂上端前方的圆筒。

活动关节:可使镜臂倾斜,用于调节镜柱与镜臂之间的角度。

粗调节器:可调节物镜与组织切片标本之间的距离。

细调节器:可调节切片中物体的清晰度,用以精确调节焦距。旋转一周,可使镜筒升降 0.1 mm。

载物台:是放组织切片的平台,中央有通光孔。

压夹:用于固定组织切片。

推进器:用于移动组织切片。可使标本前、后、左、右移动。

转换器:在镜筒下部,内有不同倍数的物镜,用于转换物镜。

聚光器升降螺旋:能使聚光器升降,从而调节光线的强弱。

2. 光学部分　包括目镜、物镜、反光镜和聚光器。

目镜：在镜筒的上端，上面数字表示放大的倍数。目镜有 5×、8×、10×、15×、16×等不同的倍数。

物镜：安装在转换器上，是显微镜中最贵重的部分。有低倍镜、高倍镜、油镜三种。低倍物镜有 8×、10×、20×、25×。高倍物镜有 40×、60×。油镜一般为 100×。显微镜的放大倍数是目镜和物镜倍数的乘积。

反光镜：有平面和凹面。大多数显微镜无反光镜，直接安装灯泡作为光源。

聚光器：在载物台的下方，内装有光圈。

(二)显微镜的使用

(1)显微镜的取送：右手握镜臂、左手托镜座、置于胸前，轻轻地将其放在实验台上或显微镜箱内。

(2)先用低倍镜对光(避免光线直射)，直至获得清晰、均匀、明亮的视野为止。

(3)置血涂片于载物台上，并将欲观察部位对准通光孔的中央(有盖玻片的切片，盖玻片朝上)，用压夹固定。

(4)旋动粗调节器，使显微镜筒徐徐下降，将头偏于一侧，用眼睛注视显微镜的下降程度(原则上物镜与组织切片之间的距离缩到最小)，防止压碎组织切片，当转换高倍镜或油镜时更要注意。

(5)观察血涂片：观察时，用左眼观察，右眼睁开，同时转动粗调节器使物镜上升至一定的程度，就会出现物象，再慢慢转动细调节器进行微调，直到物象清晰为止。

为观察细胞的结构，可转换高倍镜至镜筒下，并转动细调节器进行调节，以获得清晰的物象。有些显微镜在转换高倍镜时，必须先转动粗调节器，使载物台下移(或镜筒上移)，然后再转动粗调节器，使载物台上移(或镜筒下移)，到接近血涂片时进行观察。

如果需要采用油镜观察，应先用高倍镜观察，把欲观察的部位置于视野的中央，然后移开高倍镜，将香柏油滴在欲观察的标本上，转换油镜与标本上的油液相接触，再轻轻转动细调节器，直到获得最清晰的物象为止。

(6)在调节光线时，可扩大或缩小光圈的开孔；也可调节聚光器的螺旋，使聚光器上升和下降；有的还可以直接调节灯光的强度。

(三)显微镜的保养

(1)显微镜使用完后，取下标本片，旋动转换器，使物镜呈八字形叉开，转动粗调节器，使载物台下移，然后套上镜套，放入显微镜箱内。

(2)当显微镜的目镜或物镜落有灰尘时，必须使用擦镜纸擦拭，严禁用口吹或手抹。

(3)切勿粗暴转动粗、细调节器，并保持该部的清洁。

(4)切勿将显微镜置于日光下或靠近热源处。

(5)不要随意弯曲显微镜的活动关节，防止机件因磨损而失灵。

(6)不许随意拆卸显微镜任何部件，以免损坏和丢失。

(7)在使用过程中，切勿用酒精或其他药品污染显微镜。一定将其保存在干燥处，不能使其受潮，否则会使光学部分发霉，机械部分生锈，尤其是在多雨季节或多雨地区更应特别注意。

(8)用完油镜后，应立即用擦镜纸蘸少量的二甲苯擦去镜头、标本上的油液，再用干的擦镜纸擦。对无盖玻片的标本片，可采用“拉纸法”，即把一小张擦镜纸盖在玻片上的香柏油处，加数滴二甲苯，趁湿向外拉擦镜纸，拉去后丢掉，如此 3～4 次，即可把标本上的香柏油擦净。

【任务总结】

内容		要点
知识	细胞的形态与大小	1. 细胞的形态 2. 细胞的大小
	细胞的构造及功能	1. 细胞膜的构造、生理功能及物质转运方式 2. 主要细胞器的结构及功能 3. 细胞核的结构 4. 细胞的新陈代谢(同化作用和异化作用) 5. 细胞兴奋性的变化 6. 静息电位、动作电位的产生原理 7. 细胞有丝分裂的过程 8. 机体的生理调节方式
技能	显微镜的使用	1. 明确显微镜的构造 2. 能正确使用显微镜并对其进行保养

◎任务 1-2　基本组织的识别

【任务描述】

组织是由来源相同、形态结构和机能相似的细胞群与细胞间质构成的。基本组织分为上皮组织、结缔组织、肌组织和神经组织四类。本单元任务是借助于显微镜，观察各组织的结构特点，并学习其分布及功能。

【任务目标】

1. 掌握上皮组织、结缔组织、肌组织和神经组织的结构特点及分布；
2. 掌握神经元的构造及分类；
3. 明确神经纤维、神经末梢、突触的相关内容；
4. 能熟练使用显微镜观察各上皮组织、疏松结缔组织和肌组织的结构；
5. 具备认真、耐心的态度进行显微镜的使用，爱护实验设备。

【知识】

一、上皮组织

(一)分布、功能及形态构造特点

在体内分布很广，覆盖在动物的体表、内脏器官的表面和腔性器官的内表面，此外还分布

在腺体和感觉器官内。具有保护、吸收、分泌、排泄等功能。

形态构造特点：细胞多，并呈层状分布，排列密集，细胞间质少；具有极性，朝向腔面或体表的一面为游离面，与深部的结缔组织相连的面为基底面；上皮组织无血管、淋巴管，其营养的获得与代谢产物的运出由基膜的渗透来实现；上皮组织内有丰富的神经末梢，对内外环境的刺激敏感。

(二)分类

根据形态结构和机能特点，上皮组织可分为被覆上皮、腺上皮和特殊上皮三类。

1. 被覆上皮　被覆上皮为上皮组织中分布最广的一类，其类型及主要分布如下：

- 被覆上皮
  - 单层上皮
    - 单层扁平上皮：衬在心、血管及淋巴管内表面的为内皮；被覆于胸膜、腹膜、心包膜或某些脏器表面的为间皮
    - 单层立方上皮：甲状腺、肾小管等处
    - 单层柱状上皮：胃肠黏膜、子宫内膜及输卵管黏膜
    - 假复层柱状纤毛上皮：呼吸道黏膜表面等
  - 复层上皮
    - 复层扁平上皮：皮肤的表皮、口腔和食管等的腔面
    - 变移上皮：输尿管、膀胱的腔面，肾盂

(1)单层上皮　仅由一层细胞构成，根据细胞的形态可分为以下四种：

①单层扁平上皮　由一层呈扁平不规则的多边形细胞构成，细胞核呈扁圆形，位于中央(图 1-13)。单层扁平上皮可分为间皮和内皮，衬在心、血管、淋巴管内表面的为内皮，薄而光滑，有利于液体的流动；被覆在胸膜、腹膜、心包膜或某些脏器表面的为间皮，光滑而湿润，可减少内脏器官在运动时的摩擦。

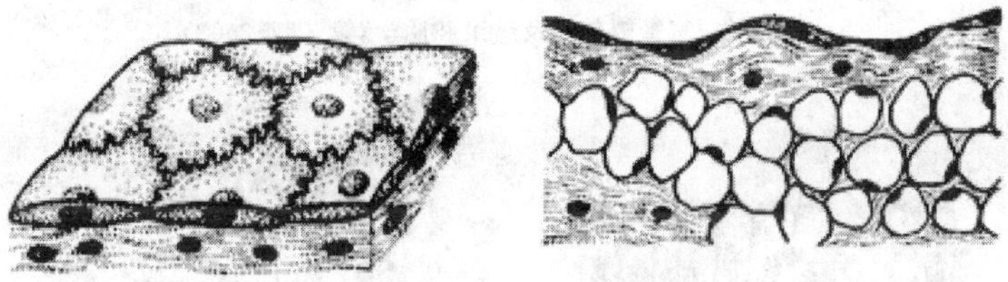

A　　　　B

图 1-13　单层扁平上皮

A. 单层扁平上皮模式图　B. 浆膜切面

(马仲华，家畜解剖学及组织胚胎学，第 3 版，2002)

②单层立方上皮　由一层呈六面形矮柱状长、宽、高几乎相等的细胞构成，胞核圆形，位于细胞中央(图 1-14)。主要分布在甲状腺、肾小管等处，具有分泌机能。

③单层柱状上皮　由一层多面形高柱状细胞构成，胞核呈椭圆形，位于细胞的基部(图 1-15)。主要分布在胃肠黏膜、子宫内膜及输卵管黏膜，具有吸收、保护作用。

④假复层柱状纤毛上皮　由一层高矮不同的柱状、杯状、梭形和锥形四种上皮细胞构成。四种细胞互相夹杂排列在同一基膜上，由于细胞高矮不等，细胞核不在同一水平线上，看起来像复层，实为一层，故称为假复层柱状纤毛上皮(图 1-16)。主要分布在呼吸道黏膜表面等，有保护和分泌作用。

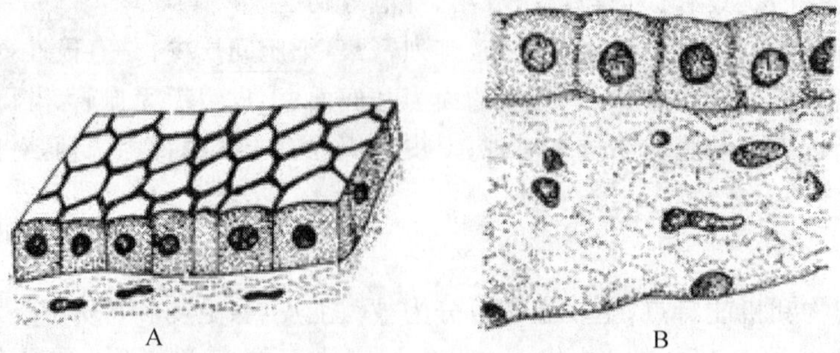

A　　B

图 1-14　单层立方上皮

A.单层立方上皮模式图　B.马肾集合管上皮侧面观

（马仲华，家畜解剖学及组织胚胎学，第 3 版，2002）

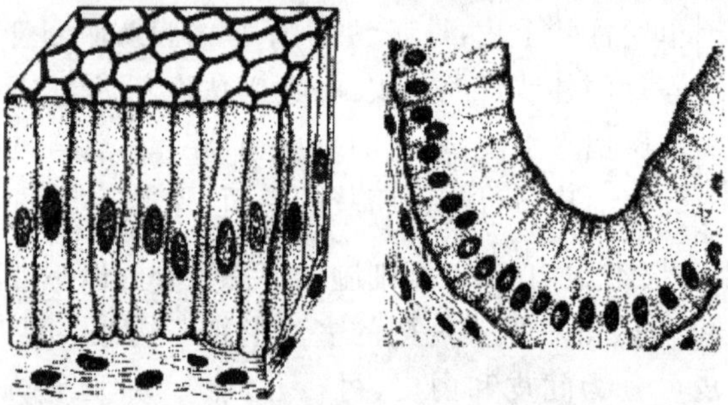

A　　B

图 1-15　单层柱状上皮

A. 单层柱状上皮模式图　B. 小肠黏膜上皮切面

（马仲华，家畜解剖学及组织胚胎学，第 3 版，2002）

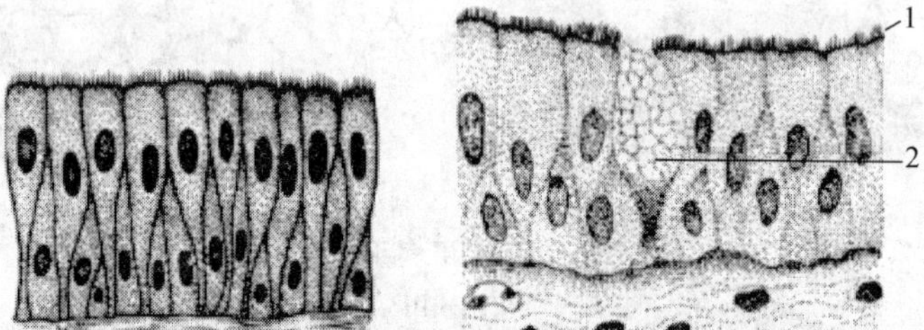

A　　B

图 1-16　假复层柱状纤毛上皮

A. 假复层柱状纤毛上皮模式图　B. 气管黏膜上皮切面

1. 纤毛　2. 杯状细胞

（马仲华，家畜解剖学及组织胚胎学，第 3 版，2002）

（2）复层上皮　由两层以上的上皮细胞构成，仅基底层细胞位于基膜上，常见的复层上皮有以下两种：

①复层扁平上皮　由数层细胞紧密排列而成，表层细胞扁平呈鳞片状，中间层细胞大，呈

多角形，深层细胞多为矮柱状或立方形（图 1-17）。主要分布在皮肤的表皮、口腔和食管等的腔面，有保护作用。

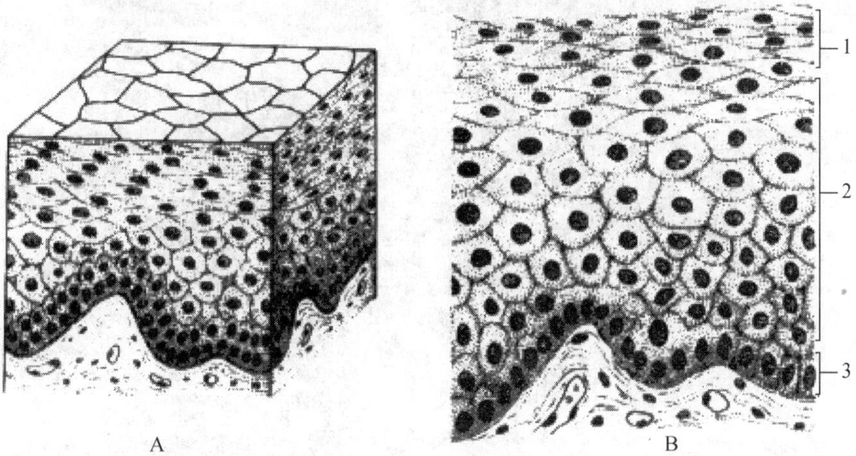

图 1-17　复层扁平上皮

A. 复层扁平上皮模式图　B. 表皮切面

1. 表层　2. 中间层　3. 深层

（马仲华，家畜解剖学及组织胚胎学，第 3 版，2002）

②变移上皮　由多层不规则的上皮细胞排列而成，其特点是上皮细胞的层数、形态可随器官的胀缩而发生改变。当器官空虚时，上皮变厚，细胞层数增多；当器官扩张时，上皮变薄，细胞层数减少（图 1-18）。主要分布在输尿管、膀胱的腔面等处，有保护作用。

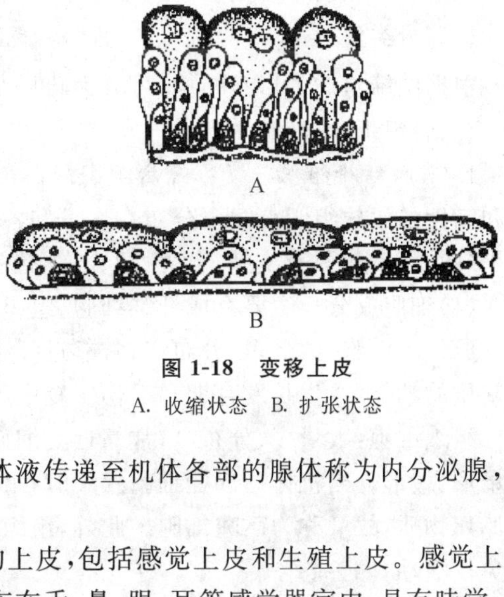

图 1-18　变移上皮

A. 收缩状态　B. 扩张状态

2. 腺上皮　腺上皮是由具有分泌功能的腺上皮细胞构成的。以腺上皮为主要成分构成的器官，则称为腺体。具有导管，其分泌物可经导管排到器官腔内或体表的腺体称为外分泌腺，也称有管腺，如汗腺、唾液腺、胃腺等。不具有导管，其分泌物通过渗透进入血液或淋巴并由体液传递至机体各部的腺体称为内分泌腺，也称无管腺，如甲状腺、肾上腺等（图 1-19）。

3. 特殊上皮　特殊上皮是指具有特殊功能的上皮，包括感觉上皮和生殖上皮。感觉上皮又称神经上皮，是具有特殊感觉功能的上皮。分布在舌、鼻、眼、耳等感觉器官内，具有味觉、嗅觉、视觉和听觉等功能。生殖上皮是与生殖有关的上皮。

二、结缔组织

（一）分布、功能及形态构造特点

结缔组织是动物体内分布最为广泛、形态结构最为多样的一类组织。其功能多样，具有连接、支持、保护、营养、防御、修复和运输等作用。

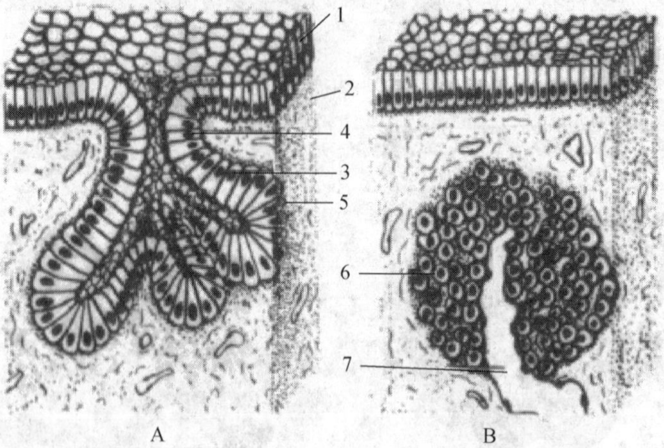

图 1-19 腺上皮发生模式图

A. 外分泌腺 B. 内分泌腺

1. 上皮组织 2. 结缔组织 3. 腺细胞 4. 导管部

5. 分泌部 6. 细胞团 7. 毛细血管

(马仲华,家畜解剖学及组织胚胎学,第3版,2002)

形态构造特点:细胞种类多,但数量少,分散在间质中,无极性;细胞间质多,由纤维和基质组成;不直接与外界接触,因而也称内环境组织。

(二)分类

根据结缔组织的形态结构,可分为疏松结缔组织、致密结缔组织、脂肪组织、网状组织、软骨组织、骨组织、血液和淋巴。

1. 疏松结缔组织 又称蜂窝组织。白色而带有黏性、结构疏松、形态不固定、具有一定弹性和韧性的柔软组织。主要分布在皮下和各种器官内,其特点是基质含量多,细胞和纤维含量较少(图 1-20)。具有支持、营养、填充、连接和保护作用。

(1)细胞成分 主要有成纤维细胞、组织细胞、浆细胞、肥大细胞和脂肪细胞。

成纤维细胞:数量多、分布广,常靠近纤维。细胞体积较大,呈星形或梭形。具有产生纤维和基质的功能,在生长发育期和损伤修复中起重要作用。

组织细胞:数量多、分布广,常靠近毛细血管。与成纤维细胞相似,但细胞较小,呈不规则的星形、梭形。当机体局部受细菌感染时,组织细胞能做变形运动,游走到炎症部位,吞噬细菌或坏死物质,故又称为巨噬细胞。此外,组织细胞还能吞噬衰老或死亡的红细胞,并参与机体的免疫活动。

浆细胞:多分布于淋巴组织、消化道、呼吸道等固有膜中。细胞呈卵圆形、球形或梨形,大小不一。能产生抗体,参与机体的体液免疫。

肥大细胞:多数沿小血管和小淋巴管分布。细胞呈球形或卵圆形。细胞的胞质内含有大量的异染颗粒,能产生组胺、肝素。肝素是体内重要的抗凝血物质,组胺能增强毛细血管通透性,使毛细血管扩张。

脂肪细胞:呈球形,体积较大,细胞质中常充满脂肪滴。脂肪细胞有合成和贮存脂肪的作用。

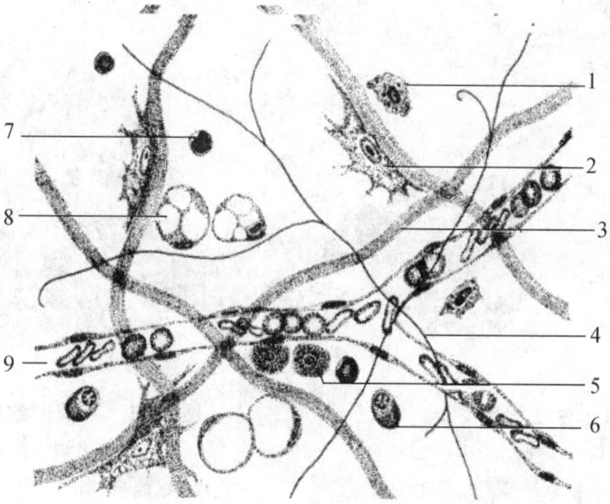

图 1-20　疏松结缔组织铺片

1. 巨噬细胞　2. 成纤维细胞　3. 胶原纤维　4. 弹性纤维　5. 肥大细胞
6. 浆细胞　7. 淋巴细胞　8. 脂肪细胞　9. 毛细血管
（马仲华，家畜解剖学及组织胚胎学，第 3 版，2002）

(2)纤维　可分为胶原纤维、弹性纤维和网状纤维三种类型。

胶原纤维：数量多、分布广，有较强的韧性，抗拉力强。新鲜时呈白色，又叫白纤维。

弹性纤维：数量少，较细，有较强的弹性，韧性较差。新鲜时呈黄色，又叫黄纤维。

网状纤维：数量很少，纤细，常交织成网。纤维有韧性，无弹性。苏木素-伊红（HE）染色时不易着色，用银染色法可染成棕黑色，故又称嗜银纤维。

(3)基质　充满于细胞和纤维之间的无定形黏稠状的胶状物，无色透明，内含大量的透明质酸。基质具有很强的黏滞性，有阻止细菌等病原微生物扩散的作用。

2. 致密结缔组织　由大量紧密排列的纤维和少量的细胞、基质构成，形态固定，结构致密。根据基质中纤维的排列方向不同，可把致密结缔组织分为两类。

(1)规则性致密结缔组织　纤维排列规则致密，如肌腱、项韧带（图 1-21）等，具有弹性和抗牵引作用。

(2)不规则致密结缔组织　纤维排列不规则，互相交织，形成坚韧的纤维膜。如皮肤的真皮、骨膜、软骨膜（图 1-22）等，具有支持和保护作用。

3. 脂肪组织　是由大量脂肪细胞聚集、表面包绕着弹性纤维构成，基质成分少。细胞呈球形、卵圆形或多角形，细胞内充满脂滴，细胞质和细胞核被挤到细胞的外围。在 HE 切片中，由于脂滴被溶解，细胞呈现大空泡状（图 1-23）。脂肪组织主要分布于皮下、大网膜、肠系膜及某些器官的周围。有贮脂、保温、缓冲等作用。

4. 网状组织　由网状细胞、网状纤维和基质构成。网状细胞为星形多突细胞，突起互相连接成网。网状细胞的功能主要为形成网状纤维，并与 T、B 淋巴细胞定居和发育成熟有关。网状纤维含量多，紧贴在网状细胞的表面。网孔内充满淋巴液或组织液（图 1-24）。网状组织主要分布于骨髓、淋巴结、肝、脾等器官内，构成这些器官的支架。

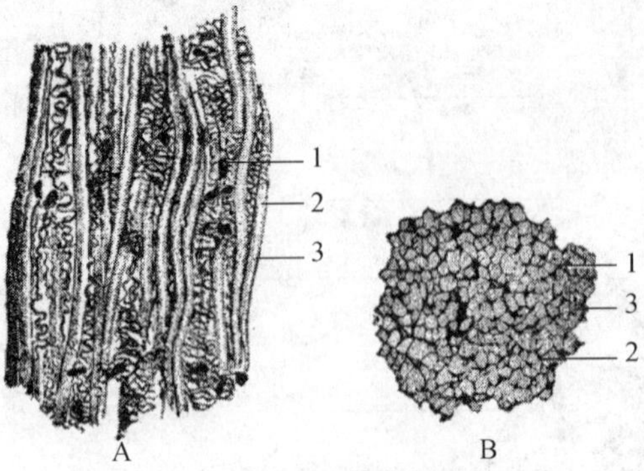

图 1-21 牛项韧带

A. 纵切 B. 横切

1. 成纤维细胞核 2. 胶原纤维 3. 弹性纤维

(马仲华,家畜解剖学及组织胚胎学,第3版,2002)

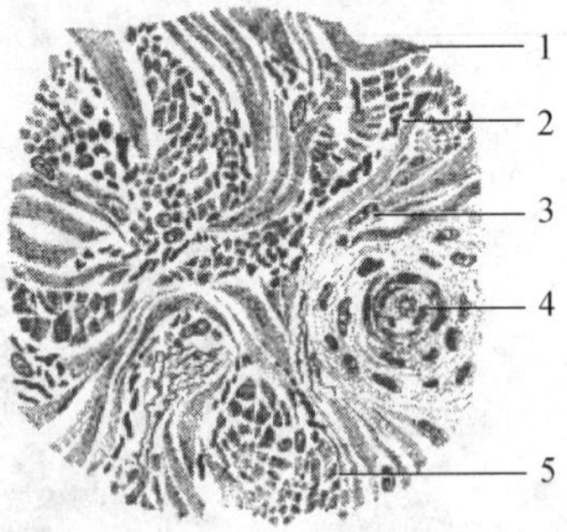

图 1-22 不规则致密结缔组织(真皮)

1. 胶原纤维纵切 2. 弹性纤维 3. 成纤维细胞核 4. 血管 5. 胶原纤维横切

(沈霞芬,家畜组织学与胚胎学,第3版,2001)

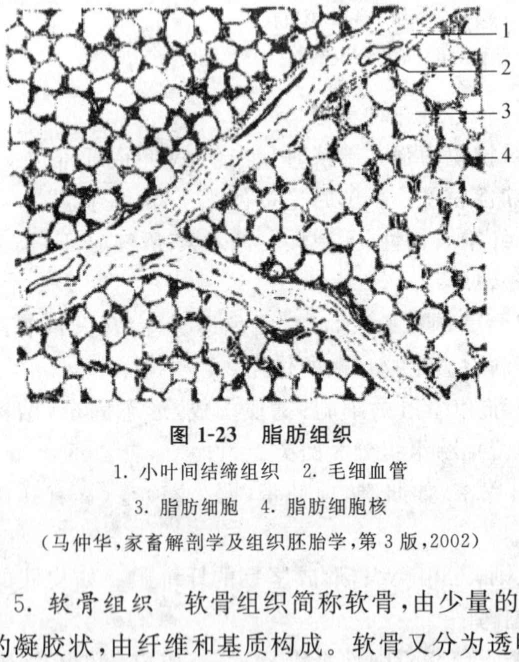

图 1-23 脂肪组织

1. 小叶间结缔组织 2. 毛细血管 3. 脂肪细胞 4. 脂肪细胞核

(马仲华,家畜解剖学及组织胚胎学,第3版,2002)

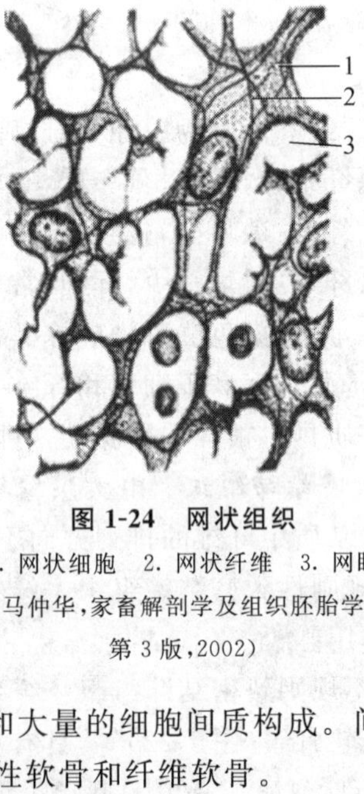

图 1-24 网状组织

1. 网状细胞 2. 网状纤维 3. 网眼

(马仲华,家畜解剖学及组织胚胎学,第3版,2002)

5. 软骨组织 软骨组织简称软骨,由少量的软骨细胞和大量的细胞间质构成。间质呈固体的凝胶状,由纤维和基质构成。软骨又分为透明软骨、弹性软骨和纤维软骨。

(1)透明软骨 基质中主要含有胶原纤维,呈半透明状,坚韧而有弹性。主要分布于肋软骨、关节面、喉、气管等处。

(2)弹性软骨 基质中主要含有弹性纤维,交织成密网,具有较强的弹性。主要分布在耳廓、会厌和咽鼓管等处。

(3)纤维软骨 基质内主要含有成束的胶原纤维,呈不透明的乳白色,具有较强的韧性。主要分布在椎间盘、半月板、耻骨联合等处。

6. 骨组织 是由多种细胞和坚硬的基质构成的一种坚硬的结缔组织。细胞包括骨原细胞、成骨细胞、骨细胞和破骨细胞。骨基质由有机和无机两种成分构成。有机成分少,主要是胶原纤维(又称骨胶原),它决定骨组织的韧性;无机成分多,主要是钙盐,如碳酸钙、磷酸钙等,它决定骨组织的硬度。成年家畜有机成分占35%,无机成分占65%。

骨基质呈板层状,称骨板。根据骨板排列的松密程度不同,可分为骨松质和骨密质。骨松质分布在长骨骨端及短骨内部,内充满红骨髓;骨密质分布在骨的表面。

7. 血液和淋巴　血液和淋巴是存在于心脏、血管、淋巴管内的液体结缔组织(详见项目四脉管系统)。

三、肌组织

肌组织由肌细胞构成。肌细胞多呈长纤维状,故称肌纤维。肌细胞的细胞质又称肌浆,肌浆内有与细胞长轴平行排列的肌原纤维。肌细胞具有收缩和舒张的机能,机体的各种运动,如四肢的运动、消化管的蠕动、心脏的跳动都是肌细胞收缩和舒张的结果。根据肌细胞的结构特点和机能,把肌组织分为骨骼肌、平滑肌、心肌三种。

(一)骨骼肌

骨骼肌主要分布在骨骼上,其肌原纤维上都可见到折光性不同的明带、暗带,并且相间排列显现出横纹(图1-25),故骨骼肌属横纹肌。

骨骼肌的肌纤维呈长柱状,每条肌纤维有许多细胞核,最多可达几百个,呈椭圆形,位于肌纤维的边缘,故肌纤维属多核细胞。肌纤维中,肌原纤维多而肌浆少,称白肌纤维,其收缩力强、收缩较快、持续时间短;肌浆多而肌原纤维少,称红肌纤维,其收缩力弱、收缩较慢、持续时间长。

骨骼肌收缩强而有力,作用迅速,但易疲劳,不能持久,可受意识支配,属随意肌。

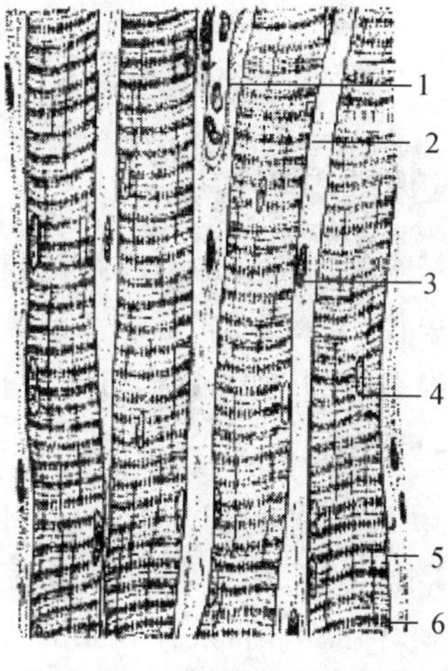

图1-25　马骨骼肌纤维纵切

1. 毛细血管　2. 肌纤维膜　3. 成纤维细胞　4. 肌细胞核　5. 明带(I带)　6. 暗带(A带)

(马仲华,家畜解剖学及组织胚胎学,第3版,2002)

(二)平滑肌

平滑肌主要分布在消化道、呼吸道等内脏器官及血管壁内,故又称内脏肌。肌浆中的肌原纤维平滑,没有横纹,故称平滑肌。

平滑肌细胞呈长梭形,两端尖细,细胞中央有一个核,呈长椭圆形。肌纤维收缩时,核可扭曲成螺旋状(图1-26)。

平滑肌不受意识支配,属不随意肌,其收缩缓慢,作用持久,不易疲劳。

(三)心肌

分布在心壁,属横纹肌。心肌细胞呈短柱状,有分支并相互吻合成网。心肌细胞有1～2个椭圆形的核,位于细胞中央(图1-27)。心肌的收缩不受意识支配,有很强的自动节律性。

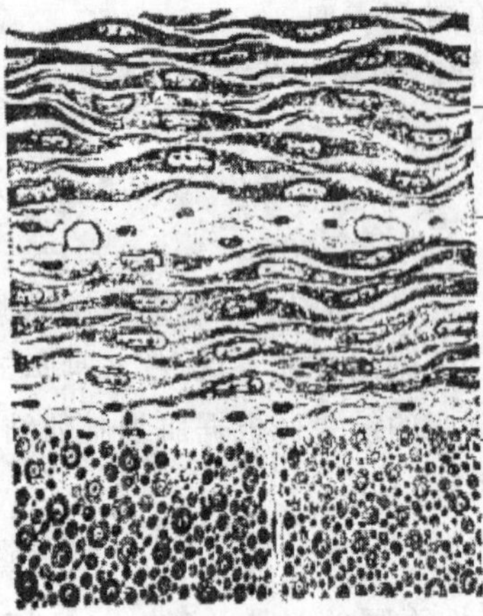

图 1-26 平滑肌

1. 平滑肌纤维纵切 2. 结缔组织

3. 平滑肌纤维横切

(马仲华,家畜解剖学及组织胚胎学,第 3 版,2002)

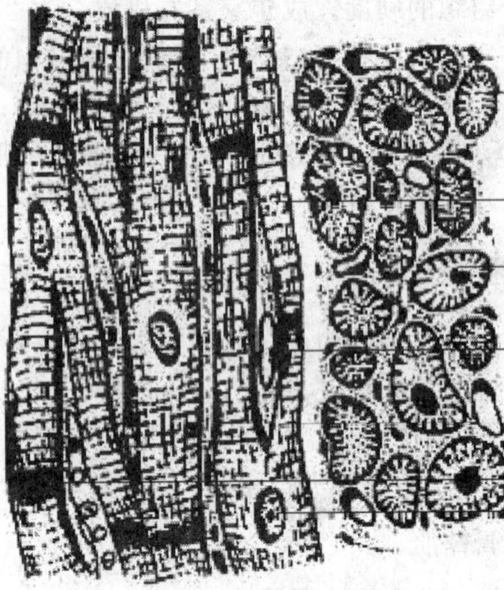

图 1-27 心肌纵切面及横断面

1. 肌纤维横断面 2. 肌细胞核

3. 肌纤维纵切面 4. 毛细血管

5. 闰盘

四、神经组织

神经组织由神经细胞和神经胶质细胞构成。神经细胞又叫神经元,是神经系统形态结构和功能单位,分布于脑、脊髓和神经节,具有感受体内外刺激和传导冲动的作用。神经胶质细胞是神经系统的辅助结构,分布于神经元之间,起支持、营养、隔离、保护和修复作用。

(一)神经元

1. 神经元的结构 神经元由细胞体和突起两部分构成(图 1-28)。

(1)细胞体 又称为核周体,包括细胞核、细胞质和细胞膜。细胞体呈星形或圆形,位于脑、脊髓和神经节内,是神经元的代谢和营养中心。

(2)突起 由胞体发出,根据突起的形态分为树突和轴突。树突是由胞体发出的多条较短的树枝状突起。它可接受由感受器或其他神经元传来的冲动,并将其传给细胞体。轴突是由胞体伸出的一条长的突起,它能把胞体发出的冲动传递给另一个神经元或效应器。

2. 神经元的分类

(1)按神经元的机能 可将其分为以下三类:

传入神经元:也叫感觉神经元,其胞体位于外周神经的神经节内,能接受内外环境的各种信息刺激,并将其传入神经中枢。

传出神经元:也叫运动神经元。多位于脑和脊髓内,能将神经中枢的冲动传向外周的效应器,引起肌肉收缩和腺体分泌等活动。

中间神经元:也叫联络神经元。多位于脑和脊髓内,起联络感觉神经元和运动神经元的作用。

(2)根据突起的数量 可将神经元分为以下三类(图 1-29):

多极神经元:有一个轴突和多个树突;

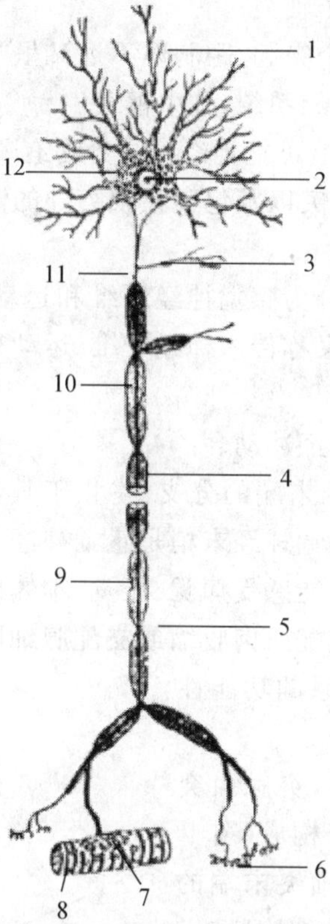

图 1-28 运动神经元模式图

1. 树突 2. 神经细胞核 3. 侧枝 4. 雪旺氏鞘
5. 郎飞氏结 6. 神经末梢 7. 运动终板 8. 肌纤维
9. 雪旺氏细胞核 10. 髓鞘 11. 轴突 12. 尼氏小体
(马仲华,家畜解剖学及组织胚胎学,第3版,2002)

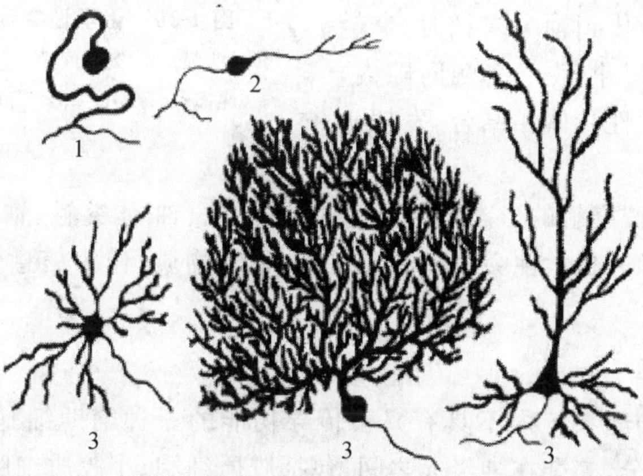

图 1-29 神经元类型

1. 假单极神经元 2. 双极神经元 3. 多极神经元
(马仲华,家畜解剖学及组织胚胎学,第3版,2002)

双极神经元：有一个树突和一个轴突；

假单极神经元：从胞体发出一个突起，距胞体不远又呈“T”形分为两支。一支分布到外周器官，称周围突；另一支进入中枢神经系统，称中枢突。

3. 神经纤维　根据髓鞘的有无，可把神经纤维分为有髓神经纤维和无髓神经纤维。有髓神经纤维由神经元的轴突或长的树突以及包裹在轴突外的髓鞘构成。无髓神经纤维仅由神经元的轴突或树突构成。

根据机能不同，可把神经纤维分为感觉神经纤维和运动神经纤维两类。感觉神经纤维能把感受器接受的刺激传向中枢，故又称传入神经纤维；运动神经纤维能把中枢产生的兴奋传到效应器，故又称传出神经纤维。

神经纤维的主要功能是传导神经冲动。

4. 神经末梢　是外周神经纤维末端的分支，终止于其他组织内并形成末梢装置，可分为感觉神经末梢和运动神经末梢。感觉神经末梢是感觉神经元外周突的末梢装置，又叫感受器，分布在皮肤、肌腱、胸膜、腹膜等处，能感受痛觉、压觉、本体感觉等。运动神经末梢是运动神经元轴突末梢装置，又称效应器，能支配肌肉收缩或支配腺细胞分泌。

5. 突触　神经元之间发生联系的功能性接触点，叫突触。

(1)突触的结构　电镜下观察，突触由突触前膜、突触后膜、突触间隙三部分构成(图 1-30)。突触前膜，是前一个神经元轴突末端的轴膜；突触后膜，是后一个神经元的细胞膜；突触间隙，是突触前膜与突触后膜之间的间隙。在靠近突触前膜的轴突内有许多突触小泡，突触小泡内含有许多化学递质，如乙酰胆碱、去甲肾上腺素等。突触后膜上有多种能与化学递质结合的特异性受体，如胆碱受体、肾上腺素受体等。当神经冲动传到轴突末梢时，突触小泡会释放出化学递质，扩散至突触间隙内，并与突触后膜上的特异性受体相结合，发挥生理效应。

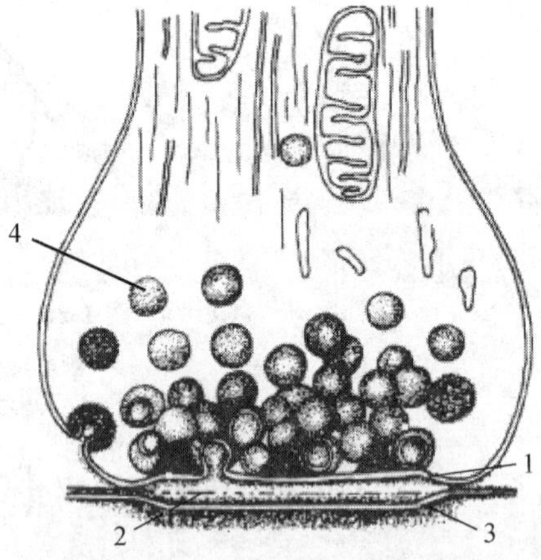

图 1-30　化学性突触超微结构模式图

1. 突触前膜　2. 突触间隙　3. 突触后膜　4. 突触小泡

(沈霞芬，家畜组织学与胚胎学，第 3 版，2001)

(2)突触的分类　按突触的形态结构分为轴-树突触、轴-体突触、轴-轴突触等。按机能分为化学性突触和电突触。化学性突触以神经递质(化学物质)作为信息传递媒介，电突触以电讯号(电流)传递信息。

(二)神经胶质细胞

神经胶质细胞是神经系统内不具有兴奋传导功能的一种辅助细胞，数量多，具有许多突起，但无树突和轴突之分，夹杂在神经元之间，包括胶质细胞、小胶质细胞等。神经胶质细胞具有支持、营养、修复和保护等作用。

【技能】

1. 单层柱状上皮的观察　先用低倍镜观察，找到比较典型的部位，再用高倍镜观察细胞的结构。细胞呈高柱状，核椭圆形，位于细胞的基底部，比较均匀地排列在同一水平线上。

2. 单层扁平上皮的观察　先用低倍镜观察，找到比较典型的部位，再用高倍镜观察细胞的结构。细胞呈不规则的多边形。

3. 疏松结缔组织的观察　先用低倍镜观察，找到比较典型的部位，可见交织成网的纤维，许多散在分布于纤维之间的细胞，以及纤维与细胞之间的无定形基质。再用高倍镜观察。

4. 骨骼肌的观察　用低倍镜观察呈圆柱状的骨骼肌细胞，换高倍镜，可见细胞膜的下方有许多卵圆形的细胞核，肌原纤维有清楚的横纹。

【任务总结】

内容		要点
知识	上皮组织	1. 上皮组织的分布、功能及形态构造特点 2. 单层扁平上皮、单层立方上皮、单层柱状上皮、假复层柱状纤毛上皮、复层扁平上皮、变移上皮的结构特点及分布
	结缔组织	1. 结缔组织的分布、功能及形态构造特点 2. 疏松结缔组织中的细胞、纤维及功能 3. 疏松结缔组织、致密结缔组织、脂肪组织、软骨组织、骨组织的结构特点及分布
	肌组织	骨骼肌、心肌、平滑肌的结构特点、分布及特性
	神经组织	1. 神经元的结构及功能 2. 神经元的分类 3. 神经纤维、感受器、效应器、突触
技能	单层柱状上皮的观察	能使用显微镜观察单层柱状上皮的结构
	单层扁平上皮的观察	能使用显微镜观察单层扁平上皮的结构
	疏松结缔组织的观察	能使用显微镜观察疏松结缔组织的结构
	骨骼肌的观察	能使用显微镜观察骨骼肌的结构

项目二　运动系统和被皮系统

▲【情境描述】

通过观察牛、猪、马的骨骼标本和肌肉标本，来学习家畜全身骨骼的组成、主要骨的结构特点及骨性标志，主要肌肉的名称、形态及位置；通过观察羊的被皮及相关图片来学习皮肤、毛、蹄的结构和皮肤腺的组成等。

▲【知识目标】

掌握全身骨骼的组成、主要骨的结构特点及骨性标志；掌握主要肌肉的名称、位置；掌握皮肤的结构、毛的结构、皮肤腺的组成、蹄的结构。

▲【能力目标】

能在标本上识别全身主要骨、关节、骨性标志；能在模型或新鲜肌肉标本上，识别主要肌肉的名称、形态及位置；能找到膈肌上的三个裂孔和腹股沟管；能准确定位皮下、皮内及蹄白线。

▲【素质目标】

具备团队协作能力；爱护骨骼、肌肉标本；在动物活体上进行被皮系统观察时注意自身安全。

◎任务 2-1　骨骼及关节的识别

【任务描述】

运动系统由骨、骨连结、肌肉三部分组成。全身的骨借骨连结连接成骨骼，构成畜体坚固的支架，来维持体型、保护脏器和支持体重。肌肉附着于骨骼上，肌肉收缩时，以骨连结为支点，牵引骨骼移动而产生各种运动。因此，在运动中，骨起杠杆作用，骨连结是运动的枢纽，肌肉则是运动的动力。本单元主要的任务是掌握家畜全身骨骼的组成、主要骨骼的结构特点、骨性标志及骨的化学成分和物理特性，并能在标本上识别家畜全身主要骨、关节及骨性标志。

【任务目标】

1. 掌握骨、关节的形态及构造；

2. 掌握牛、马和猪全身主要骨骼的构成、骨性标志及其特点，并能在牛、马和猪的骨骼标本上识别主要骨骼及骨性标志；

3. 分组讨论完成任务，具备团队协作能力；

4. 任务实施过程中，注意爱护骨骼标本。

【知识】

一、畜体各部位名称

(一)家畜体表主要名称

可将畜体划分为头部、躯干部、四肢三大部分(图 2-1)。

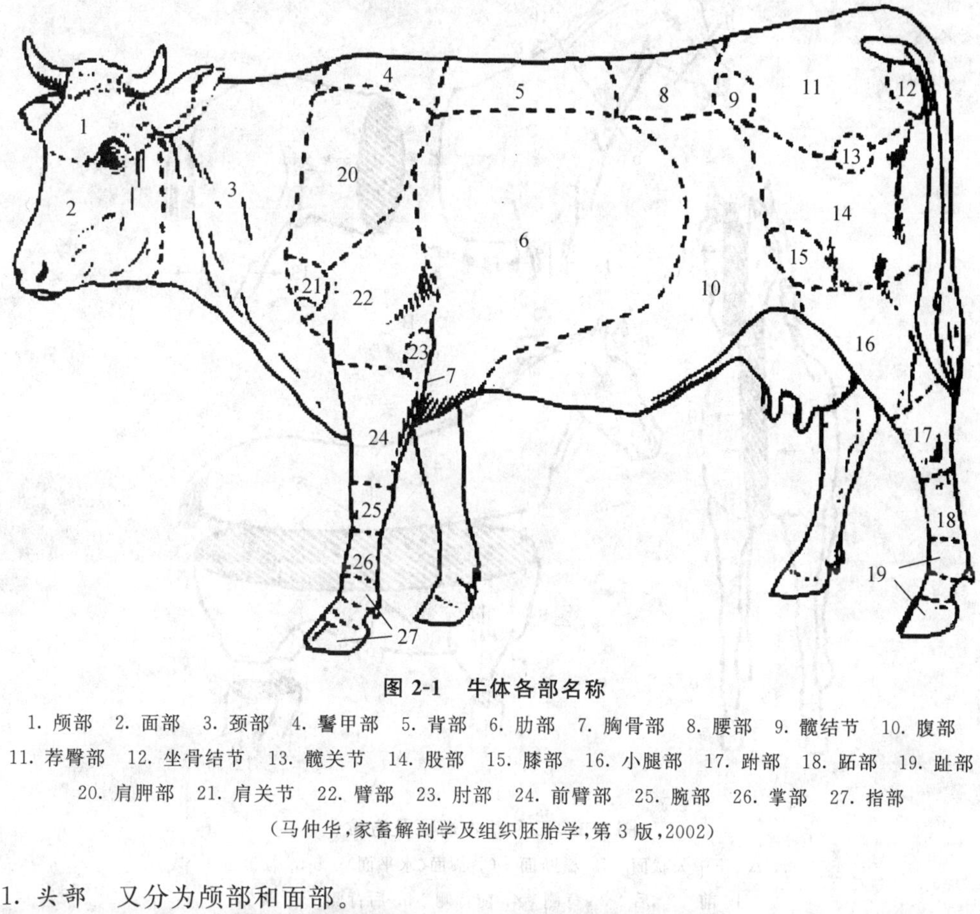

图 2-1 牛体各部名称

1. 颅部 2. 面部 3. 颈部 4. 鬐甲部 5. 背部 6. 肋部 7. 胸骨部 8. 腰部 9. 髋结节 10. 腹部 11. 荐臀部 12. 坐骨结节 13. 髋关节 14. 股部 15. 膝部 16. 小腿部 17. 跗部 18. 跖部 19. 趾部 20. 肩胛部 21. 肩关节 22. 臂部 23. 肘部 24. 前臂部 25. 腕部 26. 掌部 27. 指部

(马仲华,家畜解剖学及组织胚胎学,第 3 版,2002)

1. 头部 又分为颅部和面部。

颅部:位于颅腔周围。可分为枕部、顶部、额部、颞部等。

面部:位于口、鼻腔周围。分眼部、鼻部、咬肌部、颊部、唇部、下颌间隙部等。

2. 躯干部 除头和四肢以外的部分称躯干。包括颈部、胸背部、腰腹部、荐臀部和尾部。

颈部:以颈椎为基础,颈椎以上的部分称颈上部;颈椎以下的部分称颈下部。

胸背部:位于颈部和腰荐部之间,其外侧被前肢的肩胛部和臂部覆盖。前方较高的部位称为鬐甲部,后方为背部;侧面以肋骨为基础称为肋部;前下方称胸前部;下部称胸骨部。

腰腹部:位于胸部与荐臀部之间。上方为腰部,两侧和下面为腹部。

荐臀部:位于腰腹部后方。上方为荐部,侧面为臀部。后方与尾部相连。

尾部:分为尾根、尾体、尾尖。

3. 四肢

前肢:前肢借肩胛和臂部与躯干的胸背部相连,分为肩带部、臂部、前臂部、前脚部。前脚部包括腕部、掌部、指部。

后肢：由臀部与荐部相连，分为股部、小腿部、后脚部。后脚部包括跗部、跖部、趾部。

(二)方位术语

为了说明畜体各部结构的位置关系，必须了解有关定位用的轴、面与方位术语(图 2-2)。

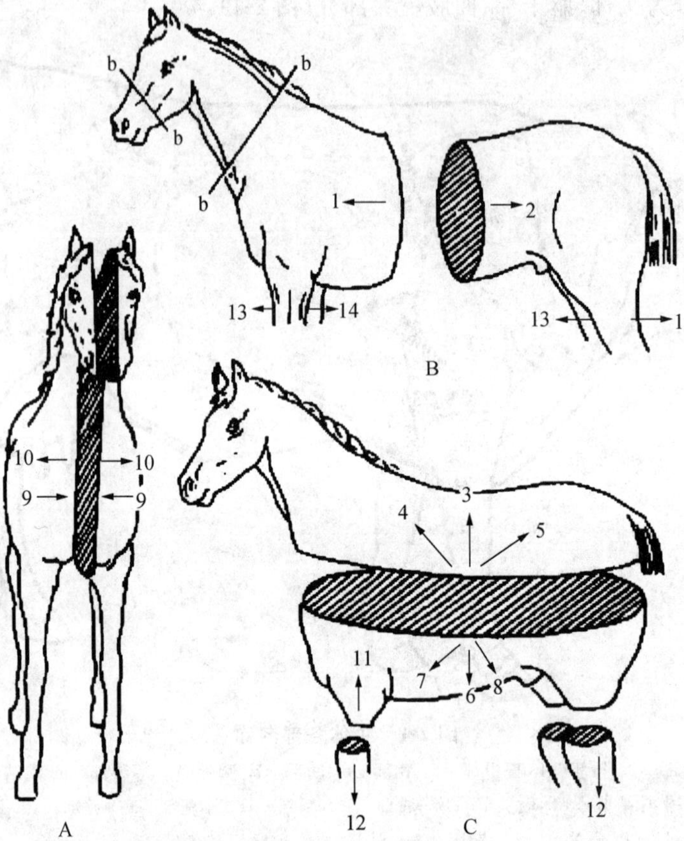

图 2-2　三个基本切面及方位

A. 正中矢状面　B. 横断面　C. 额面(水平面)　b-b. 横断面

1. 前　2. 后　3. 背侧　4. 前背侧　5. 后背侧　6. 腹侧

7. 前腹侧　8. 后腹侧　9. 内侧　10. 外侧　11. 近端

12. 远端　13. 背侧　14. 掌侧　15. 跖侧

(马仲华，家畜解剖学及组织胚胎学，第 3 版，2002)

1. 面

矢状面：与机体长轴平行且与地面垂直的面。可分为正中矢状面和侧矢面。正中矢状面只有一个，经过动物的正中线，将动物分为左右对称的两部分；侧矢面位于正中矢状面的侧方，有无数个。

额面：是与地面平行且与矢状面、横断面垂直的面。额面将动物体分为背侧和腹侧两部分。

横断面：是指横过动物体，与矢状面、额面都垂直的面。把动物体分为前、后两部分。

2. 轴　从畜体的头端至尾端，与地面平行的称为畜体的长轴；长轴也可用于四肢或其他器官，均以纵垂的方向为基准。

3. 方位术语　靠近畜体头端的称前侧或头侧；靠近尾端的称后侧或尾侧。

靠近脊柱的一侧称背侧；靠近腹部的一侧称腹侧。

靠近正中矢状面的一侧称内侧；远离正中矢状面的一侧称外侧。

在四肢部，近端为靠近躯干的一端；远端是远离躯干的一端。

前肢和后肢的前面称背侧；前肢的后面称掌侧，后肢的后面称跖侧。

二、骨的形态与构造

骨是复杂的器官，畜体的每一块骨都有一定的形态和功能。骨由骨组织构成，坚硬而有弹性，有丰富的血管、淋巴管及神经，具有新陈代谢及生长发育的特点，并具有改建和再生能力。骨基质内沉积有大量的钙盐和磷酸盐，是畜体的钙、磷库，参与钙磷的代谢与平衡。

(一)骨的形态

骨的形状多种多样，一般可分为长骨、短骨、扁骨和不规则骨四种类型。

长骨：主要分布于四肢的游离部，呈圆柱状。两端膨大，称骺；中部较细，称骨干或骨体。骨干中的空腔为骨髓腔，容纳骨髓。长骨起支持体重和形成运动杠杆的作用。

短骨：呈不规则的立方形，多成群地分布于四肢的长骨之间，如腕骨、跗骨等。起支持、分散压力和缓冲震动的作用。

扁骨：一般为板状，主要位于颅腔、胸腔的周围及四肢的带部，如颅骨、肋骨和肩胛骨等。起保护脑和重要器官的作用。

不规则骨：形状不规则，一般构成畜体的中轴，如椎骨、蝶骨等。具有支持、保护和供肌肉附着的作用。

(二)骨的构造

由骨膜、骨质、骨髓和血管、神经构成(图 2-3)。

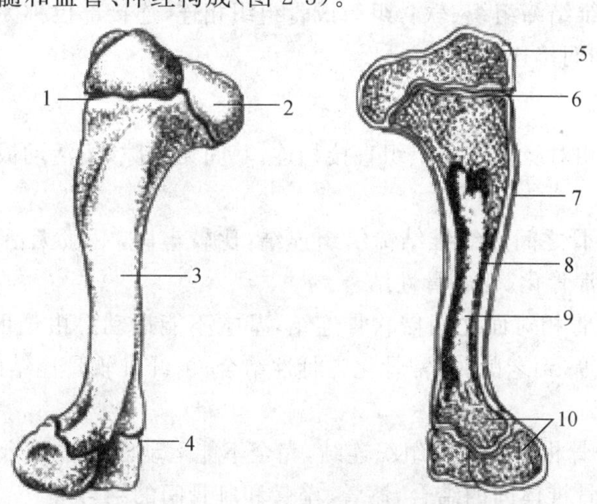

图 2-3　骨的形态和构造

1、4. 骺软骨　2. 骺　3. 骨体　5. 关节软骨　6. 骺线
7. 骨膜　8. 骨密质　9. 骨髓腔　10. 骨松质
(彭克美，畜禽解剖学，2005)

骨膜：是覆盖在骨表面的一层致密结缔组织膜，呈淡粉红色。骨膜分为深、浅两层，浅层为纤维层，富有血管和神经，具有营养和保护作用；深层为成骨层，富含成骨细胞，参与骨的形成。正在生长的骨，成骨层发达，直接参与骨的生成，老龄动物成骨层逐渐萎缩。当骨受损时，成骨层有修补和再生骨质的作用。

骨质：是构成骨的主要成分，分为骨密质和骨松质两种。骨密质分布在长骨的骨干和其他类型骨的外层，致密而坚硬，耐压性强；骨松质分布在长骨骺和其他类型骨的内部，由许多骨板和骨针交织成海绵状，结构疏松。

骨髓：位于长骨的骨髓腔和骨松质的间隙。胎儿和幼龄动物的骨髓全是红骨髓。红骨髓内含有不同发育阶段的各种血细胞，是重要的造血器官。随着年龄的增长，骨髓腔中的红骨髓逐渐被黄骨髓取代。黄骨髓主要由脂肪组织构成，具有贮存营养的作用。因此，成年动物有红、黄两种骨髓。

血管、神经：骨具有丰富的血液供应。分布在骨膜上的小血管经骨表面的小孔进入并分布于骨密质。较大的血管称滋养动脉，穿过滋养孔分布于骨髓。

骨膜、骨质和骨髓均有丰富的神经分布。

(三)骨的化学成分和物理特性

骨由有机物和无机物组成。有机物主要是骨胶原（蛋白质），成年家畜约占 1/3，决定骨的弹性和韧性；无机物主要是钙盐（碳酸钙、磷酸钙等），约占 2/3，决定骨的坚固性。有机物和无机物的比例随年龄和营养状况的不同而改变。幼畜的骨内有机物较多，故弹性和韧性大，不易骨折，但易弯曲变形；老年家畜骨内无机物含量增多，故脆性较大，易发生骨折。妊娠和泌乳母畜骨内的钙质可被胎儿吸收或随乳汁排出，造成无机质的减少，易发生软骨病。因此，应注意饲料成分的合理调配，以预防软骨病的发生。

三、骨连结

骨与骨之间借纤维结缔组织、软骨组织或骨组织相连，连接部位称为骨连结。骨连结可分为两大类：直接连结和间接连结。

(一)直接连结

两骨的相对面或相对缘借结缔组织直接相连，其间无腔隙，不活动或仅有小范围活动。直接连结分为三种类型。

1. 纤维连结　两骨之间以纤维结缔组织连结，比较牢固，一般无活动性。如头骨间的连结。这种连结老龄时常骨化，变成骨性结合。

2. 软骨连结　两骨相对面之间借软骨连结，基本不能运动。由透明软骨连结的，如长骨与骨骺之间的骺软骨等，到老龄时，常骨化为骨性结合；由纤维软骨连结的，如椎体间的椎间盘等，终生不骨化。

3. 骨性结合　两骨相对面以骨组织连结，完全不能运动。骨性结合常由纤维连结和软骨连结骨化而成。如荐骨椎体间的结合，髂骨、坐骨和耻骨间的结合等。

(二)间接连结

又称关节，是骨连结中较为普遍的一种形式。骨与骨之间可灵活活动，如四肢的关节等。

1. 关节的构造　基本构造包括关节面、关节软骨、关节囊和关节腔（图 2-4）。有的关节还有韧带、关节盘等辅助结构。

关节面:骨与骨相接触的光滑面,骨质致密,形状彼此互相吻合。其中的一个面略凸,称关节头;另一个略凹,称关节窝。

关节软骨:关节面上所附着的一层透明软骨,光滑而有弹性和韧性,可减轻运动时的冲击和摩擦。

关节囊:围绕在关节周围密闭的结缔组织囊,附着在关节面的周缘及其附近的骨面上。囊壁分内、外两层:外层为纤维层,由致密结缔组织构成,厚而坚韧,具有保护作用;内层为滑膜层,由疏松结缔组织构成,能分泌透明黏稠的滑液,有营养软骨和润滑关节的作用。

关节腔:关节软骨和关节囊的滑膜层之间的密闭腔隙,内有少量淡黄色的滑液,有润滑、缓冲震动及营养关节的作用。

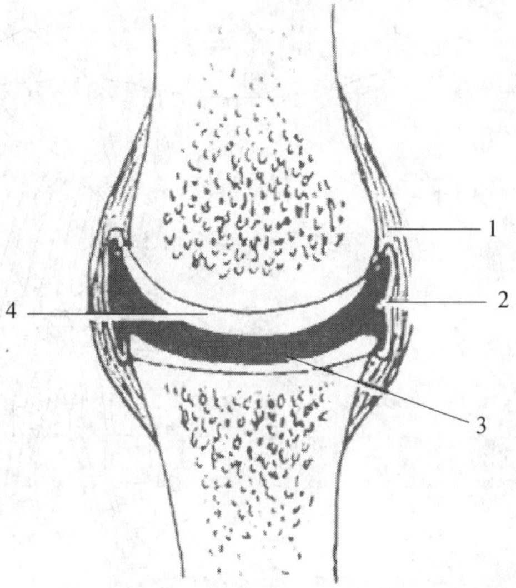

图 2-4 关节构造模式图

1. 关节囊纤维层 2. 关节囊滑膜层
3. 关节腔 4. 关节软骨

(马仲华,家畜解剖学及组织胚胎学,第3版,2002)

关节的辅助结构:适应关节的功能而形成的一些结构,主要有韧带和关节盘。韧带是在关节囊外连在相邻两骨间的致密结缔组织带,有增强关节稳固性的作用。关节盘是位于两个关节面间的纤维软骨板,有使关节面吻合一致、扩大运动范围并缓冲震动的作用。

2. 关节的运动

(1)屈、伸运动 凡使成关节的两骨接近,关节角变小的为屈;反之,使关节角变大的为伸。

(2)内收、外展运动 使骨向正中矢状面移动的运动为内收;反之,使骨远离正中矢状面的运动为外展。

(3)旋转运动 骨环绕垂直轴运动称为旋转运动。

3. 关节的类型

(1)按构成关节的骨数 可把关节分为单关节和复关节两类。单关节由相邻两块骨构成,如前肢的肩关节;复关节由多块骨构成,如腕关节、膝关节。

(2)按关节运动轴的数目 可把关节分为单轴关节、双轴关节和多轴关节三类。

单轴关节:一般由中间有沟或嵴的滑车状关节面构成,只能沿横轴作屈、伸运动。

双轴关节:由椭圆形的关节面和相应的关节窝构成,如寰枕关节,能作屈、伸运动及左右摆动。

多轴关节:由半球形的关节头和相应的关节窝构成,如肩关节和髋关节,能作屈、伸、内收、外展及旋转运动。

畜体全身的骨骼可分为头骨、躯干骨、前肢骨和后肢骨四部分(图 2-5 至图 2-7)。

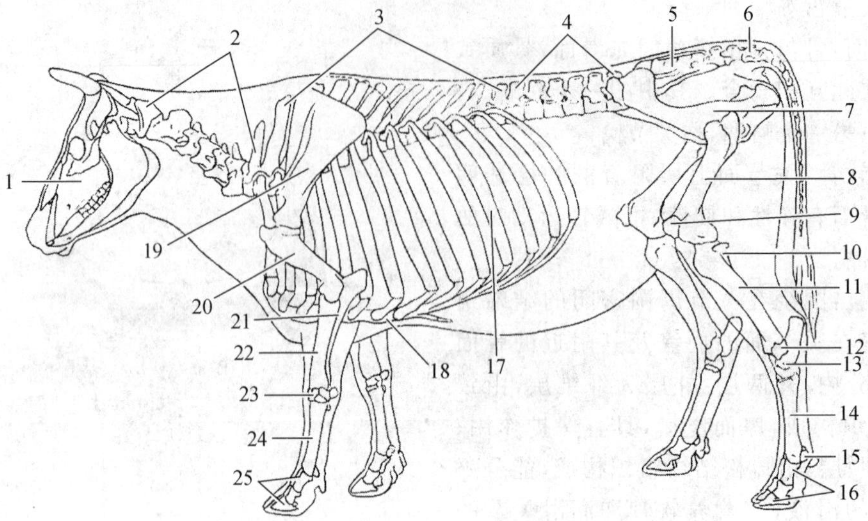

图 2-5 牛全身骨骼

1. 头骨 2. 颈椎 3. 胸椎 4. 腰椎 5. 荐骨 6. 尾椎 7. 髋骨 8. 股骨 9. 髌骨 10. 腓骨 11. 胫骨 12. 踝骨 13. 跗骨 14. 跖骨 15. 近籽骨 16. 趾骨 17. 肋骨 18. 胸骨 19. 肩胛骨 20. 肱骨 21. 尺骨 22. 桡骨 23. 腕骨 24. 掌骨 25. 指骨

（马仲华，家畜解剖学及组织胚胎学，第 3 版，2002）

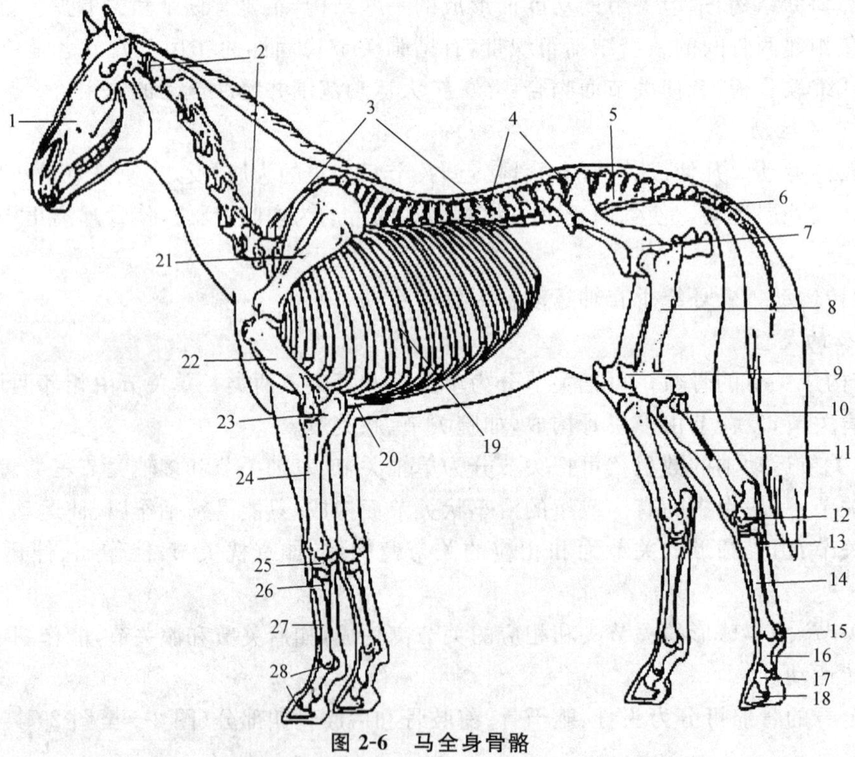

图 2-6 马全身骨骼

1. 头骨 2. 颈椎 3. 胸椎 4. 腰椎 5. 荐骨 6. 尾椎 7. 髋骨 8. 股骨 9. 髌骨 10. 腓骨 11. 胫骨 12. 跗骨 13. 第 4 跖骨 14. 第 3 跖骨 15. 近籽骨 16. 系骨 17. 冠骨 18. 蹄骨 19. 肋骨 20. 胸骨 21. 肩胛骨 22. 肱骨 23. 尺骨 24. 桡骨 25. 腕骨 26. 第 4 掌骨 27. 第 3 掌骨 28. 指骨

（马仲华，家畜解剖学及组织胚胎学，第 3 版，2002）

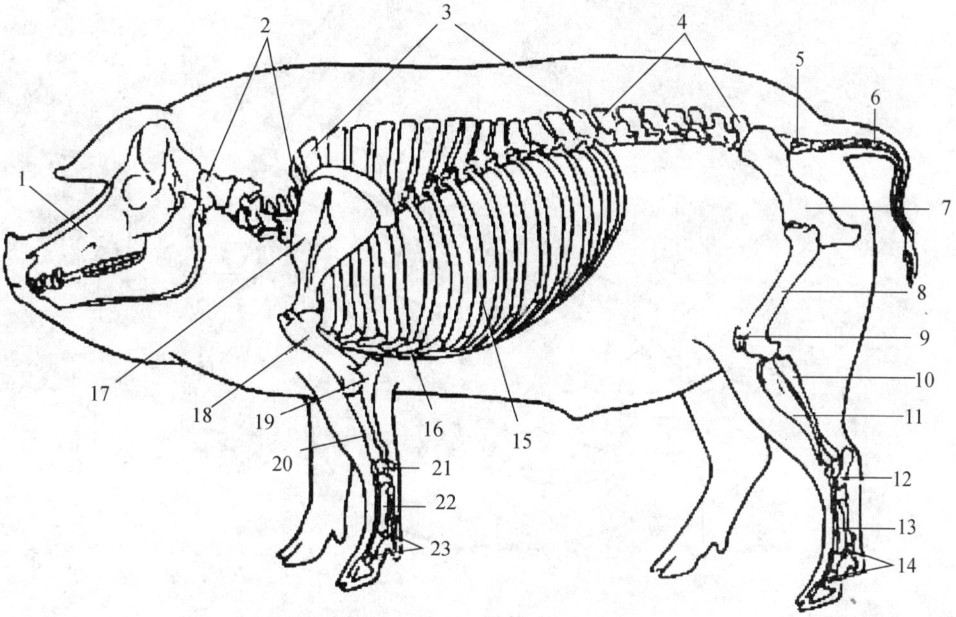

图 2-7　猪全身骨骼

1. 头骨　2. 颈椎　3. 胸椎　4. 腰椎　5. 荐骨　6. 尾椎　7. 髋骨　8. 股骨　9. 髌骨　10. 腓骨　11. 胫骨　12. 跗骨　13. 跖骨　14. 趾骨　15. 肋骨　16. 胸骨　17. 肩胛骨　18. 肱骨　19. 尺骨　20. 桡骨　21. 腕骨　22. 掌骨　23. 指骨

(马仲华,家畜解剖学及组织胚胎学,第3版,2002)

四、牛的头部骨骼及关节

(一)头部骨骼

头部骨骼位于脊柱前端,由枕骨与寰椎相连。其主要由扁骨和不规则骨构成。分颅骨和面骨两部分(图 2-8)。

1. *颅骨*　位于头部后上方,围成颅腔,容纳并保护脑,包括枕骨、顶间骨、蝶骨和筛骨各一枚;顶骨、额骨和颞骨各一对。

枕骨:位于颅骨后部,构成颅腔后底壁,后方中部有枕骨大孔与椎管相通,大孔的两侧有卵圆形的关节面为枕髁,与寰椎关节窝构成关节。

顶骨:位于枕骨之前,额骨之后。

顶间骨:位于枕骨和顶骨之间,常与邻骨愈合。顶骨和顶间骨构成颅腔后壁,与枕骨愈合。

额骨:构成颅腔顶壁,外面平整,向外侧伸出颧突,构成眼眶的上界。牛的额骨约占头骨背面的一半,呈四方形,宽而平坦。其后缘与顶骨之间,形成额隆起,为头骨的最高点。额骨后方两侧有角突。

颞骨:位于头骨的后外侧,构成颅腔侧壁。分为鳞颞骨和岩颞骨。鳞颞骨与额骨、顶骨和蝶骨相接,向外伸出颧突,是头骨背面的最宽处,其基部有眶上沟及眶上孔。颧突与颧骨的颞突相结合,形成颧弓。在颧突的腹侧有颞髁,与下颌骨成关节。岩颞骨在鳞颞骨的后方,构成位听器官的支架。

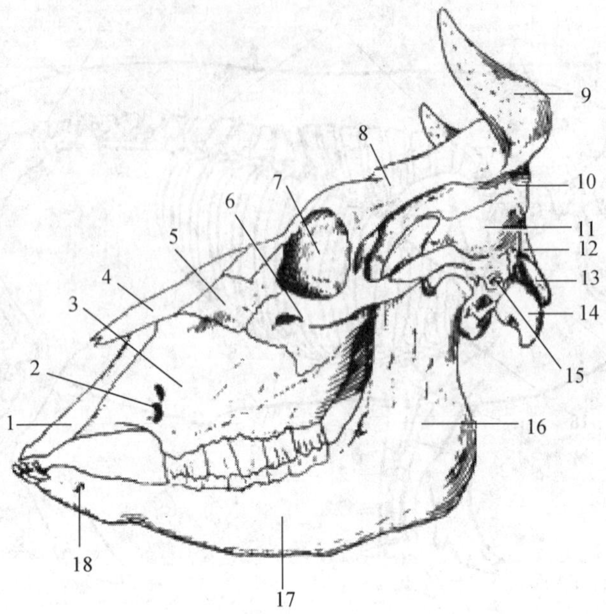

图 2-8 牛头骨侧面

1. 切齿骨 2. 眶下孔 3. 上颌骨 4. 鼻骨 5. 泪骨 6. 颧骨 7. 眶窝 8. 额骨 9. 角突 10. 顶骨 11. 颞骨 12. 枕骨 13. 枕髁 14. 颈静脉突 15. 外耳道 16. 下颌支 17. 下颌体 18. 颏孔

（马仲华，家畜解剖学及组织胚胎学，第3版，2002）

蝶骨：位于颅腔底壁，形似蝴蝶，由蝶骨体、两对翼和1对翼突构成。

筛骨：位于颅腔前壁，上接额骨，下面与蝶骨相接。由筛板、垂直板和1对筛骨迷路组成。

2. *面骨* 位于头部前下方，构成眼眶、鼻腔和口腔的骨性支架。包括鼻骨、上颌骨、泪骨、颧骨、切齿骨、腭骨、翼骨、鼻甲骨和下颌骨各一对；犁骨和舌骨各一枚。

鼻骨：构成鼻腔的顶壁，短而窄，前后几乎等宽，前部游离。后接额骨，外侧与泪骨、上颌骨和切齿骨相接。

上颌骨：构成鼻腔的侧壁、底壁和口腔的上壁。几乎与所有的面骨相接。上颌骨的外侧面宽大，有面嵴和眶下孔。下缘称齿槽缘，有臼齿齿槽；上颌骨内、外骨板间形成发达的上颌窦。

泪骨：位于眼眶前部。其眶面有一漏斗状的泪囊窝，为骨性鼻泪管的开口。

颧骨：位于泪骨的下方，前面与上颌骨相接，构成眼眶的下壁。颧骨向后方伸出颞突，与颞骨的颧突形成颧弓。

切齿骨（颌前骨）：位于上颌骨的前方。骨体薄而扁平，无切齿槽。

腭骨：位于上颌骨内侧后方，构成鼻后孔的侧壁与硬腭后部的骨质基础。

鼻甲骨：是两对卷曲的小骨片，附着于鼻腔的侧壁上，将每侧鼻腔分为上、中、下三个鼻道，形成鼻腔黏膜的支架。

下颌骨：是面骨中最大的一块，分为左、右两半，每半分为下颌体和下颌支两部分。下颌体位于前方，骨体厚，前缘上方有切齿齿槽，后方有臼齿齿槽，切齿齿槽与臼齿齿槽间的平滑区域为齿槽间隙。下颌支位于后方，呈垂直位，上端后方有一平滑的关节面为下颌髁，与颞髁构成颞下颌关节。两侧下颌骨之间的空隙为下颌间隙。在下颌体与下颌支交界处下缘，有下颌骨血管切迹。

舌骨：位于下颌间隙后部，由数块小骨构成，支持舌根、咽及喉。

翼骨：狭窄而薄的小骨板，附着于蝶骨翼突的内侧。

犁骨：位于蝶骨体前方，沿鼻腔底壁中线向前延伸。

(二)副鼻窦

副鼻窦又称鼻旁窦，是头骨内外骨板之间含气腔体的总称。它们直接或间接与鼻腔相通，故称鼻旁窦。主要有额窦和上颌窦(图 2-9)。

额窦：很大，伸延于整个额部、颅顶壁和部分后壁，并与角突的腔相通连。正中有一隔，将左、右两窦分开。

上颌窦：主要在上颌骨、泪骨和颧骨内。上颌窦在眶下管内侧的部分很发达，伸入上颌骨腭突与腭骨内，故又称腭窦。

(三)头骨的连结

头骨大部分形成缝隙连结，不能活动。颞下颌关节是头部唯一的活动关节，由下颌骨的下颌髁和颞骨的关节结节构成，能作开口、闭口运动。

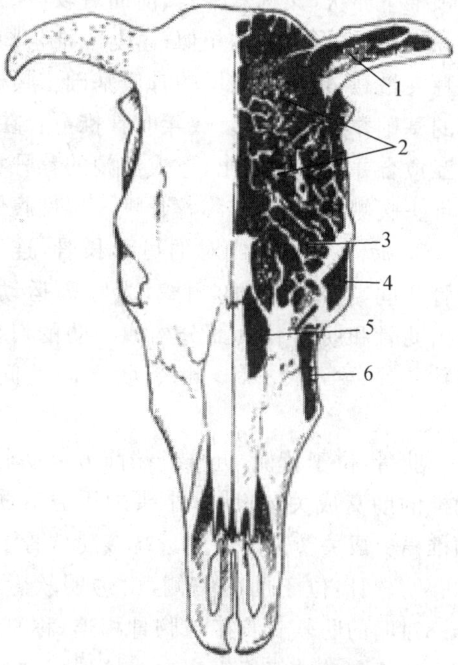

图 2-9　牛的额窦和上颌窦

1. 角腔　2. 额大窦　3. 额小窦
4. 眶窝　5. 上鼻窦　6. 上颌窦

(马仲华，家畜解剖学及组织胚胎学，第 3 版，2002)

五、牛的躯干骨骼及关节

(一)躯干骨

包括椎骨、肋和胸骨。躯干骨作为胸腔、腹腔和骨盆腔的支架，容纳并保护其内部器官，还能够支持头部并传递动力。

1. *椎骨*　由颈椎、胸椎、腰椎、荐椎和尾椎构成。牛有 7 枚颈椎，13 枚胸椎，6 枚腰椎，5 枚荐椎，18～20 枚尾椎。各椎骨之间借软骨、关节与韧带紧密连接构成脊柱。椎骨由椎体、椎弓和突起三部分构成(图 2-10)。

椎体：位于椎骨腹侧，呈短柱状，前面略凸为椎头，后面略凹为椎窝。

椎弓：是位于椎体背侧的拱形骨板，与椎体围成椎孔，各椎骨的椎孔相连形成纵行的椎管，其内容纳脊髓。椎弓基部的前后缘各有 1 对切迹，相邻椎弓的切迹合成椎间孔，供血管、神经通过。

突起：有 3 种。由椎弓背侧向上方伸出 1 个突起，称棘突；从椎弓基部向两侧伸出的

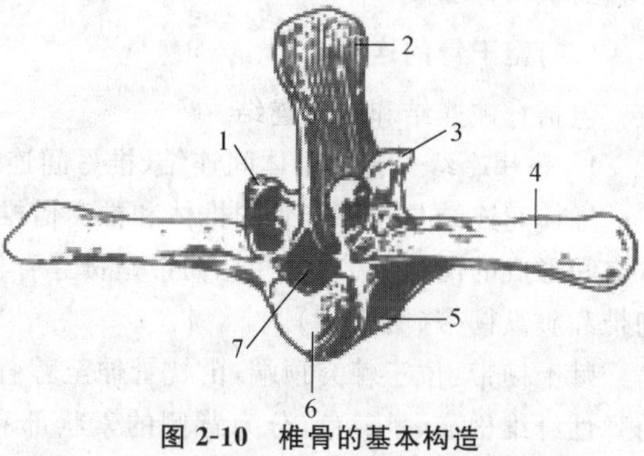

图 2-10　椎骨的基本构造

1. 前关节突　2. 棘突　3. 后关节突
4. 横突　5. 椎体　6. 椎头　7. 椎孔

(彭克美，畜禽解剖学，2005)

1对突起，称横突；从椎弓背侧的前、后缘各伸出1对关节突，分别称为前、后关节突。

各部椎骨因所执行的机能及所在部位的不同，其形态结构略有差异。颈椎形状不规则，第一颈椎呈环状，又称寰椎，其前面有较深的前关节凹，与头骨的枕髁成关节；第二颈椎称枢椎；第3～6颈椎形态结构相似；第七颈椎与胸椎相似。牛胸椎椎体长，棘突发达，其中第2～6胸椎棘突最高，是构成鬐甲的骨质基础。腰椎横突发达，构成腹腔顶壁的骨质基础。荐椎构成荐部的基础并连接后肢。成年时荐椎愈合在一起称为荐骨，以增加荐部的牢固性。荐椎的横突相互愈合并向两侧突出，形成宽阔的荐骨翼，翼的背外侧有耳状关节面与髂骨成关节。第一荐椎椎头腹侧缘较突出，称荐骨岬。尾椎腹侧有一血管沟，供尾中动脉通过，此处可测牛的脉搏。

2. 肋　为左右成对的弓形长骨，连于胸椎与胸骨之间，构成胸腔的侧壁，为呼吸运动的杠杆。肋由肋骨和肋软骨两部分构成。肋的对数与胸椎枚数一致，牛有13对。相邻肋之间的间隙，称肋间隙。

肋骨：位于背侧，近椎骨端前方有肋骨小头，与胸椎的肋窝成关节；肋骨小头的后方有肋结节，与胸椎横突成关节。肋骨的远端接肋软骨。

肋软骨：位于肋的腹侧，由透明软骨构成。第1～8对肋的肋软骨直接与胸骨相连，称真肋。其余肋的肋软骨借结缔组织依次连接形成肋弓，这种肋称为假肋或弓肋。

3. 胸骨　位于腹侧，构成胸廓的底壁，由6～8块胸骨片借软骨连接而成，呈上下略扁的船形。胸骨由前向后分为胸骨柄、胸骨体和剑状软骨(剑突)三部分(图2-11)。胸骨柄、胸骨体的两侧有肋窝，与真肋的肋软骨直接成关节。

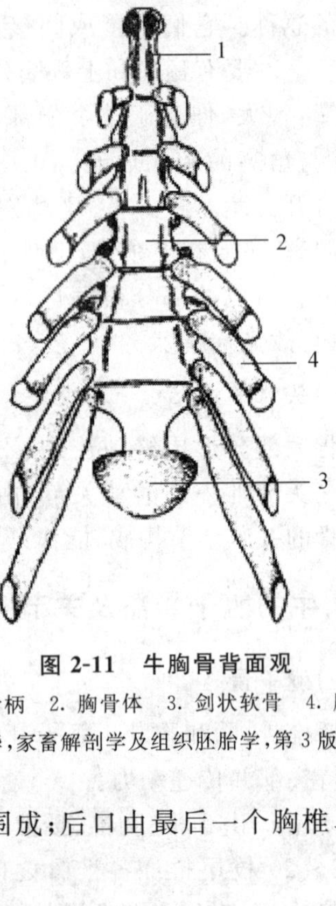

图 2-11　牛胸骨背面观

1. 胸骨柄　2. 胸骨体　3. 剑状软骨　4. 肋软骨

(马仲华，家畜解剖学及组织胚胎学，第3版，2002)

4. 胸廓　由胸椎、肋和胸骨共同围成，呈前口窄后口宽的圆锥形。前口由第一胸椎、第一对肋和胸骨柄围成；后口由最后一个胸椎、左右肋弓和剑状软骨围成。

(二)躯干骨的连结

包括脊柱连结和胸廓连结。

1. 脊柱连结　包括椎体间连结、椎弓间连结和脊柱总韧带。

椎体间连结是相邻椎骨的椎体和椎窝借椎间盘相连结；椎弓间连结是相邻椎骨的前后关节突间形成的滑动关节；脊柱总韧带是贯穿脊柱，连接大部分椎骨的韧带，包括棘上韧带、背纵韧带和腹纵韧带(图2-12)。

棘上韧带：位于棘突顶端，由枕骨伸至荐骨。棘上韧带在颈部发达，形成项韧带。项韧带由弹性纤维构成，呈黄色，分为背侧的索状部和腹侧的板状部(图2-13)。项韧带的作用是辅助颈部肌肉支持头部。

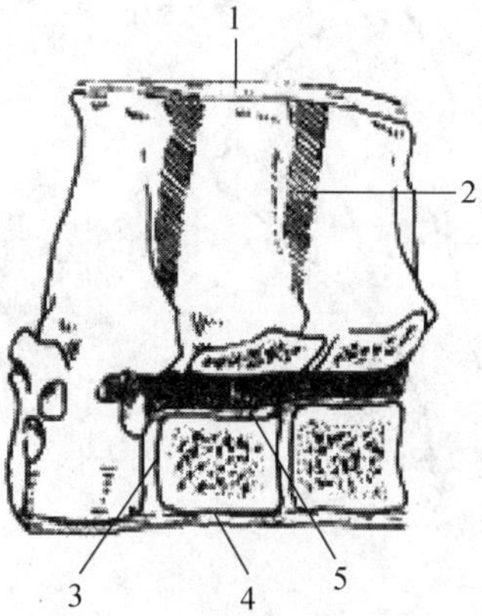

图 2-12 胸椎的椎间关节

1. 棘上韧带 2. 棘间韧带 3. 椎间盘

4. 腹纵韧带 5. 背纵韧带

(马仲华,家畜解剖学及组织胚胎学,第 3 版,2002)

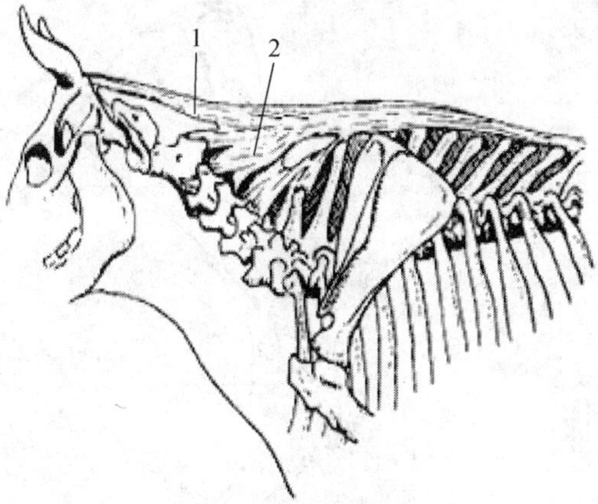

图 2-13 牛的项韧带

1. 索状部 2. 板状部

(马仲华,家畜解剖学及组织胚胎学,第 3 版,2002)

背纵韧带:位于椎体的背侧,起于枢椎,止于荐椎。

腹纵韧带:位于椎体的腹侧面,并紧紧附着于椎间盘上。由胸椎中部开始,止于荐骨。

2. *胸廓连结* 包括肋椎关节和肋胸关节。前者是肋骨与胸椎形成的关节,后者是肋软骨与胸骨形成的关节。

六、牛的前肢骨骼及关节

(一)前肢骨骼

前肢骨骼包括肩胛骨、臂骨、前臂骨(包括尺骨和桡骨)、前脚骨(包括腕骨、掌骨、指骨和籽骨)(图 2-14)。

1. *肩胛骨* 为三角形的扁骨,斜位于胸廓两侧的前上部,由后上方斜向前下方。其上缘附着肩胛软骨,外侧面有一纵行的嵴,称为肩胛冈。冈的前上方为冈上窝,后下方为冈下窝,下端有一突起,称为肩峰。肩胛骨内侧面的凹窝为肩胛下窝,远端的关节窝为肩臼,与臂骨头形成关节。

2. *臂骨* 为一管状长骨,又称肱骨。斜位于胸部两侧的前下部,由前上方斜向后下方。近端粗大,前方两侧有内、外结节,外侧结节又称大结节,两结节间是臂二头肌沟;近端后方有球形的臂骨头,与肩臼成关节。臂骨骨干呈扭曲的圆柱状,外侧有较小的三角肌结节,内侧有圆肌结节,远端有髁状关节面,与桡骨成关节。髁的后面有一深的肘窝(鹰嘴窝)。

3. *前臂骨* 包括桡骨和尺骨。桡骨位于前内侧,发达,主要起支持作用,近端与臂骨成关节,远端与近列腕骨成关节;尺骨位于后外侧,近端粗大,向后上方突出形成肘突(鹰嘴),远端稍长于桡骨。成年牛两骨彼此愈合,二骨间的缝隙为前臂骨间隙。

4. *前脚骨* 包括腕骨、掌骨、指骨和籽骨(图 2-15)。

腕骨:位于前臂骨和掌骨之间,由两列、6 块短骨组成。近列 4 块,由内向外依次是桡腕骨、中间腕骨、尺腕骨和副腕骨;远列 2 块,内侧一块较大,由第二、第三腕骨构成,外侧一块为第四腕骨。

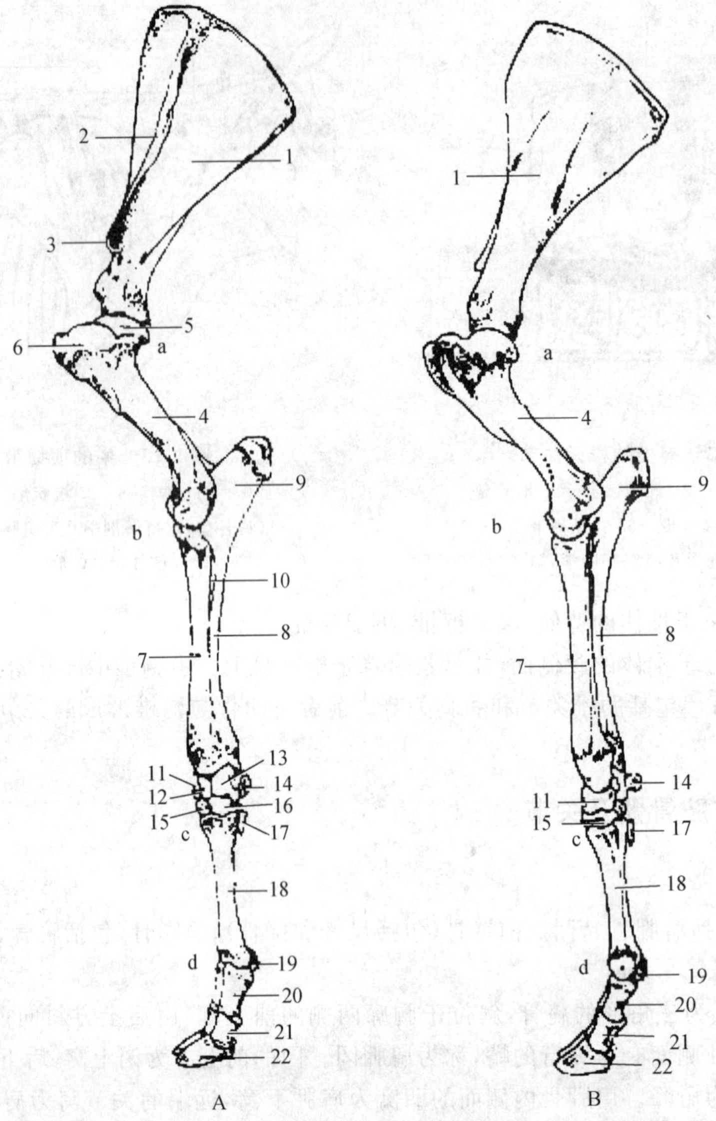

图 2-14 牛前肢骨骼

A. 外侧面(左) B. 内侧面(右)

a. 肩关节 b. 肘关节 c. 腕关节 d. 指关节

1. 肩胛骨 2. 肩胛冈 3. 肩峰 4. 肱骨 5. 肱骨头 6. 外侧结节 7. 桡骨 8. 尺骨 9. 鹰嘴 10. 前臂骨间隙 11. 桡腕骨 12. 中间腕骨 13. 尺腕骨 14. 副腕骨 15. 第二、三腕骨 16. 第四腕骨 17. 第五掌骨 18. 大掌骨 19. 近籽骨 20. 系骨 21. 冠骨 22. 蹄骨

(马仲华,家畜解剖学及组织胚胎学,第3版,2002)

掌骨:近端接腕骨,远端接指骨。牛有3块掌骨,即3、4、5掌骨。第三、四掌骨发达,称为大掌骨。第五掌骨为一圆锥形小骨,附于第四掌骨的近端外侧。

指骨:牛有4个指,即2、3、4、5指。其中第三、四指发育完整,称主指,每指有3个指节骨,依次为系骨、冠骨和蹄骨;第二、五指退化,不与地面接触,又称悬指,每指仅有2块指节骨,即冠骨与蹄骨。

籽骨：为块状小骨，分为近籽骨和远籽骨。近籽骨每主指上各有 2 块，共有 4 块，位于大掌骨下端与系骨之间的掌侧；远籽骨每主指上各 1 块，共 2 块，位于冠骨与蹄骨之间的掌侧。

(二)前肢关节

前肢的肩胛骨与躯干之间不形成关节，借强大的肩带肌与躯干连接。其余各骨间均形成关节，自上而下依次为：肩关节、肘关节、腕关节、指关节。指关节又分系关节、冠关节、蹄关节。

1. 肩关节　为多轴关节，由肩胛骨远端的肩臼与臂骨头构成，关节角顶向前，主要进行屈、伸运动。

2. 肘关节　为单轴关节，由臂骨远端与前臂骨的近端构成，关节角顶向后，有关节囊及内、外韧带，只能作屈、伸运动。

3. 腕关节　为复关节，由桡骨远端、腕骨及掌骨近端构成，关节角顶向前，只能作屈、伸运动。

4. 指关节　包括系关节(球节)、冠关节和蹄关节。系关节由掌骨远端、近籽骨与系骨近端构成；冠关节由系骨远端、冠骨近端构成；蹄关节由冠骨远端、远籽骨及蹄骨近端构成。这些关节主要进行屈、伸运动。

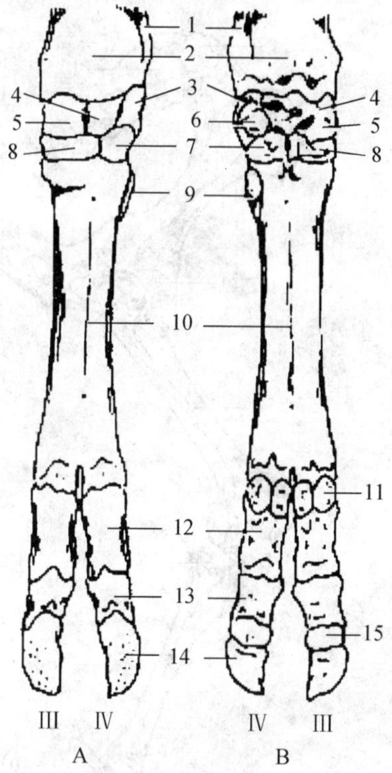

图 2-15　牛前脚骨(左)

A. 背侧　B. 掌侧

Ⅲ. 第三指　Ⅳ. 第四指

1. 尺骨　2. 桡骨　3. 尺腕骨　4. 中间腕骨　5. 桡腕骨　6. 副腕骨　7. 第四腕骨　8. 第二、三腕骨　9. 第五掌骨　10. 大掌骨　11. 近籽骨　12. 系骨　13. 冠骨　14. 蹄骨　15. 远籽骨

(马仲华，家畜解剖学及组织胚胎学，第 3 版，2002)

七、牛的后肢骨骼及关节

(一)后肢骨骼

包括髋骨(包括髂骨、坐骨和耻骨)、股骨、膝盖骨、小腿骨和后脚骨(包括跗骨、跖骨、趾骨和籽骨)(图 2-16)。

1. 髋骨　由背侧的髂骨、腹侧的耻骨和坐骨结合而成(图 2-17)。骨结合处形成一个深的杯状关节窝，称髋臼，与股骨头成关节。

髂骨：位于背外侧，其后部窄，呈三棱形，称髂骨体；前部宽而扁，呈三角形，称髂骨翼。髂骨翼的外侧面称臀肌面，内侧面(骨盆面)称耳状面；髂骨翼的外侧角粗大称髋结节，内侧角称荐结节。

坐骨：位于腹侧后方，构成骨盆底壁的后部。其后外侧角粗大，称坐骨结节。两侧坐骨的后缘形成弓状，称坐骨弓，前缘与耻骨围成闭孔，内侧缘与对侧坐骨相接，形成坐骨联合。

耻骨：位于腹侧前方，较小，构成骨盆底壁的前部，并构成闭孔的前缘。两侧耻骨的结合处形成耻骨联合。耻骨联合和坐骨联合合称为骨盆联合。

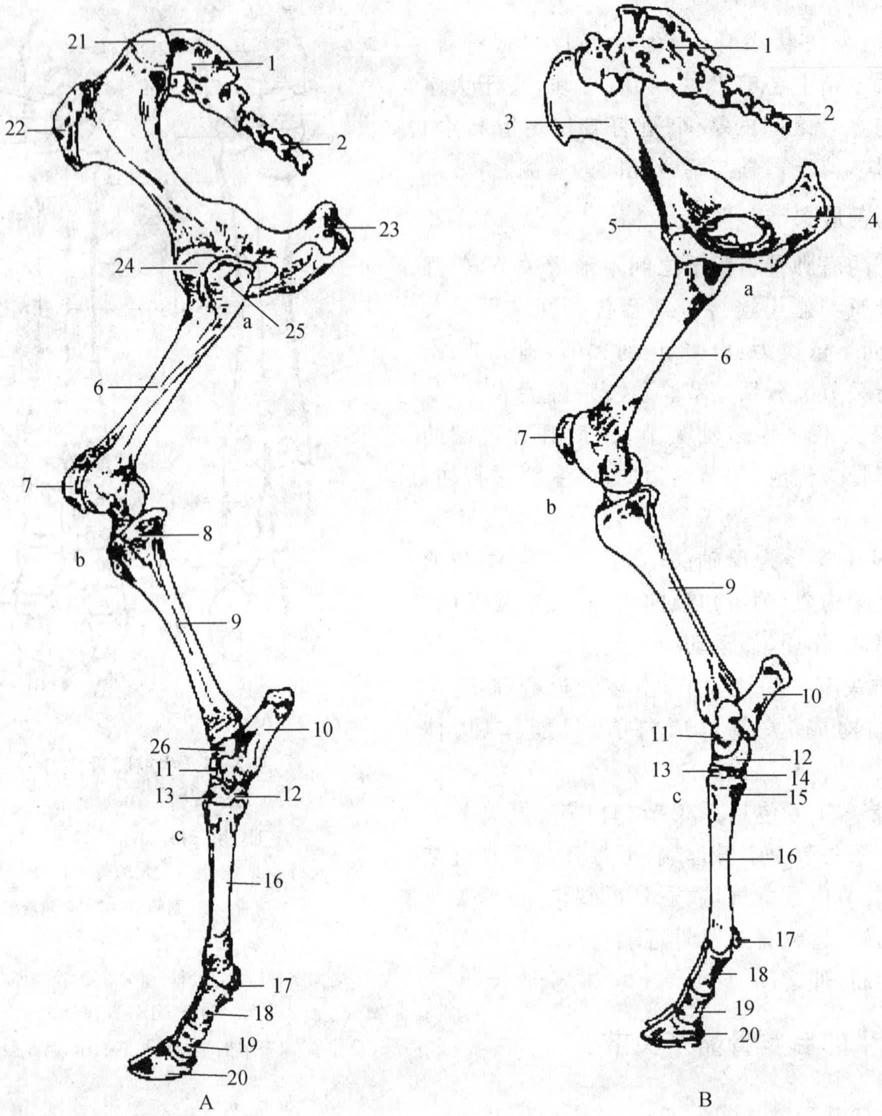

图 2-16 牛后肢骨

A. 外侧(左) B. 内侧(右)

a. 髋关节 b. 膝关节 c. 跗关节

1. 荐骨 2. 尾椎 3. 髂骨 4. 坐骨 5. 耻骨 6. 股骨 7. 髌骨 8. 腓骨 9. 胫骨 10. 腓跗骨 11. 距骨 12. 中央、第四跗骨 13. 第二、三跗骨 14. 第一跗骨 15. 第二跖骨 16. 大跖骨 17. 近籽骨 18. 系骨 19. 冠骨 20. 蹄骨 21. 荐结节 22. 髋结节 23. 坐骨结节 24. 股骨头 25. 大转子 26. 踝骨

(马仲华,家畜解剖学及组织胚胎学,第 3 版,2002)

2. 股骨 为管状长骨,由后上方斜向前下方。近端粗大,内侧有球形的股骨头,与髋臼成关节;外侧有一粗大的突起称为大转子。远端粗大,前方为滑车状关节面,与髌骨成关节;后方为股骨髁,与胫骨成关节。

3. 膝盖骨　又称髌骨，位于股骨远端的前方。其前面粗糙，供肌腱、韧带附着；后面为关节面，与滑车状关节面成关节。

4. 小腿骨　包括胫骨和腓骨。胫骨发达，呈三棱柱状。近端粗大，有内、外髁，与股骨成关节；远端有滑车状关节面，与胫跗骨成关节。腓骨位于胫骨外侧，牛的已退化为一向下的小突起。

5. 后脚骨　包括跗骨、跖骨、趾骨和籽骨(图 2-18)。

跗骨：由 5 块短骨组成，排成 3 列。近侧列跗骨发达，有 2 块，前内侧的一块叫距骨，后外方的一块叫跟骨，跟骨有向后突出的跟结节。中列只有一块中央跗骨。远列由内向外依次为第一、二、三、四跗骨，第一跗骨小，位于后内侧，第二和第三跗骨愈合，第四跗骨与中央跗骨愈合。

跖骨、趾骨和籽骨：分别与前肢相应的掌骨、指骨和籽骨相似。

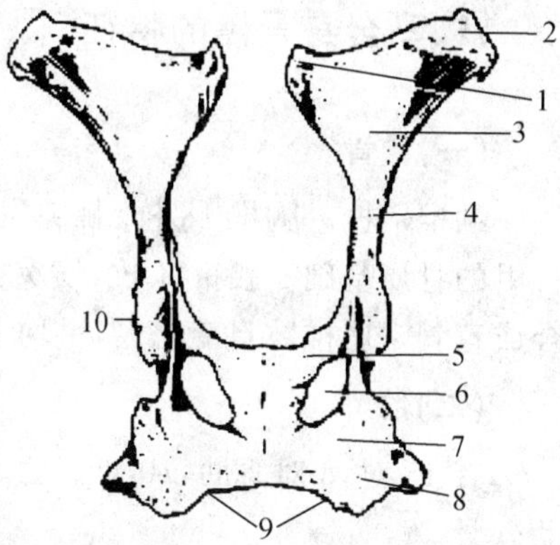

图 2-17　牛髋骨背侧面

1. 荐结节　2. 髋结节　3. 髂骨翼　4. 髂骨体　5. 耻骨　6. 闭孔　7. 坐骨　8. 坐骨结节　9. 坐骨弓　10. 髋臼

(马仲华，家畜解剖学及组织胚胎学，第 3 版，2002)

(二)后肢关节

后肢在推动身体前进方面起主要作用，因为后肢以荐髂关节与躯干牢固相连，以便把后肢肌肉收缩时产生的推动力传向躯体。为保持站立时的稳定，后肢各关节与前肢相适应，除趾关节外，各关节的方向相反。后肢关节由上向下依次是荐髂关节、髋关节、膝关节、跗关节和趾关节。

1. 荐髂关节　由荐骨翼与髂骨的耳状关节面构成，关节面不平整，周围有短而强的关节囊，并有一层短的韧带加固。因此，荐髂关节几乎不能活动。

2. 髋关节　由髋臼和股骨头构成，为多轴关节。髋关节能进行多方面运动，但主要是屈、伸运动。

3. 膝关节　为复关节，包括股胫关节和股髌关节，关节角顶向前。股胫关节由股骨远端的髁和胫骨近端的关节面构成；股髌关节由髌骨和股骨远端的滑车关节面构成。膝关节为多轴关节，但由于受到肌肉和韧带的限制，主要作屈、伸运动。

4. 跗关节　又称飞节，是由小腿骨远端、跗骨和跖骨近端构成的复关节。跗关节为单轴关节，主要作屈、伸运动。

5. 趾关节　包括系关节、冠关节和蹄关节。其构造与前肢指关节相同。

(三)骨盆

由左右髋骨、荐骨、前 4 个尾椎和两侧的荐坐韧带围成，呈前宽后窄的圆锥形腔。前口以荐骨岬、髂骨及耻骨为界；后口的背侧为尾椎，腹侧为坐骨，两侧为荐结节阔韧带的后缘。骨盆腔具有保护盆腔脏器和传递推力的作用。骨盆的形状和大小，因性别而异。总的说来，母畜的骨盆腔较公畜的大而宽敞，荐骨与耻骨的距离(骨盆纵径)较公畜大；髋骨两侧对应点的距离较公畜远，也就是骨盆的横径也较大；骨盆底的耻骨部较凹，坐骨部宽而平，骨盆后口也较大。

八、马全身骨骼的特征

(一)椎骨

颈椎7枚。胸椎18枚,棘突发达,第3～5棘突是构成鬐甲的骨质基础。腰椎6枚,横突长。荐椎5枚,成年时愈合成荐骨。尾椎数目变化大,平均15～21个。

(二)肋

有18对,8对真肋,10对假肋。每一根肋都分为肋骨和肋软骨。

(三)胸骨和胸廓

胸骨位于胸部的腹侧壁,呈舟状。胸骨体窄而高,腹侧有纵向的胸骨嵴(图2-19)。马的胸廓较牛的长,前部两侧扁,向后逐渐扩大。

(四)前肢骨骼的特征

1. 肩胛骨　较窄,呈三角形。肩胛冈中部增厚粗糙,称冈结节。无肩峰。

2. 前臂骨　包括桡骨和尺骨。桡骨发达,位于前内方。尺骨位于后外方,近端发达,远端退化。桡骨近端及骨体的掌侧面与尺骨愈合,其间有一条前臂骨间隙。

3. 腕骨　共7块,排成两列。近列为4块,由内侧向外侧依次是桡腕骨、中间腕骨、尺腕骨和副腕骨。远列有3块,由内侧向外侧依次是第二腕骨、第三腕骨和第四腕骨。

4. 掌骨　具有3枚。只有第三掌骨发育完善,起主要支持作用,称为大掌骨。第二、四掌骨小,称为小掌骨。

5. 指骨和籽骨　马仅有第三指骨,3枚籽骨(图2-20)。

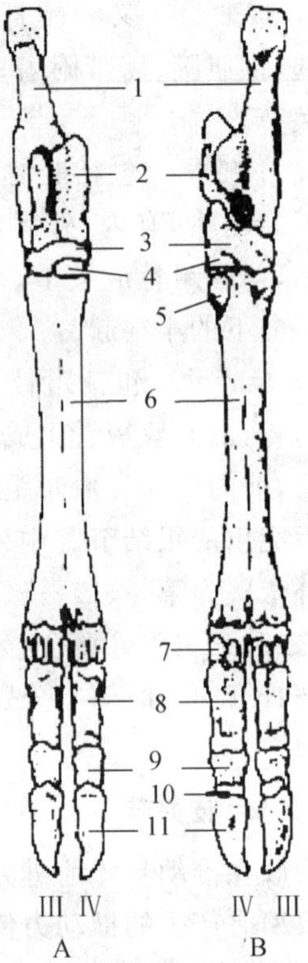

图2-18　牛的后脚骨(右侧)

A. 背侧　B. 跖侧

Ⅲ. 第三趾　Ⅳ. 第四趾

1. 跟骨　2. 距骨　3. 中央第四跗骨　4. 第二、三跗骨　5. 第二跖骨　6. 第三、四跖骨　7. 近籽骨　8. 系骨　9. 冠骨　10. 远籽骨　11. 蹄骨

(马仲华,家畜解剖学及组织胚胎学,第3版,2002)

(五)后肢骨骼的特征

1. 小腿骨　包括胫骨和腓骨。胫骨发达,位于内侧,呈三棱形,是小腿部主要负重的部分。腓骨细而短,不发达,贴附于胫骨外侧。

2. 跗骨　共6块,皆为短骨,排成3列。近列2块跗骨发达,内侧的称距骨,外侧的称跟骨。跟骨向上突出,形成跟结节。中列仅1块,即中央跗骨。远列3块,从内向外依次为第二、三、四跗骨(图2-21)。

九、猪全身骨骼的特征

(一)头部骨骼

猪的头部骨骼近似楔形,背侧面后缘的枕嵴是头骨的最高点,顶额部由此向前下倾斜。鼻骨狭而平或微凹,其前端尖,附有吻骨,为猪头部特有的骨,是吻突的骨质基础。上颌骨纵凹,使上颌部变窄。下颌骨强大。

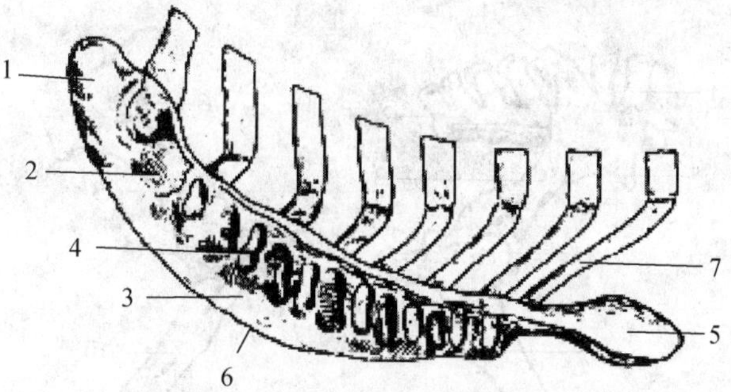

图 2-19　马胸骨的侧面观

1. 胸骨柄　2. 胸骨片　3. 胸骨体　4. 肋窝　5. 剑状软骨　6. 胸骨嵴　7. 肋软骨

（马仲华，家畜解剖学及组织胚胎学，第 3 版，2002）

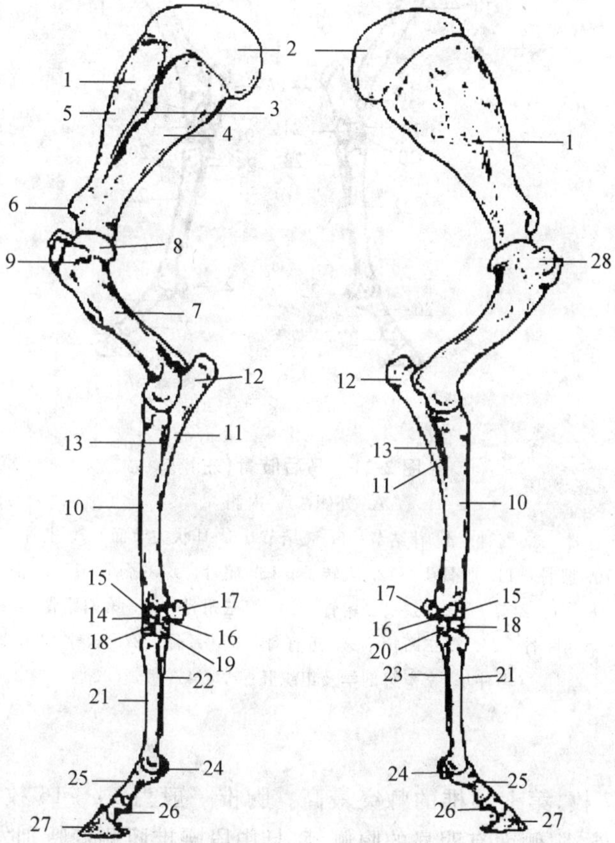

图 2-20　马前肢骨(左)

A. 外侧面　B. 内侧面

1. 肩胛骨　2. 肩胛软骨　3. 肩胛冈　4. 冈下窝　5. 冈上窝　6. 盂上结节　7. 肱骨　8. 肱骨头　9. 外侧结节　10. 桡骨　11. 尺骨　12. 鹰嘴　13. 前臂骨间隙　14. 桡腕骨　15. 中间腕骨　16. 尺腕骨　17. 副腕骨　18. 第三腕骨　19. 第四腕骨　20. 第二腕骨　21. 第三掌骨　22. 第四掌骨　23. 第二掌骨　24. 近籽骨　25. 系骨　26. 冠骨　27. 蹄骨　28. 内侧结节

（马仲华，家畜解剖学及组织胚胎学，第 3 版，2002）

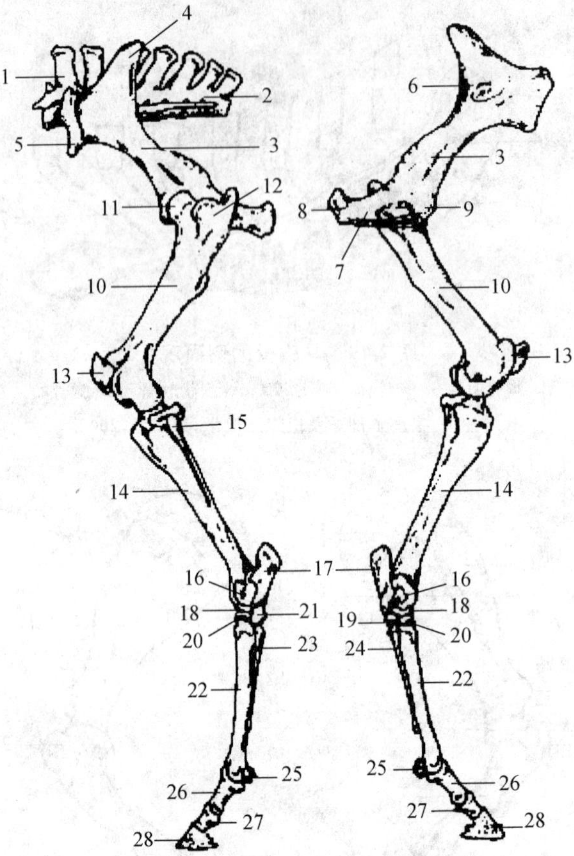

图 2-21　马后肢骨(左)

A. 外侧　B. 内侧

1. 腰椎　2. 荐骨　3. 髂骨　4. 荐结节　5. 髋结节　6. 耳状关节面　7. 坐骨　8. 坐骨结节　9. 耻骨　10. 股骨　11. 股骨头　12. 大转子　13. 髌骨　14. 胫骨　15. 腓骨　16. 距骨　17. 跟骨　18. 中央跗骨　19. 第一、二跗骨　20. 第三跗骨　21. 第四跗骨　22. 第三跖骨　23. 第四跖骨　24. 第二跖骨　25. 近籽骨　26. 系骨　27. 冠骨　28. 蹄骨

(马仲华,家畜解剖学及组织胚胎学,第3版,2002)

(二)躯干骨骼

1. 脊柱　颈椎7枚,第七颈椎的棘突最高。胸椎一般为14～16枚,偶有17枚。腰椎6或7枚,除最后腰椎外,腹侧面有明显的腹侧棘,且中段腰椎腹侧棘特别发达。荐椎4枚,愈合成荐骨。尾椎一般有20～23枚,偶见25枚。前4～5枚结构完整,关节突互成关节。第一尾椎常与荐骨愈合。

2. 肋　猪的肋有14或15对,偶见17对。前7对为真肋(偶见6或8对),后7对为假肋(偶见8对)。有些品种的猪,最后一对肋骨不参与形成肋弓,称为浮肋。

3. 胸骨　前高后低的长三棱形。

4. 胸廓　较长,略呈斜底的圆锥形,其前口呈尖顶向下的等腰三角形。

(三)前肢骨骼

1. 肩胛骨　短而宽。肩胛冈呈三角形,中部向后弯,冈结节明显。

2. 臂骨　近端外侧结节特别发达,分前、后两部,前部大,弯向内侧。

3. 前臂骨　尺骨较桡骨发达。

4. 腕骨　有8枚,分为两列。近列4枚,由内向外依次为桡腕骨、中间腕骨、尺腕骨及副腕骨。远列也是4枚,由内向外依次为第一、第二、第三及第四腕骨。

5. 掌骨　有4枚,第一掌骨消失,第三和第四掌骨发达,呈三棱形,为大掌骨;第二和第五掌骨较细而短,为小掌骨。

6. 指骨和籽骨　猪有4指。第三和第四指为主指,每一主指有3个指节骨、2个近籽骨和1个远籽骨。第二和第五指为悬指,较小(图2-22)。

(四)后肢骨骼

1. 髋骨　长而狭,与牛的相似。

2. 股骨　大转子与股骨头同高。

3. 膝盖骨　较狭长。

4. 小腿骨　腓骨与胫骨几乎等长。胫骨强大,远端内侧突出部为内侧髁。腓骨细,近端粗而远端细,两端均与胫骨相结合,中间有明显的小腿骨间隙。

5. 跗骨　有7枚,分3列。近列2枚,即距骨和跟骨,跟骨的跟结节非常发达。中列1枚,即中央跗骨。远列4枚,即第一、第二、第三及第四跗骨。

6. 跖骨、趾骨和籽骨　与前肢的掌骨、指骨和籽骨相似(图2-23)。

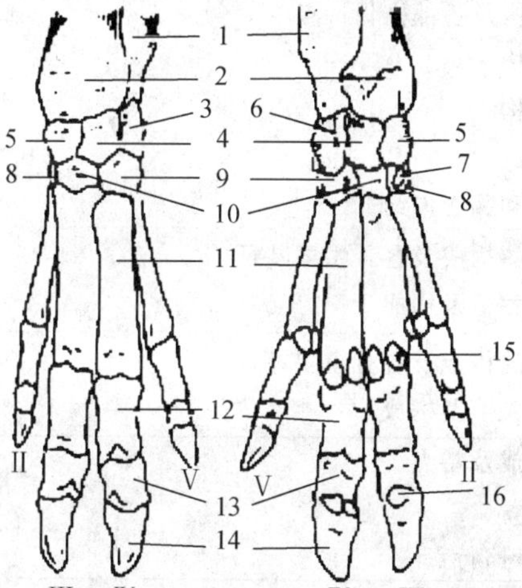

图2-22　猪的前脚骨(左侧)

A. 背侧　B. 掌侧

Ⅱ. 第二指　Ⅲ. 第三指　Ⅳ. 第四指　Ⅴ. 第五指

1. 尺骨　2. 桡骨　3. 尺腕骨　4. 中间腕骨　5. 桡腕骨

6. 副腕骨　7. 第一腕骨　8. 第二腕骨　9. 第四腕骨

10. 第三腕骨　11. 掌骨　12. 系骨　13. 冠骨

14. 蹄骨　15. 近籽骨　16. 远籽骨

(马仲华,家畜解剖学及组织胚胎学,第3版,2002)

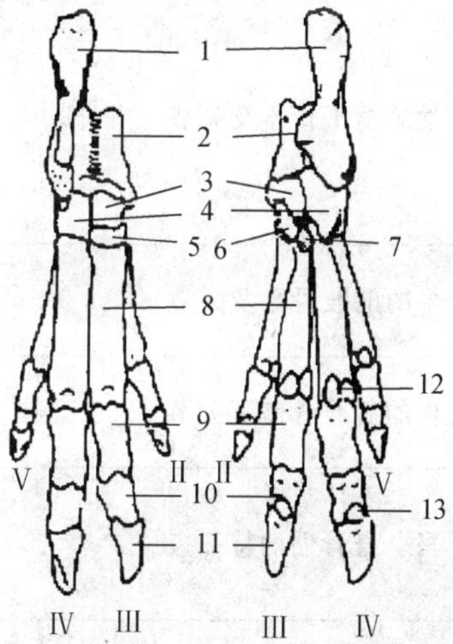

图2-23　猪的后脚骨(右侧)

A. 背侧　B. 跖侧

Ⅱ. 第二趾　Ⅲ. 第三趾　Ⅳ. 第四趾　Ⅴ. 第五趾

1. 跟骨　2. 距骨　3. 中央跗骨　4. 第四跗骨

5. 第三跗骨　6. 第二跗骨　7. 第一跗骨

8. 跖骨　9. 系骨　10. 冠骨　11. 蹄骨

12. 近籽骨　13. 远籽骨

(马仲华,家畜解剖学及组织胚胎学,第3版,2002)

【技能】

1.牛骨骼标本的观察　在牛的骨骼标本上识别头部、躯干部和四肢的主要骨、骨性标志及主要关节。

2.猪骨骼标本的观察　在猪的骨骼标本上识别头部、躯干部和四肢的主要骨、骨性标志及主要关节。

3.马骨骼标本的观察　在马的骨骼标本上识别头部、躯干部和四肢的主要骨、骨性标志及主要关节。

【任务总结】

内容		要点
知识	畜体各部位名称	1. 头部、躯干部、四肢各部名称 2. 面、轴及方位术语
	骨的形态与构造	1. 骨的四种类型 2. 骨的基本构造:骨膜、骨质、骨髓和血管、神经 3. 骨的化学成分
	骨连结	1. 直接连结:纤维连结、软骨连结和骨性结合 2. 关节的构造及类型
	牛的头部骨骼及关节	1. 头部主要骨骼 2. 额窦和上颌窦的位置
	牛的躯干骨骼及关节	1. 椎骨的结构及各部椎骨特点 2. 肋骨的结构 3. 胸骨的结构 4. 胸廓的组成 5. 脊柱连结和胸廓连结
	牛的前肢骨骼及关节	1. 前肢骨骼的构成及各骨主要特征 2. 前肢主要关节及构成
	牛的后肢骨骼及关节	1. 后肢骨骼的构成及各骨主要特征 2. 后肢主要关节及构成
	马全身骨骼的特征	1. 椎骨的组成及特点 2. 胸骨特点 3. 前、后肢骨骼特点
	猪全身骨骼的特征	1. 椎骨的组成及特点 2. 胸骨特点 3. 前、后肢骨骼特点
技能	牛骨骼标本的观察	能在牛骨骼标本上识别主要骨骼、关节及骨性标志
	猪骨骼标本的观察	能在猪骨骼标本上识别主要骨骼、关节及骨性标志
	马骨骼标本的观察	能在马骨骼标本上识别主要骨骼、关节及骨性标志

◉任务 2-2　主要肌肉的识别

【任务描述】

组成运动系统的每一块肌肉都是一个复杂的器官，都具有一定的形态、构造及功能。本单元主要的任务是能在模型或新鲜肌肉标本上，识别主要肌肉的名称、位置、形态及构造特点。

【任务目标】

1. 掌握肌肉的形态及构造；

2. 掌握主要肌肉的名称、位置及结构特点，并能在标本上识别主要肌肉、腹股沟和颈静脉沟；

3. 分组讨论完成任务，具备团队协作能力；

4. 任务实施过程中，要轻拿轻放标本，爱护实验设施。

【知识】

一、肌肉

(一)肌肉的形态

由于位置和机能不同，肌肉具有不同的形态，一般分为板状肌、多裂肌、纺锤形肌和环形肌四种。

1. 板状肌　呈薄板状，主要位于腹部和肩带部。形状和大小不一，例如背阔肌呈扇形；下锯肌呈锯齿状；臂头肌呈带状等。板状肌可延续为腱膜，以增加肌肉的坚固性。

2. 多裂肌　主要分布于脊柱的椎骨之间，是由许多短肌束组成的肌肉。如背最长肌、髂肋肌等。

3. 纺锤形肌　多分布于四肢，中间膨大部分主要由肌纤维构成，称肌腹；两端多为腱质，上端为肌头，下端为肌尾。

4. 环形肌　分布在自然孔周围。肌纤维环绕自然孔排列，形成括约肌，收缩时可关闭自然孔。

(二)肌肉的构造

构成肌器官的主要部分是骨骼肌纤维，此外还有结缔组织、血管、淋巴管和神经。每一块肌肉都分肌腹和肌腱两部分。

许多骨骼肌纤维借结缔组织结合成肌腹，肌腹收缩，产生运动。包在整块肌肉外表面的结缔组织形成肌外膜。肌外膜向内伸入，成为肌束膜，将肌纤维分成大小不同的肌束。肌束膜再向肌纤维之间深入，成为肌内膜，包围着每一条肌纤维。血管、淋巴管和神经随肌内膜进入肌组织，分布到肌纤维上。

在肌肉的两端，致密结缔组织取代肌纤维而形成肌腱。肌腱在四肢多呈索状，在躯干多呈薄板状。肌腱不能收缩，但具有很强的韧性和抗张力，其纤维伸入到骨膜和骨质中，而使肌肉牢固地附于骨上。

(三)肌肉的辅助器官

包括筋膜、黏液囊和腱鞘(图 2-24)等。

1. 筋膜　为覆盖在肌肉表面的结缔组织膜,可分为浅筋膜和深筋膜。

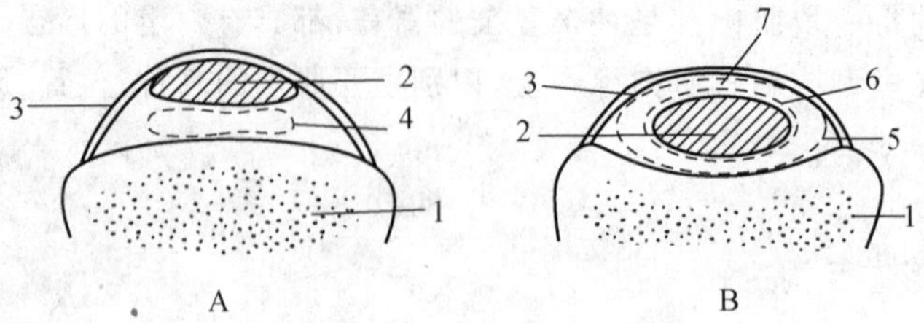

图 2-24　黏液囊和腱鞘构造模式图

A. 黏液囊　B. 腱鞘

1. 骨　2. 腱　3. 纤维膜　4. 滑膜

5. 滑膜壁层　6. 滑膜腱层　7. 腱系膜

(马仲华,家畜解剖学及组织胚胎学,第 3 版,2002)

浅筋膜:位于皮下,由疏松结缔组织构成,覆盖在整个肌肉表面。有些部位的浅筋膜中分布有皮肌。营养好的家畜浅筋膜内蓄积大量脂肪,称皮下脂肪。浅筋膜连接皮肤与深部组织,有保护、贮存营养和调节体温的作用。

深筋膜:在浅筋膜之下,由致密结缔组织构成,致密而坚韧,包围在肌群的表面,并伸入肌间,附着于骨上,有连接和支持肌肉的作用。

2. 黏液囊　是密闭的结缔组织囊,囊壁薄,内衬滑膜,囊内有少量黏液。黏液囊多位于骨的突起与肌肉、肌腱、皮肤、韧带之间,有减少摩擦的作用。有些黏液囊是关节囊的突出部分,与关节腔相通,常称为滑膜囊。

3. 腱鞘　多位于关节处,是卷曲成长筒状的黏液囊,分内、外两层。外层为纤维层,由深筋膜增厚而成;内层为滑膜层,滑膜层能分泌滑液,润滑肌腱,有减少摩擦、保护肌腱的作用。

全身的肌肉包括皮肌、头部肌肉、躯干肌肉、前肢肌肉以及后肢肌肉(图 2-25)。

二、皮肌和头部主要肌肉的识别

(一)皮肌

皮肌为分布于浅筋膜中的薄层骨骼肌,大部分与皮肤深面紧密相连。皮肌并不覆盖全身,根据其部位可分为面皮肌、颈皮肌、肩臂皮肌及躯干皮肌。皮肌的作用是颤动皮肤,以驱除蚊蝇及抖掉灰尘及水滴等。

(二)头部肌肉

主要分为面部肌和咀嚼肌。

1. 面部肌　是位于口腔和鼻孔周围的肌肉,分为开张自然孔的开肌和关闭自然孔的括约肌。

开肌:一般起于面骨,止于自然孔周围。主要有鼻唇提肌、鼻外侧开肌、上唇提肌、下唇降肌。

括约肌:位于自然孔周围,有关闭自然孔的作用。主要有口轮匝肌和颊肌。

2. 咀嚼肌　咀嚼肌是使下颌发生运动的肌肉,可分为闭口肌和开口肌。

闭口肌:发达且富有腱质,是磨碎食物的动力来源,主要有咬肌、翼肌和颞肌。

开口肌:有向下牵引下颌骨而使口腔打开的作用,主要肌肉是二腹肌。

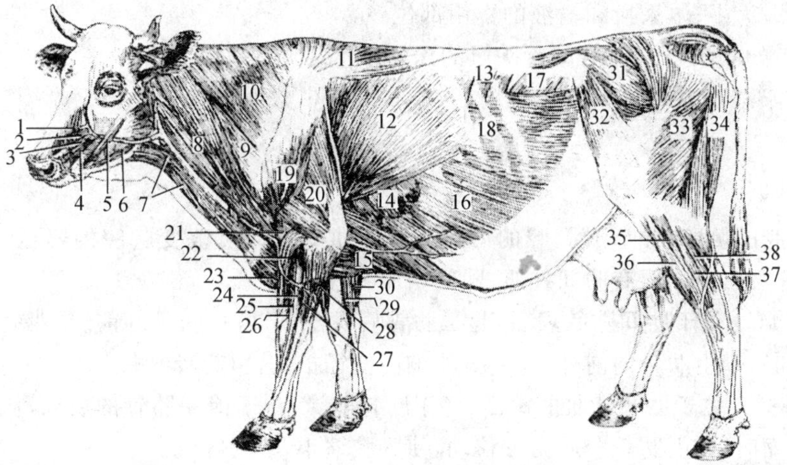

图 2-25　牛体浅层肌

1. 鼻唇提肌　2. 上唇固有提肌　3. 鼻外侧开肌　4. 上唇降肌　5. 颧肌　6. 下唇降肌　7. 胸头肌　8. 臂头肌　9. 肩胛横突肌　10. 颈斜方肌　11. 胸斜方肌　12. 背阔肌　13. 后上锯肌　14. 胸下锯肌　15. 胸深后肌　16. 腹外斜肌　17. 腹内斜肌　18. 肋间外肌　19. 三角肌　20. 臂三头肌　21. 臂肌　22. 腕桡侧伸肌　23. 胸浅肌　24. 指总伸肌　25. 指内侧伸肌　26. 腕斜伸肌　27. 指外侧伸肌　28. 腕外侧屈肌　29. 腕桡侧屈肌　30. 腕尺侧屈肌　31. 臀中肌　32. 阔筋膜张肌　33. 臀股二头肌　34. 半腱肌　35. 腓骨长肌　36. 第三腓骨肌　37. 趾外侧伸肌　38. 趾深屈肌

(马仲华,家畜解剖学及组织胚胎学,第3版,2002)

三、躯干主要肌肉

躯干的主要肌肉可分为脊柱肌、颈腹侧肌、胸壁肌和腹壁肌。

(一)脊柱肌

是支配脊柱活动的肌肉,可分为背侧肌和腹侧肌。

1. 脊柱背侧肌　位于脊柱的背侧,很发达,尤其在颈部。其作用是:两侧同时收缩时,可伸脊柱、举头颈;一侧肌肉收缩时,可向一侧偏脊柱。主要有背最长肌和髂肋肌。

背最长肌:位于胸椎、腰椎的棘突和横突与肋骨椎骨端所形成的三棱形凹陷内,呈三棱形,是体内最大的肌肉。当两侧背最长肌同时收缩时,具有很强的伸背腰作用,还有伸颈及帮助呼气的作用;一侧收缩时可使脊柱侧屈。

髂肋肌:位于背最长肌的外侧,由一系列斜向前下方的肌束组成。当其收缩时可向后牵引肋骨,协助呼气。髂肋肌与背最长肌之间的肌沟,称为髂肋肌沟。

2. 脊柱腹侧肌　不发达,仅存于颈部和腰部,作用是向腹侧弯曲脊柱。位于颈部的有颈长肌,位于腰部的有腰小肌和腰大肌。腰小肌狭长,位于腰椎腹侧面的两侧;腰大肌较大,位于腰椎横突腹外侧。

(二)颈腹侧肌

位于颈部腹侧,有胸头肌、肩胛舌骨肌和胸骨甲状舌骨肌。

1. 胸头肌　位于颈下部外侧,构成颈静脉沟的下缘。颈静脉沟为胸头肌与臂头肌之间的沟,内有颈静脉,为牛、羊采血和输液的常用部位。

2. 肩胛舌骨肌　位于颈侧部,臂头肌的深面。

3. 胸骨甲状舌骨肌　位于气管腹侧,为一扁平的带状肌。作用是向后牵引喉和舌骨,协助吞咽。

(三)胸壁肌

分布于胸腔的侧壁,并形成胸腔的后壁。胸壁肌收缩时可改变胸腔的容积,参与呼吸运动,因此也称呼吸肌。主要有肋间外肌、肋间内肌和膈。

1. 肋间外肌　位于肋间隙的表层,起于肋骨后缘,止于后一肋骨的前缘,肌纤维斜向后下方。当其收缩时,牵引肋骨向前外方移动,使胸腔横径扩大,引起吸气。

2. 肋间内肌　位于肋间外肌的深面,起于肋骨前缘,止于前一肋骨的后缘,肌纤维斜向前下方。当其收缩时,牵引肋骨向后内方移动,使胸腔缩小,引起呼气。

3. 膈　为一大圆形板状肌,位于胸腹腔之间,又叫横膈膜。膈由周围的肌质部和中央的腱质部构成。肌质部分腰部、肋部和胸骨部,腰部形成左、右膈肌脚。腱质部由强韧的腱膜构成,凸向胸腔。收缩时,膈顶后移,扩大胸腔纵径,助吸气;舒张时,膈顶回位,助呼气。

膈上有3个裂孔:上方是主动脉裂孔,中间是食管裂孔,下方是腔静脉裂孔,分别有主动脉、食管和后腔静脉通过。

(四)腹壁肌

腹壁肌构成腹腔的侧壁和底壁,由4层纤维方向不同的薄板状肌构成,由外向内依次是:腹外斜肌、腹内斜肌、腹直肌和腹横肌(图2-26)。其表面覆盖有一层坚韧的腹壁筋膜,称为腹黄膜,有协助腹壁支持内脏的作用。

1. 腹外斜肌　为腹壁肌的最外层。起于第五至最后肋的外面,止于腹白线,肌纤维由前上方走向后下方。起始部为肌质,至肋弓下约一掌处变为腱膜。

2. 腹内斜肌　为腹壁肌的第二层,位于腹外斜肌深面。起于髋结节及腰椎横突,向前下方伸延,至腹侧壁中部转为腱膜,止于最后肋后缘及腹白线。肌纤维由后上方斜向前下方。

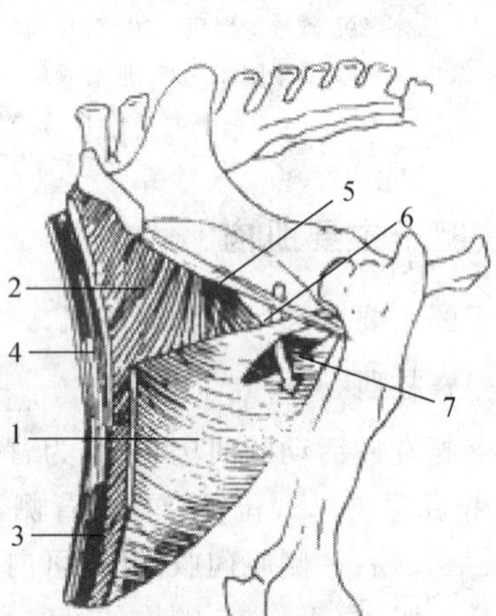

图2-26　马腹壁肌模式图

1. 腹外斜肌　2. 腹内斜肌　3. 腹直肌　4. 腹横肌　5. 腹股沟韧带　6. 腹股沟管腹环　7. 腹股沟管皮下环

(马仲华,家畜解剖学及组织胚胎学,第3版,2002)

3. 腹直肌　呈宽带状,位于腹白线两侧的腹底壁内,起于胸骨和后部肋软骨,肌纤维纵行,止于耻骨前缘。

4. 腹横肌　是腹壁肌的最内层,较薄。起于腰椎横突及肋弓内侧,肌纤维垂直向下走行,以腱膜止于腹白线。

腹白线:位于腹底壁正中线上,剑状软骨与耻骨之间。由两侧腹壁肌的腱膜交织而成。在白线中部稍后方有一瘢痕叫脐，公牛的尿道开口于此。

腹股沟管：位于腹股沟部，是腹外斜肌和腹内斜肌之间的一个斜行缝隙。有内、外两个口，外口通皮下，称皮下环或外环；内口通腹腔，称腹环或内环。腹股沟管是胎儿时期睾丸从腹腔堕入阴囊的通道。公畜的腹股沟管内有精索和血管、神经通过。母畜的腹股沟管仅供血管和神经通过。动物出生后如果腹环过大，小肠易进入腹股沟管内，形成疝。

腹壁肌的作用：腹壁肌各层肌纤维走向不同，彼此重叠，加上被覆在腹肌表面的腹黄筋膜，形成坚韧的腹壁，起容纳和支持腹腔脏器的作用；当腹壁肌收缩时，可增大腹压，协助呼气、排便和分娩等活动。

四、前肢主要肌肉

前肢肌肉可分为肩带肌、肩部肌、臂部肌和前臂及前脚部肌四部分(图 2-27)。

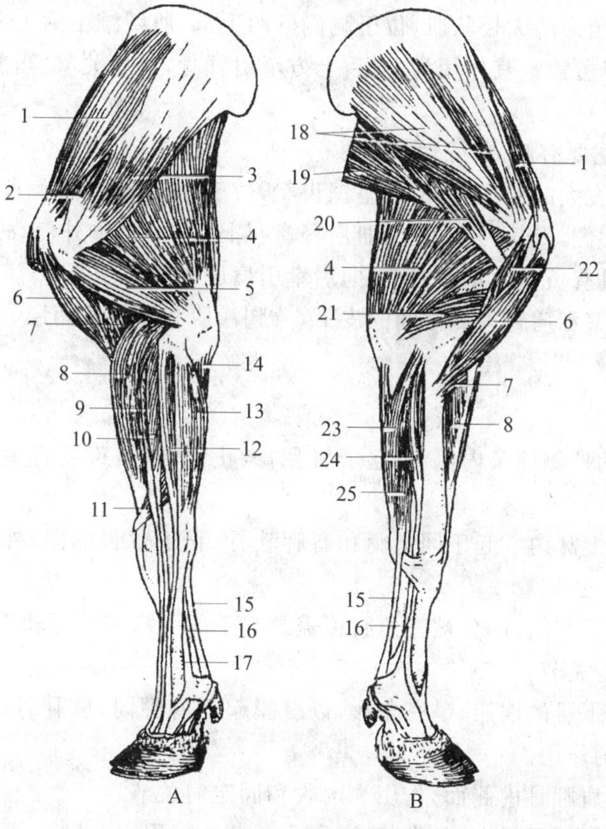

图 2-27　牛前肢肌

A. 外侧　B. 内侧

1. 冈上肌　2. 冈下肌　3. 三角肌　4. 臂三头肌长头　5. 臂三头肌外侧头
6. 臂二头肌　7. 臂肌　8. 腕桡侧伸肌　9. 指内侧伸肌　10. 指总伸肌
11. 腕斜伸肌　12. 指外侧伸肌　13. 腕外侧屈肌　14. 指深屈肌
15. 指浅屈肌腱　16. 指深屈肌腱　17. 悬韧带　18. 肩胛下肌
19. 背阔肌　20. 大圆肌　21. 臂三头肌内侧头　22. 喙臂肌
23. 腕尺侧屈肌　24. 腕桡侧屈肌　25. 指浅屈肌

(马仲华，家畜解剖学及组织胚胎学，第 3 版，2002)

(一)肩带肌

是前肢与躯干连接的肌肉,多数为板状肌。通常起于躯干骨,止于肩胛骨和臂骨。根据其位置可分为背侧肌群和腹侧肌群。

1. *背侧肌群* 主要包括斜方肌、菱形肌、臂头肌和背阔肌。

斜方肌:为扁平的三角形肌,根据起点和肌纤维方向分为颈斜方肌和胸斜方肌。颈斜方肌起于项韧带索状部,肌纤维斜向后下方;胸斜方肌起于前10个胸椎棘突,肌纤维斜向前下方。两者均止于肩胛冈。其作用是提举、摆动和固定肩胛骨。

菱形肌:位于斜方肌和肩胛骨的深面,也分颈、胸两部,起点同斜方肌,止于肩胛软骨内侧面。其作用是向前上方提举肩胛骨。

臂头肌:呈长而宽的带状,位于颈侧部浅层,自头伸延至臂,构成颈静脉沟的上界。起于枕骨、颞骨和下颌骨,止于臂骨。具有牵引前肢向前、伸肩关节及提举和侧偏头颈的作用。

背阔肌:为一三角形的大板状肌,位于胸侧壁的上部,肌纤维由后上方斜向前下方,部分被躯干皮肌和臂三头肌覆盖。其作用为:向后上方牵引臂骨,屈肩关节;当前肢踏地时,牵引躯干向前。

2. *腹侧肌群* 主要有腹侧锯肌和胸肌。

腹侧锯肌:为一宽大的扇形肌,下缘呈锯齿状,位于颈、胸部的外侧面,分为颈、胸两部。颈腹侧锯肌位于颈部外侧,发达,几乎全为肌质;胸腹侧锯肌位于胸外侧,较薄,表面和内部混有厚而坚韧的腱层。具有负担体重和向前、向后牵引肩胛骨的作用。

胸肌:位于胸底壁和肩臂内侧之间的皮下,分胸浅肌和胸深肌两层。有内收和摆动前肢的作用。

(二)肩部肌

分布于肩胛骨的外侧面及内侧面,起于肩胛骨,止于臂骨,跨越肩关节,可伸、屈肩关节和内收、外展前肢。

冈上肌:位于冈上窝内。起于冈上窝和肩胛软骨,止于臂骨的内、外侧结节。有伸展及固定肩关节的作用。

冈下肌:位于冈下窝内,部分被三角肌覆盖。起于冈下窝和肩胛软骨,止于臂骨外侧结节。作用为外展及固定肩关节。

三角肌:位于冈下肌的浅层,呈三角形,以腱膜起于肩胛冈、肩胛骨后角,止于臂骨三角肌结节。有屈肩关节的作用。

肩胛下肌:位于肩胛骨内侧面,作用为内收和固定肩关节。

大圆肌:位于肩胛下肌后方,呈带状,有屈肩关节的作用。

(三)臂部肌

分布于臂骨周围,起于肩胛骨和臂骨,跨越肩关节及肘关节,止于前臂骨。主要作用于肘关节。

臂三头肌:位于肩胛骨后缘与臂骨形成的夹角内,呈三角形,是前肢最大的一块肌肉。它以长头和内、外侧头分别起于肩胛骨及臂骨的内、外侧,共同止于尺骨的鹰嘴。有伸肘关节的作用。

前臂筋膜张肌:位于臂三头肌后缘和内面,为一狭长肌肉。起于肩胛骨后角,止于鹰嘴。可伸肘关节。

臂二头肌：位于臂骨前面，为多腱质的纺锤形肌。以强腱起于肩胛结节，止于桡骨近端前内侧。主要作用是屈肘关节。

臂肌：位于臂骨前内侧的肌沟内，有屈肘关节的作用。

（四）前臂及前脚部肌

为作用于腕关节、指关节的肌肉，分为背外侧肌群和掌侧肌群。大部分为多腱质的纺锤形肌，均起于臂骨远端及前臂骨近端，在腕关节附近移行为腱。

背外侧肌群：分布于前臂骨的背侧面和外侧面，由前向后依次是腕桡侧伸肌、指内侧伸肌、指总伸肌、指外侧伸肌和腕斜伸肌，是腕、指关节的伸肌。

掌侧肌群：分布于前臂骨的掌侧面，包括浅层屈腕的肌肉：腕外侧屈肌、腕尺侧屈肌、腕桡侧屈肌；深层屈指的肌肉：指浅屈肌和指深屈肌。

五、后肢主要肌肉

后肢肌肉比前肢发达，是推动身体前进的主要动力，包括臀部肌肉、股部肌肉、小腿及后脚部肌肉（图 2-28）。

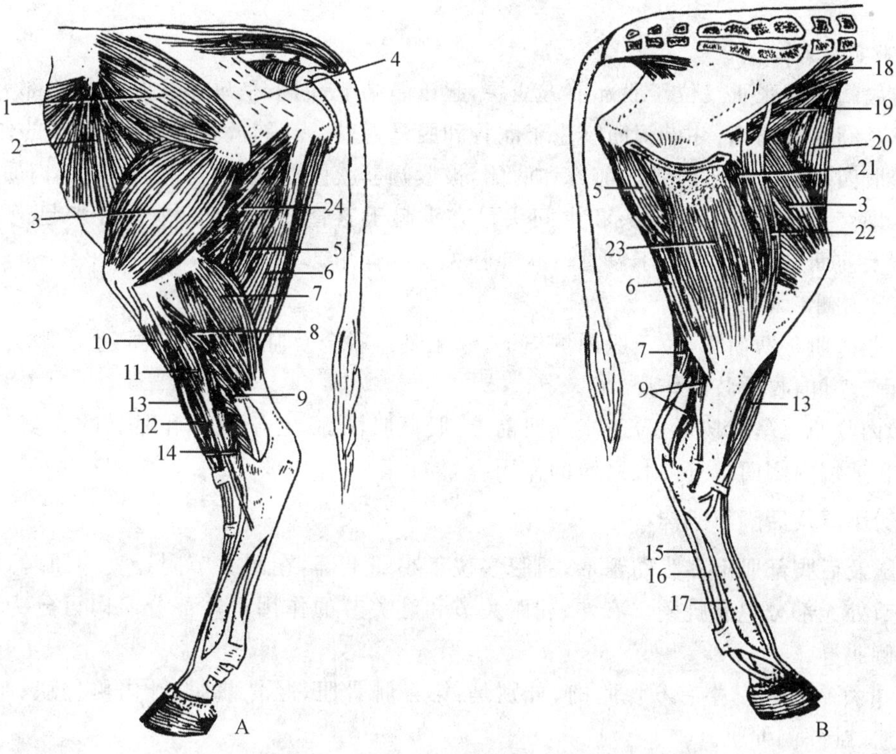

图 2-28 牛后肢肌（外侧臀股二头肌已切除）

A. 外侧 B. 内侧

1. 臀中肌 2. 腹内斜肌 3. 股四头肌 4. 荐结节阔韧带 5. 半膜肌 6. 半腱肌 7. 腓肠肌 8. 比目鱼肌 9. 趾深屈肌 10. 胫骨前肌 11. 腓骨长肌 12. 趾长伸肌及趾内侧伸肌 13. 第三腓骨肌 14. 趾外侧伸肌 15. 趾浅屈肌腱 16. 趾深屈肌腱 17. 悬韧带 18. 腰小肌 19. 髂腰肌 20. 阔肌膜张肌 21. 耻骨肌 22. 缝匠肌 23. 股薄肌 24. 内收肌

（马仲华，家畜剖学及组织胚胎学，第 3 版，2002）

(一)臀部肌肉

位于髋骨的内、外面。内面的为髂肌;外面的为臀肌。

1. 臀肌　为臀部主要的肌肉,发达,起于髂骨翼和荐坐韧带,前与背最长肌筋膜相连,止于股骨大转子。臀肌有伸髋结节作用,并参与竖立、踢蹴及推进躯干的作用。

2. 髂肌　位于髂骨内侧面,起于髂骨翼的腹侧面,止于股骨内面。与腰大肌共同的作用为屈髋关节和旋外后肢。

(二)股部肌肉

分布于股骨的周围,根据部位分股后肌群、股前肌群和股内侧肌群。

1. 股后股群

(1)股二头肌　位于股后外侧,长而宽大。起点有两个肌头:椎骨头起于荐骨;坐骨头起于坐骨结节。向下以腱膜止于膝部、胫部及跟结节。该肌有伸髋结节、膝关节及跗关节的作用。

(2)半腱肌　位于股二头肌之后,为一大长肌,起自坐骨结节,以腱膜止于胫骨嵴及跟结节。作用同股二头肌。

(3)半膜肌　位于股后内侧,呈三棱形,起自坐骨结节,止于股骨远端内侧。作用为伸髋关节和内收后肢。

2. 股前肌群

(1)股阔筋膜张肌　位于股部前方浅层,起于髋结节,向下呈扇形展开。起始部为肌质,较厚,向下延续为阔筋膜,并借阔筋膜止于髌骨和胫骨近端。有屈髋关节、伸膝关节的作用。

(2)股四头肌　位于股骨的前方和两侧,被股阔筋膜张肌覆盖,大而厚,富于肉质。其有4个肌头,即直头、内侧头、外侧头和中间头。直头起于髂骨体,其余三个头分别起于股骨的外侧、内侧及前面,向下共同止于髌骨。有伸膝关节的作用。

3. 股内侧肌群

(1)股薄肌　薄而宽,位于股内侧皮下,起于骨盆联合及耻骨腱,以腱膜止于膝关节及胫骨近端内面。有内收后肢的作用。

(2)内收肌　呈三棱形,位于半膜肌前方,股薄肌深面,起于坐骨和耻骨的腹侧,止于股骨的后面和远端内侧面。有内收后肢的作用。

(三)小腿及后脚部肌肉

小腿及后脚部肌肉多为纺锤形,肌腹多位于小腿上部,在跗关节附近变为肌腱,肌腱在通过跗关节处大部分包有腱鞘。有伸、屈跗关节和趾关节的作用。这部分肌肉可分为背外侧肌群和跖侧肌群。

1. 背外侧肌群　牛有6块肌肉,分别是:第三腓骨肌、胫骨前肌、趾内侧伸肌、趾长伸肌、腓骨长肌、趾外侧伸肌。

(1)第三腓骨肌　位于小腿背侧面浅层,纺锤形,起于股骨远端外侧,止于跖骨近端及跗骨。具有屈跗关节作用。

(2)胫骨前肌　位于第三腓骨肌的深面,紧贴胫骨,起于小腿近端外侧,止于跖骨前面和第二、三跗骨。具有屈跗关节作用。

(3)趾内侧伸肌　位于第三腓骨肌深面及趾长伸肌前面,起于股骨远端外侧,止于第三趾的冠骨。具有伸第三趾的作用。

(4)趾长伸肌　位于趾内侧伸肌后方,肌腹上部被第三腓骨肌覆盖,起于股骨远端外侧,止于第三、四趾蹄骨的伸肌突,具有伸趾、屈跗的作用。

(5)腓骨长肌　位于小腿外侧面,趾长伸肌后方,起于小腿近端外侧面,止于第一跗骨和跖骨近端。具有屈跗关节作用。

(6)趾外侧伸肌　位于小腿外侧,腓骨长肌后方,起于小腿近端外侧,止于第四趾的冠骨。具有伸第四趾的作用。

2. *跖侧肌群*　牛有 3 块肌肉,分别是:腓肠肌、趾浅屈肌、趾深屈肌。

(1)腓肠肌　位于小腿后部,肌腹位于股二头肌与半腱肌之间。有内外两个头,分别起于股骨髁上窝的两侧,与趾浅屈肌腱扭结在一起形成跟腱,止于跟结节。具有伸跗关节的作用。

(2)趾浅屈肌　位于腓肠肌两头之间,起于股骨的髁上窝,止于冠骨。作用:与第三腓骨肌一起,形成连接膝关节与跗关节的静力装置。

(3)趾深屈肌　位于胫骨后面,有三个头,均起于胫骨后面和外侧缘上部。止于蹄骨掌侧面后缘。具有伸跗关节、屈趾关节作用。

跟腱:为圆形强腱,是腓肠肌腱、趾浅屈肌腱、股二头肌腱、半腱肌腱合成的一强韧的腱索,连于跟结节上。有伸跗关节的作用。

【技能】

牛全身主要肌肉的观察　在牛的肌肉标本上观察、识别牛全身的主要肌肉、肌性标志。

【任务总结】

内容		要点
知识	肌肉	1. 肌肉的形态:板状肌、多裂肌、纺锤形肌和环形肌 2. 肌肉的构造:肌腹和肌腱 3. 肌肉的辅助器官:筋膜、黏液囊和腱鞘
	皮肌和头部主要肌肉的识别	1. 皮肌:面皮肌、颈皮肌、肩臂皮肌及躯干皮肌 2. 头部肌肉:面部肌和咀嚼肌
	躯干主要肌肉	1. 背最长肌、髂肋肌的位置 2. 主要的吸气肌和呼气肌 3. 膈肌的结构 4. 腹壁肌的构成 5. 腹白线、腹股沟管和颈静脉沟位置
	前肢主要肌肉	肩带肌、肩部肌、臂部肌和前臂及前脚部肌
	后肢主要肌肉	臀部肌肉、股部肌肉、小腿及后脚部主要肌肉
技能	牛全身主要肌肉的观察	能在牛肌肉标本上识别主要肌肉、肌性标志

◉任务 2-3　被皮系统的识别

【任务描述】

被皮系统由皮肤和皮肤的衍生物构成。皮肤的衍生物是由皮肤演化来的特殊器官，包括毛、皮肤腺、蹄、角等。本单元主要的任务是掌握皮肤和蹄的构造，能够在皮肤和蹄的标本上识别其结构。

【任务目标】

1. 掌握皮肤、毛和蹄的结构；
2. 能准确定位皮内和皮下的位置；
3. 能准确定位蹄白线，并在蹄的标本上指出其结构；
4. 观察毛和蹄的过程中，注意安全，防止动物踢伤。

【知识】

一、皮肤

(一)皮肤的结构

皮肤被覆于动物的体表，直接与外界接触。皮肤的薄厚随家畜种类、品种、年龄、性别及分布部位不同而异。皮肤虽然薄厚不一，但其基本结构都是由表皮、真皮和皮下组织构成(图2-29)。

1. *表皮*　表皮位于皮肤的表层，由复层扁平上皮构成。厚薄不同，凡长期受摩擦部位的表皮较厚，角化也较显著。表皮内无血管和淋巴管，但有丰富的神经末梢。皮肤的表皮由外向内依次为角化层、颗粒层和生发层。

角化层：是表皮的最表层，由数层已角化的扁平细胞构成，细胞内充满角质蛋白。老化的角质层不断脱落，形成皮屑。

颗粒层：由数层已开始角化的梭形细胞构成，胞质内含有嗜碱性的透明角质颗粒。

生发层：由多层形态不同的细胞组成。其深层(基层)为排列整齐的低柱状细胞，具有较强的分裂能力，能产生新的细胞，以补充表层脱落的细胞。生发层深部细胞间有星状的色素细胞，含有色素。色素决定皮肤的颜色，并能防止日光中的紫外线损伤深部组织。

2. *真皮*　真皮位于表皮下面，是皮肤最厚的一层，主要由致密结缔组织构成，坚韧而富有弹性。皮革就是由真皮鞣制而成的。真皮分布有汗腺、皮脂腺、毛囊及丰富的血管、淋巴管和神经等。临床上所进行的皮内注射，就是把药液注入真皮层内。

真皮又分为乳头层和网状层，两层互相移行，无明显的界限。乳头层紧靠表皮，由纤细的胶原纤维和弹性纤维交织而成，形成许多圆锥状乳头伸入表层的生发层内。网状层位于乳头层的深面，较厚，由粗大的胶原纤维束和弹性纤维交织而成。

3. *皮下组织*　又称浅筋膜，位于真皮之下，由疏松结缔组织构成。皮肤借皮下组织与深部的肌肉、筋膜、腱膜相连接并使皮肤具有一定的活动性。在皮下组织发达的部位，皮肤的活动性好，如颈部皮肤易于拉起形成皱褶，临床上常在此进行皮下注射。皮下组织能贮存大量的

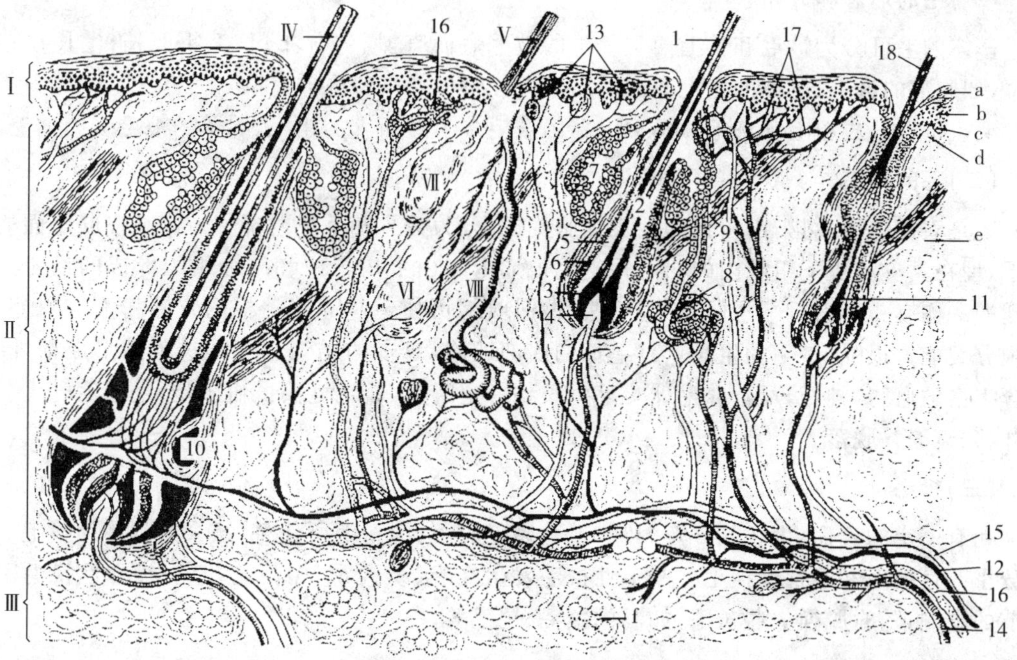

图 2-29 皮肤结构的半模式图

a. 表皮角质层 b. 颗粒层 c. 生发层 d. 真皮乳头层 e. 网状层 f. 皮下组织内的脂肪组织
Ⅰ. 表皮 Ⅱ. 真皮 Ⅲ. 皮下组织 Ⅳ. 触毛 Ⅴ. 被毛 Ⅵ. 毛囊 Ⅶ. 皮脂腺 Ⅷ. 汗腺
1. 毛干 2. 毛根 3. 毛球 4. 毛乳头 5. 毛囊 6. 根鞘 7. 皮脂腺断面 8. 汗腺断面
9. 竖毛肌 10. 毛囊内的血窦 11. 新毛 12. 神经 13. 皮肤的各种感受器
14. 动脉 15. 静脉 16. 淋巴管 17. 血管丛 18. 脱落的毛
(马仲华,家畜解剖学及组织胚胎学,第 3 版,2002)

脂肪,是机体的脂库之一。因此,皮下脂肪的多少是动物营养状况的标志。

(二)皮肤的机能

1. *保护* 皮肤包被身体,既能保护深层的软组织,防止体内水分的蒸发,又能防止有害物质侵入体内,是畜体和周围环境的屏障。此外,皮肤能产生溶菌酶和免疫体,对微生物有较强的抵抗力。

2. *接受刺激* 皮肤中存在着各种感受器,能够感受触、压、温、冷、痛等不同刺激。

3. *排泄和吸收* 皮肤通过排汗来排出体内废物,同时具有调节体温、分泌皮脂的功能;皮肤能吸收一些脂类、挥发性液体(如醚、酒精等)和溶解在这些液体中的物质,但不能吸收水和水溶性物质。

4. *贮存* 皮肤是机体水分和盐分的贮存库,参与体内水、盐代谢;皮肤是机体重要的血库,可贮存微循环血量 10%~30%的血液;皮肤还能贮存脂肪。

二、毛

毛是一种角化的表皮结构,坚韧而有弹性,是热的不良导体,具有保温作用。

(一)毛的形态和分布

畜体的毛可分为被毛和长毛两类。牛的被毛短而直,均匀分布;长毛粗而长,生长在特殊部位,如唇部的触毛、尾部的尾毛等。

毛也可以分成粗毛和细毛。马、牛、猪的被毛多为短而直的粗毛,绵羊的被毛多为细毛。

(二)毛的构造

毛是表皮的衍生物,由角化的上皮细胞构成,分为毛干和毛根两部分。露在皮肤外面的叫毛干,埋在真皮和皮下组织内的叫毛根。毛根周围有由上皮组织和结缔组织形成的毛囊。在毛囊的一侧有一束斜行平滑肌,称竖毛肌,该肌收缩可使毛竖立。毛根的末端膨大部叫毛球,细胞分裂能力很强,是毛的生长点。毛球的底部凹陷,真皮的结缔组织伸进毛球形成毛乳头,内含丰富的血管、神经,可营养毛球。毛生长到一定时期,若毛乳头供血不足,毛与毛乳头分离并外移、衰老并脱落。

(三)换毛

毛有一定的寿命,生长到一定时期,就会衰老脱落,为新毛所代替,这个过程称为换毛。换毛分季节性换毛和经常性换毛。季节性换毛发生在春、秋两季,如骆驼和兔;经常性换毛不受季节的限制,随时脱换一些长毛,如马的鬣毛、尾毛等。

三、皮肤腺

皮肤腺包括汗腺、皮脂腺和乳腺。

(一)汗腺

汗腺位于真皮和皮下组织内,为盘曲的单管状腺,能连续不断地分泌汗液,排泄管一般开口于毛囊,无毛的皮肤直接开口于皮肤表面。牛的汗腺以面部最为显著;绵羊和马的汗腺发达;水牛没有汗腺。汗腺的主要机能是分泌汗液,以散发热量调节体温。汗液中除水(98%)外,还含有盐和尿素、尿酸、氨等代谢产物。故汗腺分泌还是畜体排泄代谢产物的一个重要途径。

(二)皮脂腺

皮脂腺为简单的泡状腺,位于真皮的毛囊附近,开口于毛囊。皮脂腺分布广泛,其分泌物称皮脂,是一种不定形的脂肪性物质,有滋润皮肤和被毛的作用。动物体的皮肤,除了角、蹄、母畜的乳头和鼻镜外,均有皮脂腺分泌。绵羊分泌的皮脂与汗液混合为脂汗。脂汗对羊毛的质量影响很大,若缺乏,则被毛粗糙、无光泽,而且易折断。

(三)乳腺

由腺泡组成,雌性哺乳动物的乳腺可分泌乳汁。

四、蹄

蹄是被覆在指骨、趾骨远端上的高度角质化的皮肤,直接接触地面,并支持体重。牛、羊和猪为偶蹄动物,每肢有 4 个蹄。3、4 趾端两个蹄较大,与地面接触,称主蹄,两主蹄之间有蹄间隙;2、5 趾端两个蹄较小,不与地面接触,称悬蹄;马为单蹄动物。

蹄由蹄匣和肉蹄组成(图 2-30 和图 2-31)。

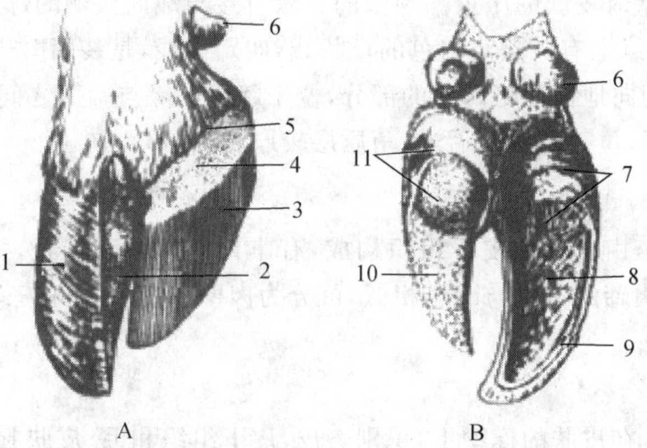

图 2-30　牛蹄(一侧的蹄匣去除)

A. 背面　B. 底面

1. 蹄的远轴面　2. 蹄壁的轴面　3. 肉壁　4. 肉冠　5. 肉缘
6. 悬蹄　7. 蹄球　8. 蹄底　9. 白线　10. 肉底　11. 肉球

(马仲华,家畜解剖学及组织胚胎学,第 3 版,2002)

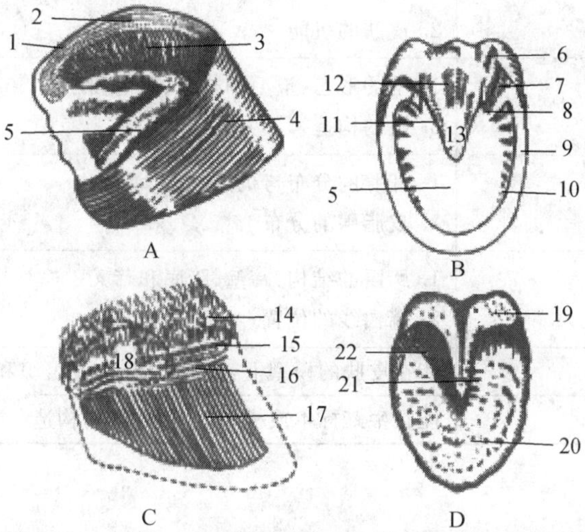

图 2-31　马蹄

A. 蹄匣　B. 蹄匣底面　C. 肉蹄　D. 肉蹄底面

1. 蹄缘　2. 蹄冠沟　3. 蹄壁小叶层　4. 蹄壁　5. 蹄底
6. 蹄球　7. 蹄踵角　8. 蹄支　9. 底缘　10. 白线　11. 蹄叉侧沟
12. 蹄叉中沟　13. 蹄叉　14. 皮肤　15. 肉缘　16. 肉冠　17. 肉壁
18. 蹄软骨的位置　19. 肉球　20. 肉底　21. 肉枕　22. 肉支

(马仲华,家畜解剖学及组织胚胎学,第 3 版,2002)

(一)蹄匣

蹄匣是蹄的角质层,由蹄壁、蹄底和蹄叉(枕叉)组成。

1. *蹄壁*　构成蹄匣的背侧壁和两侧壁。

蹄壁的上缘称为蹄冠,内有冠状沟。蹄冠与皮肤相连的无毛区域为蹄缘,蹄缘的角质柔软而有弹性，可减少蹄壁对皮肤的压迫。蹄壁的下缘直接与地面接触的部分称蹄底缘，是负担体重的部分。在蹄壁底缘上有一条浅白色的环状线，叫蹄白线，是装蹄时进钉的标志。

2. 蹄底　是蹄朝向地面而略凹陷的部分，位于蹄壁底缘与蹄叉之间，是蹄的支持面。

3. 蹄叉　呈楔形，位于蹄底的后方，角质层较厚，富有弹性。

(二)肉蹄

肉蹄位于蹄匣内，由真皮和皮下组织构成，有丰富的血管和神经，呈鲜红色，供应蹄匣营养，并有感觉作用。肉蹄的形状与蹄匣相似，可分为肉壁、肉底和肉枕三部分。

【技能】

1. 皮肤的识别　在皮肤的模型上，识别表皮、皮下组织和毛、皮肤腺。

2. 蹄的识别　在牛蹄标本或模型上，识别蹄的蹄壁、蹄冠、蹄缘、蹄球、蹄白线等结构。

【任务总结】

内容		要点
知识	皮肤	1. 皮肤的结构：表皮、真皮和皮下组织 2. 皮肤的机能
	毛	1. 毛的形态：被毛和长毛、粗毛和细毛 2. 毛的构造
	皮肤腺	1. 汗腺的分布与机能 2. 皮脂腺的分布
	蹄	1. 蹄匣的结构：蹄壁、蹄底和蹄叉 2. 蹄白线的位置
技能	皮肤的识别	能在皮肤的模型上，识别表皮、皮下组织和毛、皮肤腺
	蹄的识别	能在牛蹄标本或模型上，识别蹄的构造

项目三　内脏

△【情境描述】

通过观察标本、模型及新鲜器官，来学习内脏各器官的位置、形态结构；通过显微镜观察学习主要内脏器官的组织学构造；通过生理现象的观察，来学习消化、呼吸、泌尿和生殖系统的生命活动现象及规律；通过实验学习三大物质代谢过程。

△【知识目标】

掌握消化、呼吸、泌尿和生殖系统各器官的位置、形态结构；掌握胃、肠、肺、肾、睾丸、卵巢等器官的组织学构造；掌握消化、呼吸、泌尿和生殖系统各器官的机能；掌握糖、脂肪和蛋白质在机体的分解代谢过程。

△【能力目标】

能在新鲜标本上识别消化系统、呼吸系统、泌尿系统、生殖系统各器官的形态结构，并在活体上识别主要内脏器官的体表投影；能在显微镜下识别主要内脏器官的组织学构造；能准确检测各项生理指标、观察生理现象；能够对尿酮体、血糖、肝糖原进行定性和定量的测定。

△【素质目标】

具备团队协作能力；爱护标本和模型；在动物活体上进行生理现象观察时注意自身安全，防止被动物踢咬；进行生化实验时防止被化学试剂灼伤。

任务 3-1　消化系统各器官的识别

【任务描述】

本单元任务是通过观察牛、马、猪消化系统的标本、模型及新鲜器官来学习消化系统各器官的形态结构及主要器官的组织学结构。

【任务目标】

1. 掌握家畜消化系统的组成和主要消化器官的形态、结构、位置；
2. 能在标本或模型上识别主要消化器官的形态结构；
3. 能在活体上识别胃、肠、肝和胰的体表投影；
4. 能在显微镜下识别胃、肠、肝组织构造；
5. 具备较强的观察力进行对比学习牛、猪和马主要消化器官的构造特点。

【知识】

内脏是大部分位于胸腔、腹腔和骨盆腔内的管道系统，以一端或两端的开口与外界相通，在神经和体液的调节下，直接参与机体新陈代谢和生殖活动，包括消化、呼吸、泌尿和生殖系统。

消化系统(图 3-1 至图 3-3)包括消化管和消化腺两部分。消化管为食物通过的通道，包括口腔、咽、食管、胃、小肠、大肠和肛门。消化腺为分泌消化液的腺体，分为壁内腺和壁外腺。壁内腺分布于消化管的管壁内，如胃腺和肠腺；壁外腺位于消化管外，形成独立的器官以腺管通入消化管腔内，如唾液腺、肝和胰。

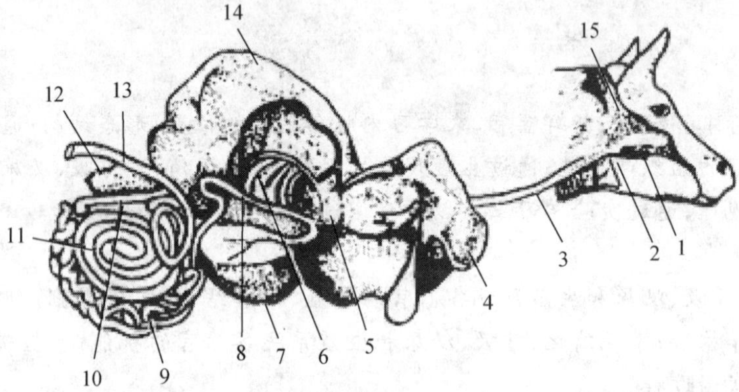

图 3-1 牛消化系统模式图

1. 口腔 2. 咽 3. 食管 4. 肝 5. 网胃 6. 瓣胃 7. 皱胃 8. 十二指肠 9. 空肠 10. 回肠 11. 结肠 12. 盲肠 13. 直肠 14. 瘤胃 15. 腮腺

(马仲华，家畜解剖学及组织胚胎学，第 3 版，2002)

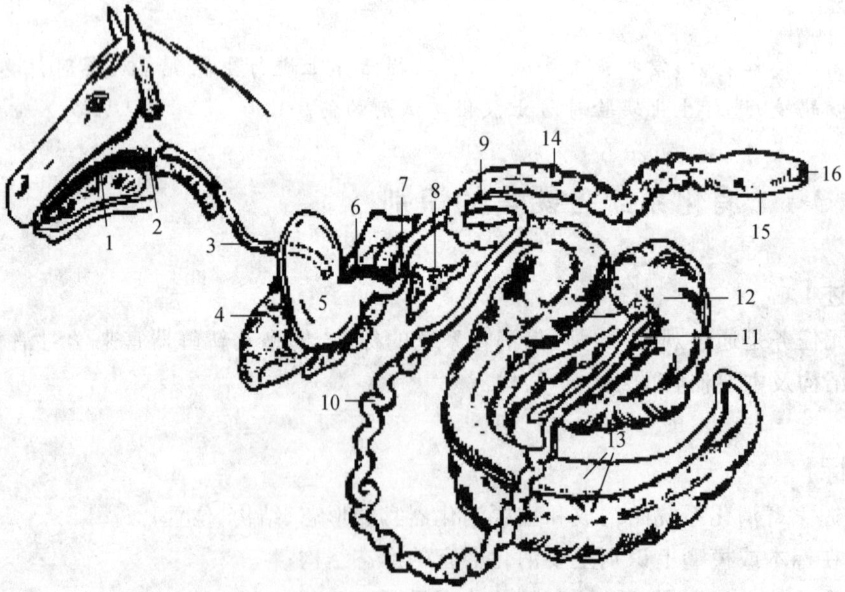

图 3-2 马消化系统模式图

1. 口腔 2. 咽 3. 食管 4. 肝 5. 胃 6. 肝总管 7. 胰管 8. 胰 9. 十二指肠 10. 空肠 11. 回肠 12. 盲肠 13. 大结肠 14. 小结肠 15. 直肠 16. 肛门

(彭克美，畜禽解剖学，第 2 版，2009)

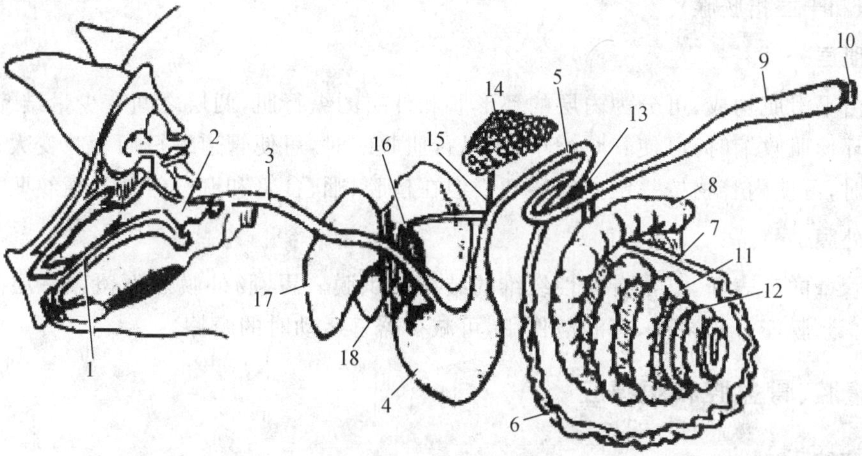

图 3-3 猪消化系统模式图

1. 口腔 2. 咽 3. 食管 4. 胃 5. 十二指肠 6. 空肠 7. 回肠 8. 盲肠 9. 直肠 10. 肛门 11. 结肠向心回 12. 离心回 13. 终袢 14. 胰 15. 胰管 16. 胆总管 17. 肝 18. 胆囊

(彭克美,畜禽解剖学,第 2 版,2009)

一、消化管的构造

消化管各段虽然在形态、机能上各有特点,但其管壁的基本构造都一样,由内向外可分为 4 层:黏膜层、黏膜下层、肌层和外膜(图 3-4)。

(一)黏膜层

构成消化管的最内层,柔软而湿润,色泽淡红色或鲜红色,富有伸展性。当管腔空虚时,常形成皱褶。黏膜又分黏膜上皮、固有膜和黏膜肌层三层结构,有保护、分泌和吸收等作用。

1. *黏膜上皮* 是消化管执行机能活动的主要部分,由不同的上皮组织构成,在口腔、食管、前胃和肛门为复层扁平上皮,有保护作用;在真胃、肠为单层柱状上皮,有吸收作用。

2. *固有膜* 又名固有层,由疏松结缔组织构成,内含丰富的血管、神经、淋巴管、淋巴组织和腺体等。

3. *黏膜肌层* 是固有层下的薄层平滑肌,其收缩活动可促进黏膜的血液循环、上皮的吸收和腺体分泌物的排出。

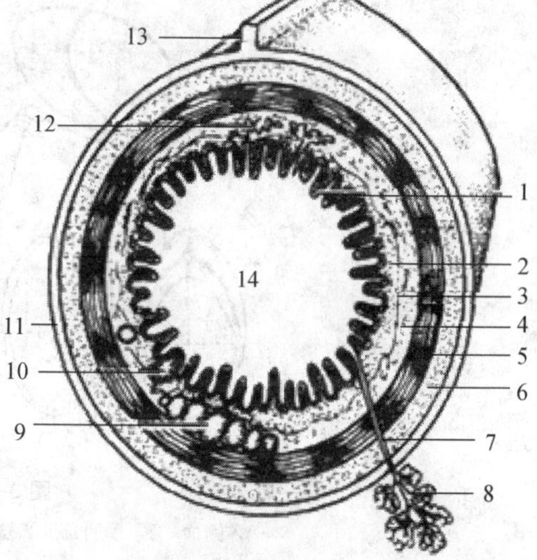

图 3-4 管状器官结构模式图

1. 上皮 2. 固有膜 3. 黏膜肌层 4. 黏膜下组织 5. 内环形肌 6. 外纵行肌 7. 腺管 8. 壁外腺 9. 淋巴集结 10. 淋巴孤结 11. 浆膜 12. 十二指肠腺 13. 肠系膜 14. 肠腔

(马仲华,家畜解剖学及组织胚胎学,第 3 版,2002)

(二)黏膜下层

由疏松结缔组织构成,有连接黏膜和肌层的作用。内含较大的血管、淋巴管、神经丛和腺体(食管腺和十二指肠腺)。

(三)肌层

主要由平滑肌构成,可分为内层的环形肌和外层的纵行肌,两层之间有少量结缔组织和神经丛。当环形肌收缩时,可使管腔缩小;当纵行肌收缩时,可使管道缩短而管腔变大;两层肌肉交替收缩时,可使内容物按一定方向移动。但在口腔、咽、食管和肛门等处为横纹肌。

(四)外膜

位于管壁的最表面,是富有弹性纤维的结缔组织膜。胃、肠外膜表面覆盖一层间皮细胞,称为浆膜。浆膜能分泌浆液,有润滑作用,可减少器官运动时的摩擦。

二、腹腔、骨盆腔和腹膜腔

(一)腹腔

腹腔是体内最大的腔。其前壁为膈,后通骨盆腔,两侧与底壁为腹肌和腱膜,顶壁主要为腰椎和腰肌。绝大多数内脏器官都位于腹腔内。为了确定各脏器在腹腔内的位置和体表投影,通常从两侧最后肋骨后缘的最突出点和髋结节前缘作两个横断面,将腹腔划为腹前部、腹中部和腹后部三大部分(图 3-5)。

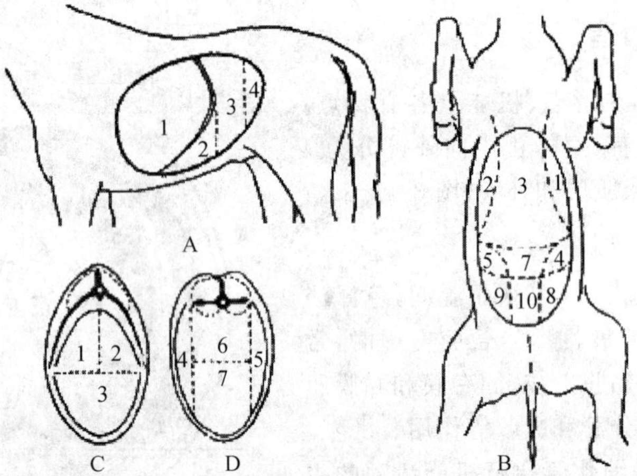

图 3-5 腹腔分区

A. 侧面 1. 季肋部 2. 剑状软骨部 3. 腹中部 4. 腹后部

B. 腹面 C. 腹前部横断面 D. 腹中部横断面

1. 左季肋部 2. 右季肋部 3. 剑状软骨部 4. 左髂部 5. 右髂部

6. 腰部 7. 脐部 8. 左腹股沟部 9. 右腹股沟部 10. 耻骨部

(马仲华,家畜解剖学及组织胚胎学,第 3 版,2002)

1. 腹前部 又分三部分。以肋弓为界,下部为剑状软骨部;上部又以正中矢状面为界分为左、右季肋部。

2. 腹中部 又分四部分。沿腰椎两侧横突顶点各作一个侧矢面,将腹中部分为左、右髂部和中间部;在中间部再沿第一肋骨的中点作额面,将中间部分为背侧的腰部和腹侧的脐部。

3. 腹后部 又分三部分。把腹中部的两个侧矢面平行后移,使腹后部分为左、右腹股沟部和中间的耻骨部。

(二)骨盆腔

骨盆腔是体内最小的体腔,为腹腔向后延续的部分,呈前宽后窄的圆锥形。背侧为荐骨和前 4 个尾椎,两侧为髂骨和荐坐韧带,底壁为耻骨和坐骨。其前口由荐骨岬、髂骨体和耻骨前缘围成;后口由尾椎、荐坐韧带后缘和坐骨弓围成。内有直肠、膀胱和大部分生殖器官。

(三)腹膜和腹膜腔

腹膜是腹腔与骨盆腔内的浆膜。其中紧贴在腹腔内表面、骨盆腔前半部内表面的部分为腹膜的壁层,覆盖在腹腔和骨盆腔内脏器官表面的部分,为腹膜的脏层,也是内脏器官的浆膜层。脏层与壁层互相移行,两层之间的空隙称腹膜腔,腔内有少量浆液,具有润滑作用,可减少脏器运动时相互间的摩擦。

腹膜从腹腔、骨盆腔内壁移行到脏器,或从某一脏器移行到另一脏器,形成了许多皱褶,分别称为系膜、网膜、韧带。它们多数由双层腹膜构成,其中含有结缔组织、脂肪、淋巴结及分布到脏器的血管、神经等,起着联系和固定脏器的作用。

系膜:连于腹腔顶壁与肠管之间宽而长的腹膜褶,如空肠系膜。

韧带:连于腹腔、骨盆腔与脏器之间或脏器与脏器之间短而窄的腹膜褶,如回盲韧带、肝韧带等。

网膜:连于胃与其他脏器之间的腹膜褶,呈网状,如大网膜和小网膜。

三、口腔

口腔(图 3-6)为消化器官的起始部,具有采食、咀嚼、吮吸、味觉、吞咽等功能。其前壁为唇,两侧壁为颊,顶壁为硬腭(图 3-7),底壁为下颌骨和舌,后壁为软腭。前端由口裂与外界相

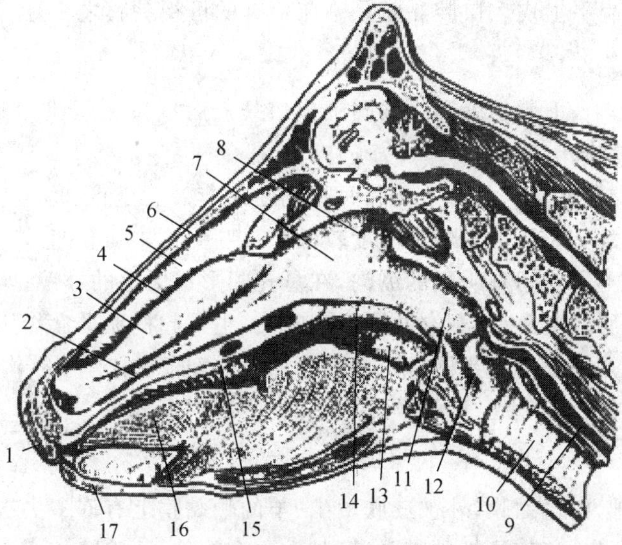

图 3-6 牛头纵剖面

1. 上唇 2. 下鼻道 3. 下鼻甲骨 4. 中鼻道 5. 上鼻甲骨 6. 上鼻道 7. 鼻咽部 8. 咽鼓管咽口 9. 食管 10. 气管 11. 喉咽部 12. 喉 13. 口咽部 14. 软腭 15. 硬腭 16. 舌 17. 下唇

(马仲华,家畜解剖学及组织胚胎学,第 3 版,2002)

通，后端以咽峡与咽相通。口腔又分口腔前庭和固有口腔两部分：唇、颊与齿弓之间的腔隙为口腔前庭；齿弓以内的部分为固有口腔。

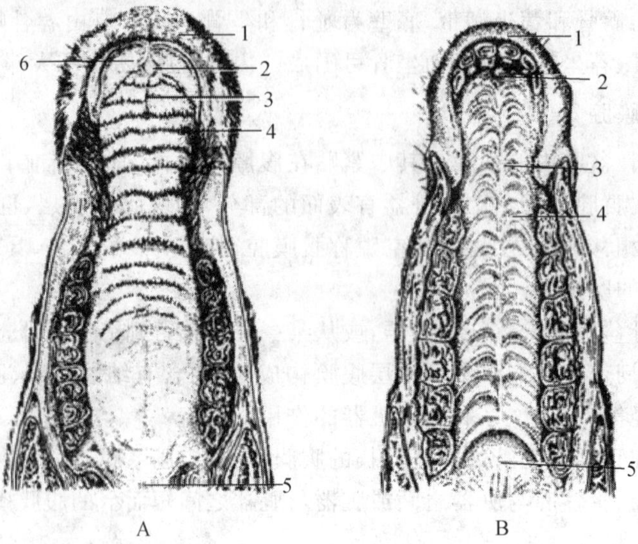

图 3-7 硬腭

A. 牛 B. 马

1. 上唇 2. 切齿乳头 3. 腭缝 4. 腭褶 5. 软腭 6. 齿垫

（马仲华，家畜解剖学及组织胚胎学，第 3 版，2002）

口腔内面衬有黏膜，在唇缘处与皮肤相接。口腔黏膜较厚，富有血管，呈粉红色，常含有色素，黏膜上皮为复层扁平上皮。口腔黏膜是临床检查的可视黏膜之一。

(一)唇

分上、下两部分，上、下唇的游离缘共同围成口裂。唇以口轮匝肌为基础，内衬黏膜，外被皮肤。唇黏膜内有唇腺。

牛唇坚实、短厚、不灵活。上唇中部和两鼻孔之间有一无毛区，称鼻唇镜。鼻唇镜表面有鼻唇腺分泌的液体，故其表面常湿润而温度较低。

羊唇薄而灵活，上唇中间有明显的纵沟，在鼻孔间形成无毛的鼻镜。

猪口腔较长，上唇较宽厚，与鼻端共同形成吻突，主要起掘地觅食作用。

马唇长而灵活，是采食的主要器官。上唇长而薄，表面正中有一纵沟，叫人中。下唇较短厚，其腹侧有一明显的丘形隆起，称为颏。

(二)颊

颊以颊肌为基础，内衬黏膜，外被皮肤。牛、羊的颊黏膜上有许多尖端向后的锥状乳头，并有颊腺和腮腺管的开口。猪、马颊黏膜平滑，其内也有颊腺、腮腺管的开口。

(三)硬腭

构成固有口腔的顶壁，向后延续为软腭。硬腭的黏膜厚而坚硬，上皮高度角质化，黏膜下有丰富的静脉丛。硬腭正中有一纵行的腭缝，腭缝的两侧为横行的腭褶。硬腭的前端有一突起，称为切齿乳头。切齿乳头两侧有鼻腭管的开口，鼻腭管的另一端通鼻腔。

(四)软腭

由硬腭延续而来,构成口腔的后壁。其游离端伸向后下方,与舌根之间形成咽峡,是口腔与咽之间的通道。猪软腭内有发达的腭腺,其排泄管开口于软腭表面。马的软腭特别长,咽峡很小,故不能经口呼吸,也不易呕吐。

(五)舌

舌附着于舌骨上,占据固有口腔的绝大部分,分为舌根、舌体和舌尖三部分(图 3-8)。

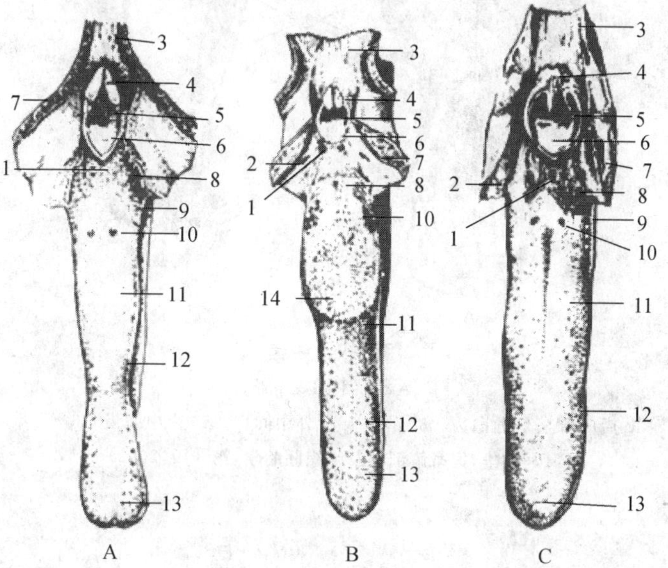

图 3-8 舌

A. 马 B. 牛 C. 猪

1. 舌扁桃体 2. 腭扁桃体(牛、猪) 3. 食管 4. 勺状软骨 5. 喉口 6. 会厌 7. 软腭 8. 舌根 9. 叶状乳头(马、猪) 10. 轮廓乳头 11. 舌体 12. 菌状乳头 13. 舌尖 14. 舌圆枕

(马仲华,家畜解剖学及组织胚胎学,第 3 版,2002)

舌尖向前呈游离状态,舌体位于两侧臼齿之间,舌根为附着于舌骨的部分。舌尖与舌体交界处的腹侧面有一条(马)或两条(牛、猪)舌系带,与口腔底部相连。舌系带的两侧各有一突起,称为舌下肉阜(又称卧蚕),是颌下腺的开口处。

舌主要由舌肌和黏膜构成。舌肌为横纹肌,舌黏膜上皮为复层扁平上皮,舌背黏膜角质化程度高,表面有许多大小不一的突起,称舌乳头。有些舌乳头上分布有味蕾,为味觉器官。舌根背侧的固有膜内还有淋巴器官,称为舌扁桃体。

牛舌宽而厚,舌尖灵活,是采食的主要器官。舌背后部有一隆起,称舌圆枕。舌乳头可分为锥状乳头、菌状乳头、轮廓乳头三种。菌状乳头和轮廓乳头的黏膜上皮内分布有味蕾,为味觉器官。猪的舌下肉阜不明显,舌窄而长,舌尖较薄。马的舌较长,舌尖扁平,舌体较大。

(六)齿

齿镶嵌于上、下颌骨的齿槽内,由坚硬的骨组织构成,因其排列成弓形,所以又分别称为上齿弓和下齿弓。

1. 齿式 每一侧的齿弓由前向后排列为切齿、犬齿和臼齿(图 3-9 至图 3-11)。牛、羊无上切齿，下切齿 4 对，由内向外又分别称为门齿、内中间齿、外中间齿和隅齿；马和猪上、下切齿各 3 对，由内向外分别称门齿、中间齿和隅齿。臼齿可分为前臼齿和后臼齿。

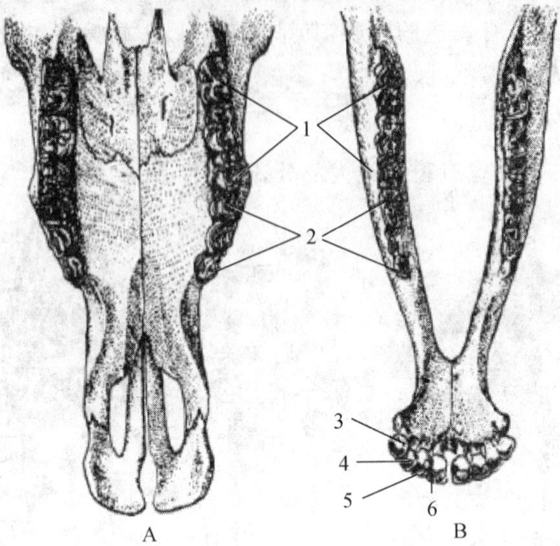

图 3-9 牛齿

A. 上颌 B. 下颌

1. 后臼齿 2. 前臼齿 3. 隅齿 4. 外中间齿 5. 内中间齿 6. 门齿

（马仲华，家畜解剖学及组织胚胎学，第 3 版，2002）

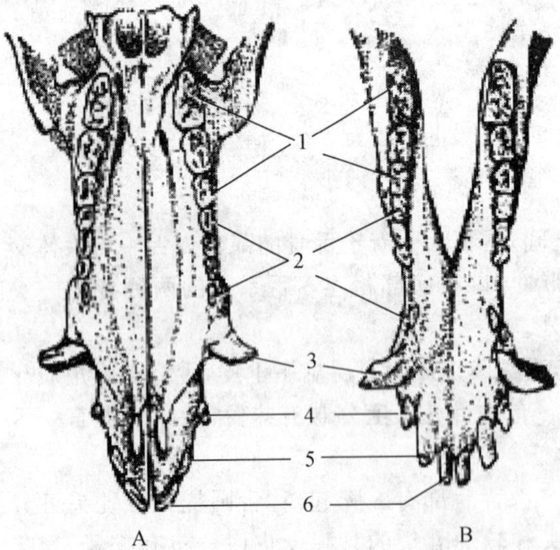

图 3-10 猪齿

A. 上颌 B. 下颌

1. 后臼齿 2. 前臼齿 3. 犬齿

4. 隅齿 5. 中间齿 6. 门齿

（马仲华，家畜解剖学及组织胚胎学，第 3 版，2002）

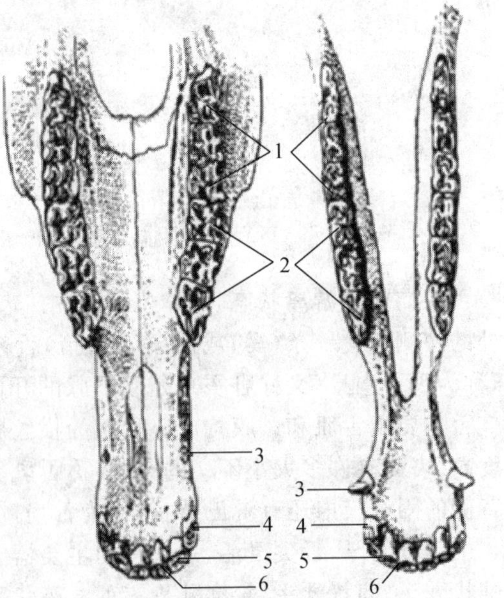

图 3-11 马齿

A. 上颌 B. 下颌

1. 后臼齿 2. 前臼齿 3. 犬齿

4. 隅齿 5. 中间齿 6. 门齿

（马仲华，家畜解剖学及组织胚胎学，第 3 版，2002）

齿的位置和数目可用齿式表示：

$$2\left(\frac{\text{切齿}\quad\text{犬齿}\quad\text{前臼齿}\quad\text{后臼齿}}{\text{切齿}\quad\text{犬齿}\quad\text{前臼齿}\quad\text{后臼齿}}\right)$$

牛无上切齿和犬齿，上切齿被坚硬的齿板代替。

牛的恒齿式：$2\left(\frac{0\quad 0\quad 3\quad 3}{4\quad 0\quad 3\quad 3}\right)=32$　　猪的恒齿式：$2\left(\frac{3\quad 1\quad 4\quad 3}{3\quad 1\quad 4\quad 3}\right)=44$

公马的恒齿式：$2\left(\frac{3\quad 1\quad 3\quad 3}{3\quad 1\quad 3\quad 3}\right)=40$　　母马的恒齿式：$2\left(\frac{3\quad 0\quad 3\quad 3}{3\quad 0\quad 3\quad 3}\right)=36$

2. 齿的种类　齿在家畜出生后逐个长出。除后臼齿和猪的第一前臼齿外，其余齿到一定年龄均按一定顺序进行更换。更换前的齿称为乳齿，一般个体较小、颜色乳白，磨损较快；更换后的齿称恒齿或永久齿，相对较大，坚硬，颜色较白。

3. 齿的结构　齿在外形上可分三部分：埋于齿槽内的部分称齿根，露于齿龈外的部分称齿冠，介于二者之间被齿龈覆盖的部分称为齿颈。包围在齿颈外淡红色的一层黏膜为齿龈，有固定齿的作用。

齿由齿质、釉质（珐琅质）和齿骨质构成。齿质位于内层，呈淡黄色，是构成齿的主体。釉质是齿冠部的齿质外面包围的光滑、坚硬、乳白色的组织，它也是体内最坚硬的组织。齿骨质是齿根部的齿质外面呈黄色的组织。齿的中心部为齿髓腔，腔内有富含血管、神经的齿髓，对齿有营养作用。在生产上，可根据齿的生长、咀嚼面磨损程度来判断牛的年龄。

4. 不同家畜齿的特点　牛无上切齿和犬齿，代之以坚硬角质化的齿垫，下切齿齿冠呈铲形；猪犬齿发达，尖而锐利，公猪犬齿齿冠很长，可持续生长而伸出口腔之外，俗称獠牙；马切齿齿冠呈楔形，磨面上有一个漏斗状的凹陷，称齿坎，其因受腐蚀而使齿骨质呈黑色，特称黑窝。

（七）唾液腺

唾液腺是指能分泌唾液的腺体，除一些小的壁内腺如唇腺、颊腺、舌腺外，主要有三对大的唾液腺：腮腺、颌下腺和舌下腺（图 3-12）。

腮腺：位于耳根下方，下颌骨后缘皮下，呈狭长的三角形。其腺管开口于与第五上臼齿相对的颊黏膜上。

颌下腺：比腮腺大，呈淡黄色，位于下颌骨的内侧，后部被腮腺覆盖。腺管开口于舌下肉阜。

舌下腺：位于舌体和下颌骨之间的黏膜下，腺体分散，腺管较多，分别开口于口腔底部黏膜上。

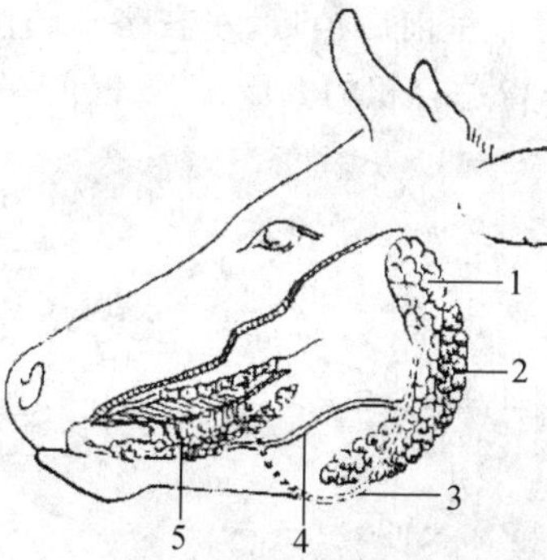

图 3-12　唾液腺模式图（牛）

1. 腮腺　2. 颌下腺　3. 腮腺管
4. 颌下腺管　5. 舌下腺

（马仲华，家畜解剖学及组织胚胎学，第 3 版，2002）

四、咽和食管

（一）咽

咽位于口腔、鼻腔的后方，喉和气管的前上方，是消化和呼吸的共同通道。吞咽时，软腭提起，会厌翻转盖住喉口，食物由口腔经咽进入食管；呼吸时，软腭下垂，空气经咽到喉或鼻腔。

咽有7个孔与周围邻近器官相通：前上方经两个鼻后孔通鼻腔；前下方经咽峡通口腔；后背侧经食管口通食管；后腹侧经喉口通气管；两侧壁各有一咽鼓管口通中耳。

咽壁由黏膜、肌肉和外膜三层组成。黏膜衬于咽腔内面，内含咽腺和淋巴组织；咽肌为横纹肌，有缩小和开张咽腔的作用；外膜为覆盖在咽肌外面的一层纤维膜。

咽峡是软腭和舌根构成的咽与口腔之间的通道，其侧壁黏膜上有扁桃体窦，窦壁内有腭扁桃体。

（二）食管

食管是连于咽和胃之间的食物通过的肌质管道，分颈、胸、腹三段。颈段食管开始位于喉和气管的背侧，至颈中部逐渐转向气管的左侧，经胸腔前口入胸腔。胸段食管又转向气管的背侧，继续向后延伸，穿过膈的食管裂孔进入腹腔。腹段食管很短，与胃的贲门相接。猪的食管沿气管背侧向后行走时不发生偏转。

食管管壁分为黏膜层、黏膜下层、肌层和外膜层。其中黏膜上皮为复层扁平上皮，肌层为横纹肌。黏膜表面形成许多纵行的皱襞，当食团通过时，管腔扩大，皱襞展平，利于食团下行。

五、胃

胃位于腹腔内，在膈和肝的后方，是消化管膨大的部分，前端以贲门接食管，后端以幽门与十二指肠相通。家畜的胃分为单胃和复胃。

（一）牛、羊胃

牛、羊的胃为复胃（多室胃），由瘤胃、网胃、瓣胃和皱胃组成（图3-13）。其中前3个胃无消化腺，主要起贮存食物和发酵、分解粗纤维的作用，称前胃；第四个胃有消化腺分布，能分泌胃液，进行化学性消化，故又称真胃。

1. 瘤胃　呈前后稍长、左右略扁的椭圆形，占据整个左腹腔，其下部还伸向右侧腹腔。容积约占4个胃总容积的80%。瘤胃前端与第7～8肋间隙相对，后端达骨盆腔前口。左侧面

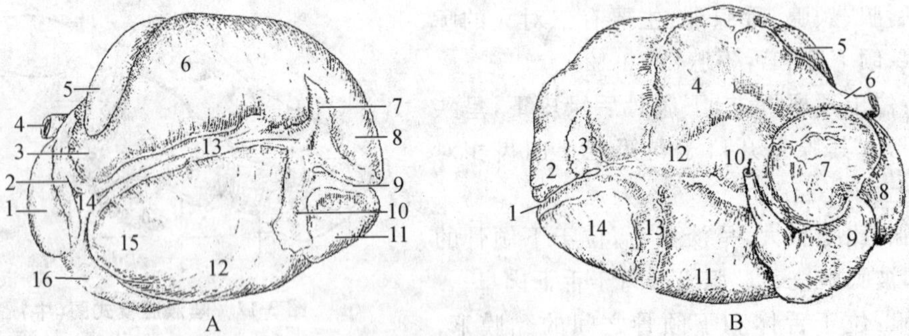

图3-13　牛的胃

A. 左侧　1. 网胃　2. 瘤胃沟　3. 前背盲囊　4. 食管　5. 脾　6. 瘤胃背囊　7. 后背冠沟　8. 后背盲囊　9. 后沟　10. 后腹冠沟　11. 后腹盲囊　12. 瘤胃腹囊　13. 左纵沟　14. 前沟　15. 前腹盲囊　16. 皱胃

B. 右侧　1. 后沟　2. 后背盲囊　3. 后背冠沟　4. 瘤胃背囊　5. 脾　6. 食管　7. 瓣胃　8. 网胃　9. 皱胃　10. 十二指肠　11. 瘤胃腹囊　12. 右纵沟　13. 后腹冠沟　14. 后腹盲囊

（马仲华，家畜解剖学及组织胚胎学，第3版，2002）

(壁面)与脾、膈和腹壁相邻;右侧面(脏面)与瓣胃、皱胃、肠、肝、胰等器官相邻。背侧缘以结缔组织与腰肌和膈脚相连;腹侧缘与腹腔底壁接触。

瘤胃的前、后两端有较深的前沟和后沟,左、右两侧面有较浅的左纵沟和右纵沟。在瘤胃的内壁上有与上述各沟相对应的光滑肉柱。沟和肉柱共同围成环状,把瘤胃分成背囊和腹囊两大部分。较深的瘤胃前、后沟又把背囊和腹囊分成前背盲囊、后背盲囊、前腹盲囊、后腹盲囊。在后背盲囊和后腹盲囊之前,分别有后背冠状沟和后腹冠状沟。

瘤胃与网胃间的连通口较大,称瘤网胃口。其背侧形成一个穹隆,称为瘤胃前庭。前庭顶壁有贲门,与食管相接。

瘤胃黏膜呈棕黑色或棕黄色,无腺体,表面有密集的乳头,内含丰富的毛细血管。肉柱上无乳头,颜色较淡。

2. 网胃　牛的网胃容积最小,约占总容积的 5%。网胃呈梨状,前后稍扁,位于季肋部的正中矢状面上,瘤胃背囊的前下方,约与 6～8 肋相对。网胃的上端有瘤网胃口与瘤胃背囊相通;瘤网胃口的右下方有网瓣胃口与瓣胃相通。网胃的前面(壁面)凸,与膈、肝接触;后面(脏面)与瘤胃背囊贴连。

网胃的黏膜形成许多网格状的皱褶,呈蜂巢状,故又称蜂巢胃。皱褶上密布角质乳头。

由于牛网胃的前面与膈接触,膈与心包的距离又很近。因此,当尖锐的金属异物(铁钉、铁丝)被误吞至胃时,易留存于网胃并刺穿胃壁而引起创伤性网胃炎。严重时,异物还可穿透膈而刺入心包,继发创伤性心包炎。

自瘤胃贲门至网瓣胃口之间有一条螺旋状扭转的沟,称为食管沟(图 3-14)。沟两侧有隆起的黏膜褶,称食管沟唇。犊牛的食管沟唇很发达,吮吸时可闭合成管,乳汁可由贲门经食管沟和瓣胃沟直达皱胃;成年牛的食管沟闭合不严。

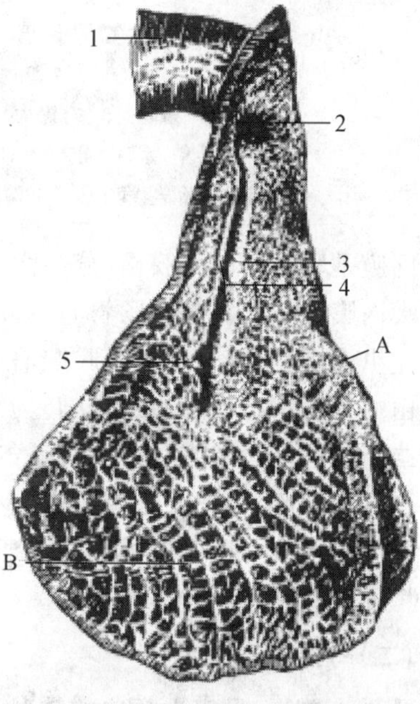

图 3-14　牛的网胃与食管沟

A. 瘤胃褶　B. 网胃黏膜

1. 食管　2. 贲门　3. 食管沟右唇

4. 食管沟左唇　5. 网瓣口

(马仲华,家畜解剖学及组织胚胎学,第 3 版,2002)

3. 瓣胃　呈两侧稍扁坚实的球形。成年牛瓣胃占胃总容积的 7%～8%,位于右季肋部,与第 7～11(12)肋相对,肩关节水平线通过瓣胃中线。右面(壁面)主要与肝、膈接触;左面(脏面)与网胃、瘤胃及皱胃接触。

瓣胃的黏膜形成百余片大小、宽窄不同的叶片,故又称“百叶胃”(图 3-15)。瓣叶上有许多角质化的乳头。在瓣胃底部有一瓣胃沟,前接网瓣胃口与食管沟相连,后接瓣皱胃口与皱胃相通,液态饲料可经此沟直接进入皱胃。

羊的瓣胃是四个胃中容积最小的,呈卵圆形,位于右季肋部,约与第 9、10 对肋相对。位置比牛高一些,不与腹壁接触。

4. 皱胃　呈长囊状,容积约占胃总容积的 7%～8%。位于右季肋部和剑状软骨部,左邻网胃和瘤胃的腹囊,下紧贴腹腔底壁,与第 8～12 肋相对。其前端粗大为胃底部,与瓣胃相连;

后端狭窄为幽门部，与十二指肠相连。皱胃的幽门部在接近幽门处明显变细，壁内的环形肌增厚，在小弯处形成幽门圆枕。

皱胃胃壁由黏膜层、黏膜下层、肌层和浆膜构成。黏膜光滑、柔软，内有腺体，并形成12～14条螺旋形的大皱褶（图3-16）。根据黏膜位置、颜色和腺体的不同，可分为贲门腺区、胃底腺区和幽门腺区。胃底腺区灰红色，位于胃底部，腺区最大，是分泌胃液的主要部位。贲门腺区色淡，幽门腺区呈淡黄色，两腺区较小。

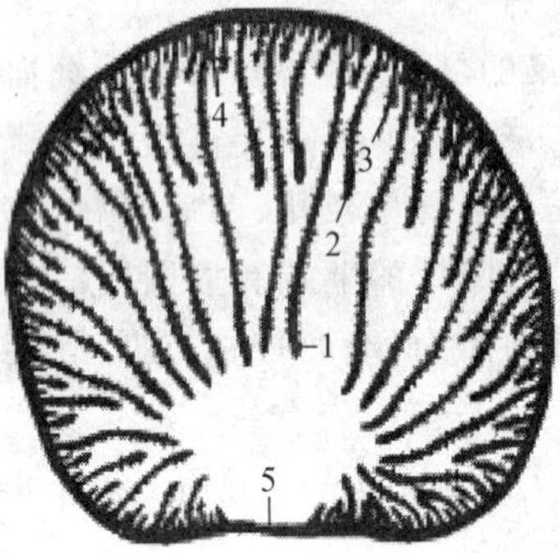

图3-15 牛瓣胃黏膜

1. 大瓣叶 2. 中瓣叶 3. 小瓣叶 4. 最小瓣叶 5. 瓣胃沟

（马仲华，家畜解剖学及组织胚胎学，第3版，2002）

图3-16 皱胃黏膜

（马仲华，家畜解剖学及组织胚胎学，第3版，2002）

网膜是联系胃的浆膜褶，分为大、小网膜。

大网膜：发达，覆盖在肠管右侧面的大部分和瘤胃腹囊的表面，分为深、浅两层。浅层起自瘤胃左纵沟，向下绕过腹囊到腹腔右侧，继续沿右腹侧壁向上延伸，止于十二指肠和皱胃大弯。浅层由瘤胃后沟折转到右纵沟，转为深层。深层向下绕过肠管到肠管的右侧面，沿浅层向上止于十二指肠。网膜上常沉积有大量的脂肪，营养状况良好的畜体更为明显。由于大网膜内含有许多巨噬细胞，因此又是腹腔内重要的防卫器官。

小网膜：较小，起于肝的脏面，绕过瓣胃外侧，止于皱胃幽门部和十二指肠起始部，将瓣胃包在里面。

（二）马胃

马胃为单胃，呈扁平弯曲的囊状，容积5～8 L。其位置较固定，位于膈和肝后方、左上大结肠的背侧，其大部位于左季肋部，仅幽门部位于右季肋部。胃呈前后压扁状，具有两面和两缘。壁面凸，朝向前左上方，与膈、肝接触；脏面向后右下方，与大结肠、小结肠、小肠及胰等接触。胃的腹缘凸向下方，从贲门沿至幽门，为胃大弯，其左侧壁附着脾；背缘凹，为胃小弯（图3-17）。胃的左端向背侧膨大形成胃盲囊；右端较细，称幽门窦；中间膨大的部分称胃体。

马胃周围有许多浆膜结构与其他器官相连：胃大弯与膈之间的浆膜称胃膈韧带；脾门与胃大弯之间有胃脾韧带；折叠于胃和右上大结肠之间有不发达的大网膜；连于胃小弯、十二指肠起始部和肝门之间有小网膜；连于胃盲囊与胰及十二指肠之间有胃胰皱褶。

马胃的黏膜被一明显的褶缘分为有腺部和无腺部。褶缘以上的部分，厚而苍白，衬以复层扁平上皮，其黏膜内无腺体，称为无腺部。褶缘以下和右侧的黏膜软而皱，衬以单层柱状上皮，黏膜内含有腺体，称为有腺部。有腺部又分三区：沿褶缘的一窄区，黏膜呈灰黄色，为贲门腺区；在贲门腺区下方的一大片黏膜，呈棕红色且形成许多凹陷（即胃小窝），为胃底腺区；在胃底腺区右侧的黏膜，呈灰红色或灰黄色，为幽门腺区（图 3-18）。幽门处的黏膜形成一环形褶，为幽门瓣。

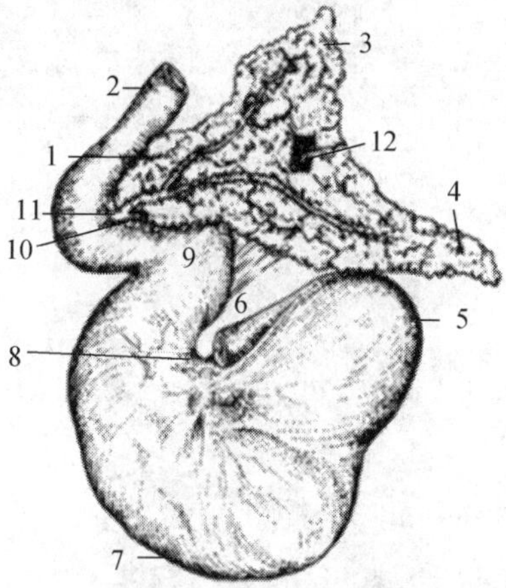

图 3-17 马的胃和胰

1. 胰头 2. 十二指肠 3. 右叶 4. 左叶（胰尾） 5. 胃盲囊 6. 食管 7. 胃大弯 8. 胃小弯 9. 幽门 10. 肝管 11. 胰管 12. 门静脉

（马仲华，家畜解剖学及组织胚胎学，第 3 版，2002）

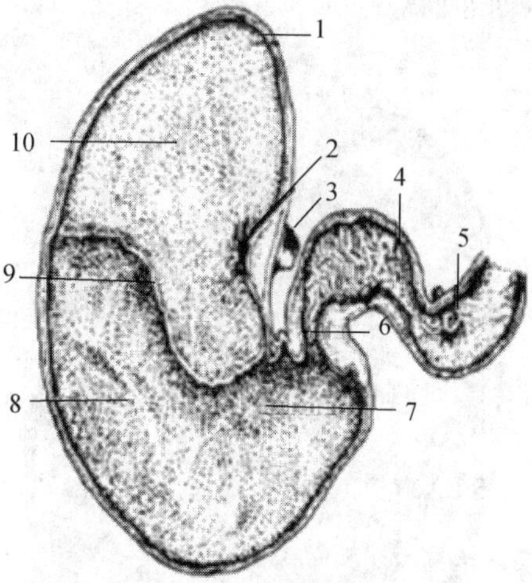

图 3-18 马胃黏膜

1. 胃盲囊 2. 贲门 3. 食管 4. 十二指肠 5. 十二指肠憩室 6. 幽门 7. 幽门腺区 8. 胃底腺区 9. 褶缘 10. 食管部（无腺部）

（马仲华，家畜解剖学及组织胚胎学，第 3 版，2002）

（三）猪胃

猪胃形状与马胃相似，为单胃，容积很大，5～8 L。横卧于腹前部，大部分位于左季肋部，小部分位于右季肋部和剑状软骨部。当猪饱食时，胃大弯可伸达剑状软骨与脐之间的腹腔底壁。胃的壁面朝前，与膈、肝接触；脏面朝后，与脾、大网膜、肠、肠系膜及胰等接触。胃的左端大而圆，近贲门处有一盲突，称为胃憩室；右端幽门部小而急转向上，与十二指肠相连（图 3-19）。在幽门处有自小弯一侧向内突出的一个纵长鞍形隆起，称为幽门圆枕，与其对侧的唇形隆起相对，有关闭幽门的作用。

猪胃的大网膜发达，位于胃与升结肠袢及空肠袢之间，分浅、深两层，两层之间形成网膜囊。营养良好的个体，大网膜富含脂肪呈网格状。小网膜联系胃小弯与肝和十二指肠。

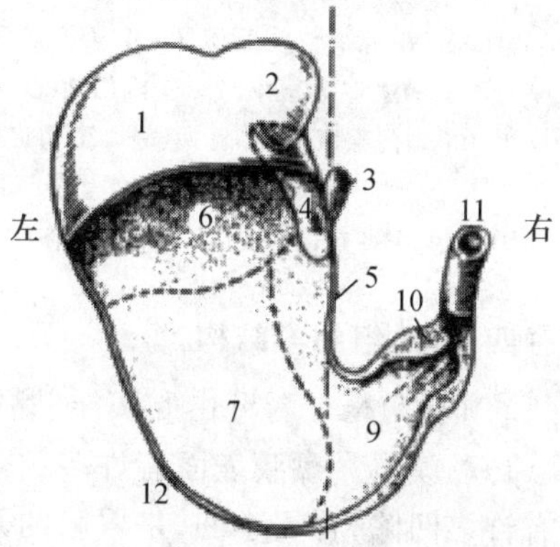

图 3-19 猪胃模式图（部分胃壁剖开）

1. 胃底 2. 胃憩室 3. 食管 4. 无腺部黏膜 5. 胃小弯 6. 贲门腺区 7. 胃底腺区 8. 腹正中线 9. 幽门腺区 10. 幽门圆枕 11. 十二指肠 12. 胃大弯

（马仲华，家畜解剖学及组织胚胎学，第 3 版，2002）

猪胃黏膜的无腺部很小，仅位于贲门周围，呈苍白色；贲门腺区很大，由胃的左端达胃的中部，黏膜薄而呈淡灰色；胃底腺区较小，位于贲门腺区的右侧，沿胃大弯分布，黏膜较厚呈棕红色；幽门腺区位于幽门部，黏膜薄呈灰红色，且有不规则的皱褶(图 3-20)。

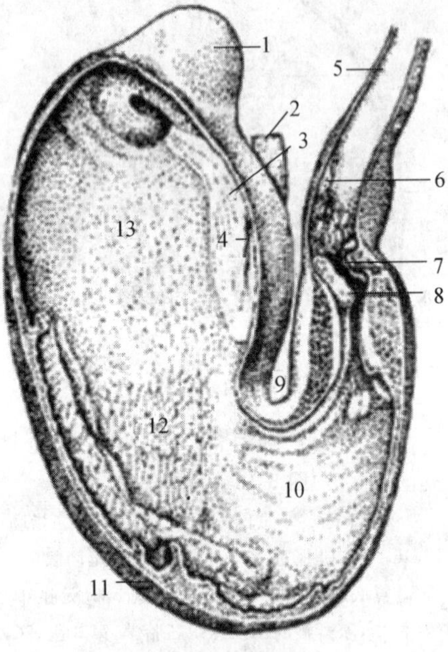

图 3-20 猪胃黏膜

1. 胃憩室 2. 食管 3. 无腺区 4. 贲门 5. 十二指肠 6. 十二指肠憩室 7. 幽门 8. 幽门圆枕 9. 胃小弯 10. 幽门腺区 11. 胃大弯 12. 胃底腺区 13. 贲门腺区

(马仲华，家畜解剖学及组织胚胎学，第 3 版，2002)

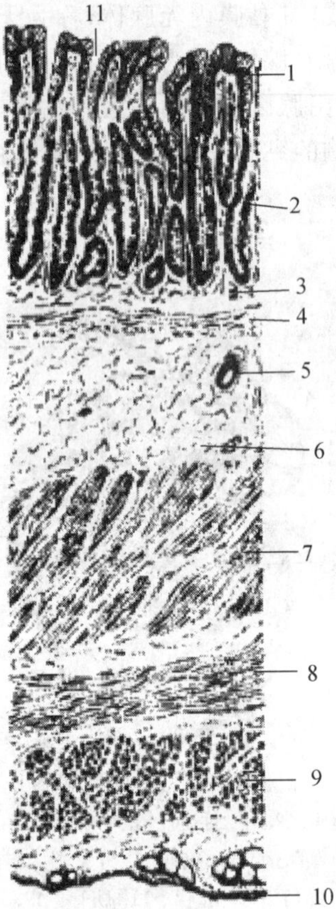

图 3-21 胃底部横切(低倍镜)

1. 黏膜上皮 2. 胃底腺 3. 固有层 4. 黏膜肌层 5. 血管 6. 黏膜下层 7. 内斜行肌 8. 中环行肌层 9. 外纵行肌 10. 浆膜 11. 胃小凹

(马仲华，家畜解剖学及组织胚胎学，第 3 版，2002)

(四)胃的组织学结构

1. 胃壁构造　胃壁由黏膜层、黏膜下层、肌层和浆膜构成(图 3-21)。

(1)黏膜层　黏膜表面有许多皱褶，当食物充满时，皱褶变低或消失。在有腺部黏膜的表面，有许多凹陷，称胃小凹，是胃腺的开口处。

①黏膜上皮　无腺部为复层扁平上皮，有腺部为单层柱状上皮。柱状细胞排列整齐，底面附着于基膜上。胞核呈椭圆形，位于细胞基底部。柱状细胞能分泌黏液，覆盖在黏膜表面，有保护胃黏膜免受胃液内盐酸和胃蛋白酶侵蚀的作用。

②固有层　很发达，由富含网状纤维的结缔组织构成，其中布满密集的胃腺。

③黏膜肌层　由内环、外纵两层平滑肌组成，有紧缩黏膜和帮助排出胃腺分泌物的作用。

(2)黏膜下层　由疏松结缔组织构成，含有较大的血管、淋巴管和神经丛。在猪还含有淋巴小结。

(3)肌层　由三层平滑肌组成。内层为斜行肌，仅分布于无腺部，在贲门处最厚，形成贲门括约肌;中层为环行肌,很发达,为肌层的主要部分,在胃的右端特别增厚,形成幽门括约肌;外层为不完整的纵行肌层,肌纤维多集中在胃大弯、胃小弯和幽门窦处。

(4)浆膜 光滑而湿润,被覆于胃的表面。

2. 胃腺分区 根据胃黏膜位置、颜色和腺体的不同,可分为胃底腺区、贲门腺区和幽门腺区。

①胃底腺区 灰红色,位于胃底部,腺区最大,是分泌胃液的主要部位。在其黏膜的固有层内有大量的胃腺(图 3-22)。胃腺主要由 3 种腺细胞构成,即主细胞、壁细胞和颈黏液细胞。

主细胞:细胞呈矮柱状或锥体形,胞核圆形,位于细胞基底部。可分泌胃蛋白酶原和胃脂肪酶,犊牛还能分泌凝乳酶。

壁细胞:又称盐酸细胞,体积较大,呈圆形或钝三角形,胞核呈圆形,位于细胞中央(常见有双核)。能分泌盐酸。

颈黏液细胞:颈黏液细胞形态与主细胞相似,能分泌黏液,具有保护胃黏膜的作用。

②贲门腺区和幽门腺区 贲门腺区色淡,幽门腺区呈淡黄色,两腺区较小,黏膜内的腺体主要由黏液细胞构成,能分泌碱性黏液,保护胃黏膜。

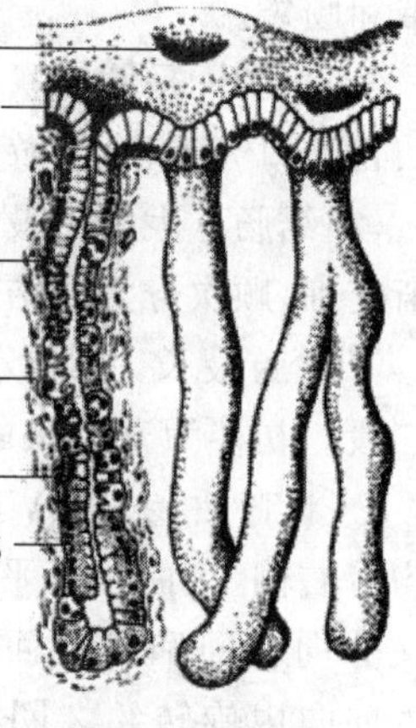

图 3-22 胃底腺

1. 胃小凹 2. 单层柱状上皮 3. 颈黏液细胞 4. 壁细胞 5. 内分泌细胞 6. 主细胞

(沈霞芬,家畜组织学与胚胎学,第 3 版,2001)

六、肠

肠借肠系膜悬挂于腹腔顶壁,并在腹腔内盘曲,其前端起自幽门,后止于肛门,可分小肠和大肠两部分。小肠又分十二指肠、空肠和回肠三段,是食物进行消化和吸收的主要部位。大肠又分盲肠、结肠和直肠三段,其主要功能是消化纤维素、吸收水分、形成和排出粪便等。

(一)牛、羊的肠(图 3-23)

1. 小肠 为细长的管道,牛的小肠长约 40 m,羊的小肠长约 25 m。

(1)十二指肠 位于右季肋部和腰部,长约 1 m(羊约 0.5 m),位置较固定。起自皱胃幽门,向前上方伸延,至肝的脏面形成"乙"状弯曲。由此再向上向后伸延至髋结节前方,然后折转向左并向前形成一后曲(髂曲)。由此继续向前(与结肠末端平行)伸延至右肾腹侧与空肠相接。

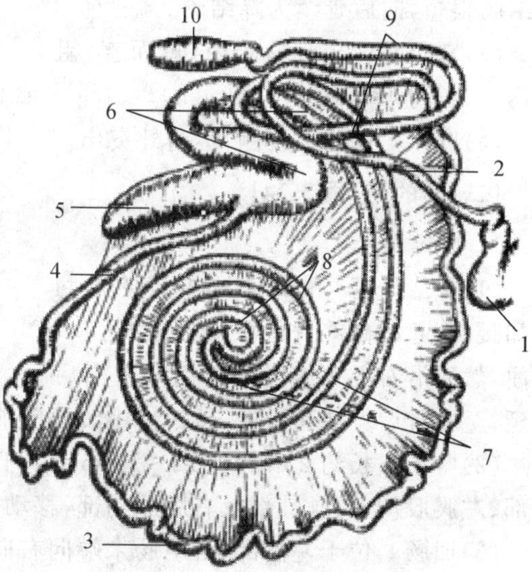

图 3-23 牛肠袢模式图

1. 皱胃 2. 十二指肠 3. 空肠 4. 回肠 5. 盲肠 6. 结肠初袢 7. 结肠旋袢向心回 8. 结肠旋袢离心回 9. 结肠终袢 10. 直肠

(马仲华,家畜解剖学及组织胚胎学,第 3 版,2002)

(2)空肠 是小肠中最长的一段,长 23～33.5 m,大部分位于腹腔右侧,形成无数肠圈,由短的空肠系膜环绕在结肠盘的周围,形似花环状。其外侧和腹侧隔着大网膜和右侧腹壁相邻;背侧为大肠;前方为瓣胃和皱胃,少部分空肠往往绕过瘤胃后端而至左侧。

(3)回肠　短而直,长约 50 cm(羊约 30 cm),在盲肠腹侧向前上方伸延,以回盲口开口于盲结肠交界处腹内侧壁,此处黏膜形成一回盲结瓣。

2. 大肠　牛的大肠长 6.4～10 m (羊 7.8～10 m),管径比小肠略粗,管壁表面光滑而无肠带和肠袋。

(1)盲肠　呈圆筒状,位于右髂部,长 50～70 cm(羊约 37 cm)。其前端与结肠相连,两者以回盲结口为界;盲端游离,向后伸达骨盆前口的右侧(羊则常伸入骨盆腔内)。

(2)结肠　大肠中最长的一段,长 6～9 m(羊 7.5～9 m),起始部的口径与盲肠相似,向后逐渐变细,顺次分为升结肠、横结肠和降结肠。

升结肠最长,又可分初袢、旋袢和终袢三段。初袢为升结肠的前端,在腰下形成"乙"状弯曲,大部分于右髂部;旋袢位于瘤胃右侧,盘曲呈一平面的圆盘状。旋袢又分向心回和离心回。向心回以顺时针方向向内旋转约 2 圈(在羊约 3 圈)至中心曲。离心回自中心曲起,以相反的方向向外旋转约 2 圈(在羊约 3 圈),至旋袢外周而转为终袢。终袢为升结肠的后端,离开旋袢后,先向后延伸至骨盆前口附近,然后折转向前并向左延续为横结肠。横结肠很短,向后延续为降结肠。

(3)直肠　位于骨盆腔内,短而直,粗细均匀,长约 40 cm(羊约 20 cm)。

(4)肛门　在尾根腹侧,不向外突出。

(二)马的肠(图 3-24)

1. 小肠

(1)十二指肠　长约 1 m,位于右季肋部和腰部,起始部在肝的脏面形成"乙"状弯曲,然后沿右上大结肠的背侧向上向后伸延,至右肾后方转而向左,越过体中线再向前伸延,在左肾腹侧移行为空肠。

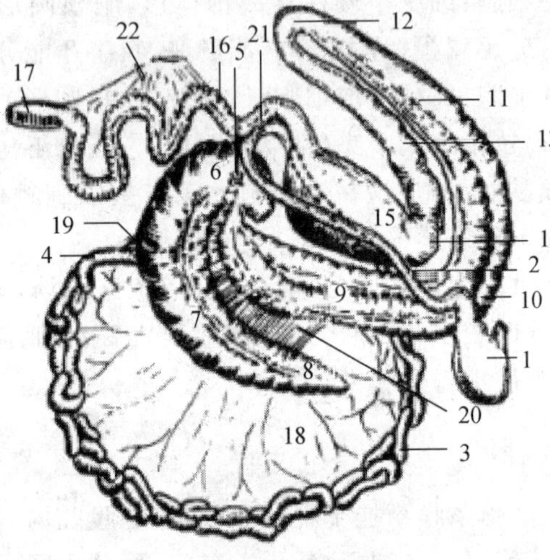

图 3-24　马的肠

1. 胃　2. 十二指肠　3. 空肠　4. 回肠　5. 回盲口　6. 盲肠底　7. 盲肠体　8. 盲肠尖　9. 右下大结肠　10. 胸骨曲　11. 左下大结肠　12. 骨盆曲　13. 左上大结肠　14. 膈曲　15. 右上大结肠　16. 小结肠　17. 直肠　18. 空肠系膜　19. 回盲韧带　20. 盲结韧带　21. 十二指肠结肠韧带　22. 后肠系膜

(马仲华,家畜解剖学及组织胚胎学,第 3 版,2002)

(2)空肠　长约 22 m(驴 12～13 m),系于宽阔的空肠系膜上,分布于腹腔的左季肋部、左髂部、左腹股沟部、耻骨部及右腹股沟部,移动范围广。

(3)回肠　位于左髂部,自空肠末端向右向上延伸,开口于盲肠底小弯内侧的回盲口。

2. 大肠　马的大肠特别发达(图 3-25)。大肠壁由外纵行肌集中形成的纵肌带,有加固肠壁的作用,并有利于肠管的活动。

(1)盲肠　外形似逗点状,容积 25～30 L,约比胃大 1 倍,非常发达。位于腹腔右侧,从右髂部斜向前下方到脐部和剑状软骨部,可分盲肠底、盲肠体和盲肠尖三部分。盲肠底为盲肠最弯曲的部分,位于腹腔右后上部;盲肠体沿腹右侧壁和底壁向前向下伸达脐部;盲肠尖为盲肠前端的游离部,向前延伸达脐部和剑状软骨部。

盲肠有四条纵肌带和四列肠袋。回盲韧带和盲结韧带分别与回肠及右下大结肠相连。盲肠表面大部分被覆浆膜。

(2)结肠　可分为大结肠和小结肠。

大结肠长 3.0～3.7 m(驴约 2.5 m),特别发达,占据腹腔的大部分,排列呈双层马蹄铁形,可分四段和三个曲,顺次为右下大结肠-胸骨曲-左下大结肠-骨盆曲-左上大结肠-膈曲-右上大结肠。大结肠壁上有明显的纵肌带,管径粗细变化大。因此,当饲养管理不善时,大结肠蠕动异常,在肠管口径粗细相交的部分易发生结症。

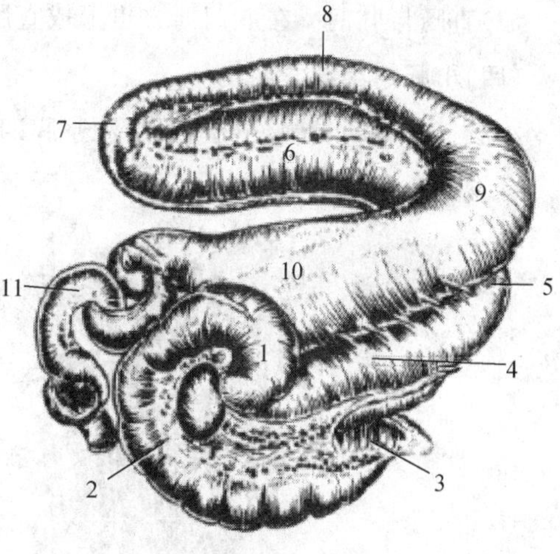

图 3-25　马的大肠

1. 盲肠底　2. 盲肠体　3. 盲肠尖　4. 右下大结肠　5. 胸骨曲　6. 左下大结肠　7. 骨盆曲　8. 左上大结肠　9. 膈曲　10. 右上大结肠　11. 小结肠

(马仲华,家畜解剖学及组织胚胎学,第 3 版,2002)

小结肠借系膜系在左肾腹侧至荐骨岬之间的腹腔顶壁,常与空肠混合在一起,移动范围大。小结肠具有两条纵肌带和两列肠袋。小结肠也是结症常发部位。

(3)直肠与肛门　直肠长 30～40 cm(驴约 25 cm),后部膨大,称直肠壶腹。肛管长约 5 cm,肛门末端呈瓶口状突出于尾根之下。

(三)猪的肠(图 3-26)

1. **小肠**　全长 15～20 m。

(1)十二指肠　较短,长 40～90 cm。起始部在肝的脏面形成"乙"状弯曲,然后沿右季肋部向上向后延伸至右肾后端,转而向左再向前延伸移行为空肠。

(2)空肠　长 14～19 m,形成无数肠袢,借较宽的空肠系膜悬吊于胃后方的腰下部,并与大肠系膜相连。其大部分位于腹腔右半部,小部分位于腹腔左侧后部。

(3)回肠　肠管短而直,管壁厚,末端斜向突入盲肠和结肠交界处的肠腔内,形成发达的回盲瓣。

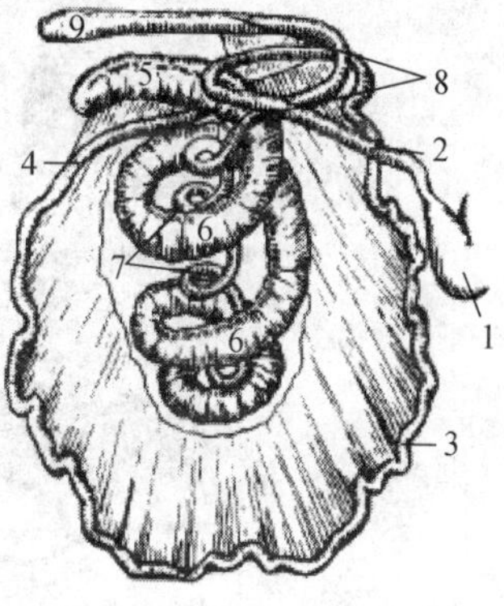

图 3-26　猪的肠

1. 胃　2. 十二指肠　3. 空肠　4. 回肠　5. 盲肠　6. 结肠圆锥向心回　7. 结肠圆锥离心回　8. 结肠终袢　9. 直肠

(马仲华,家畜解剖学及组织胚胎学,第 3 版,2002)

2. **大肠**　全长 4.0～4.5 m,借系膜悬吊于两肾之间的腹腔顶壁上。

(1)盲肠　短而粗,呈圆筒状,长 20～30 cm,一般位于左髂部,盲端向后向下延伸到结肠圆锥之后,达骨盆前口与脐之间的腹腔底壁。盲肠有三条纵肌带和三列肠袋。

(2)结肠　位于胃的后方,偏于腹腔左侧,在肠系膜中盘曲形成螺旋形的结肠圆锥。锥底宽而向上,介于两肾之间,锥顶向下向左,与腹腔底壁接触。结肠圆锥由向心回和离心回组成。向心回位于圆锥外周,肠管较粗,有两条明显的纵肌带和两列肠袋,呈顺时针方向向下旋转约三圈到锥顶,然后转为离心回。离心回从锥顶起,沿相反方向向上旋转约 3 圈到腰部,离心回肠管较细,纵肌带逐渐不明显。

(3)直肠与肛门　在肛门前方也形成直肠壶腹,周围有大量脂肪。肛门不向外突出。

(四)小肠的组织学结构

小肠壁分黏膜、黏膜下层、肌层和浆膜四层(图 3-27)。

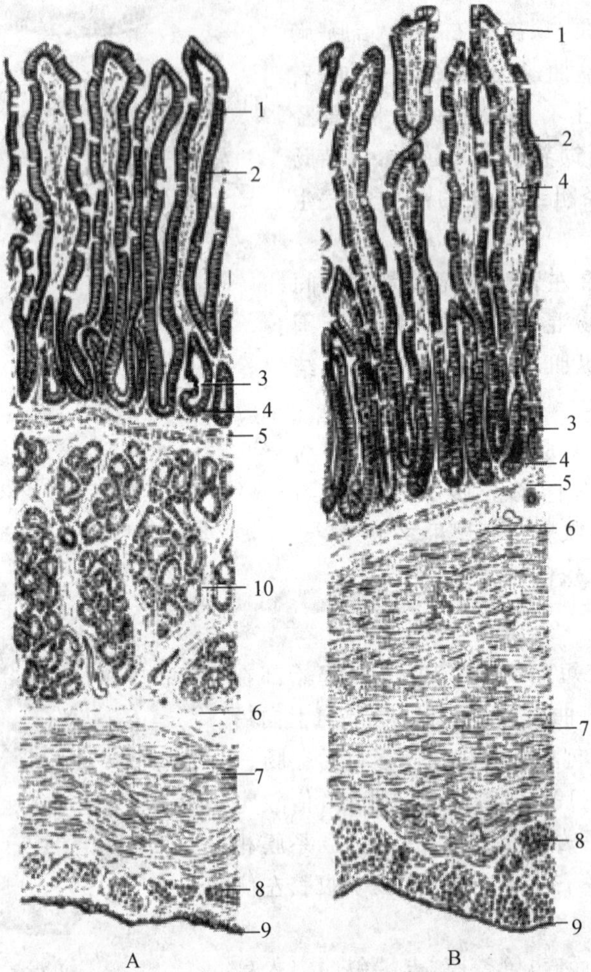

图 3-27　十二指肠和空肠横切(低倍)

A. 十二指肠　B. 空肠

1. 肠上皮　2. 肠绒毛　3. 肠腺　4. 固有层　5. 黏膜肌层　6. 黏膜下层

7. 内环行肌　8. 外纵行肌　9. 浆膜　10. 十二指肠腺

(马仲华,家畜解剖学及组织胚胎学,第 3 版,2002)

1. 黏膜　小肠黏膜形成许多环行皱褶,皱褶表面有许多肠绒毛,突入肠腔内,皱褶和绒毛增加了肠黏膜的表面积。

(1)上皮　被覆于黏膜和绒毛的表面,主要由单层柱状细胞构成,其中夹有杯状细胞。柱状细胞数量最多,具有吸收功能。细胞顶端有明显的纹状缘,它是由细胞的微小突起(即微绒毛)密集排列所形成,这种结构大大增加了每个细胞的吸收面积。杯状细胞数量较少,能分泌黏液,有润滑和保护上皮的作用。

(2)固有层　由富含网状纤维的疏松结缔组织构成,一部分突入绒毛内形成绒毛轴心,另一部分则伸入于肠腺之间。固有层内除有大量的肠腺外，还有血管、淋巴管、神经、各种结缔组织的细胞成分及单独或集合存在的淋巴小结。

(3)黏膜肌层　一般由内环、外纵两层平滑肌组成。其收缩时可促使肠绒毛对营养物质的吸收和肠腺分泌物的排出。

(4)肠绒毛　肠绒毛是小肠黏膜上皮和固有层向肠腔内的细小突起。在十二指肠和空肠分布密集。绒毛中央有一条(绵羊有两条)盲端粗大的毛细淋巴管，称中央乳糜管。中央乳糜管通透性很大，一些较大分子的物质如脂类可进入管内。在中央乳糜管周围有丰富的毛细血管网和纵行排列的平滑肌纤维。当平滑肌收缩时，绒毛缩短，可促进淋巴和血液运行，加速营养物质的吸收和运输。

2. 黏膜下层　由疏松结缔组织构成。内有较大的血管、淋巴管、神经丛以及淋巴小结等。

3. 肌层　由内环、外纵两层平滑肌组成。在两肌层之间由结缔组织连接，其中有血管和神经丛。

4. 浆膜　表面光滑而湿润，有减少摩擦的作用。

七、肝脏

肝是体内最大的腺体，具有分解、合成、贮存营养物质和解毒以及分泌胆汁等作用。在胎儿时期，也是造血器官。

(一)肝的一般形态位置

肝位于腹前部，膈的后方。

肝具有两面和两缘。肝的前面(膈面)隆凸，与膈相贴；后面(脏面)凹，与其他脏器接触。脏面中央有肝门，门静脉、肝动脉、神经由此入肝，肝管、淋巴管由此出肝。肝门下方有胆囊(马属动物无胆囊)。肝的背侧缘厚，有较浅的食管切迹；腹侧缘薄，有切迹将肝分叶(图 3-28)。

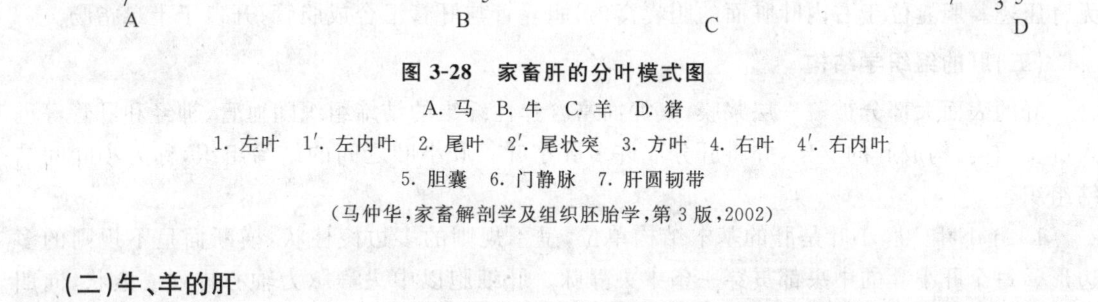

图 3-28　家畜肝的分叶模式图

A. 马　B. 牛　C. 羊　D. 猪

1. 左叶　1′. 左内叶　2. 尾叶　2′. 尾状突　3. 方叶　4. 右叶　4′. 右内叶

5. 胆囊　6. 门静脉　7. 肝圆韧带

(马仲华，家畜解剖学及组织胚胎学，第 3 版，2002)

(二)牛、羊的肝

牛(羊)的肝(图 3-29)扁而厚，略呈长方形，质地坚实而脆，略有弹性，呈棕红色或棕黄色。其位于右季肋部，膈的后方。

肝的膈面隆凸，与膈相贴；脏面凹，与网胃、瓣胃、皱胃、十二指肠等接触。肝的背侧缘有后腔静脉通过。牛、羊肝的分叶不明显，但也可由胆囊和浅的脐切迹（在羊较深）将肝分为左、中、右三叶。中叶被肝门分为背侧的尾叶和腹侧的方叶。在尾叶的尾状突和右叶背侧缘有右肾压迹。

牛的胆囊很大，呈梨状（在羊较细长），在右叶和中叶之间，大部分与肝贴连，小部分伸至肝腹侧缘之外，有贮存和浓缩胆汁的作用。肝管由肝门穿出后，与胆囊管汇合成一短的输胆管，开口于十二指肠"乙"状曲处。羊的输胆管与胰管合成一胆总管，开口于十二指肠"乙"状曲处。

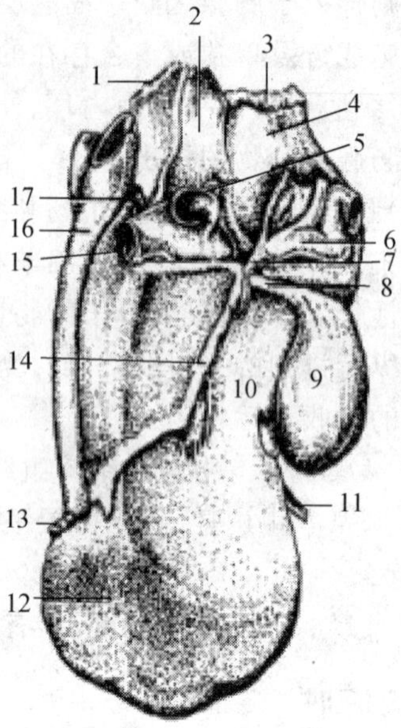

图 3-29 牛肝（脏面）

1. 肝肾韧带　2. 尾状突　3. 右三角韧带　4. 肝右叶　5. 肝门淋巴结　6. 十二指肠　7. 胆管　8. 胆囊管　9. 胆囊　10. 方叶　11. 肝圆韧带　12. 肝左叶　13. 左三角韧带　14. 小网膜　15. 门静脉　16. 后腔静脉　17. 肝动脉

（马仲华，家畜解剖学及组织胚胎学，第 3 版，2002）

（三）马的肝

马肝（图 3-30）呈棕褐色厚板状，斜位于膈的后方，大部分在右季肋部，小部分在左季肋部。

壁面凸，与膈接触，其正中偏右侧有后腔静脉通过；脏面凹，与胃、十二指肠、大结肠及盲肠等接触，中叶脏面有肝门，无胆囊。肝管自肝门出肝后，与胰管共同开口在十二指肠。肝的腹侧缘有 2 个较深的切迹明显地将其分为左、中、右三叶。左叶由一深的切迹再分为左外叶和左内叶；中间叶也分为背侧的尾叶和腹侧的方叶。

（四）猪的肝

猪肝（图 3-31）发达，呈淡至深的红褐色，中央厚而边缘薄。位于季肋部和剑状软骨部，略偏右侧。

壁面凸，与膈及腹腔侧壁接触，并有后腔静脉通过；脏面凹，与胃及十二指肠等接触。其腹侧缘有 3 条深的叶间切迹，将肝明显地分为左外、左内、右外及右内 4 叶。左外叶最大。右内叶内侧有不发达的中叶，方叶呈楔形位于肝门和胆囊之间；肝门上方为尾叶，尾状突向右突出，无肾压迹。胆囊位于右内叶脏面的胆囊窝内，胆囊管与肝管汇合成胆管，开口于十二指肠。

（五）肝的组织学结构

肝的表面大部分被覆一层浆膜，其深面富含弹性纤维的结缔组织随血管、神经和肝管等进入肝实质内，构成肝的支架，并将肝分成许多肝小叶。肝小叶之间的结缔组织，称为小叶间结缔组织。

1. 肝小叶　肝小叶是肝的基本结构单位，呈不规则的多边棱柱状，横断面呈不规则的多边形。每个肝小叶的中央都贯穿一条中央静脉。肝细胞以中央静脉为轴心排列成索状，向四周呈放射状排列。肝细胞索有分支，彼此吻合成网，网眼间有窦状隙，即血窦（图 3-32）。血窦实际上是不规则膨大的毛细血管，窦腔内有许多形状不规则的枯否氏细胞，可吞噬细菌、病毒、异物及衰老的红细胞。

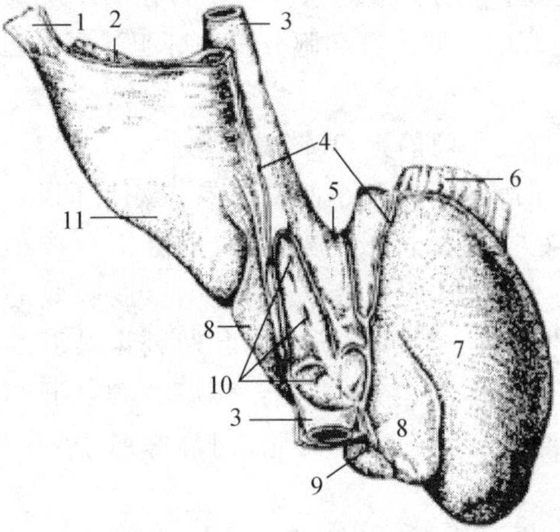

图 3-30 马肝(壁面)

1. 右三角韧带 2. 肝肾韧带 3. 后腔静脉
4. 冠状韧带 5. 食管切迹 6. 左三角韧带
7. 肝左叶 8. 肝中叶 9. 肝镰状韧带
10. 肝静脉 11. 肝右叶

(马仲华,家畜解剖学及组织胚胎学,第3版,2002)

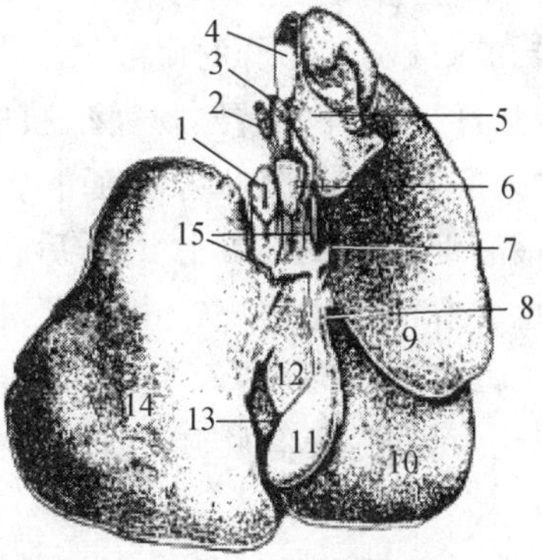

图 3-31 猪肝(脏面)

1. 食管 2. 肝动脉 3. 门静脉 4. 后腔静脉
5. 尾叶 6. 肝门淋巴结 7. 胆管 8. 胆囊管
9. 右外叶 10. 右内叶 11. 胆囊 12. 方叶
13. 左内叶 14. 左外叶 15. 小网膜附着线

(马仲华,家畜解剖学及组织胚胎学,第3版,2002)

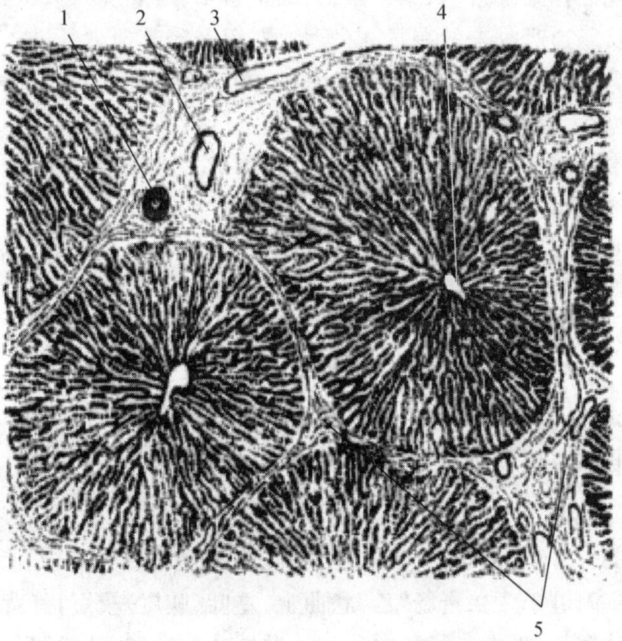

图 3-32 猪的肝小叶(低倍)

1. 小叶间胆管 2. 小叶间动脉 3. 小叶间静脉
4. 中央静脉 5. 小叶间结缔组织

(马仲华,家畜解剖学及组织胚胎学,第3版,2002)

肝细胞呈多面形,胞体较大,细胞核位于细胞中央。相邻肝细胞膜凹陷形成的裂隙构成胆小管。胆小管也以中央静脉为轴心呈放射状排列，并互相吻合成网状。胆小管在肝小叶边缘与小叶间胆管连接，许多小叶间胆管汇合成肝管，经肝门出肝。肝细胞分泌的肝胆汁便由胆小管流向小叶间胆管，并经肝管出肝。

2. 肝的血液循环　肝的血液供应有两个来源，其一是门静脉，其二是肝动脉。

门静脉：门静脉汇集胃、肠、脾、胰的血液，经肝门入肝，在肝小叶间分支成小叶间静脉，再分支进入肝小叶，与窦状隙相通。窦状隙的血液再汇入中央静脉，中央静脉汇合成小叶下静脉，最后汇成数支肝静脉出肝后入后腔静脉。门静脉的血液既含有从胃、肠吸收的营养物质，也含有消化过程中产生的毒素及胃肠中的细菌。营养物质在窦状隙处可被肝细胞吸收、加工，或贮存于肝细胞中，或再排入血中，以供机体利用；有毒、有害物质，则被肝细胞结合或转化为无毒、无害物质；细菌、异物可被枯否氏细胞吞噬。因此，门静脉属于肝的功能血管。

肝动脉：来自于腹主动脉。它经肝门入肝后，在肝小叶间分支形成小叶间动脉，并伴随小叶间静脉的分支，进入窦状隙与门静脉血混合。肝动脉来自主动脉，含有丰富的氧气和营养物质，可供肝细胞物质代谢使用，因此是肝的营养血管。

3. 肝的生理功能

(1)分泌功能　肝细胞分泌的胆汁参与脂肪的消化。

(2)代谢功能　肝细胞内可进行蛋白质、脂肪和糖的分解、合成、转化和贮存，很多代谢过程都离不开肝脏，且能贮存维生素 A、维生素 D、维生素 E、维生素 K 及大部分 B 族维生素。

(3)解毒功能　从肠道吸收来的有毒、有害物质，以及经其他途径进入机体的毒物或药物，在肝内通过转化和结合作用变成无毒或毒性小的物质，排出体外。如将氨基酸代谢中脱出的氨(对机体有毒)转化成无毒的尿素，通过肾脏排出。

(4)防御功能　窦状隙内的枯否氏细胞，具有强大的吞噬作用，能吞噬进入窦状隙的细菌、病毒、异物及衰老的红细胞。

(5)造血功能　肝在胚胎时期是造血器官，可制造血细胞。成年动物的肝则只形成血浆内的一些重要成分，如白蛋白、球蛋白、纤维蛋白原、凝血酶原、肝素等。

八、胰腺

胰分外分泌部和内分泌部。外分泌部占腺体的大部分，属消化腺，参与消化作用；内分泌部称胰岛，对糖代谢起重要调节作用。

(一)牛、羊的胰

牛的胰腺(图 3-33)呈不正四边形，黄褐色，位于右季肋部和腰部、肝门的正后方。可分胰头和左、右两叶。胰头附着于十二指肠“乙”状曲上；左叶(胰尾)较短，其背侧附着于膈脚，腹侧与瘤胃背囊相连；右叶较长，沿十二指肠向后伸达肝尾叶的后方，其背侧与右肾相接触，腹侧与十二指肠及结肠相邻。牛的胰管通常只有一条，单独开口于十二指肠内；羊的胰管和输胆管合成一条胆总管。

(二)马的胰

马的胰呈不正三角形，淡红黄色，位于季肋部、第 16～18 胸椎腹侧，大部分在体中线右侧。胰头(中叶)向前下伸入十二指肠“乙”状曲内；左叶(胰尾)伸入胃盲囊后方和左肾之间，背侧为脾，腹侧为盲肠底和右上大结肠末端；右叶较钝，位于右肾及右肾上腺的腹侧。胰管从胰头穿出，与肝管一起开口于十二指肠。

（三）猪的胰

猪胰呈灰黄色，位于最后两个胸椎和前两个腰椎的腹侧，略呈三角形，也分胰头和左、右两叶。胰头稍偏右，位于门静脉和后腔静脉的腹侧；左叶从胰头向左伸达左肾腹侧；右叶在十二指肠系膜中，其末端达右肾的内侧。胰管由右叶末端穿出，开口于十二指肠内。

（四）胰的组织学结构

胰的外面包有一层结缔组织，结缔组织伸入胰腺内，将实质分为许多小叶。叶间结缔组织不发达，内有血管、淋巴管、神经和导管通过。胰的实质可分为外分泌部和内分泌部。

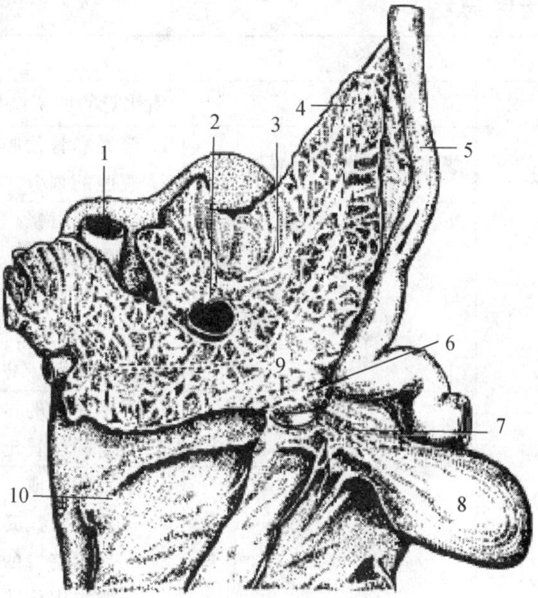

图 3-33　牛胰（腹侧面）

1. 后腔静脉　2. 门静脉　3. 胰　4. 胰管　5. 十二指肠　6. 胆管　7. 胆囊管　8. 胆囊　9. 肝管　10. 肝

（马仲华，家畜解剖学及组织胚胎学，第 3 版，2002）

1. 外分泌部　属消化腺，由腺泡和导管组成，占腺体绝大部分。腺泡呈球状或管状，腺腔很小，均由腺细胞组成。细胞合成的分泌物，先排入腺腔内，再由各级导管排出胰脏。腺泡的分泌物称胰液，经胰管注入十二指肠，有消化作用。

2. 内分泌部　散布在外分泌部腺泡之间，由大小不等的细胞群组成，形似小岛，故名胰岛。胰岛细胞呈不规则的索状排列，且互相吻合成网，网眼内有丰富的毛细血管和血窦。胰岛细胞分泌胰岛素和胰高血糖素，经毛细血管直接进入血液，有调节血糖代谢的作用。

【技能】

1. 家畜消化系统各器官的识别　观察牛、马和猪消化器官的模型及标本，识别胃、小肠、大肠、肝、胰的形态、结构和位置。

2. 胃组织构造的观察　先用低倍镜观察胃壁的四层结构和胃小凹，再换高倍镜观察黏膜上皮和胃腺。

3. 小肠组织构造的观察　先用低倍镜观察小肠壁的四层结构和肠绒毛，再换高倍镜观察黏膜上皮、肠腺和肠绒毛的构造。

4. 肝组织构造的观察　先用低倍镜观察肝小叶的形态、结构，再换高倍镜观察肝细胞和枯否氏细胞。

【任务总结】

内容		要点
知识	消化管的构造	消化管的四层结构：黏膜层、黏膜下层、肌层和外膜
	腹腔、骨盆腔和腹膜腔	1. 腹腔和骨盆腔的位置 2. 腹腔的划分
	口腔	1. 牛的鼻唇镜 2. 硬腭的构造 3. 舌的结构、舌下肉阜 4. 牛、马和猪的齿式、乳齿和恒齿、齿的结构 5. 三对大的唾液腺：腮腺、颌下腺和舌下腺
	咽和食管	1. 与咽相通的器官 2. 食管的位置走向
	胃	1. 复胃的组成 2. 瘤胃、网胃、瓣胃和皱胃的位置、构造特点及黏膜特点 3. 马胃和猪胃的位置及构造特点 4. 胃的组织构造
	肠	1. 牛、马和猪各段肠管的构造特点 2. 小肠的组织学构造
	肝脏	1. 肝的一般形态：两面、两缘 2. 牛、马和猪肝脏的位置及分叶特点 3. 肝的组织学构造 4. 肝的血液循环及生理功能
	胰	1. 牛、马和猪胰的位置及构造 2. 胰的组织学构造
技能	消化系统各器官的识别	识别胃、小肠、大肠、肝、胰的形态、结构
	胃组织构造的观察	胃壁、胃小凹、黏膜上皮及胃腺等
	小肠组织构造的观察	肠壁结构、肠绒毛、肠黏膜上皮、肠腺等
	肝组织构造的观察	肝小叶、肝小管、中央静脉、肝细胞等

任务 3-2 消化生理现象的观察

【任务描述】

本单元通过观看消化生理录像、完成小肠运动和吸收实验、提出问题、布置任务等方法，来学习饲料在消化管内的消化、吸收过程。

【任务目标】

1. 掌握消化系统各器官的消化功能；
2. 明确三大营养物质消化吸收的机理和过程；
3. 掌握复胃内微生物对营养物质的消化代谢过程；
4. 能分析不同浓度物质对吸收的影响；

5. 以整体的理念分析消化过程；

6. 具备安全意识，听诊肠音时防止被动物咬伤。

【知识】

有机体在生命活动过程中必须不断地从外界摄取食物，吸收营养物质，以供其新陈代谢的需要。家畜所需的营养物质大多直接来源于饲料，而饲料中的营养物质(包括蛋白质、糖类、脂肪等)结构极为复杂，机体不能直接吸收利用，只有在消化道中经过一系列加工，转变为结构较为简单的物质，如氨基酸、葡萄糖、甘油、脂肪酸后才能被吸收利用。饲料在消化管内被分解为可吸收的小分子物质的过程，称为消化。饲料经消化后，它的产物透过消化管上皮进入血液和淋巴的过程，称为吸收。

一、消化方式

消化系统完成消化的方式主要有机械性消化、化学性消化、生物学消化三种。

(一)机械性消化(物理性消化)

通过咀嚼、吞咽、反刍、胃肠运动等，使大块饲料变成小块，改变其物理性状的一种消化方式。在消化管运动的同时，还能使食糜与消化液充分混合，有利于消化；食糜与消化管壁充分接触便于营养物质的吸收；同时，不断地将食糜向消化管后方推移。

(二)化学性消化

是指在消化液中酶的作用下，结构复杂的饲料被分解为简单的能被吸收的小分子物质的过程，例如将蛋白质分解为氨基酸、多糖分解为单糖。

(三)生物学消化

是指消化道内的微生物对饲料进行的消化，对草食动物尤为重要。这种消化方式既能撕碎饲料，又能使饲料发酵分解。例如，纤维素在牛的瘤胃内能被微生物发酵分解为挥发性脂肪酸、甲烷和二氧化碳。

在消化过程中，三种消化方式是同时进行且互相协调的。这样饲料就由大变小，从消化管前端移到后端，使食物与消化液完全混合，达到完全消化与吸收。但动物种类不同，其消化方式也各有侧重，马、兔等单胃草食动物对饲料的消化主要依靠盲肠和大结肠内微生物的发酵作用；牛、羊等复胃动物主要依靠瘤胃内微生物对饲料的发酵；犬、猫等肉食动物主要依靠消化液中的酶对食物的消化；猪等杂食动物的消化除依靠消化酶的作用，大肠内微生物的作用也较重要。

二、口腔的消化

口腔消化是消化过程的第一步，它包括采食、咀嚼、唾液分泌和吞咽。

(一)采食

各种动物食性不同，采食方式也不同，但主要的采食器官都是唇、舌、齿，且都依靠颌部和头部的肌肉运动。牛主要依靠长而灵活的舌头伸到口腔外将饲料卷入口中；猪用吻突掘取，舍饲时靠齿、舌和头部的特殊运动采食；马的唇灵活，是采食的主要器官；犬、猫等肉食动物靠门齿和犬齿撕咬，并借头、颈运动采食。

(二)咀嚼

咀嚼是在齿、舌、颊、唇的协同作用下完成的。它一方面磨碎食物，混合唾液；另一方面，还可刺激口腔内的各种感受器，反射性地引起各种消化液的分泌和胃肠运动，为食物的进一步消化做好准备。牛在采食过程中很少进行咀嚼，咀嚼主要在反刍时进行。

(三)唾液

唾液是由唾液腺分泌的一种无色、无味、略带黏性的液体。不同动物唾液的 pH 有很大差别，牛的唾液呈碱性，pH 为 8.2，猪平均为 7.32，犬和马 7.56。唾液由水(99.4%)和少量的有机物、无机物组成。有机物主要是黏蛋白，无机物主要是钾、钠、钙、镁的氯化物、磷酸盐和碳酸氢盐等。猪的唾液中还含有少量的唾液淀粉酶，可分解淀粉为麦芽糖。

唾液的主要作用如下：①浸润饲料，便于咀嚼、吞咽。②溶解饲料中的可溶性物质，刺激舌的味觉感受器，引起食欲，促进各种消化液的分泌。③帮助清除口腔中的一些饲料残渣和异物，清洁口腔。④牛的唾液呈碱性，有中和瘤胃内微生物发酵所产生的有机酸的作用。⑤水牛等汗腺不发达的动物，可借唾液中水分的蒸发来调节散热。⑥唾液中含有溶菌酶，具有抗菌作用。⑦猪的唾液中含有唾液淀粉酶，可分解淀粉为麦芽糖。

(四)吞咽

将食团从口腔送入胃的动作称为吞咽。它由口腔、咽及食道的协调运动共同完成。

三、单胃的消化

单胃动物的胃有暂时贮存饲料和初步消化饲料两大功能。

(一)胃的化学性消化

1. 胃液的性质、成分　纯净的胃液无色，pH 约为 0.9～1.5。其中成分包括消化酶、黏蛋白、内因子和无机物如盐酸、钠和钾的氯化物等。

2. 胃液的作用

(1)盐酸　胃液中的盐酸有两种存在形式：一是游离酸，二是与蛋白质结合，两者合称为总酸。其中大部分为游离酸，其作用是：①激活胃蛋白酶原；②为胃蛋白酶提供所需要的酸性环境；③使蛋白质膨胀变性易于分解；④杀死随食物进入胃内的细菌；⑤进入小肠，促进胆汁和胰液的分泌；⑥造成酸性环境，有助于铁、钙等矿物质的吸收。

(2)胃蛋白酶　刚分泌的胃蛋白酶原是没有活性的，在胃酸或已激活的胃蛋白酶的作用下转变为有活性的胃蛋白酶。胃蛋白酶在酸性环境下将蛋白质分解为朊和胨。凝乳酶能使乳汁凝固，延长乳汁在胃内停留的时间，以利于充分消化。

(3)黏蛋白　呈弱碱性，覆盖于胃黏膜表面，有润滑作用，使食物易于通过；保护胃黏膜不受食物中坚硬物质的损伤，还可防止酸和酶对黏膜的侵蚀。

(4)内因子　能和食物中维生素 B_{12} 结合成复合物，被回肠黏膜吸收。

(二)胃的运动

食物进入胃后逐层重叠，先进入的食物分布在周围，后进入的位于中央。同时，借助胃的运动，食物逐渐与胃液混合。

胃的运动主要有两种：

1. 紧张性收缩　以平滑肌长久地缩短为特征，这种全胃性的收缩缓慢而有力，它可增加胃内的压力，压迫食物向幽门部移动，并可使食物紧贴胃壁，并与胃液充分混合。

2. 蠕动　舒张与收缩交替进行。蠕动从贲门部开始，向幽门方向呈波浪式推进并逐渐加强。蠕动一方面使胃内容物充分混合，另一方面使胃内容物向幽门部移行，并通过幽门进入十二指肠。

(三)胃的排空

食物在胃内与消化液混合形成食糜，开始进行初步消化。随着胃的运动，食糜由胃排入十二指肠的过程称为胃的排空。肉食动物的胃排空比较迅速，一般于两次喂食之间，胃内容物已完全排空；猪和马的排空比较缓慢，通常饲喂后 24 h 胃内还残留食物。

胃的排空速度取决于食物的性质和动物的状况。饮料可以沿着胃小弯立即进入十二指肠；流体和粥状食物一般在食后几分钟就很快离开胃；粗糙和较硬的食物在胃内的滞留时间较长。动物处于惊慌不安、疲劳等情况下，会引起胃的排空抑制。

四、复胃的消化

复胃消化与单胃消化的主要区别在前胃，在前胃内微生物对营养物质进行消化。

(一)瘤胃和网胃的消化

瘤胃、网胃可以看作是一个发酵罐。瘤胃可消化饲料中 70%～85%的可消化干物质和约 50%粗纤维，并产生挥发性脂肪酸(VFA)、CO_2、CH_4、NH_3 以及合成蛋白质和 B 族维生素。因此，瘤胃在反刍动物的整个消化过程中是特别重要的。

1. 瘤胃内微生物　瘤胃微生物主要是厌氧性纤毛虫、细菌及真菌，种类复杂，并随饲料种类、饲喂制度及动物年龄等因素而变化。1 g 瘤胃内容物中，微生物体积约占瘤胃液的 3.6%，其中细菌和纤毛虫约各占 1/2。

(1)纤毛虫　严格厌氧，依靠体内的酶能发酵糖类，水解脂类，氢化不饱和脂肪酸，降解蛋白质。此外，纤毛虫还能吞噬细菌。在营养水平较低的情况下，纤毛虫能提高饲料的消化率与利用效率，但当饲喂高水平淀粉(或糖类)的日粮，瘤胃内 pH 降至 5.5 或更低时，纤毛虫的活力降低，数量减少或完全消失。

(2)细菌　是瘤胃中最主要的微生物，数量大、种类多，大多数是不形成芽孢的厌氧菌。主要作用是发酵糖类，分解乳酸、纤维素、蛋白质，合成蛋白质和维生素。

(3)真菌　瘤胃内存在厌氧性真菌，含有纤维素酶，能够分解纤维素。此外，真菌还可利用饲料中的碳、氮源合成胆碱和蛋白质，进入后段消化道被利用。

瘤胃微生物之间存在彼此制约、互相共生的关系。

2. 瘤胃内微生物的生存条件　瘤胃可看作是厌氧微生物繁殖的高效培养器，它具有厌氧微生物生存并繁殖的良好条件：①食物和水分稳定地进入瘤胃，供给微生物繁殖所需要的营养物质。②瘤胃内具有微生物生存繁殖的适宜温度，通常为 39～41℃。③瘤胃内含水量相对稳定，渗透压维持于接近血液水平。④pH 浮动于 5.5～7.5 之间。饲料发酵产生的大量酸类，被唾液中的碳酸氢盐和磷酸盐所中和；饲料发酵产生的挥发性脂肪酸和氨不断被吸收入血，瘤胃食糜经常地排入后段消化道，使 pH 维持相对稳定。⑤瘤胃内容物高度乏氧。因此瘤胃内环境经常处于相对稳定状态。

3. 瘤胃的消化代谢过程

(1)糖类的分解与利用　饲料中的纤维素被瘤胃内微生物发酵降解，产生挥发性脂肪酸(VFA)、CO_2、CH_4 等代谢终产物。

$$\text{纤维素}\longrightarrow\text{纤维二糖}\longrightarrow\text{葡萄糖}\longrightarrow\left\{\begin{matrix}\text{丙酮酸}\\\text{乳酸}\end{matrix}\right\}\longrightarrow VFA+CO_2+CH_4$$

牛瘤胃一昼夜产生的 VFA 为 90～150 mmol/L，占机体所需能量的 60%～70%，是反刍动物主要的能量来源。其中主要是乙酸、丙酸和丁酸，其比例大体为 70∶20∶10，但随饲料种类而发生显著的变化。乙酸和丁酸是反刍动物泌乳期生成乳脂的主要原料；丙酸是反刍动物血液葡萄糖的主要来源，占血糖的 50%～60%。

饲料中的淀粉等可溶性多糖，也由微生物分解利用。瘤胃内微生物分解淀粉、葡萄糖和其他糖类产生低级脂肪酸、CO_2 和 CH_4 等。

瘤胃微生物在发酵糖类的同时，利用分解出的单糖和双糖合成自身的多糖，并储存于体内。待微生物到达皱胃，即被盐酸杀死释放出多糖，随食糜进入小肠后，经相应酶的作用分解为单糖，被动物吸收利用，成为反刍动物机体的葡萄糖来源之一。

(2)蛋白质的分解和合成　反刍动物能同时利用蛋白质和非蛋白质氮，构成微生物蛋白质，供动物机体吸收利用。

①瘤胃内蛋白质分解和氨的产生　进入瘤胃的饲料蛋白质，50%～70%被微生物分解为肽和氨基酸，大部分氨基酸又被分解生成氨、二氧化碳和有机酸。尿素、铵盐、酰胺等饲料中的非蛋白质含氮物，被微生物分解后也产生氨。除部分氨被微生物利用外，一部分被瘤胃壁代谢和吸收，其余则进入瓣胃。

②瘤胃内微生物对氨的作用　瘤胃微生物能直接利用氨基酸合成蛋白质或先利用氨合成氨基酸后，再转变成微生物蛋白。

③瘤胃的尿素再循环作用　瘤胃内的氨除了被微生物利用外，其余的被瘤胃壁迅速吸收入血，经血液送到肝脏，在肝脏内通过鸟氨酸循环变成尿素。尿素经血液循环一部分随唾液重新进入瘤胃，一部分通过瘤胃壁弥散到瘤胃内，剩下的随尿排出。进入瘤胃内的尿素，又被微生物利用。在低蛋白质日粮情况下，反刍动物就依靠这种内源性的尿素再循环作用节约氮的消耗，维持瘤胃内适宜的氨浓度，以利于微生物蛋白质的合成。

在畜牧业实践中，可用尿素来代替牛、羊日粮中约 30%的蛋白质。但因其在脲酶的作用下，尿素产生氨的速度约为微生物利用氨速度的 4 倍，因此必须采取一定措施来延缓尿素产氨的速度。如抑制脲酶活性、制成胶凝淀粉尿素或尿素衍生物等，并在日粮中供给易消化糖类，使微生物合成蛋白质时能获得充分的能量，以提高利用率和安全性。

(3)脂类的消化　饲料中的甘油三酯和磷脂能被瘤胃微生物水解，生成甘油和脂肪酸等物质。其中甘油多半转变成丙酸，而脂肪酸的最大变化是不饱和脂肪酸加水氢化，变成饱和脂肪酸。饲料中脂肪是体脂和乳脂的主要来源。

(4)维生素的合成　瘤胃微生物能合成 B 族维生素、维生素 K 和维生素 C，供动物机体利用。当幼龄反刍动物瘤胃开始发酵以后，即使饲料中缺乏这类维生素，也不会影响健康。

4. 气体的产生及嗳气　在瘤胃的发酵过程中，不断地产生大量气体。主要是 CO_2 和

CH_4,还有少量的氢、氧、氮和硫化氢等。其中 CO_2 占 50%~70%,CH_4 占 20%~45%。瘤胃发酵的产气量、速度以及气体组成,随饲料的种类、饲喂后的时间而有显著差异。健康动物瘤胃内 CO_2 量比 CH_4 多,但饥饿或气胀时,则 CH_4 量大大超过 CO_2 的量。

瘤胃内产生的气体约 1/4 通过瘤胃壁吸收入血由肺排出,一部分被瘤胃微生物利用,大部分靠嗳气排出。嗳气是反刍动物特有的生理现象,指瘤胃微生物发酵产生的气体经由食道和口腔向外排出的过程。牛一般每小时嗳气 17~20 次,如嗳气停止,则会引起瘤胃臌气。

5. 反刍 动物在摄食时,饲料不经充分咀嚼即吞入瘤胃,在瘤胃内浸泡和软化。当其休息时,又逆呕到口腔进行仔细咀嚼后再吞咽入胃,这一过程叫做反刍。反刍的生理意义在于把饲料嚼细,并混入适量的唾液,以便更好地消化。

犊牛一般在出生后 3~4 周出现反刍。成年动物一般饲喂后 0.5~1 h 出现反刍,每次反刍持续 40~50 min,然后间隔一定时间再开始第二次反刍。牛一昼夜可进行 6~8 次反刍,每天用于反刍的时间为 7~8 h。

6. 食管沟的作用 犊牛和羊羔在吸吮乳汁时,能反射性地引起食管沟肉唇卷缩,闭合成管,使乳汁直接从食管沟到达网瓣胃孔,经瓣胃沟进入皱胃,不落入前胃内。若用桶喂乳时,食管沟闭合不完全。一部分乳汁会流入发育不完善的网胃、瘤胃内,引起发酵而产生乳酸,造成腹泻。食管沟闭合反射随着动物年龄的增长而减弱。某些化合物尤其是 NaCl 和 $NaHCO_3$ 溶液可使 2 岁牛的食管沟闭合,$CuSO_4$ 溶液能引起绵羊的食管沟闭合反射。在临床诊断实践中利用这一特点,可将药物直接输送到皱胃用于治疗。

(二)瓣胃的消化

瓣胃主要起过滤作用。来自网胃的流体食糜通过瓣胃的叶片之间时,其中一部分水分被瓣胃上皮吸收,另一部分被叶片挤压出来流入皱胃,食糜变干。截留于叶片之间的较大食糜颗粒,被叶片的粗糙表面糅合研磨,使之变得更为细碎。

(三)皱胃的消化

皱胃的化学性消化与单胃动物胃的化学性消化相似。皱胃运动不如前胃那样富有节律。一般情况下,胃体部处于静止状态,皱胃运动只在幽门窦处明显,半流体的皱胃内容物随幽门运动而排入十二指肠。

五、小肠的消化

经胃消化后的食糜进入小肠,在小肠内胰液、胆汁及小肠液的化学性消化和小肠的机械性消化共同作用下,大部分营养物质被消化分解,并在小肠内吸收。因此,小肠是消化、吸收的重要部位。

(一)小肠的化学性消化

1. 胰液的消化作用 胰液是无色、无臭的碱性液体,pH 为 7.8~8.4。胰液中含水分(约占 90%)、无机物与有机物。无机成分中,除有 Cl^-,Na^+,K^+,Ca^{2+} 等外,还有含量最高的碳酸氢盐。碳酸氢盐的主要作用是中和进入十二指肠的胃酸,使肠黏膜免受强酸的侵蚀;同时也为小肠内多种消化酶活动提供适宜的 pH 环境(pH 7~8)。

胰液中有多种消化酶。

胰蛋白酶和糜蛋白酶:都以酶原形式存在于胰液中,经激活后,能分解蛋白质为多肽。

胰脂肪酶：胰脂肪酶原在胆盐的作用下被激活，可分解脂肪为甘油和脂肪酸，是胃肠内消化脂肪的主要酶。

胰淀粉酶：不需激活就有活性，可将淀粉和糖原分解为麦芽糖。

核糖核酸酶和脱氧核糖核酸酶：使相应的核酸部分水解为单核苷酸。

2. 胆汁的消化作用　胆汁是肝细胞分泌的黏稠、具有苦味的黄绿色液体，肝胆汁呈弱碱性，胆囊胆汁呈弱酸性。胆汁由水、胆色素、胆盐、胆固醇、脂肪酸、卵磷脂以及其他无机盐等组成，不含消化酶。其中胆盐起消化作用。

胆盐的作用：①能激活胰脂肪酶原，增强胰脂肪酶原的活性。②胆盐、胆固醇和卵磷脂可乳化脂肪，增加胰脂肪酶的作用面积。③胆盐可与脂肪酸结合成水溶性复合物，促进脂肪酸的吸收。④促进脂溶性维生素 A、维生素 D、维生素 E、维生素 K 的吸收。因此，胆汁有助于脂肪的消化吸收，对脂肪的消化具有极重要的意义。

3. 小肠液的消化作用　小肠液是小肠黏膜内各种腺体的混合分泌物，一般无色或灰黄色，混浊，呈弱碱性，pH 为 7.6。小肠液中含有多种酶，如肠激酶、肠肽酶、肠脂肪酶、淀粉酶、蔗糖酶、麦芽糖酶等。这些酶的主要作用是对前部器官初步分解过的营养物质进行彻底的消化。

(二)小肠的运动

小肠的运动是靠肠壁平滑肌的舒缩来实现的。有蠕动、分节运动和钟摆运动。

蠕动：小肠蠕动速度很慢，而蠕动冲是进行速度很快、传播较远的蠕动，由进食时吞咽动作或食糜进入十二指肠所引起，可将食糜从小肠始端一直推送到末端。在十二指肠和回肠末段还出现逆蠕动，有利于食糜的消化和吸收。

分节运动：是以环行肌为主的节律性收缩与舒张运动。分节运动的作用主要是使食糜和消化液充分混合，便于化学性消化；为吸收创造良好的条件；能挤压肠壁，有助于血液和淋巴的回流。

钟摆运动：以纵行肌节律性舒缩为主。能使肠段左、右摆动，肠内容物随之充分混合，以利消化和吸收。

六、大肠的消化

大肠是消化道的最后一段，是微生物消化的主要场所之一。

(一)大肠液及微生物的作用

大肠液是大肠黏膜内的腺体所分泌的碱性黏稠液体，不含消化酶。所以大肠的消化除依靠随食糜而来的小肠消化酶继续作用外，主要靠微生物进行生物学消化。

动物食性不同，大肠的消化也不一样。

1. 草食动物大肠内的消化　单胃草食动物的大肠容积庞大，与反刍动物的瘤胃相似，具备微生物繁殖和发酵的条件。大肠内微生物能消化多糖物质并进行吸收；能合成 B 族维生素和维生素 K，并吸收供机体利用；大肠壁还能排泄钙、铁、镁等矿物质。反刍动物大肠内只能消化少量的纤维素，作为瘤胃消化的补充。

2. 杂食动物大肠内的消化　猪大肠内具备草食动物相似的微生物繁殖条件。在饲喂植物性饲料条件下，微生物的作用就很重要。

3. 肉食动物大肠内的消化　肉食动物大肠的主要功能是吸收水分、电解质和小肠来不及吸收的物质，其余残渣形成粪便。肉食动物大肠内的环境也很适合大肠杆菌、葡萄球菌等很多种类细菌的繁殖。这些细菌总称为“肠道常居菌群”或“共生菌”。正常情况下，它们以腐败作用为主，也具有发酵分解作用。

(二)大肠的运动

有蠕动和逆蠕动。与小肠蠕动相比较，速度慢、强度弱。但盲肠和大结肠间有明显的蠕动，还有逆蠕动。二者相互配合，能使微生物充分消化分解纤维素，并保证挥发性脂肪酸和水分的吸收。此外，大肠内还有速度很快的集团蠕动。它能把粪便推向直肠产生便意。

如果大肠运动机能减弱，则粪便停留时间延长，水分吸收过多，粪便干燥以至便秘；若大肠或小肠运动增强，水分吸收过少，则粪便稀软，甚至发生腹泻。

(三)粪便的形成和排粪

食糜经消化吸收后，残渣进入大肠后段，水分被大量吸收，逐渐浓缩而形成粪便。

排粪是一种复杂的反射动作。粪便停留在直肠内，量小时，肛门括约肌处于收缩状态。当积聚到一定量时，在神经系统的调节下，引起直肠收缩，肛门括约肌舒张，在腹肌收缩配合下，增加腹压进行排粪。荐部脊髓如果受损，肛门括约肌紧张性收缩丧失，引起排粪失禁。

七、营养物质的吸收

饲料经消化后，其分解产物经消化道的上皮细胞进入血液或淋巴液的过程称为吸收。

(一)吸收机制及部位

1. 吸收机制　营养物质在胃肠道的吸收，大致可分被动转运和主动转运两种方式。

被动转运：主要包括滤过、扩散、渗透作用。滤过是指当胃肠腔内的压力超过毛细血管时，水分或其他物质由肠腔滤过进入血液；扩散是指当肠黏膜两侧的压力相等，而溶质的浓度不同时，溶质分子便从高浓度的一侧向低浓度的一侧扩散；渗透是一种特殊情况下的扩散，当黏膜两侧的渗透压不同时，水从低渗透压一侧进入高渗透压一侧，直至两侧溶液渗透压相等。

主动转运：指某些物质在肠黏膜上皮细胞膜上载体的帮助下，由低浓度一侧向高浓度一侧转运的过程。

2. 吸收部位　由于消化道各部位的组织结构不同，而且食物在该处的状态及停留时间都是存在差异的，因此，消化道各部位的吸收效率是不同的。

饲料在口腔及食管内不吸收。反刍动物的前胃可以吸收大量的低级脂肪酸和肽。单胃动物胃中的营养物质分解不完全，不易被吸收，在此处只能吸收少量的水分和无机盐类。小肠是吸收的主要部位。肉食动物的大肠只吸收水分和盐类，草食动物的大肠可以吸收一些营养物质。

小肠具有吸收各种营养物质的结构，小肠长，其黏膜表面具有环状皱褶，并拥有大量的绒毛，绒毛表面有微绒毛，使吸收面积增大；食物在小肠内停留时间较长，且已被消化到适于吸收的状态，而易被肠壁吸收。所以，小肠是吸收的主要部位。

营养物质在小肠内通过淋巴及血液两个途径进行吸收。小肠绒毛的中央乳糜管与黏膜下层的淋巴丛汇合，因此，脂类物质的部分消化产物可通过中央乳糜管吸收后入淋巴循环，经淋巴管入乳糜池，而后经胸导管流入腔静脉。蛋白质、糖类及无机盐等营养物质的消化产物被肠黏膜下的毛细血管吸收，而后经不断汇聚入门静脉。门静脉血液入肝后，与来自肝动脉的血液混合，再通过肝静脉入后腔静脉。

(二)主要营养物质的吸收

1. 糖的吸收　可溶性多糖(如淀粉)经消化酶的降解作用形成单糖和双糖,只有单糖才能被小肠吸收。大部分单糖被吸收后,经门静脉送到肝脏,小部分单糖也能经淋巴液转运。单糖的吸收是耗能的主动转运过程。

纤维素在微生物的作用下,被分解为挥发性脂肪酸。反刍动物瘤胃是 VFA 的主要吸收部位;单胃草食动物 VFA 被大肠壁吸收。

2. 蛋白质的吸收　绝大部分蛋白质在小肠内被多种消化酶分解为小肽和氨基酸后吸收入血,未经消化的天然蛋白质及蛋白质的不完全分解产物只能被微量吸收进入血液。吸收氨基酸的部位是小肠,氨基酸的吸收是主动转运,需要提供能量。

3. 脂肪的吸收　摄入的脂肪大约有 95%被吸收。脂肪消化后生成甘油、游离脂肪酸和甘油一酯。这些消化产物在胆盐的作用下形成水溶性复合物,再经聚合形成脂肪微粒。微粒中的消化产物借扩散作用通过微绒毛进入肠上皮细胞。进入肠上皮细胞后,少部分产物直接进入血液,经肝门入肝;大部分产物在细胞内重新合成中性脂肪,经中央乳糜管进入淋巴液。微粒中的胆盐需移行至小肠后段通过主动转运吸收入血后进入肝脏。

4. 盐类和水分的吸收

(1)钠的吸收　由钠泵主动转运吸收。

(2)铁的吸收　食物中的铁绝大部分是三价铁,必须还原为二价铁后方可被吸收。肠黏膜吸收铁的能力决定于黏膜细胞内的含铁量。存积于细胞内的铁量高,会抑制铁的再吸收。被吸收的二价铁在肠黏膜细胞内氧化为三价铁,并和细胞内的去铁蛋白结合形成铁蛋白暂时储存起来,慢慢向血液中释放。

(3)钙的吸收　只有在水溶状态,且不被肠腔内任何物质沉淀的情况下,才能被吸收。钙的吸收主要通过主动转运来完成。影响钙吸收的主要因素是维生素 D_3 和有机体对钙的需要,也需要正常水平的甲状旁腺激素。

(4)负离子的吸收　小肠内吸收的负离子主要为 Cl^- 和 HCO_3^-。由钠泵所产生的电位(正)可使负离子向细胞内转移,负离子也可按浓度差独立进行被动转运。

(5)水分的吸收　主要在小肠借助渗透、滤过作用吸收。

5. 维生素的吸收　脂溶性维生素(维生素 A、维生素 D、维生素 E、维生素 K)的吸收与类脂物质相似。水溶性维生素通过扩散作用主要由小肠前段吸收。维生素 B_{12} 必须与内因子结合才能在回肠被吸收。

【技能】

1. 听取胃肠蠕动音　听取瘤胃、瓣胃和小肠的蠕动音。

2. 小肠吸收的观察　观察小肠对不同物质的吸收,理解小肠吸收与肠内容物渗透压间的关系。

3. 胃肠运动的观察　观察胃肠运动的各种形式及其影响因素。

【任务总结】

内容		要点
知识	消化方式	1. 消化的方式:机械性消化、化学性消化、生物学消化 2. 不同家畜消化方式的特点
	口腔的消化	1. 牛、猪和马的采食特点 2. 唾液的性质及作用
	单胃的消化	1. 胃液的性质 2. 胃液的作用:盐酸、胃蛋白酶、黏蛋白各自作用 3. 胃的运动:紧张性收缩和蠕动 4. 胃的排空
	复胃的消化	1. 瘤胃内主要微生物:厌氧性纤毛虫、细菌及真菌 2. 瘤胃内微生物的生存条件 3. 糖类、蛋白质和脂肪在瘤胃内的消化代谢过程 4. 尿素再循环作用 5. 嗳气和反刍、食管沟的作用 6. 瓣胃和皱胃的消化作用
	小肠的消化	1. 胰液的消化作用 2. 胆汁的消化作用 3. 小肠的运动方式:蠕动、分节运动和钟摆运动
	大肠的消化	1. 牛、马和猪大肠的消化作用 2. 大肠的运动:蠕动和逆蠕动 3. 排粪反射
	营养物质的吸收	1. 吸收的机制:主动转运和被动转运 2. 糖、蛋白质及脂类物质的吸收
技能	听取胃肠蠕动音	瘤胃、瓣胃和小肠的蠕动音
	小肠吸收的观察	小肠吸收与肠内容物渗透压间的关系
	胃肠运动的观察	运动形式及化学物质对胃肠运动的影响

◙ 任务3-3 呼吸系统各器官的识别

【任务描述】

动物机体在生命活动过程中,必须不断从外界吸入氧气,并呼出二氧化碳。动物机体与外界环境的气体交换过程称为呼吸,呼吸主要靠呼吸系统来完成。本单元任务是通过观察牛、马、猪呼吸系统的标本、模型及新鲜器官来学习肺、喉、气管的位置、形态构造,同时,借助显微镜来学习肺的组织学结构。

【任务目标】

1. 能准确识别家畜呼吸系统各器官,能准确找到呼吸系统各器官的体表投影;
2. 掌握肺、喉、气管的形态、位置和构造特点;
3. 能在显微镜下识别肺的组织构造;

4. 具备较强的观察力，对比观察牛、猪和马肺的构造特点；

5. 具备爱护公共财产意识，爱护标本、模型。

【知识】

呼吸系统由鼻腔、咽、喉、气管、支气管和肺构成(图 3-34)。鼻腔、咽、喉、气管、支气管是气体出入肺的通道，称为呼吸道。肺是气体交换的器官。

一、鼻腔的构造

鼻腔是呼吸道的起始部，呈长圆筒状，以面骨构成骨性支架，内衬黏膜。前端经鼻孔与外界相通，后端经鼻后孔通咽。鼻腔被正中的鼻中隔分为左、右两半，每侧鼻腔都分为鼻孔、鼻前庭和固有鼻腔三部分。

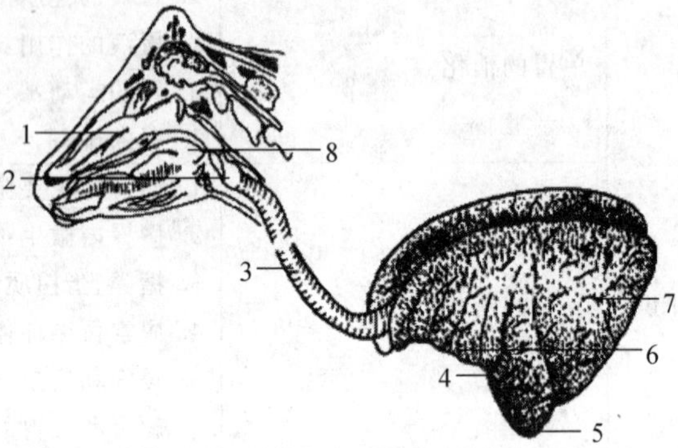

图 3-34 牛呼吸系统模式图

1. 鼻腔 2. 喉 3. 气管 4. 心切迹 5. 左肺中叶 6. 左肺前叶前部 7. 左肺后叶 8. 咽

(彭克美，畜禽解剖学，第 2 版，2009)

(一)鼻孔

鼻孔是鼻腔的入口，由内、外侧鼻翼围成。鼻翼为包有软骨和肌肉的皮肤褶，有一定的弹性和活动性。

牛的鼻孔小，呈不规则的椭圆形，位于鼻唇镜的两侧，鼻翼厚而不灵活。马的鼻孔大，呈逗点状，鼻翼灵活。猪的鼻孔也小，呈卵圆形，位于吻突前端的平面上。

(二)鼻前庭

鼻前庭为鼻腔前部衬有皮肤的部分，相当于鼻翼所围成的空间。前庭区的皮肤由面部皮肤折转而来，着生鼻毛，可滤过空气。

(三)固有鼻腔

固有鼻腔位于鼻前庭之后，由骨性鼻腔覆以黏膜构成。在鼻腔的侧壁上有上、下两个鼻甲骨，表面覆以黏膜构成鼻甲。鼻甲将鼻腔分为上、中、下三个鼻道。上鼻道较窄，位于鼻腔顶壁和上鼻甲之间，其后部主要为嗅区；中鼻道在上、下鼻甲之间，通副鼻窦；下鼻道最宽，位于下鼻甲与鼻腔底壁之间，直接经鼻后孔与咽相通。上、下鼻甲与鼻中隔之间的间隙为总鼻道(图 3-35)。

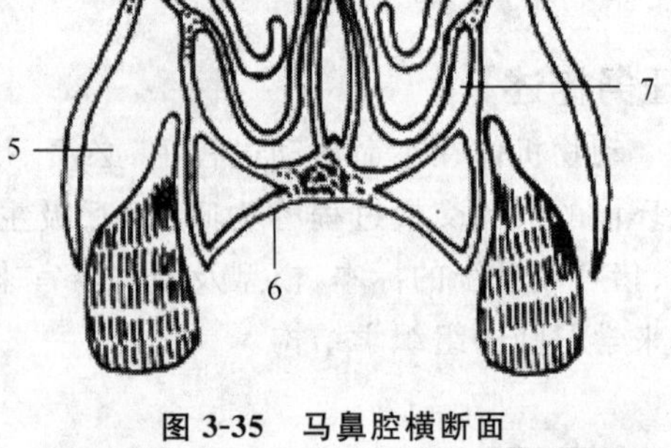

图 3-35 马鼻腔横断面

1. 鼻骨 2. 上鼻甲 3. 鼻中隔 4. 总鼻道 5. 上颌窦 6. 硬腭 7. 下鼻道 8. 下鼻甲 9. 中鼻道 10. 上鼻道

(彭克美，畜禽解剖学，第 2 版，2009)

固有鼻腔表面衬有鼻黏膜，因结构与功能不同，可分呼吸区和嗅区两部分。

呼吸区：位于鼻前庭和嗅区之间，占鼻黏膜的大部，呈粉红色，黏膜内含有丰富的血管和腺体，可净化、湿润和温暖吸入的气体。

嗅区：位于呼吸区之后，其黏膜颜色随家畜种类不同而异。马、牛呈浅黄色，绵羊呈黄色，山羊呈黑色，猪呈棕色。黏膜上皮中有嗅细胞，具有嗅觉作用。因此，鼻腔又是嗅觉器官。

二、喉、气管和支气管

(一)喉

既是呼吸的通道，又是发声的器官。喉位于下颌间隙的后方，在头颈交界处的腹侧。前端以喉口和咽相通，后端与气管相通。主要由喉软骨、喉肌及喉黏膜构成。

1. 喉软骨　由单块的会厌软骨、甲状软骨、环状软骨和成对的勺状软骨构成(图 3-36)。喉软骨借韧带相连，共同构成喉的软骨基础。

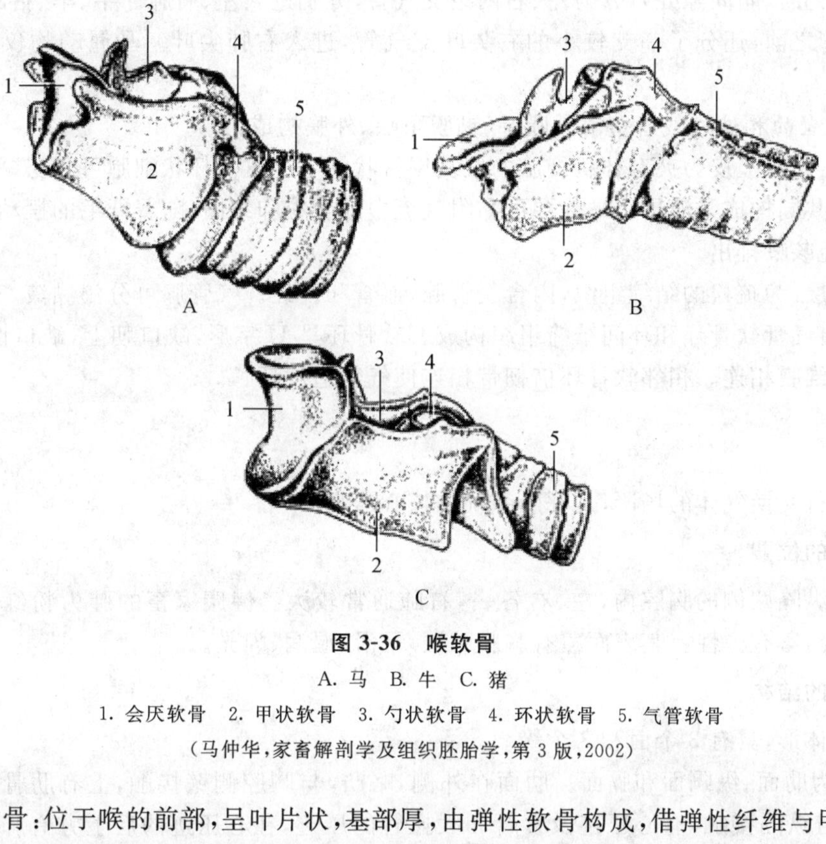

图 3-36　喉软骨

A. 马　B. 牛　C. 猪

1. 会厌软骨　2. 甲状软骨　3. 勺状软骨　4. 环状软骨　5. 气管软骨

(马仲华，家畜解剖学及组织胚胎学，第 3 版，2002)

会厌软骨：位于喉的前部，呈叶片状，基部厚，由弹性软骨构成，借弹性纤维与甲状软骨体相连；尖端向舌根翻转。会厌软骨的表面覆盖着黏膜，合称会厌，具有弹性和韧性，当吞咽时，会厌翻转关闭喉口，可防止食物误入气管。

甲状软骨：最大，呈弯曲的板状，构成喉腔的底壁和喉腔左右两侧壁的大部分。

环状软骨：呈指环状，背部宽，其余部分窄。其前缘和后缘以弹性纤维分别与甲状软骨及气管软骨相连。

勺状软骨：位于环状软骨的前上方，左右各一，呈三面锥体形，形成喉口的后侧壁。勺状软骨上部较厚，下部变薄，形成声带突，供声韧带附着。

2. 喉肌　属横纹肌，附着在喉软骨的外侧，收缩时可改变喉的形状，引起吞咽、呼吸和发声等活动。

3. 喉黏膜　喉黏膜被覆于喉腔的内面，与咽的黏膜相连。喉黏膜有丰富的感觉神经末梢，受到刺激会引起咳嗽，从而排出异物。喉腔中部的侧壁上有一对明显的黏膜褶，称为声带。声带由声韧带覆以黏膜构成，连于勺状软骨声带突和甲状软骨体之间。在两侧声带之间的狭窄缝隙为声门裂，气流通过时振动声带便可发声。因此声带是喉的发声器官。喉黏膜内还含有喉腺，可分泌黏液，有润滑声带的作用。

(二)气管和支气管

气管和支气管是由软骨环作支架构成的圆筒状长管，是连接喉与肺之间的通道，支气管为气管的分支，二者的形态和结构基本相似。

1. 位置　位于颈、胸椎腹侧，前端与喉相接，向后沿颈部腹侧正中线而进入胸腔，在心基上方(约在第五六肋间隙处)，分为左、右两条支气管，分别进入左、右肺。牛、羊、猪的气管在分左、右支气管之前，还分了一支较小的右尖叶支气管，进入右肺尖叶。马属动物仅有左、右支气管。

2. 气管壁的构造　气管壁由黏膜层、黏膜下层、外膜构成。

黏膜层：黏膜上皮为夹有杯状细胞的假复层柱状纤毛上皮。杯状细胞可分泌黏液，与气管腺的分泌物共同构成黏液层。黏液层可黏附气流中的尘粒和细菌，随着纤毛的摆动，将黏液排向喉腔，并经咳嗽排出。

黏膜下层：为疏松的结缔组织，内含气管腺、血管和神经。气管腺可分泌黏液。

外膜：由气管软骨环和环间结缔组织构成。软骨环呈 U 字形，缺口朝上，缺口由富含平滑肌的弹性纤维膜相连。相邻软骨环借韧带相连使气管适度延长。

三、肺

肺是进行交换气体的场所，是呼吸系统的核心器官。

(一)肺的位置

肺位于纵隔两侧的胸腔内，左、右各一，右肺通常较大。健康家畜的肺为粉红色，呈海绵状，质软而轻，富有弹性。其表面覆有胸膜脏层，平滑、湿润、闪光。

(二)肺的结构

略呈锥体形，具有 3 个面和 3 个缘。

3 个面为肋面、纵隔面和膈面。肋面在外侧，略凸，与胸腔侧壁接触，上有肋骨压迹；纵隔面在内侧，与纵隔接触，有心压迹及食管和大血管的压迹，在心压迹的后上方有肺门，为支气管、肺血管、淋巴管和神经出入肺的地方；膈面在后下方，较凹，与膈肌接触。

3 个缘为背缘、后缘和腹缘。背缘钝而圆，位于肋椎沟中。后缘较薄锐，位于外侧壁和纵隔间的沟中。腹缘位于心包外侧，具有心切迹和其他叶间切迹，使肺出现分叶。

肺的分叶(图 3-37)：牛、羊、猪肺分叶明显，左肺分 3 叶，由前向后依次为尖叶、心叶和膈叶；右肺分 4 叶，由前向后依次为尖叶、心叶、膈叶和副叶，其中右尖叶又可分为前、后两部分。马肺分叶不明显，左、右肺分尖叶和膈叶，右肺内侧还有一个副叶。

由于家畜左肺小，左心压迹深而宽，心脏在纵隔中向左偏移，使左侧心包较多地外露于肺并与左胸壁接触。故兽医临床上常将左肺心切迹作为心脏听诊部位。

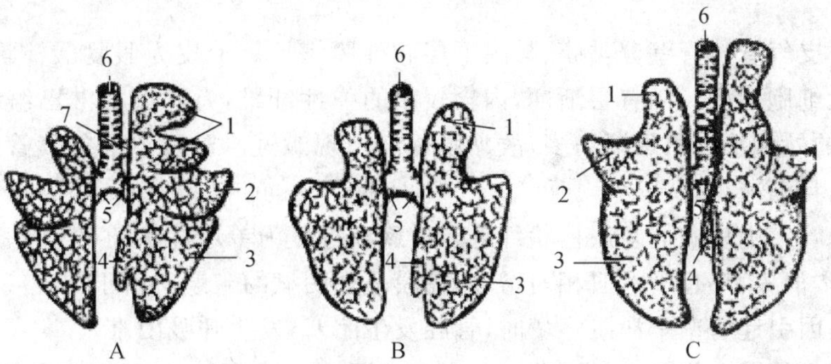

图 3-37 家畜肺的分叶模式图

A. 牛 B. 马 C. 猪

1. 尖叶 2. 心叶 3. 膈叶 4. 副叶 5. 支气管 6. 气管 7. 右尖叶支气管

(马仲华,家畜解剖学及组织胚胎学,第 3 版,2002)

(三)肺的组织学结构

肺的表面覆有一层浆膜(肺胸膜),表面光滑湿润。浆膜深面的结缔组织伸入肺内,构成肺的间质,并将肺实质分隔成许多肉眼可见的肺小叶。肺间质内有血管、淋巴管和神经等。肺小叶一般呈锥体形,锥底朝肺表面,锥尖朝肺(图 3-38)。它是以细支气管为轴心,由更细的呼吸细支气管及所属肺泡管、肺泡囊、肺泡构成肺的结构单位。小叶性肺炎即是以肺小叶为单位发生的病变;大叶性肺炎侵犯的是一个肺叶、一侧肺叶或全肺。

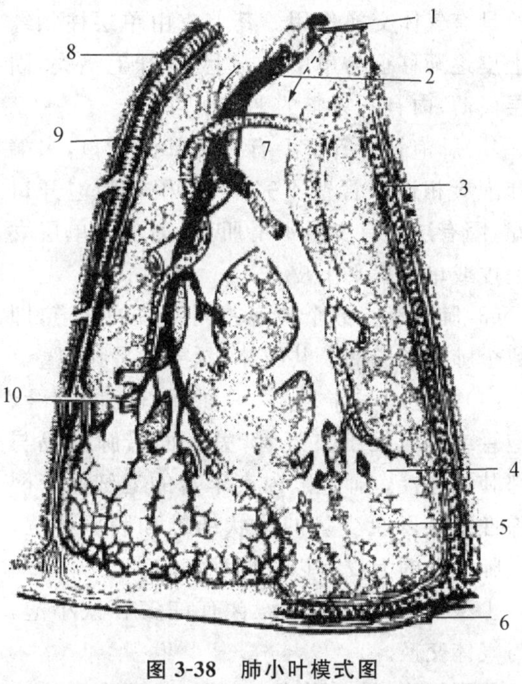

图 3-38 肺小叶模式图

1. 肺动脉 2. 细支气管 3. 淋巴管 4. 肺泡管 5. 肺泡 6. 肺胸膜 7. 气道 8. 肺静脉 9. 小叶间隔 10. 呼吸性细支气管

(马仲华,家畜解剖学及组织胚胎学,第 3 版,2002)

肺的实质由肺内各级支气管和无数肺泡组成。支气管由肺门进入每个肺叶,反复分支,形成树枝状,称为支气管树。小支气管分支到管径在 1 mm 以下时,称为细支气管。细支气管再分支,管径到 0.35 ~ 0.5 mm时,称为终末细支气管。终末细支气管继续分支,当管壁上出现散在的肺泡,开始有呼吸功能时为呼吸性细支气管。呼吸性细支气管再分支为肺泡管,肺泡管再分为肺泡囊。肺泡管与肺泡囊主要由肺泡围成。

在肺实质中,从肺内支气管到终末细支气管的各级管道,其主要作用是保障和控制肺通气,并无气体交换机能,故称为肺的导气部;从呼吸性细支气管开始到肺泡管、肺泡囊、肺泡,具有气体交换机能,故称为肺的呼吸部。

1. 肺的导气部　是气体出入的通道,包括各级小支气管、细支气管和终末细支气管。其管壁的组织结构均由黏膜、黏膜下层和外膜构成,随管径逐渐变小,管壁逐渐变薄,组织结构相继简化。

(1)各级小支气管　管壁分黏膜、黏膜下层和外膜三层。上皮为假复层柱状纤毛上皮,但逐渐变薄,杯状细胞渐少。固有层渐薄,内含较多的弹性纤维,有弥散的淋巴组织和孤立淋巴小结。固有层的外侧平滑肌逐渐增多,故黏膜逐渐出现皱襞。黏膜下层的气管腺渐少。外膜的软骨呈片状,且渐减少。

(2)细支气管　上皮由假复层柱状纤毛上皮逐渐过渡为单层柱状纤毛上皮。杯状细胞、腺体和软骨片基本消失,环行平滑肌相对增多,黏膜呈现明显的皱襞。由于细支气管壁无软骨片支撑,当某些病因引起管壁平滑肌痉挛时,管腔发生闭塞,发生呼吸困难。

(3)终末细支气管　管壁变得更薄。上皮为单层柱状纤毛上皮,杯状细胞、腺体、软骨片均消失。环行平滑肌由多变少,皱襞消失。

2. 肺的呼吸部　包括呼吸性细支气管、肺泡管、肺泡囊和肺泡(图 3-39)。

(1)呼吸性细支气管　管壁上有肺泡开口,开始具有气体交换作用。其上皮由单层柱状纤毛上皮逐渐移行为单层立方上皮,纤毛消失,固有层极薄,内有不完整的平滑肌束。

(2)肺泡管　管壁上有许多肺泡开口,末端与肺泡囊相通。管壁不完整,在相邻肺泡开口之间,固有层内有少量平滑肌束,上皮为单层立方上皮或单层扁平上皮。

(3)肺泡囊　数个肺泡共同开口的通道,即由数个肺泡围成的公共腔体,囊壁就是肺泡壁。

(4)肺泡　呈半球形,一面开口于肺泡囊、肺泡管或呼吸性细支气管,另一面借肺泡隔与相邻肺泡连接。肺泡隔内有丰富的毛细血管网和弹性纤维以及少量的网状纤维和胶原纤维。构成肺泡壁的上皮有以下两种细胞。

Ⅰ型细胞:呈扁平形,含有许多吞饮小泡,参与气体交换。

Ⅱ型细胞:呈圆形或立方形,位于Ⅰ型细胞之间。该细胞可分泌表面活性物质,涂布在肺泡腔内表面,降低肺泡表面张力,稳定肺泡直径,使肺泡不致因表面张力而塌陷。当机体发生创伤、休克、中毒时,表面活性物质的合成与分泌受到抑制或破坏,可导致肺泡萎缩。

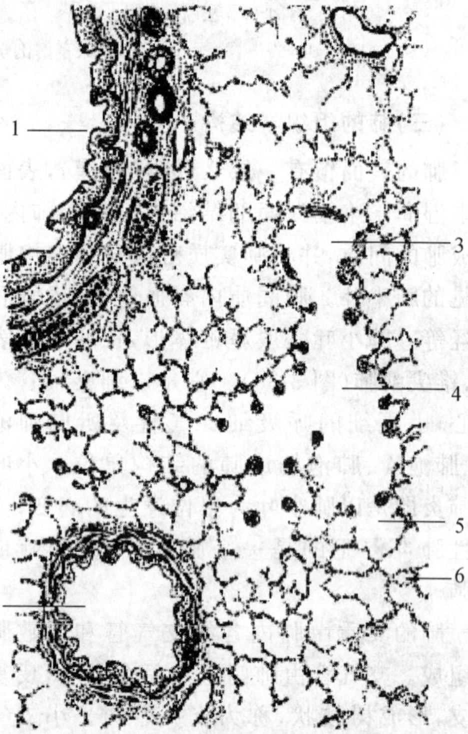

图 3-39　肺切片(低倍)

1. 支气管　2. 细支气管　3. 呼吸性细支气管　4. 肺泡管　5. 肺泡囊　6. 肺泡

(马仲华,家畜解剖学及组织胚胎学,第 3 版,2002)

肺泡隔:位于相邻肺泡壁之间的薄层结缔组织,属肺间质。隔内有丰富的毛细血管网、大量的弹性纤维。肺泡隔内还有一种巨噬细胞,巨噬细胞进入肺泡腔内,能吞噬肺泡内灰尘、病菌、异物和渗出的红细胞等。吞噬有大量尘粒的巨噬细胞又称为尘细胞。

气血屏障:也称呼吸膜,是肺泡与肺泡隔内毛细血管之间进行气体交换所通过的结构。气血屏障较薄,若发生病变会影响气体交换。当发生间质性肺炎、肺气肿时可致气血屏障增厚,降低气体交换速率。

四、胸膜和纵隔

(一)胸膜

胸膜属于浆膜,可分为壁层和脏层。脏层紧贴在肺的表面,又称肺胸膜。壁层紧贴于胸腔壁和纵隔,按其所在部位可分为肋胸膜、膈胸膜和纵隔胸膜 3 部分:肋胸膜,衬贴在肋及肋间肌内面;膈胸膜,贴在膈肌表面;纵隔胸膜,贴在纵隔两侧。

(二)胸膜腔

是胸膜壁层与脏层之间密闭的腔,左、右各一,互不相通并呈负压状态,腔内有少量浆液,有润滑作用。

(三)纵隔

是两侧的纵隔胸膜及其之间器官和组织的总称。纵隔内夹有胸腺、心包、心脏、气管、食管和大血管等器官。

【技能】

1. 家畜呼吸系统各器官的识别　观察牛、马和猪呼吸器官的模型及标本,识别喉、气管、支气管和肺,重点识别肺的形状、位置、颜色、质地和分叶。

2. 肺组织构造的观察　利用显微镜观察、识别肺的组织构造,重点识别肺内的各级支气管、肺泡管、肺泡囊和肺泡。

【任务总结】

内容		要点
知识	鼻腔的构造	1. 牛、马和猪鼻特点 2. 固有鼻腔的构造:鼻甲骨、鼻道
	喉、气管和支气管	1. 喉软骨:会厌软骨、甲状软骨、环状软骨和勺状软骨 2. 声带、声门裂 3. 气管的位置、气管壁构造
	肺	1. 肺的结构:三面和三缘 2. 牛、马和猪肺分叶特点 3. 肺的组织学结构:肺小叶、肺的导气部和呼吸部的组成 4. 胸膜腔的构成、纵隔及气血屏障
技能	呼吸系统各器官的识别	喉、气管、支气管和肺,重点识别肺的形状、位置、颜色、质地和分叶
	肺组织构造的观察	肺内的各级支气管、肺泡管、肺泡囊和肺泡

◙ 任务 3-4　呼吸生理现象的观察

【任务描述】

动物机体在新陈代谢过程中,需要不断消耗氧气,同时把代谢过程中产生的二氧化碳排出体外。机体与外界环境之间的这种气体交换过程，称作呼吸。本单元主要任务是通过动画演示、实验操作来学习肺运动过程、气体交换过程及影响因素。

【任务目标】

1. 掌握呼吸运动的过程、气体交换过程及影响因素、氧和二氧化碳在血液中的运输方式、胸内负压的形成及生理意义；

2. 能够测定呼吸频率；

3. 能根据动物呼吸类型、呼吸音判断动物健康情况；

4. 具备较强的分析能力，能用化学知识分析气体的运输过程及呼吸运动的调节过程。

【知识】

一、呼吸过程

呼吸过程包括以下3个连续的环节：

1. 外呼吸　也称为肺呼吸，是指外界环境与肺之间进行的气体交换，即外界环境中氧转运到血液，又将血液中的二氧化碳转运到外界环境的过程。外呼吸又包括肺通气和肺换气两个过程。肺通气是外界环境与肺泡之间的气体交换；肺换气是肺泡与肺毛细血管之间的气体交换。

2. 血液的气体运输　是指血液把来自肺泡的氧气运送到组织细胞，同时又把组织细胞产生的二氧化碳运送到肺排出体外的过程。

3. 内呼吸　又称组织呼吸，是指组织细胞与组织毛细血管之间的气体交换过程。

二、呼吸运动

呼吸运动是指因呼吸肌群的交替舒缩而引起胸腔和肺节律性扩大或缩小的活动，是肺通气的原动力。呼吸肌群包括呼气肌和吸气肌。呼气肌主要有肋间内肌和腹肌；吸气肌主要有肋间外肌和膈肌。

(一)吸气动作

吸气时，肋间外肌收缩，牵引肋骨向前外方伸举，增加胸腔的横径；膈肌收缩时向后移动，膈肌的隆起中心向后退缩，使胸腔前后径加长。结果胸廓的容积扩大，肺也随之被动扩张，肺容积增大，肺内压降低。当肺内压低于大气压时，外界空气顺压力梯度进入肺内，完成吸气过程，吸气是主动过程。

(二)呼气动作

当吸气过程停止，肋间外肌和膈肌便立即舒张，肋骨、膈顶和胸骨便“宽息回位”，使胸腔和肺的容积减小，肺内压会迅速上升。当肺内压高于外界气压时，肺内气体被逼出，完成呼气。平静呼吸时，呼气动作是被动过程。

当家畜剧烈运动或不安静时，伴随着肋间外肌和膈肌的舒张，肋间内肌和腹壁肌也参与呼气，使胸腔和肺的容积缩得更小，肺内压升得更高，于是呼气也比平时更快更多。这时，呼气动作是主动过程。

三、胸内负压

吸气时，肺能随胸腔一同扩张的根本原因在于胸内负压。胸内负压是指胸膜腔内的压力总是略低于外界大气压，故称为胸内负压。胸膜腔是由两层胸膜所围成的腔隙，内有少量的浆液将两层膜黏附在一起。浆液通过分子间的吸附作用，使肺在呼吸过程中能够与胸壁内侧紧贴，并随着胸廓起伏变化而被动地扩张和回缩；浆液还具有润滑作用，能减轻呼吸中两层胸膜的摩擦。

（一）胸内负压的形成原理

胸膜壁层的表面由于受到坚固的胸腔和肌肉的保护，胸壁上的大气压力不会影响胸膜腔。而胸膜脏层却受到两方面力的影响：一是肺内压，即肺泡内压力，使肺泡扩张。通常在吸气和呼气之末，肺内压等于大气压。二是肺的回缩力，使肺泡缩小。因此，胸膜腔内的压力实际上是这两种相反力的代数和：

胸内压＝肺内压－肺回缩力

在吸气之末和呼气之末，肺内压等于大气压，因此：

胸内压＝大气压－肺回缩力

若将大气压视为生理“0”标准，则：

胸内压＝－肺回缩力

可见，胸内负压是由肺的回缩力形成的。在一定限度内，肺越扩张，肺的回缩力就越大，胸内负压的绝对值也越大。正常动物在平静呼吸的全过程中，胸内负压持续存在，并随着呼吸周期而变化。吸气时，肺扩张，肺的回缩力增大，胸内负压也增大；呼气时，肺缩小，肺回缩力减小，胸内压力减小。

（二）胸内负压的生理意义

胸内负压有重要的生理意义。胸内负压对肺有牵拉作用，使肺泡保持充盈气体的膨隆状态，保证肺泡与血液持续进行气体交换，有利于肺通气。另外，胸内负压还有利于静脉血和淋巴回流，有利于牛、羊反刍时胃内容物逆呕到口腔。当动物因胸膜壁穿透伤或肺结核穿孔造成胸膜腔破裂时，胸内负压便随着胸膜腔进气（称为气胸）而消失。此时，即使胸腔运动仍在发生，由于肺自身因弹性回缩而塌陷，不能随之扩大和缩小，肺通气便不再继续发生。

四、呼吸式与呼吸频率

（一）呼吸式

动物的呼吸运动表现有胸式呼吸、腹式呼吸和胸腹式呼吸三种。

胸式呼吸：呼吸时以肋间肌活动为主，胸廓起伏明显。

腹式呼吸：呼吸时以膈肌活动为主，腹部起伏明显。

胸腹式呼吸：呼吸时肋间肌和膈肌同等程度的运动，胸廓和腹部起伏程度接近一致。健康家畜的呼吸常表现为胸腹式呼吸。

呼吸式常因动物生理状况和疾病而发生改变。动物怀孕后期或当腹部脏器发生病变时，常表现胸式呼吸;当胸部器官发生病变时,常表现腹式呼吸。注意观察呼吸式对诊断疾病和妊娠有实际意义。

(二)呼吸频率

动物每分钟的呼吸次数称呼吸频率。各种动物的呼吸频率见表 3-1。

表 3-1 各种动物的呼吸频率 次/min

动物	频率	动物	频率
牛	10～30	猪	15～24
水牛	9～18	犬	10～30
绵羊	12～24	猫	10～25
山羊	10～20	兔	50～60
马	8～16	鸡	22～25

呼吸频率可因动物年龄、外界温度、海拔高度、新陈代谢强度以及疾病等因素而发生改变。如幼年动物呼吸频率高于成年动物;在气温高、寒冷、高海拔、使役等条件下,呼吸频率也会增高;乳牛在高产乳期呼吸频率高于平时。

(三)呼吸音

呼吸运动时气体通过呼吸道及出入肺泡时,与其摩擦产生的声音叫呼吸音。在胸廓表面和颈部气管附近,可听到下列 3 种呼吸音:

肺泡音:类似"v"的延长音,是肺泡扩张所产生的呼吸音。正常的肺泡呼吸音在吸气时能够较清楚地听到。其强弱取决于呼吸运动的深浅、肺组织弹性及胸壁的厚度。

支气管音:类似"h"的延长音,是气流通过声门裂引起旋涡产生的声音。在喉头和气管可听到。小动物和瘦弱的动物在肺前部也可听到。

支气管肺泡音:是肺泡音和支气管音混合在一起产生的一种不定性呼吸音,仅在疾患引起肺泡音或支气管音减弱时出现。

当肺部发生病变时,会出现各种病理性呼吸音。

五、气体交换过程

在呼吸过程中气体交换发生在两个部位:一是肺泡与肺毛细血管血液间的气体交换,称肺换气;二是组织细胞与组织毛细血管血液间的气体交换,称组织换气。气体的交换是通过气体分子的扩散运动实现的,推动气体分子扩散的动力来源于不同气体分压之间的差值。

气体分压是指在混合气体中某种气体成分在总压中所占的压力份额。在混合气体中某种气体的浓度越高,其气体分压也越高,反之则越低。根据气体分子扩散原理,在通透膜两侧,若某种气体的分压值不相等(即有气体分压差),则该气体分子可透过通透膜,由气体分压较高的一侧扩散到较低的一侧。因此说气体交换的动力是气体分压差,而交换的前提条件是气体通透膜的通透性。

(一)肺换气

1. 肺换气过程　肺换气之所以能够进行,是由于具备了以下两个条件:一是呼吸膜很薄,气体分子可以自由通过；二是在呼吸膜两侧存在气体分压差。据测定，在呼吸膜肺泡一侧的氧分压(PO_2)相对较高，在毛细血管一侧的二氧化碳分压(PCO_2)相对较高。因此，肺泡与肺毛细血管之间发生了如下气体交换：

$$\text{肺泡} \underset{CO_2}{\overset{O_2}{\rightleftharpoons}} \text{毛细血管血液}$$

经过肺换气，毛细血管血液中氧气增多，二氧化碳减少，静脉血变成动脉血。

2. 影响因素

(1)呼吸膜的厚度　当动物患有肺炎和肺水肿等病变时，呼吸膜的厚度显著增加，造成气体分子扩散速率降低，影响肺换气。

(2)呼吸膜的面积　呼吸膜面积越大，扩散的气体量越多。当动物运动或使役时，呼吸膜面积会增大；当动物患有肺气肿、毛细血管栓塞时，呼吸膜面积减少，从而使气体交换出现障碍。

(3)肺血流量　机体内的氧气与二氧化碳靠血液循环运输，所以单位时间内肺血流量改变会影响呼吸膜两侧的 PO_2 与 PCO_2，从而影响肺换气。

(二)组织换气

1. 组织换气过程　由于细胞新陈代谢需不断消耗氧气，同时产生二氧化碳。所以，组织细胞中 PO_2 低于动脉血，而 PCO_2 高于动脉血。当动脉血流经组织毛细血管时，氧气便顺分压差由血液向组织扩散，二氧化碳则由组织细胞向血液扩散：

$$\text{毛细血管血液} \underset{CO_2}{\overset{O_2}{\rightleftharpoons}} \text{组织液}$$

经过组织换气，组织细胞得到了氧气供应，同时将代谢产生的二氧化碳排出。这种改变是组织细胞新陈代谢的必要保障。因此，组织换气是整个呼吸的核心，组织换气若发生障碍，会使细胞新陈代谢停滞，最终导致死亡。

2. 影响因素

(1)通透性　正常情况下，气体分子通透膜具有极强的通透性，但在组织水肿等病理情况下，通透性会降低，影响组织换气。

(2)全身血液循环障碍　在心力衰竭、局部贫血、瘀血等病理情况下，组织换气会受影响，严重时引起局部缺氧。

六、气体运输

在呼吸过程中，血液担任气体运输任务，不断把氧从肺运到组织中，又不断把二氧化碳从组织细胞运输到肺部。

(一)氧的运输

氧气扩散到血液后，以两种形式运输：

1. 物理溶解　0.8%～1.5%的氧直接溶解于血液中，随血液运输到各组织细胞供利用。

2. 化学结合　98.5%～99.2%的氧气与红细胞中的血红蛋白结合成氧合血红蛋白(HbO_2)而运输。血红蛋白由1分子的珠蛋白和4分子的亚铁血红素结合而成，它与氧的结合受氧分压的影响，并且是可逆的。在肺部，由于氧分压高，血红蛋白与氧结合成氧合血红蛋白，此时血液由静脉血变成动脉血，呈鲜红色。在组织内，由于组织细胞不断消耗氧，氧分压降低，血红蛋白与氧分离，并扩散到组织中，此时血液由动脉血变成静脉血。

$$Hb + O_2 \underset{PO_2\text{低}}{\overset{PO_2\text{高}}{\rightleftharpoons}} HbO_2$$

O_2 和 Hb 结合有以下特征：①反应快、可逆，不需酶的催化，受 PO_2 的影响；②Hb 中的 Fe^{2+} 与 O_2 结合后仍是二价铁，所以该反应是氧合，而不是氧化；③1 分子的 Hb 可结合 4 分子的 O_2。

(二)二氧化碳的运输

二氧化碳也是以物理溶解和化学结合的形式进行运输：

1. 物理溶解　2.7%的二氧化碳直接溶解于血液中，随血液运输。

2. 化学结合

(1)70%的二氧化碳以碳酸氢盐的形式运输。

二氧化碳扩散进入血液，先部分地溶解于血浆，并与水结合成碳酸。由于血浆中缺乏碳酸酐酶，此反应只是以极缓慢的速度进行。随着进入血浆的二氧化碳增多，PCO_2 随之增高，于是二氧化碳扩散进入红细胞内。由于红细胞内含有碳酸酐酶，因此，二氧化碳与水迅速结合生成碳酸，又迅速解离成 H^+ 和 HCO_3^-。

$$CO_2 + H_2O \rightleftharpoons H_2CO_3 \rightleftharpoons H^+ + HCO_3^-$$

当红细胞中的 HCO_3^- 浓度超过血浆中浓度时，HCO_3^- 即由红细胞扩散入血浆。此时，有等量的 Cl^- 由血浆扩散至红细胞，以维持细胞内外正负离子的平衡。这样，HCO_3^- 不会在红细胞内积聚，使反应不断向右方进行，有利于组织产生的 CO_2 不断进入血液。所生成的 HCO_3^- 在红细胞内与 K^+ 结合，在血浆内与 Na^+ 结合，分别以 $KHCO_3$ 和 $NaHCO_3$ 的形式存在，所生成的 H^+ 大部分与 Hb 结合成为 HHb。

以上各项反应均是可逆的。当碳酸氢盐随血液循环到肺毛细血管时，新解离出的 CO_2 扩散到肺泡中，随动物的呼气排出体外。

(2)20%的二氧化碳与血红蛋白的氨基($-NH_2$)结合成氨基甲酸血红蛋白(Hb-NH-COOH)。

$$Hb\text{-}NH_2 + CO_2 \underset{PCO_2\text{低}}{\overset{PCO_2\text{高}}{\rightleftharpoons}} Hb\text{-}NHCOOH$$

二氧化碳与血红蛋白的结合是可逆的。在组织毛细血管处，二氧化碳与血红蛋白结合成 Hb-NHCOOH；在肺毛细血管处，二氧化碳与血红蛋白分离，释放出的二氧化碳扩散到肺泡中，最后被呼出体外。

从氧和二氧化碳的运输形式可以看出，血红蛋白在运输过程中起着重要作用，当血红蛋白因中毒而丧失运输氧和二氧化碳的功能时，就会引起机体缺氧。

七、呼吸运动的调节

有机体通过神经和体液调节来实现呼吸的节律性运动，并控制呼吸的深度和频率。

(一)神经调节

在中枢神经系统内,有许多调节呼吸运动的神经细胞群,统称为呼吸中枢。它们分布于脑、脊髓的许多部位(包括大脑皮层、间脑、脑桥、延髓和脊髓),其中最基本的中枢在延髓。

延髓呼吸中枢分为吸气中枢和呼气中枢,两者之间存在着交互抑制关系,即吸气中枢兴奋时,呼气中枢抑制,引起吸气运动;呼气中枢兴奋时,吸气中枢抑制,引起呼气运动。由延髓呼吸中枢发出的神经纤维,控制脊髓中支配呼吸肌的运动神经元,并通过肋间神经和膈神经支配呼吸肌的活动。

节律性的呼吸运动产生于脑,但内外环境各因素的刺激,可以反射性地引起呼吸运动的改变,其中最重要的是肺牵张反射。

1. 肺牵张反射　是由肺扩张或缩小引起的吸气抑制或吸气,总称为肺牵张反射。

肺泡壁上有牵张感受器。当肺泡因吸气而扩张时,牵张感受器受刺激而产生兴奋。冲动沿迷走神经传入延髓的呼吸中枢,引起呼气中枢兴奋,同时吸气中枢受到抑制,从而停止吸气而产生呼气;呼气之后,肺泡缩小,不再刺激牵张感受器,呼气中枢转为抑制,于是又开始吸气。如此循环往复,形成节律性的呼吸运动。

2. 防御性呼吸反射　咳嗽反射和喷嚏反射属于防御性呼吸反射。当呼吸道黏膜上的感受器受到机械、化学或寒冷等刺激时,反射地引起相关呼吸肌的强烈运动,形成高速气流喷出,从而将呼吸道和鼻腔内的分泌物、异物等排出,起着清除和保护作用。

(二)体液调节

调节呼吸运动的体液因素主要是血液中的二氧化碳、氧浓度和酸碱度。

1. 二氧化碳对呼吸的影响　PCO_2 是维持呼吸和呼吸中枢兴奋性的重要生理性体液因素。当吸入气中 CO_2 浓度适度增加时,随着 CO_2 的增加,呼吸加深加快,促进的 CO_2 的排出,使动脉血维持正常水平的 PCO_2。当吸入 CO_2 过量时,导致 PCO_2 剧升,CO_2 蓄积,呼吸中枢受到抑制,出现呼吸困难、头痛、头昏,甚至昏迷,出现 CO_2 麻醉。

2. 低氧对呼吸的影响　吸入气中 PO_2 下降可以刺激呼吸,反射性引起呼吸加深加快。缺氧对呼吸中枢的直接作用是抑制,缺氧对呼吸的刺激作用完全是通过对外周化学感受器所实现的反射性效应。当缺氧时,来自外周化学感受器的传入冲动,能对抗对中枢的抑制作用,促使呼吸中枢兴奋,反射性地使呼吸加强。但严重缺氧时,由于外周化学感受器的兴奋作用不足以克服缺氧对呼吸中枢的抑制作用,则发生呼吸减弱,甚至呼吸停止。

3. H^+ 对呼吸的影响　当动脉血 H^+ 浓度增加时,呼吸加深加快,肺通气增加;当 H^+ 浓度降低时,呼吸就受到抑制。

上述三种影响呼吸的因素是相互联系、相互影响的,对呼吸的效应往往不是单一因素起作用,应全面分析,才能得出正确的结论。

【技能】

1. 胸内负压的观察　观察呼吸过程中胸内负压的变化情况,分析胸内负压产生的原理及对动物呼吸的作用。

2. 呼吸运动的观察　分析神经和体液因素对呼吸运动的影响。

【任务总结】

内容		要点
知识	呼吸过程	呼吸过程:外呼吸、血液的气体运输和内呼吸
	呼吸运动	吸气动作和呼气动作的产生
	胸内负压	1. 胸内负压的产生原理 2. 胸内负压的生理意义
	呼吸式与呼吸频率	1. 呼吸式:胸式呼吸、腹式呼吸和胸腹式呼吸 2. 呼吸频率、呼吸音(肺泡音和支气管音)
	气体交换过程	1. 肺换气和组织换气过程 2. 影响气体交换的因素
	气体运输	氧和二氧化碳在血液中的运输形式
	呼吸运动的调节	1. 呼吸基本的中枢:延髓 2. 肺牵张反射、防御性呼吸反射 3. 二氧化碳、低氧、H^+ 对呼吸的影响
技能	胸内负压的观察	胸内负压的产生原理及生理意义
	呼吸运动的观察	分析神经和体液因素对呼吸运动的影响

任务 3-5 泌尿系统各器官的识别

【任务描述】

机体在新陈代谢过程中产生许多代谢终产物,其中大部分产物通过泌尿系统排出。本单元任务是通过观察牛、马、猪泌尿系统的标本、模型及新鲜器官来学习肾、输尿管、膀胱和尿道的位置、形态构造,借助显微镜来学习肾脏的组织学结构。

【任务目标】

1. 能准确识别家畜泌尿系统各器官,能准确找到肾脏的体表投影;
2. 掌握肾脏、膀胱和尿道的形态、位置和构造特点;
3. 能在显微镜下识别肾的组织构造;
4. 具备较强的观察力,识别牛、马和猪肾脏的构造特点;
5. 具备爱护公共财产意识,爱护标本、模型。

【知识】

泌尿系统由肾、输尿管、膀胱和尿道组成。肾是生成尿的器官。输尿管为输送尿至膀胱的管道(图 3-40)。膀胱为暂时贮存尿液的器官。尿道是排出尿液的管道。

一、肾

(一)肾的一般构造

肾是成对的实质性器官,左右各一。营养良好的家畜肾周围包有脂肪,称为肾脂肪囊。肾的表面包有由致密结缔组织构成的纤维膜,称为被膜。被膜在正常情况下容易被剥离。肾的内侧缘中部凹陷称为肾门，是肾的血管、淋巴管、神经和输尿管出入的地方。肾门向肾深部扩大形成的腔隙为肾窦，窦内含有肾盏、肾盂、血管及输尿管的起始部。

肾的实质由若干个肾叶组成，每个肾叶分为浅部的皮质和深部的髓质。皮质富有血管，新鲜标本呈红褐色并可见许多细小红点状颗粒，为肾小体。髓质位于皮质的深部，淡红色，由许多呈圆锥形的肾锥体构成。肾锥体的锥底朝向皮质并与皮质相连；锥尖朝向肾窦，呈乳头状，称为肾乳头。肾乳头突入肾窦内，与肾盏或肾盂相对。肾皮质与肾髓质互相穿插，皮质伸入肾锥体之间的部分称为肾柱，髓质伸入皮质的部分称为髓放线。髓放线之间的皮质称为皮质迷路。肾小体位于皮质迷路内。

(二)不同家畜肾的位置、形态及构造特点

1. 牛肾　肾表面有沟，内部有分离的乳头，属有沟多乳头肾(图 3-41)。右肾呈上下稍扁的长椭圆形，位于第 12 肋间隙至第 2～3 腰椎横突的腹侧。左肾呈厚三棱形，前端较小，后端大而钝圆，位于第 2～5 腰椎横突的腹面，因其有较长的系膜，位置不固定，往往随瘤胃充满程度的不同而左右移动。牛肾肾叶明显，髓质内肾锥体明显，肾乳头与肾盏相对，无肾盂。肾盏汇合成两条集收管(肾大盏)，后接输尿管。

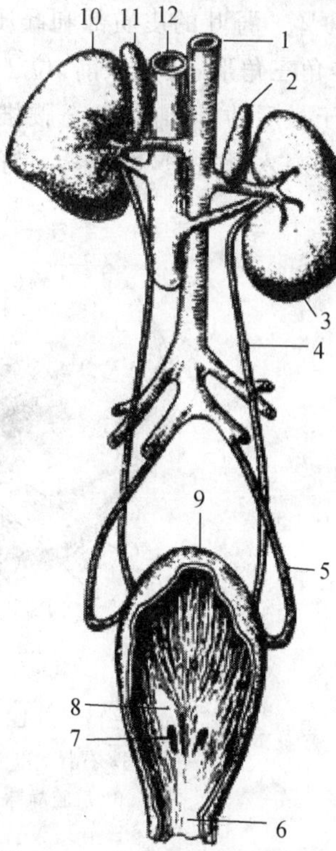

图 3-40　马泌尿系统(腹面观)

1. 腹主动脉　2. 左肾上腺　3. 左肾　4. 输尿管　5. 膀胱圆韧带　6. 膀胱颈　7. 输尿管开口　8. 输尿管柱　9. 膀胱顶　10. 右肾　11. 右肾上腺　12. 后腔静脉

(马仲华，家畜解剖学及组织胚胎学，第 3 版，2002)

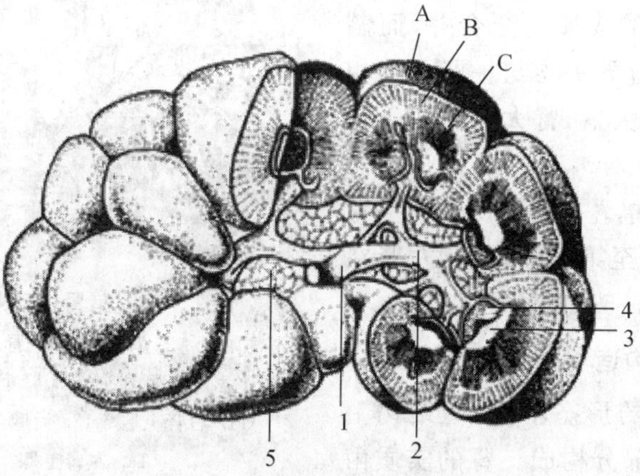

图 3-41　牛右肾的构造(部分切开)

A. 纤维囊　B. 皮质　C. 髓质

1. 输尿管　2. 集收管　3. 肾乳头　4. 肾小盏　5. 肾窦

(彭克美，畜禽解剖学，第 2 版，2009)

2. 马肾　肾叶的皮质部和髓质部完全合并，肾乳头连成嵴状，属平滑单乳头肾(图 3-42)。右肾呈钝角三角形，位置靠前，位于最后 2～3 肋骨的椎骨端及第 1 腰椎横突的腹侧。左肾呈豆形，位于最后肋骨和前 2～3 腰椎横突的腹侧。肾门位于肾内侧缘中部。肾乳头合成嵴状的肾总乳头，突入肾盂中，无肾盏。肾盂呈漏斗状，直接接输尿管。

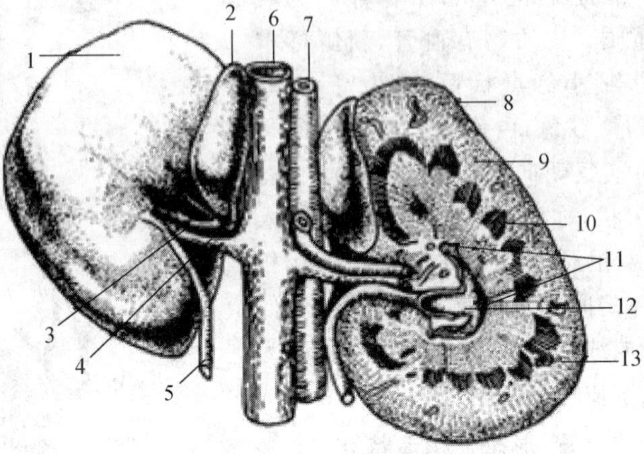

图 3-42　马肾(腹侧面，左肾剖开)

1. 右肾　2. 右肾上腺　3. 肾动脉　4. 肾静脉　5. 输尿管　6. 后腔静脉　7. 腹主动脉　8. 左肾　9. 皮质　10. 髓质　11. 总乳头　12. 肾盂　13. 弓状血管

(彭克美，畜禽解剖学，第 2 版，2009)

3. 猪肾　肾表面平滑，内部有多个单独存在的乳头，属平滑多乳头肾(图 3-43)。两肾均呈蚕豆状，较长而扁。且位置近于对称，位于最后胸椎及前 3 腰椎腹面两侧。右肾前端不与肝相接，肝上无肾压迹。肾门位于肾内侧缘正中部。猪肾的皮质完全合并，而髓质则是分开的。每个肾乳头均与一肾小盏相对，肾小盏汇入两个肾大盏，肾大盏汇注于肾盂，肾盂延接输尿管。

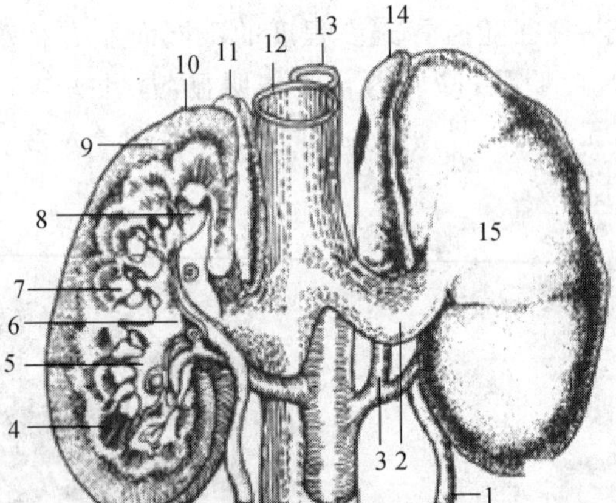

图 3-43　猪肾(腹侧面，右肾剖开)

1. 左输尿管　2. 肾静脉　3. 肾动脉　4. 髓质　5. 肾大盏　6. 肾盂　7. 肾乳头　8. 肾小盏　9. 皮质　10. 右肾　11. 右肾上腺　12. 后腔静脉　13. 腹主动脉　14. 左肾上腺　15. 左肾

(彭克美，畜禽解剖学，第 2 版，2009)

4. 羊肾　属平滑单乳头肾。两肾均呈豆形，右肾位于最后肋骨至第 2 腰椎下，左肾在瘤胃背囊的后方，第 4～5 腰椎下。

(三)肾的组织学构造

尽管各种家畜肾的形态不同，但结构上都是由被膜和实质两部分构成。肾的实质由肾单位和集合管系组成。

1. 肾单位　肾单位是肾的结构和功能单位，由肾小体和肾小管组成(图 3-44)。根据肾小体在皮质中分布的部位，可将肾单位分为皮质肾单位和髓旁肾单位。皮质肾单位又称浅表肾单位，其肾小体分布在皮质的浅层，数量较多。髓旁肾单位的肾小体位于皮质深部近髓质处，其肾小体体积较大。

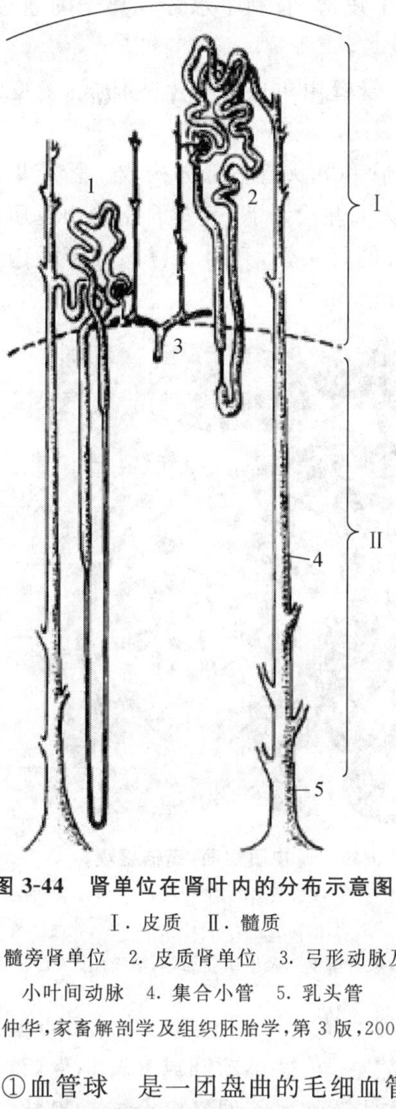

图 3-44 肾单位在肾叶内的分布示意图

Ⅰ. 皮质 Ⅱ. 髓质

1. 髓旁肾单位 2. 皮质肾单位 3. 弓形动脉及小叶间动脉 4. 集合小管 5. 乳头管

(马仲华,家畜解剖学及组织胚胎学,第 3 版,2002)

(1)肾小体 肾小体是肾单位的起始部,位于皮质迷路内,呈球形,由血管球和肾小囊两部分组成(图 3-45)。肾小体的一侧有血管极,是血管球的血管出入处;血管极的对侧叫尿极,是肾小囊延接近端小管处。

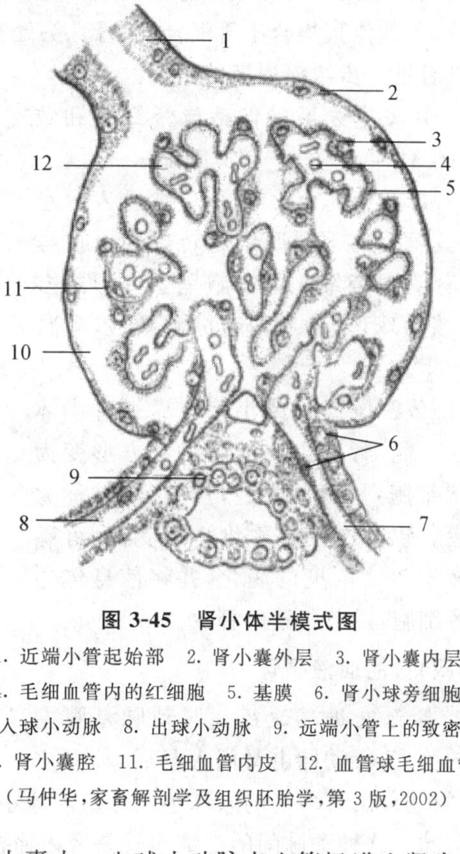

图 3-45 肾小体半模式图

1. 近端小管起始部 2. 肾小囊外层 3. 肾小囊内层 4. 毛细血管内的红细胞 5. 基膜 6. 肾小球旁细胞 7. 入球小动脉 8. 出球小动脉 9. 远端小管上的致密斑 10. 肾小囊腔 11. 毛细血管内皮 12. 血管球毛细血管

(马仲华,家畜解剖学及组织胚胎学,第 3 版,2002)

①血管球 是一团盘曲的毛细血管,位于肾小囊内。入球小动脉由血管极进入肾小体,分成数小支,每个小支再分成许多相互吻合的毛细血管袢。这些毛细血管袢又逐步汇合成一支出球小动脉,从血管极离开肾小体。入球小动脉较粗,出球小动脉较细,从而使血管球内保持较高的血压。

②肾小囊 是肾小管起始端膨大凹陷形成的双层杯状囊,囊内有血管球。囊壁分壁层和脏层,两层间有一狭窄的腔隙称肾小囊腔,与肾小管直接连通。囊腔壁层的细胞为单层扁平上皮,在血管极处折转为囊腔脏层。脏层的细胞为多突起的细胞,称足细胞。足细胞紧贴在肾小球毛细血管外面,是重要的过滤装置。

(2)肾小管 肾小管是由单层上皮围成的细长而弯曲的小管,起始于肾小囊,顺次为近曲小管、髓袢和远曲小管,主要具有重吸收和排泄作用。

①近曲小管 肾小管中长而弯曲的部分,位于肾小体附近。其管径粗,上皮细胞的游离缘有密集的微绒毛,称刷状缘。刷状缘增加了细胞的表面积,有利于肾小管的重吸收功能。

②髓袢 是从皮质进入髓质，又从髓质返回皮质的U形小管，前接近曲小管，后接远曲小管。髓袢可分为降支和升支。髓袢降支有一细段，细段上皮薄，有利于水分及离子的通过，主要功能是重吸收水分，使尿液浓缩。

③远曲小管 位于皮质内，比近曲小管短且弯曲少，管壁由单层立方上皮构成，上皮细胞表面无刷状缘。其末端汇入集合管。

2. *集合管系* 集合管系由弓形集合小管、直集合小管和乳头管三部分构成。弓形集合小管起始端与远曲小管末端相连，呈弓形，进入髓放线，汇入直集合小管，直集合小管由皮质向髓质下行，与其他直集合小管汇合，在肾乳头处移行为较大的乳头管，开口于肾盏或肾盂内。集合小管有进一步浓缩尿液的作用。

3. *肾小球旁器* 包括球旁细胞和致密斑(图 3-46)。

(1)球旁细胞 入球小动脉进入肾小囊处，其管壁的平滑肌细胞转变为上皮样细胞，称为球旁细胞。细胞呈立方形或多角形，核为球形，胞质内有分泌颗粒，颗粒内含肾素。

(2)致密斑 远曲小管在靠近肾小体血管极一侧，管壁上皮细胞由立方形变为高柱状细胞，呈斑状隆起，排列紧密，称为致密斑。致密斑是一种化学感受器，可感受尿液中 Na^+ 浓度的变化，并将信息传递至球旁细胞，调节肾素的释放。

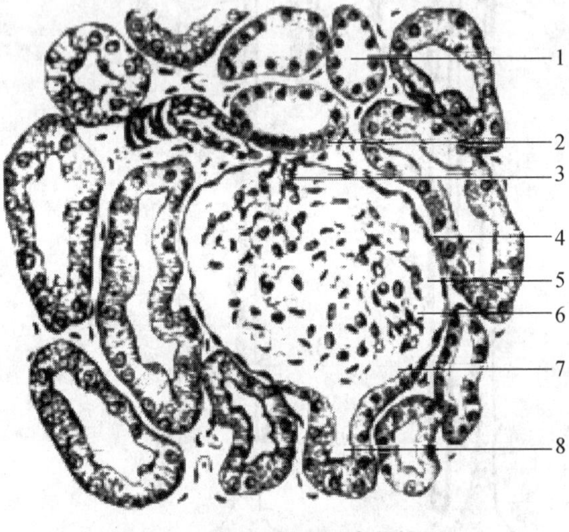

图 3-46 肾皮质切面(高倍镜观)

1. 远曲小管 2. 致密斑 3. 血管极 4. 肾小囊壁层 5. 足细胞 6. 毛细血管 7. 肾小囊腔 8. 近曲小管

(马仲华，家畜解剖学及组织胚胎学，第3版，2002)

(四)肾的血液循环

1. *肾血液循环途径* 肾动脉是腹主动脉的分支，肾动脉由肾门入肾后，伸向皮质，并沿途分出许多小的入球小动脉。入球小动脉进入肾小囊内形成毛细血管球后再汇成出球小动脉。这种动脉间的毛细血管是肾内血液循环的特点。出球小动脉离开肾小囊后，又在皮质和髓质内肾小管周围再次分支形成毛细血管网。这些毛细血管网又汇合成小静脉，小静脉在肾门处汇集成肾静脉，经肾门出肾入后腔静脉。

2. *肾血液循环特点* 肾动脉直接来自腹主动脉，口径粗、行程短、血流量大；入球小动脉口径大于出球小动脉，因而血管球内血压较高；动脉在肾内两次形成毛细血管网，即血管球和球后毛细血管网。第二次形成的毛细血管血压很低，便于物质的吸收。

二、输尿管

输送尿液至膀胱的肌性管道。起于集收管(牛)或肾盂(马、猪、羊、狗)，出肾门后，沿腹腔顶壁向后伸延进入骨盆腔，斜穿入膀胱颈背侧壁，并在膀胱内延伸数厘米，可以阻止尿液倒流。

输尿管管壁由黏膜、肌层和外膜构成。黏膜有纵行皱褶。黏膜上皮为变移上皮。肌层较发达，由平滑肌构成，可分为内纵行、中环行和薄而分散的外纵行肌层。外膜大部分为浆膜。

三、膀胱

膀胱是暂时贮存尿液的囊状器官，呈梨形。前端钝圆称膀胱顶，中部膨大为膀胱体，后端狭窄为膀胱颈。膀胱空虚时，呈梨状，牛、马的约拳头大，位于骨盆腔内；充满时，其前端可突入腹腔内。公畜膀胱的背侧与直肠、尿生殖褶、输精管末端、精囊腺和前列腺相接。母畜膀胱的背侧与子宫及阴道相接。

膀胱壁由黏膜、肌层和浆膜构成。黏膜上皮为变移上皮，空虚时有许多皱褶。膀胱肌层为平滑肌，较厚，一般可分为内纵肌、中环肌和外纵肌，以中环肌最厚。在膀胱颈部环肌层形成膀胱括约肌。膀胱外膜随部位不同而异，膀胱顶部和体部为浆膜，颈部为结缔组织外膜。

四、尿道

尿道是排尿的通道，以尿道内口接膀胱颈、尿道外口通体外。公畜的尿道除有排尿功能外，还有排精的功能，故又称为尿生殖道，开口于阴茎头的尿道外口。其一部分位于骨盆腔内，称为骨盆部；另一部分经坐骨弓转到阴茎的腹侧，称为阴茎部。母畜的尿道开口于尿道前庭腹侧壁的前部、阴瓣的后方，在开口处的腹侧面有一凹陷，称尿道憩室。导尿时切忌将导尿管误插入尿道憩室。

【技能】

1. 家畜泌尿系统各器官的识别　观察牛、马和猪的泌尿器官模型及标本，识别肾、输尿管和膀胱等器官的位置、形态和构造；在肾的模型或新鲜标本上识别肾皮质、髓质、肾乳头等构造。

2. 肾组织构造的观察　利用显微镜观察肾的组织构造，重点识别肾小球、肾小囊、肾小管等结构。

【任务总结】

内容		要点
知识	肾	1. 肾的一般构造：被膜、肾门、肾窦、肾盏、肾盂 2. 牛、马和猪肾的位置、类型及构造特点 3. 肾的组织学构造：肾单位：肾小体和肾小管 4. 肾的血液循环特点
	输尿管	输尿管的构造特点
	膀胱	膀胱的位置、结构及膀胱壁的构成
	尿道	公畜和母畜尿道的位置及结构特点
技能	泌尿系统各器官的识别	肾、输尿管和膀胱等器官的位置、形态和构造
	肾组织构造的观察	肾小球、肾小囊、肾小管

任务 3-6 尿生成的观察

【任务描述】

动物机体将代谢终产物和其他不需要的物质经过血液循环由体内排出的过程称为排泄。体内具有排泄功能的器官主要有肺、皮肤、消化道和肾脏。其中尿液的排泄物种类多、数量大，因此肾脏是机体最主要的排泄器官。肾脏在排泄的同时，对机体的渗透压、水和无机盐的平衡等调节还起着重要的作用。肾脏的机能是通过肾小球的滤过作用、肾小管与集合管的重吸收、分泌、排泄作用和输尿管、膀胱与尿道的排放活动实现的。本单元的主要任务是掌握尿液的生成过程，并通过观察尿的分泌来分析影响尿生成的因素。

【任务目标】

1. 掌握尿液的生成过程；
2. 具备较强的分析能力，能根据尿生成的机理分析其影响因素；
3. 能根据影响尿生成的因素分析兽医临床病例。

【知识】

一、尿的成分与理化特性

尿液来源于血液，尿的化学组成及理化特性可以反映泌尿系统的机能状态、体内物质代谢情况及全身机能状态。因此临床实践中，常进行尿液的化验检查，进行某些疾病的诊断。

(一)尿的成分

尿是由水、有机物和无机物组成的。其中水分占 96%～97%，有机物和无机物占 3%～4%。有机物主要是尿素，其次是尿酸、肌酐、肌酸、氨、尿胆素等。无机物主要是氯化钠、氯化钾，其次是碳酸盐、硫酸盐和磷酸盐。在使用药物时，尿液中还会有药物的分解产物。

(二)尿的理化特性

尿的颜色、透明度、酸碱度常因动物种类、饲料性质、饮水量等不同而变化。草食动物的尿液一般呈碱性，淡黄色；肉食动物的尿液呈酸性；杂食动物尿液的酸碱性随饲料性质而变化。刚排出的尿为清亮的水样液，如放置时间较长，则因尿中碳酸钙逐渐沉淀而变得混浊。马属动物尿液因含有大量的碳酸盐，刚排出的尿液也是混浊不透明的。

二、尿的生成过程

尿的生成是由肾单位和集合管系协调活动完成的，包括两个阶段：一是肾小球的滤过作用，生成原尿；二是肾小管和集合管的重吸收、分泌、排泄作用，生成终尿。

(一)肾小球的滤过作用

由于肾脏血管球内血压较高，当血液流经肾小球毛细血管时，除了血细胞和大分子蛋白质外，血浆中的水和其他小分子溶质(如葡萄糖、氯化物、无机磷酸盐、尿素、肌酐及少量小分子蛋白质等)都能通过滤过膜滤过到肾小囊腔内形成原尿。因此，原尿中除了不含血细胞和大分子蛋白质外，其他成分与血浆基本相同。

原尿的生成取决于两个条件：一是肾小球滤过膜的通透性；二是肾小球有效滤过压。前者是原尿产生的前提条件，后者是原尿滤过的必要动力。

1. 肾小球滤过膜及通透性　肾小球滤过膜由三层构成：内层是肾小球毛细血管的内皮细胞，极薄，内皮之间有许多贯穿的微孔；中间层为非细胞结构极薄的内皮基膜，膜上有许多网孔，是滤过膜的主要滤过屏障；外层是肾小囊脏层，表面有足状突起的足细胞，足细胞的突起间有许多缝隙。一般认为，基膜的孔隙较小，对大分子物质的滤过起到机械屏障作用。另外，在滤过膜上还覆盖有带负电荷的糖蛋白结构，能阻止带负电荷的物质通过，起到电学屏障作用。在病理情况下，滤过膜上带负电荷的糖蛋白减少或消失，就会导致带负电荷的血浆蛋白滤过量比正常时明显增加，从而出现蛋白尿。

2. 有效滤过压　肾小球滤过作用的动力是肾小球的有效滤过压，是存在于滤过膜两侧起促进和阻止滤过力量的代数和。起促进滤过作用的力量是毛细血管血压；阻止滤过作用的力量有血浆胶体渗透压和肾小囊内压。因此，肾小球有效滤过压可用以下公式来表示：

肾小球有效滤过压 ＝ 肾小球毛细血管血压 －(血浆胶体渗透压＋肾小囊内压)

在正常情况下，肾小球毛细血管血压为 9.3 kPa，血浆胶体渗透压为 3.3 kPa，肾小囊内压为 0.67 kPa，计算得出有效滤过压为 5.33 kPa。即肾小球入球小动脉端的血压(促进滤过压力)大于血浆胶体渗透压与肾小囊内压之和(阻止滤过的压力)，从而保证了原尿生成。

(二)肾小管和集合管的重吸收、分泌、排泄作用

肾小球滤出的原尿，在流经肾小管和集合管时，其中绝大部分的水和某些有用的物质，都被重吸收回到血液中。肾小管和集合管在进行重吸收的同时，管壁还能将上皮细胞内形成的物质分泌到管腔，某些不易代谢的物质排泄至管腔。

1. 肾小管和集合管的重吸收

(1)葡萄糖的重吸收　葡萄糖重吸收的部位主要在近曲小管前半段。原尿中葡萄糖的浓度与血糖的浓度相同，但正常尿液中几乎不含葡萄糖，这说明葡萄糖全部被肾小管重吸收回到了血液中。肾小管重吸收葡萄糖有一个浓度限度，超过这一限度，葡萄糖就不能被完全重吸收而出现糖尿。这一浓度限度称为肾糖阈。

(2)氨基酸的重吸收　氨基酸主要吸收部位在近曲小管，几乎可被完全重吸收。

(3)Na^+、Cl^-、HCO_3^- 的重吸收　Na^+ 的吸收主要在近球小管，由于 Na^+ 的主动转运形成小管内外两侧的电位差，使 Cl^- 和 HCO_3^- 顺电位差被动重吸收。在 Na^+ 重吸收的同时，还伴有负离子、葡萄糖、氨基酸等的协同转运，并促进 Na^+-H^+ 的交换，有利于 H^+ 的排出。

(4)K^+、PO_4^{3-} 的重吸收　都是在近球小管处被重吸收，是主动转运过程。甲状旁腺素能抑制 PO_4^{3-} 的吸收，促进其排出。

(5)水的重吸收　原尿中 65％～70％的水在近球小管处被重吸收。由于 Na^+、HCO_3^-、葡萄糖、氨基酸和 Cl^- 等被重吸收，降低了小管液的渗透压，水通过渗透作用被重吸收。

2. 肾小管和集合管的分泌与排泄

(1)H^+ 的分泌　肾小管细胞内 CO_2 和 H_2O 在碳酸酐酶的催化下生成 H_2CO_3，并解离出 H^+ 和 HCO_3^-。H^+ 与小管液中的 Na^+ 进行 Na^+-H^+ 交换，H^+ 被分泌至管腔。

(2)NH_3 的分泌　远球小管和集合管上皮细胞在谷氨酰胺酶的作用下，谷氨酰胺脱氨作用生成氨，并通过膜分泌到小管液中，再与分泌出的 H^+ 结合生成 NH_4^+，NH_4^+ 与负离子结合成铵盐随尿排出。

(3) K^+ 的分泌　终尿中的 K^+ 是由远曲小管和集合管所分泌的。由于 Na^+ 的重吸收在小管两侧形成电位差（管内为负、管外为正），促进 K^+ 从组织液被动扩散进入小管液。

(4)其他物质的排泄　肌酐及对氨基马尿酸可经肾小球滤出，又可以从肾小管排泄。青霉素、酚红等进入体内的外来物质，主要通过近球小管的排泄而排出体外。

三、影响尿生成的因素

(一)影响肾小球滤过的因素

1. 肾小球有效滤过压的改变　正常情况下，有效滤过压比较稳定。但当构成肾小球有效滤过压的三个因素变化时，有效滤过压也随之发生变化，影响尿的生成。动物在创伤、出血、烧伤等情况下，会使肾小球毛细血管血压降低，有效滤过压降低，从而导致原尿生成量减少，出现少尿或无尿。当静脉注射大量生理盐水引起单位容积血液中血浆蛋白含量减少时，血浆胶体渗透压降低，同时毛细血管血压升高，因此，肾小球有效滤过压升高，原尿生成增多，出现多尿。当输尿管、肾盂有结石或肿瘤压迫肾小管时，尿液流出受阻，肾小囊腔的内压增高，有效滤过压降低，原尿生成量减少，发生少尿。

2. 肾小球滤过膜通透性　当肾小球毛细血管或肾小管上皮受到损害时，会影响滤过膜的通透性。在发生急性肾小球肾炎时，会使肾小球毛细血管管腔狭窄甚至阻塞，以致有效滤过面积减少，肾小球滤过率降低，结果出现少尿甚至无尿。当机体缺氧或中毒时，肾小球毛细血管壁通透性增加，使原尿生成量增加，同时，会引起血细胞和血浆蛋白滤过，出现血尿或蛋白尿。

(二)影响肾小管和集合管重吸收和分泌的因素

1. 原尿中溶质浓度的改变　当原尿中溶质浓度增加超过肾小管对溶质的重吸收限度时，原尿的渗透压升高，妨碍肾小管对水的重吸收，于是尿量增加，称为渗透性利尿。例如，静脉注射高渗葡萄糖后，血糖浓度升高，原尿中糖的浓度也随之增加，当超过肾小球重吸收的限度（肾糖阈）时，部分糖因不能被重吸收而使原尿的渗透压升高，影响肾小管上皮细胞对水的重吸收作用，从而使尿量增加。由于增加原尿中溶质的浓度能减少肾小管对水的重吸收作用，故在临床上有时给病畜服用不被肾小管重吸收的物质，提高小管液中溶质的浓度，从而阻碍水的重吸收，借此达到利尿和消除水肿的目的。

2. 肾小管上皮细胞的机能状态　当肾小管上皮细胞因某种原因而被损害时，往往会影响它的正常重吸收机能，从而使尿的质和量发生改变。例如，当机体因根皮苷中毒时，能引起肾小管上皮细胞机能发生障碍，使它重吸收葡萄糖的能力大大减弱，于是有较多的葡萄糖随尿排出，并因终尿中含有较多的葡萄糖而使尿量和排尿次数都有所增加。

3. 激素的影响　影响尿生成的激素主要有抗利尿激素和醛固酮。

抗利尿激素的作用是提高远曲小管和集合管上皮细胞对水的通透性，从而促进水的重吸收，从而使排尿量减少。在反刍动物，抗利尿激素还能增加 K^+ 排出。血浆晶体渗透压升高和循环血量的减少，均可引起抗利尿激素的释放增加，创伤及一些药物也能引起抗利尿激素的分泌，减少排尿量。相反，当血浆晶体渗透压降低和循环血量增加时，抗利尿激素的释放受到抑制。例如，当动物大量饮清水后，会使血浆晶体渗透压降低，抗利尿激素释放减少，尿量增多，此现象为水利尿。

醛固酮对尿生成的调节是促进远曲小管 Na^+ 的重吸收，同时促进 K^+ 排出。即醛固酮有保 Na^+ 排 K^+ 作用。

此外，甲状旁腺素能促进肾小管对钙的重吸收，抑制磷的重吸收。降钙素能促进钙、磷从尿中排出，抑制近曲小管对 Na^+ 和 Cl^- 的重吸收，使尿量和尿 Na^+ 的排出增加。

【技能】

观察并分析影响尿液生成的因素。

观察当家兔耳静脉注射生理盐水 20 mL、20%葡萄糖溶液 20 mL、0.1%肾上腺素 0.5～1 mL 时，尿液生成的情况并分析其原因。

【知识总结】

内容		要点
知识	尿的成分与理化特性	1. 尿的成分：有机物主要是尿素 2. 尿的酸碱性因食性而变化
	尿的生成过程	1. 原尿的生成：肾小球滤过膜的通透性、肾小球的有效滤过压 2. 葡萄糖、氨基酸及无机离子在肾小管的重吸收 3. H^+、NH_3、K^+ 的分泌
	影响尿生成的因素	肾小球有效滤过压的改变、肾小球滤过膜通透性改变、原尿中溶质浓度的改变、肾小管上皮细胞的机能状态、抗利尿激素和醛固酮等因素对尿液生成的影响
技能	影响尿生成因素的观察	静脉注射生理盐水 20 mL、20%葡萄糖溶液 20 mL、0.1%肾上腺素 0.5～1 mL 对尿液生成的影响

任务 3-7　体温的测量

【任务描述】

动物机体进行物质代谢所释放的能量，小部分转变为机械能、电能、化学能等用以完成各种生命活动，其余大部分用以维持体温。体温是机体新陈代谢的结果，又是进行新陈代谢和正常生命活动的重要条件。本单元主要任务是通过动手实践学会给动物测定体温，通过讨论分析学习体温的产生以及调节过程。

【任务目标】

1. 掌握机体产热与散热过程、机体的体温调节过程；
2. 能进行动物体温的测定，并根据测量的体温判断动物的健康状况；
3. 具备安全意识，避免体温测量时被动物踢伤。

【知识】

一、动物的体温

(一)家畜的体温及变动范围

1. 家畜的体温　畜禽都属于恒温动物,具有恒定的体温。动物种类、年龄、生理状况及生活环境不同,体温可在正常范围内变动。同一个体不同部位的温度也有差异,通常分为体表温度和体核温度。

体表温度是指体表及体表下结构(如皮肤、皮下组织等)的温度,又称表层温度。由于易受环境温度或机体散热的影响,体表温度波动幅度较大,且各部分温度差也大。

体核温度指机体深部,包括心、肺、脑和腹部器官的温度,又称深部温度。体核温度比体表温度高,且比较稳定,由于体内各器官的代谢水平不同,其温度略有差异,但变化范围一般不超过±0.5℃。

生理学所说的体温是指深部体温的平均温度,临床上通常在直肠、腋下、口腔等部位进行体温测定,而对于动物来讲,通常采用直肠测温。成年畜禽在安静状态下的直肠温度见表3-2。

表 3-2　健康畜禽的直肠温度　℃

动物	平均	范围	动物	平均	范围
黄牛	38.3	36.7～39.7	山羊	39.1	38.5～39.7
水牛	37.8	36.1～38.5	犬	38.9	37.9～39.9
乳牛	38.6	38.0～39.3	猫	38.6	38.1～39.2
骆驼	37.5	34.2～40.7	兔	39.5	38.6～40.1
猪	39.2	38.7～39.8	鸡	41.7	40.6～43.0
马	37.6	37.2～38.1	鸭	42.1	41.0～42.5
驴	37.4	36.4～38.4	鹅	41.0	40.0～41.3
绵羊	39.1	38.3～39.9			

引自:陈杰,家畜生理学,第4版,2003

2. 家畜体温的生理波动　同种动物幼畜的体温较成年家畜略高;公畜较母畜略高;母畜在发情期和妊娠期的体温较平时稍高,排卵时则有体温降低的现象;肌肉活动时代谢加强,产热增多,也可使体温升高;动物采食后体温可升高0.2～1℃并持续2～5 h之久;长期饥饿后体温降低,大量饮水也能降低体温。

体温还表现明显的日周期性变动,视动物种别和气温不同,日温差可达1～2℃。通常是白昼体温逐渐升高至午后达高峰,然后逐渐下降至清晨最低。

3. 测量动物体温　动物作适当保定,将体温计中的水银柱甩至35℃以下,在外面涂以少量的润滑油,用左手提起尾根,右手持体温计旋转插入直肠中,并用铁夹固定体温计,3～5 min后取出、读数,记录该动物的体温。

二、产热和散热

畜禽正常体温的维持有赖于机体产热过程和散热过程的动态平衡。机体通过新陈代谢产生热量的同时，又通过多种方式不断地向外界散发热量，当产热过程和散热过程达动态平衡时，体温就可维持在一定水平上，从而保持体温的恒定。如果产热多于散热，体温升高，反之，则引起体温下降。

(一)产热

1. 产热器官 体内的一切组织细胞活动时都产生热，但由于新陈代谢水平的差异，各组织器官的产热量并不相同。肌肉、肝脏和腺体产热最多。其中，动物在安静状态下，肝脏的代谢最旺盛，产热量最大；而运动和劳役时，骨骼肌代谢明显增加，产热量占身体总热量的2/3以上。另外，草食家畜的饲料在消化管内发酵，产生大量热能，也是体热的重要来源。

2. 机体的产热形式 动物在寒冷环境中，散热量明显增加，机体要维持体温的相对稳定，可通过寒颤性产热和非寒颤性产热2种形式来增加产热量。

(1)寒颤性产热 寒颤是寒冷刺激作用于皮肤冷感受器所引起的骨骼肌不随意的节律性收缩，特点是屈肌和伸肌同时收缩，所以不做外功，但产热量很高，能使产热量增加4～5倍。

(2)非寒颤性产热 又称代谢性产热，是指机体处于寒冷环境中时，除寒颤性产热外，体内还会发生广泛代谢增强的现象。这部分产热与肌肉收缩无关，主要是由于寒冷刺激使体内肾上腺素、去甲肾上腺素、甲状腺素分泌增多，引起机体(特别是肝脏)产热增多；全身脂肪代谢的酶系统也被激活，导致脂肪被分解、氧化，产生热量。

3. 等热范围 动物的产热量随环境温度而改变。在适当的环境温度范围内，动物的代谢强度和产热量可保持在生理的最低水平，而体温仍能保持恒定，这种环境温度称为动物的等热范围。生产实践中以在等热范围内饲养动物最为适宜，在经济上也最为有利。因为，环境温度过低，机体将提高代谢强度，增加产热量才能维持体温，因而饲料的消耗增加；反之，过高的气温则会降低动物的生产性能。各种动物的等热范围见表3-3。

表3-3 各种畜禽的等热范围 ℃

家畜种类	等热范围	家畜种类	等热范围
牛	16～24	豚鼠	25
猪	20～23	大鼠	29～31
绵羊	10～20	兔	15～25
狗	15～25	鸡	16～26

等热范围视动物种别、品种、年龄及管理条件不同而不同。等热范围的低限温度称为临界温度。耐寒的家畜如牛、羊的临界温度较低。动物密集的被毛和厚实的皮下脂肪都能降低临界温度。从年龄来看，幼畜的临界温度高于成年动物，这不仅由于幼畜的皮毛较薄，单位体重的体表面积大，较易散热，还由于幼畜以哺乳为主，产热较少的缘故。

(二)散热

1. 主要散热途径 机体不断地向外界散热，以保持与产热之间的平衡。动物的主要散热部位是皮肤。皮肤可以通过辐射、传导和对流等方式向外界发散热量，经这一途径散发的热量占全部散热量的75％～85％。另外，机体还可以通过呼吸器官、消化器官和排尿等途径向外界散热。例如,对温度较低的空气、食物和饮水加温,以及随粪、尿排泄等可散失一部分热量。

2. 散热方式　皮肤的散热方式有辐射、对流、传导和蒸发四种。

(1)辐射　机体以红外线的形式向较低温度的外界发散体热的方式称为辐射散热。在安静状态下,辐射散热是机体最主要的散热方式,大约占总散热量的60%,周围环境温度越低,与体表温度差越大,则辐射散热越多;而当周围环境温度高于体表温度时,机体反而要吸收来自周围环境的辐射热。

(2)对流　机体通过与周围流动的空气进行热交换的方式来散发体热,是传导散热的一种特殊形式。对流散热与风速有关,风速越大散热越多。在畜牧生产上,夏季加强通风可增加散热,冬季则要注意防风以减少散热,这些措施均有利于畜禽体温的维持。

(3)传导　机体的热量直接传递给与它接触的温度较低的物体称为传导散热。传导散热与物体的导热性有关,并受体表与环境温度差的影响。水的导热性能比空气好,湿冷的物体传导散热快,在夏季进行冷水淋浴或保持地面湿度均有助于散热,而在冬季则应保持畜禽舍地面干燥以防止散热。

(4)蒸发　机体的热量靠体表和呼吸道水分的蒸发来发散称为蒸发散热。蒸发散热有不显汗蒸发和显汗蒸发2种形式。不显汗蒸发是指机体的水分直接渗透到皮肤和黏膜表面,在未聚集成明显汗滴前即被蒸发掉。这种蒸发持续不断地进行,即使在低温环境中也同样存在,与汗腺的活动无关。显汗蒸发是指通过汗腺分泌汗液,蒸发明显的汗滴而带走热量的方式。汗液的蒸发受环境温度、空气对流速度、空气湿度等因素的影响。环境温度越高,汗液的蒸发速度越快;空气对流速度越快,汗液越易蒸发。

当环境温度等于或超过体表温度时,辐射、传导和对流散热停止,蒸发便成为唯一的散热方式。这时,汗腺发达的家畜如马可见汗液分泌增加而加快散热;汗腺不发达的动物如狗主要表现热性喘息和唾液分泌增加,通过呼吸道和唾液水分蒸发来散发热量。

三、体温的调节

机体主要通过神经和内分泌系统调节产热和散热过程,使两者在外界环境和机体代谢水平经常变化的情况下保持动态平衡,实现体温的相对稳定。

(一)体温调节中枢

体温调节中枢是一个多层次的整合机构,最基本的体温调节中枢位于下丘脑。下丘脑的视前区-下丘脑前部是体温调节中枢的整合中心部位,这里的温度敏感神经元数量最多,有热敏感神经元和冷敏感神经元。来自外周温度感受器或者脊髓、延髓等中枢的温度敏感神经元的信息均会聚于此进行信息的综合处理,然后通过多种传出途径下达中枢的指令性信息,产生相应的产热和散热效应,从而实现体温的相对恒定。大脑皮层在体温调节过程中起重要作用,行为性体温调节主要是通过大脑皮层实现的。延髓、网状结构和脊髓也具有一定程度的整合功能。

(二)体温调定点学说

该学说认为:调定点的高低决定着体温的水平,视前区-下丘脑前部的热敏感神经元起着调定点的作用。当中枢温度升高并超出某界限时,热敏感神经元冲动发放的频率增加;反之,当中枢温度降低并低于某界限时，则冲动发放减少。这些神经元对温热的感受界限即阈值，就是体温稳定的调定点。当中枢的温度超过调定点时，散热过程兴奋而产热过程受到抑制，体温因而不至于过高。当中枢温度低于调定点时，产热增加，散热过程则受到抑制，因此，体温不至于过低。

(三)家畜对高温和低温的耐受能力与适应

1. *家畜的耐热与抗寒* 骆驼的耐热能力最强，在供应充足饮水的情况下，可长期耐受炎热而干燥的环境。它对高温的主要调节方式是加强体表的蒸发散热和使体温升高。绵羊也有较强的耐热能力，主要调节方式是喘息，通过呼吸道蒸发散热。马有发达的汗腺，热应激时，主要靠出汗散热，因而有一定的耐热能力。牛的耐热能力不如羊，役用牛耐热能力强于乳牛。在高温条件下，主要通过出汗和热性喘息调节体温。热应激会使牛食欲不佳，反刍减少，消化机能明显降低，甚至抑制皱胃的食糜排空；同时泌乳牛的产乳量下降。水牛汗腺不发达，皮肤色深而厚，对热应激主要反应是水浴，依靠水介质传导散热。猪的耐热能力较弱，尤其是仔猪更弱。

家畜的抗寒能力一般较强。马、牛和羊在气温－18℃时能调节体温稳定。牛在低温条件下，皮肤温度降低，当外界温度降低至临界温度时，开始发生代谢升高的化学性调节。绵羊的被毛在极端的外界温度条件下，由于具有高度的绝热能力，对保持适当的体温起重要的作用。猪的抗寒力低于其他动物，成年猪在0℃气温中难于持久保持正常体温，一日龄仔猪在0℃环境中2 h就陷入昏迷状态。

2. *家畜对高温与低温的适应* 动物较长期地处于寒冷或炎热环境中，或一年中季节性温差变化，或由寒冷(或热带)地区迁入热带(或寒带)地区时，初期可通过各种体温调节机制保持体温恒定，随后则发生不同程度的适应现象。这种适应现象可分为3类。

(1)惯习 动物短期(通常数月)生活在超常环境温度(寒冷或炎热)中所发生的适应性反应。主要表现为酶活性和代谢率的变化，使产热过程适应已变化的温度环境。其他表现则由于环境温度因素的重复刺激使生理反应逐渐减弱，从而使习惯的动物能在此温度环境中保持正常体温。

(2)风土驯化 随着季节性变化机体发生对环境温度的适应。表现为被毛厚度和血管收缩性发生变化等，以增强机体对外界温度变化的适应能力。如在夏季经秋季到冬季的过程中，动物的代谢并没有增高，有的甚至反而降低，但被毛增厚，皮肤血管的收缩性改善，增强了机体的保温性能，故在冬季仍能保持体温。

(3)气候适应 经过几代自然选择和人工选择，动物的遗传性发生了变化，不仅本身对当地的温度环境表现了良好的适应，而且能传给后代，成为该种或品种的特点。如寒带品种的动物有较厚的被毛和皮下脂肪层，保温效率高，在极冷的条件下无需代谢增高，体温也能保持正常水平并很好地生存。

【技能】

使用水银体温计，测量动物体温。

【任务总结】

内容		要点
知识	动物的体温	1. 体表温度和体核温度 2. 常见家畜的正常体温及生理波动
	产热和散热	1. 主要产热器官:肌肉和肝脏 2. 动物在寒冷环境中的产热形式:寒颤性产热和非寒颤性产热 3. 等热范围 4. 主要散热方式:辐射、对流、传导和蒸发
	体温的调节	1. 体温调节基本中枢:下丘脑 2. 体温调定点学说 3. 惯习、风土驯化、气候适应
技能	测量家畜体温	测量体温的位置、步骤

任务 3-8 生殖系统各器官的识别

【任务描述】

生殖系统是家畜繁殖后代、保证种族延续的一个系统，它能产生生殖细胞，分泌性激素。本单元任务是通过观察牛、马、猪生殖系统的标本、模型及挂图来学习公畜和母畜生殖系统的组成，睾丸、卵巢、子宫及阴囊的位置、形态构造和机能，通过显微镜观察睾丸、卵巢组织切片，学习其组织学构造。

【任务目标】

1. 能在标本或模型上准确识别家畜生殖系统各器官，并能找到生殖系统各器官的体表投影；
2. 掌握睾丸、卵巢、子宫及阴囊的位置、形态构造；
3. 能在显微镜下识别睾丸和卵巢的组织构造；
4. 具备爱护公共财产意识，爱护标本、模型。

【知识】

一、雄性生殖系统

雄性生殖系统包括睾丸、附睾、输精管和精索、尿生殖道、阴茎和包皮、副性腺、阴囊(图3-47)。

(一)睾丸

睾丸具有产生精子和分泌雄性激素的作用。

1. 睾丸的形态位置　睾丸是成对的实质器官，呈左右稍扁的椭圆形，位于阴囊内，左右各一。睾丸的一侧与附睾相连，称为附睾缘；另一侧游离，称为游离缘。睾丸分头、体、尾三部分。血管和神经进入的一端为睾丸头，有附睾头附着。另一端为睾丸尾，有附睾尾附着。睾丸头与睾丸尾之间为睾丸体(图 3-48)。

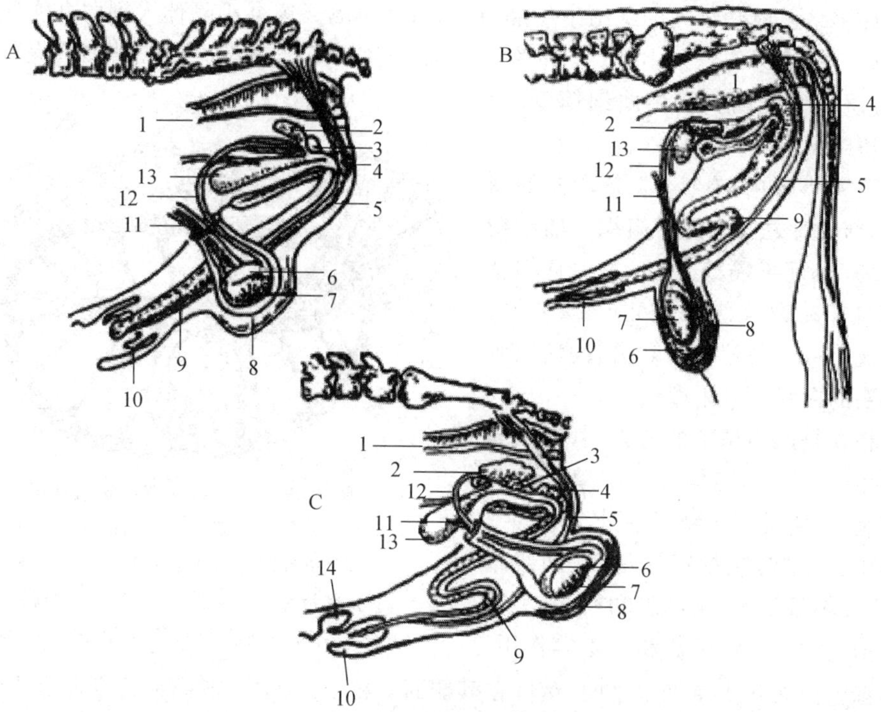

图 3-47 公畜生殖器官比较模式图

A. 马 B. 牛 C. 猪

1. 直肠 2. 精囊腺 3. 前列腺 4. 尿道球腺 5. 阴茎缩肌 6. 附睾 7. 睾丸 8. 阴囊 9. 阴茎 10. 包皮 11. 精索 12. 输精管 13. 膀胱 14. 包皮憩室

(彭克美,畜禽解剖学,第2版,2009)

在胚胎时期,睾丸位于腹腔内,在肾脏附近。出生前后,睾丸和附睾一起经腹股沟管下降至阴囊中。通常,睾丸温度比体温低 3～4℃,这对精子的生成、储藏很重要。如果有一侧或两侧睾丸没有下降到阴囊,称单睾或隐睾,这种家畜生殖功能弱或无生殖功能,不能作种用。

牛的睾丸较大,呈长椭圆形,长轴与地面垂直,睾丸头位于上方,附睾位于睾丸的后缘,睾丸实质呈微黄色。

马的睾丸呈椭圆形,长轴近水平位,睾丸头向前。左侧睾丸通常较大。

猪的睾丸很大,质较软,位于会阴部,长轴斜向后上方。睾丸头位于前下方。游离缘朝向后方。

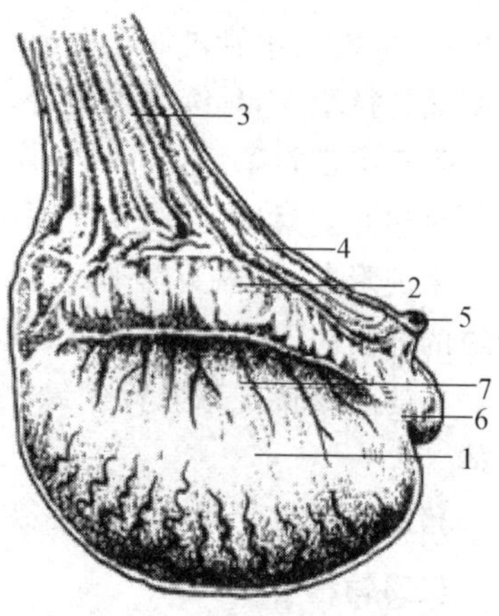

图 3-48 公马的睾丸(外侧面)

1. 睾丸 2. 附睾 3. 精索 4. 睾丸系膜 5. 阴囊韧带 6. 附睾韧带 7. 睾丸背侧缘

(彭克美,畜禽解剖学,第2版,2009)

2. 睾丸的组织构造 睾丸具有产生精子和产生性激素的功能。其结构包括被膜和实质两部分。

(1)被膜 被膜由浆膜(睾丸固有鞘膜)和白膜构成。浆膜即睾丸固有鞘膜,覆盖于睾丸表面。浆膜深面为致密结缔组织构成的白膜。白膜厚而坚韧,在睾丸头处,白膜的结缔组织伸入睾丸实质内,形成睾丸纵隔。马的睾丸纵隔仅局限于睾丸头部,其他家畜的睾丸纵隔贯穿睾丸的长轴。自睾丸纵隔上分出许多呈放射状排列的结缔组织隔，称为睾丸小隔。睾丸小隔伸入到睾丸实质内，将睾丸实质分成许多锥形的睾丸小叶。猪的睾丸小隔发达。牛、羊的睾丸小隔薄而不完整。

(2)实质　睾丸的实质由曲细精管、睾丸网和间质组织组成(图 3-49)。

每个睾丸小叶内，有 2～3 条弯曲的曲细精管，曲细精管之间为间质组织。曲细精管伸向纵隔，在近纵隔处变直，成为直细精管。直细精管在睾丸纵隔内汇成睾丸网。此后汇合成 6～12 条较粗的输出管，输出管穿出睾丸头的白膜进入附睾头。

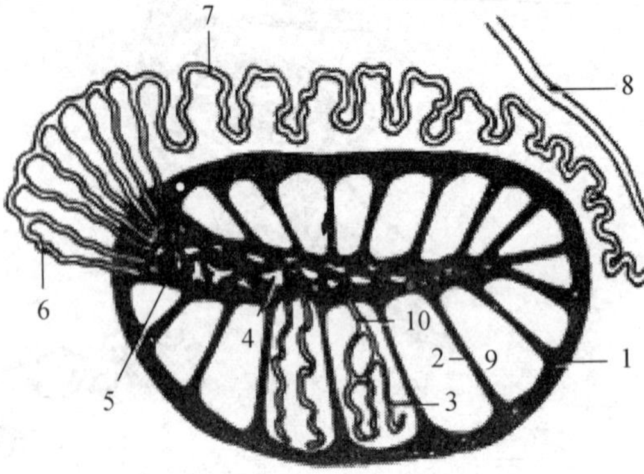

图 3-49　睾丸和附睾结构模式图

1. 白膜　2. 睾丸间隔　3. 曲细精管　4. 睾丸网　5. 睾丸纵隔　6. 输出小管　7. 附睾管　8. 输精管　9. 睾丸小叶　10. 直细精管

(马仲华，家畜解剖学及组织胚胎学，第 3 版，2002)

曲细精管是产生精子的地方，管壁由基膜和多层生殖上皮细胞构成。生殖上皮包括两类细胞：一类是产生精子并处于不同发育阶段的生精细胞，包括精原细胞、初级精母细胞、次级精母细胞、精细胞和精子；另一类为支持细胞，起支持、营养和分泌等作用。各级生精细胞散布在支持细胞之间，镶嵌在其侧面。精子成熟后，脱离支持细胞进入管腔。

间质是指曲细精管之间的疏松结缔组织，其中含有血管、淋巴管、神经纤维和睾丸特有的间质细胞。睾丸间质细胞是一种内分泌细胞，能分泌雄激素，主要是睾丸酮，可增进正常的性欲活动、促进副性腺的发育并与第二性征的出现有密切关系。

(二)附睾

附睾附着在睾丸上，分为附睾头、附睾体和附睾尾三部分。附睾头由十多条睾丸输出小管组成；睾丸输出小管进而汇合成一条较粗且长的附睾管，盘曲成附睾体和附睾尾。附睾管在附睾尾处管径增大，延续为输精管。

附睾尾借附睾韧带与睾丸尾相连。附睾韧带由附睾尾延续至阴囊的部分，称为阴囊韧带。去势时切开阴囊后，必须切断阴囊韧带和睾丸系膜，方能摘除睾丸和附睾。

牛的附睾，附睾头扁平，呈“U”字形，覆盖在睾丸上端的前缘和后缘；附睾体细长，沿睾丸后缘的外侧向下伸延，至睾丸下端，转为粗大明显的附睾尾，且略下垂。

马的附睾位于睾丸背侧缘稍偏外侧，前端为附睾头，后端为附睾尾，中间狭窄部分为附睾体。

猪的附睾位于睾丸的前上方。附睾尾很发达，呈钝圆锥形，位于睾丸的后上方。

(三)输精管和精索

输精管由附睾管直接延续而成，在附睾尾沿附睾体至附睾头附近，经腹股沟管入腹腔，然后折向后上方进入骨盆腔，在膀胱背侧的尿生殖褶内继续向后伸延，开口于尿生殖道起始部背侧壁的精阜上。

精索为一扁平的圆锥形结构，其基部附着于睾丸和附睾，上端达腹股沟管内环，由神经、血管、淋巴管、平滑肌束和输精管等组成，外表被有固有鞘膜。

牛的输精管在膀胱背侧的尿生殖褶内膨大形成输精管膨大部，称为输精管壶腹。壶腹部黏膜内有腺体，称壶腹腺，其分泌物有稀释、营养精子的作用。马也具有输精管壶腹，且很发达。猪无输精管壶腹。

（四）尿生殖道

尿生殖道为尿液和精液共同排出的通道。它起于膀胱颈，沿骨盆腔底壁向后伸延，绕过坐骨弓，再沿阴茎腹侧的尿道沟前行，向前延伸至阴茎头末端，以尿道外口开口于外界。

尿生殖道可分为骨盆部和阴茎部两部分，两部分以坐骨弓为界。

尿生殖道骨盆部：是指自膀胱颈到坐骨弓的一段，位于骨盆腔底壁与直肠之间。在骨盆部起始处的背侧黏膜上有一圆形隆起，称为精阜，是输精管和精囊腺排出管的开口部位。此外，在骨盆部黏膜的表面还有其他副性腺开口。

尿生殖道阴茎部：为骨盆部的直接延续，位于阴茎海绵体腹侧的尿道沟中，末端开口于阴茎头，开口处称尿道外口。

牛的尿生殖道骨盆部较长，管径小而均等；马的尿生殖道骨盆部较短。

（五）阴茎与包皮

阴茎为公畜的排尿、排精和交配器官，附着于两侧的坐骨结节，经左、右股部之间向前延伸至脐部的后方，可分阴茎根、阴茎体和阴茎头三部分。

牛的阴茎呈圆柱状，细而长，阴茎体在阴囊后方形成“乙”状弯曲；阴茎头长而尖，自左向右扭转。阴茎末端形成尿道。

马的阴茎直而粗大，没有“乙”状弯曲，呈左右压扁的圆柱状。阴茎头膨大形成龟头，其基部的周缘显著隆起，称为龟头冠。在龟头前端的腹侧面，有一凹窝称为龟头窝，窝内有一短的尿道突。

猪的阴茎与牛的相似，但“乙”状弯曲部在阴囊前方。阴茎头呈螺旋状扭转，尿生殖道外口为一裂隙状口，位于阴茎头前端的腹外侧。

包皮是由皮肤折转形成的管状鞘，具有容纳、保护阴茎头和配合交配等作用。

（六）副性腺

副性腺包括前列腺、成对的精囊腺及尿道球腺（图 3-50），其分泌物与输精管壶腹部的分泌物，以及睾丸生成的精子共同组成精液。

1. *精囊腺* 成对的腺体，位于膀胱颈背侧的尿生殖褶中。每侧精囊腺的导管与同侧输精管共同开口于精阜。牛、羊的精囊腺大小和形状左右常不对称。猪的精囊腺特别发达，外形似棱形三面体。马的精囊腺为囊状，呈长梨形。

2. *前列腺* 位于尿生殖道起始部的背侧，以许多导管成行地开口于精阜附近的尿生殖道内。前列腺的发育程度因年龄而有变化，幼龄时较小，到性成熟期较大，老龄时又逐渐退化。

牛的前列腺分为腺体部和扩散部，腺体部很小，横位于尿生殖道起始部的背侧；扩散部较发达，位于尿生殖道骨盆部黏膜内，外被尿生殖道肌覆盖。羊的前列腺只有扩散部。猪的前列腺与牛的相似。马的前列腺发达。

3. *尿道球腺* 成对的腺体，位于尿生殖道骨盆部末端，坐骨弓附近，其导管开口于尿生殖道内。牛的尿道球腺大小似胡桃，其表面盖有一厚层致密的纤维组织和球海绵体肌。腺体的开口处有一个半月状黏膜褶遮盖，此半月状黏膜褶在对公牛导尿时会造成一定困难。马的尿道球腺呈椭圆形，表面被覆尿道肌。猪的尿道球腺特别发达，呈圆柱形，在大公猪长达 12 cm，

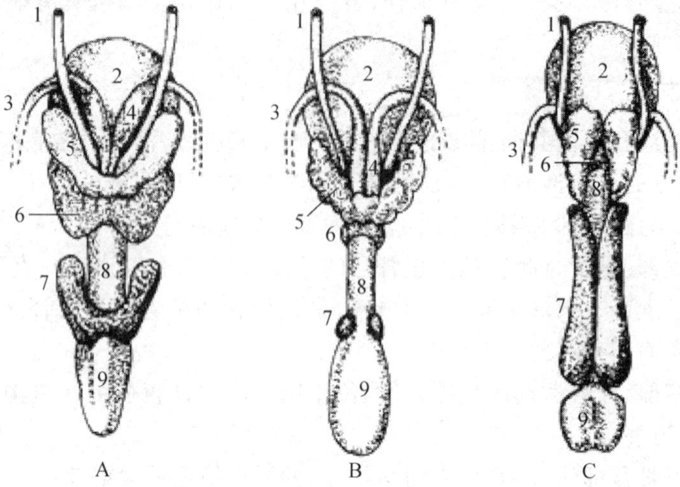

图 3-50 各种动物副性腺比较

A. 马 B. 牛 C. 猪

1. 输尿管 2. 膀胱 3. 输精管 4. 壶腹腺 5. 精囊腺 6. 前列腺
7. 尿道球腺 8. 尿生殖道骨盆部 9. 阴茎球

(马仲华,家畜解剖学及组织胚胎学,第3版,2002)

腺体的后小部分被球海绵体肌覆盖。

(七)阴囊

阴囊位于两股之间,为袋状的腹壁囊,借腹股沟管与腹腔相通,相当腹腔的突出部,内有睾丸、附睾及部分精索。阴囊壁的结构与腹壁相似,由皮肤、肉膜、阴囊筋膜、鞘膜构成(图3-51)。

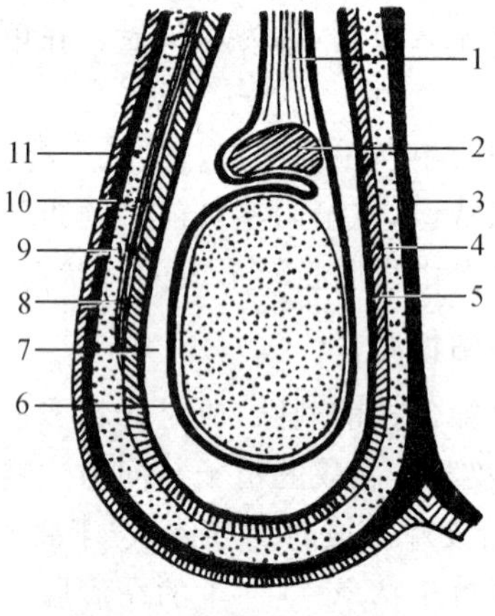

图 3-51 阴囊结构模式图

1. 精索 2. 附睾 3. 阴囊中隔 4. 总鞘膜纤维层
5. 总鞘膜 6. 固有鞘膜 7. 鞘膜腔 8. 睾外提肌
9. 筋膜 10. 肉膜 11. 皮肤

(马仲华,家畜解剖学及组织胚胎学,第3版,2002)

1. 皮肤 阴囊皮肤薄而柔软,富有弹性,表面生有短而细的毛,内含丰富的皮脂腺和汗腺。阴囊表面的腹侧正中有阴囊缝,将阴囊从外表分为左、右两部。

2. 肉膜 紧贴于皮肤内面,不易剥离,是由含有弹性纤维和平滑肌纤维的致密结缔组织构成。肉膜在阴囊正中线处形成阴囊中隔,将阴囊分为左右互不相通的两个腔。中隔背侧分为两层,沿阴茎两侧附着于腹壁。肉膜有调节温度的作用:冷时肉膜收缩,使阴囊起皱,面积减小,以便保温;天热时肉膜松弛,阴囊下垂,散发热量,以降低温度。

3. 阴囊筋膜 位于肉膜深面,由腹壁深筋膜和腹外斜肌腱膜延伸而来,将肉膜和总鞘膜疏松地连接起来,其深面有睾外提肌。

睾外提肌位于阴囊筋膜深面,来自腹内斜肌,包于总鞘膜的外侧面和后缘,收缩时可上提睾丸，接近腹壁，与肉膜一同有调节阴囊内温度的作用，以利于精子的发育和生存。猪的睾外提肌发达，沿总鞘膜几乎扩展到阴囊中隔。

4. 鞘膜　包括总鞘膜和固有鞘膜两部分。总鞘膜是附着于阴囊最内面的鞘膜，由腹膜壁层延续而来。总鞘膜在靠近阴囊中隔处折转到睾丸和附睾表面的为固有鞘膜。折转处形成的浆膜褶，称为睾丸系膜。在总鞘膜和固有鞘膜之间的腔隙，称为鞘膜腔，内有少量浆液。鞘膜腔的上段细窄，称为鞘膜管，精索包于其中。鞘膜管通过腹股沟管以鞘膜管口或鞘环与腹膜腔相通。当鞘膜管口较大时，小肠可脱入鞘膜管或鞘膜腔内，形成腹股沟疝或阴囊疝，须进行手术治疗。

二、雌性生殖系统

雌性生殖系统由卵巢、输卵管、子宫、阴道、尿生殖前庭和阴门组成（图 3-52 至图 3-55）。卵巢、输卵管、子宫和阴道为内生殖器官。尿生殖前庭和阴门为外生殖器官。

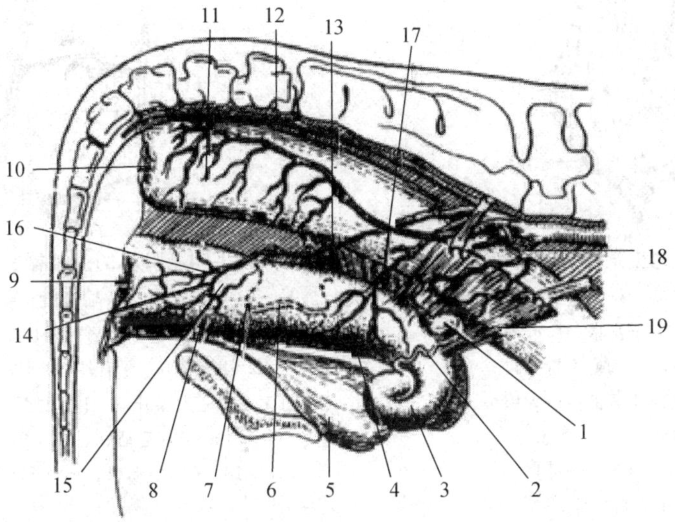

图 3-52　母牛生殖器官位置关系（右侧观）

1. 卵巢　2. 输卵管　3. 子宫角　4. 子宫体　5. 膀胱　6. 子宫颈管　7. 子宫颈阴道部　8. 阴道　9. 阴门　10. 肛门　11. 直肠　12. 荐中动脉　13. 髂内动脉　14. 尿生殖动脉　15. 子宫后动脉　16. 阴部内动脉　17. 子宫中动脉　18. 子宫卵巢动脉　19. 子宫阔韧带

（马仲华，家畜解剖学及组织胚胎学，第 3 版，2002）

（一）卵巢

1. 卵巢的形态位置　卵巢是产生卵子和分泌雌性激素的成对实质性器官。借卵巢系膜悬吊在腹腔的腰下部。其形状和大小因畜种、个体、年龄及性周期而异。卵巢的子宫端借卵巢固有韧带与子宫角的末端相连。在卵巢系膜的附着缘有卵巢门，是血管、神经和淋巴管出入的地方。卵巢没有排卵管道，成熟的卵细胞由卵巢破壁排出。排出的卵细胞经腹膜腔落入输卵管起始部。

牛、羊的卵巢一般位于骨盆前口的两侧附近、子宫角起始部的上方。母牛的卵巢呈稍扁的椭圆形,羊的较圆、较小。未经产母牛的卵巢稍向后,多在骨盆腔内;经产母牛的卵巢则位于腹腔内,在耻骨前缘的前下方。性成熟后,成熟的卵泡和黄体可突出于卵巢表面。

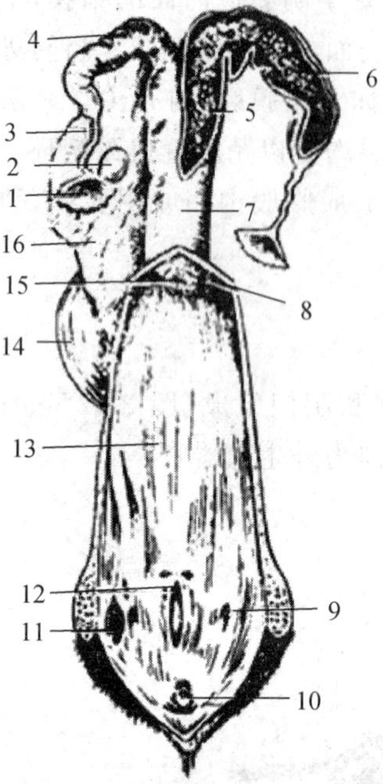

图 3-53　母牛的生殖器官(背侧面)

1. 输卵管伞　2. 卵巢　3. 输卵管　4. 子宫角　5. 子宫内膜　6. 子宫阜　7. 子宫体　8. 阴道穹窿　9. 前庭大腺开口　10. 阴蒂　11. 剥开的前庭大腺　12. 尿道外口　13. 阴道　14. 膀胱　15. 子宫颈外口　16. 子宫阔韧带

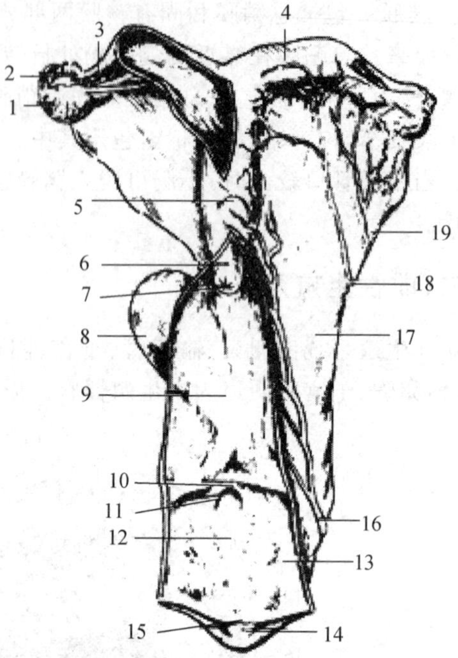

图 3-54　母马的生殖器官(背侧面)

1. 卵巢　2. 输卵管伞　3. 输卵管　4. 子宫角　5. 子宫体　6. 子宫颈阴道部　7. 子宫颈外口　8. 膀胱　9. 阴道　10. 阴瓣　11. 尿道外口　12. 尿生殖前庭　13. 前庭大腺开口　14. 阴蒂　15. 阴蒂窝　16. 子宫后动脉　17. 子宫阔韧带　18. 子宫中动脉　19. 子宫卵巢动脉

马的卵巢呈豆形,表面平滑,大部分被覆以浆膜。借卵巢系膜悬于腰下部肾的后方,约在第 4～5 腰椎横突腹侧,常与腰部的腹壁相接。卵巢游离缘有一凹陷部,称为排卵窝,成熟的卵细胞由此排出,这是马属动物的特点。

猪的卵巢一般较大,呈卵圆形,其位置、形状、大小因年龄不同而有很大的变化。性成熟以前的小母猪,卵巢较小,呈豆形,约为 0.4 cm×0.5 cm,表面光滑,呈淡红色,位于荐骨岬两侧稍靠后方,在腰小肌腱附近,卵巢系膜宽约 3.5 cm,所以位置较为固定。接近性成熟时,卵巢体积增大,约为 2 cm×1.5 cm,表面有许多突出的卵泡,呈桑葚状。卵巢系膜宽 6～10 cm,卵巢位置稍下垂前移,位于髋结节前缘横断面处的腰下部。性成熟后,根据性周期的不同时期,卵巢有大的卵泡、红体和黄体突出于卵巢表面,形成结节状。经产母猪卵巢移向前下方,在髋结节与膝关节之间中点水平位置。

2. 卵巢的组织构造　卵巢结构包括被膜及实质,实质又由皮质和髓质构成。一般皮质位于外周,髓质分布于中央,但马属动物卵巢的皮质和髓质的位置正好倒置,皮质结构在中央靠近排卵窝处。

(1)被膜 由生殖上皮和白膜构成。

生殖上皮覆盖在卵巢表面,生殖上皮的深面是一层致密结缔组织组成的白膜。马的卵巢仅在排卵窝处有生殖上皮分布,其余部分由浆膜覆盖。

(2)实质 分为皮质和髓质两部分(图3-56)。

皮质内含有许多不同发育阶段的卵泡,又称为卵泡区。髓质是由结缔组织构成,含有丰富的血管、神经、淋巴管等,又称为血管区。皮质和髓质间没有明显的分界。

卵泡由一个卵母细胞和包在其周围的卵泡细胞构成。根据发育程度不同,可分为原始卵泡、初级卵泡、次级卵泡和成熟卵泡。很多卵泡在发育过程中形成闭锁卵泡。

原始卵泡:数量多、体积小,呈球形,位于皮质表层。由初级卵母细胞及周围一层扁平的卵泡细胞组成。原始卵泡到动物性成熟才开始陆续生长发育。

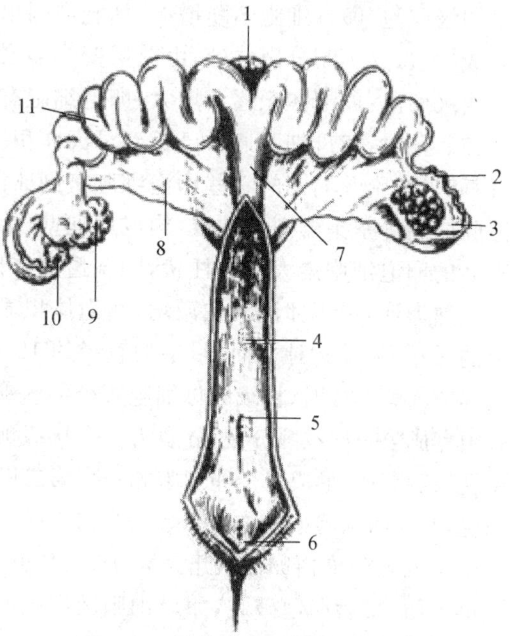

图 3-55 母猪的生殖器官(背侧面)

1. 膀胱 2. 输卵管 3. 卵巢囊 4. 阴道黏膜 5. 尿道外口 6. 阴蒂 7. 子宫体 8. 子宫阔韧带 9. 卵巢 10. 输卵管腹腔口 11. 子宫角

(马仲华,家畜解剖学及组织胚胎学,第3版,2002)

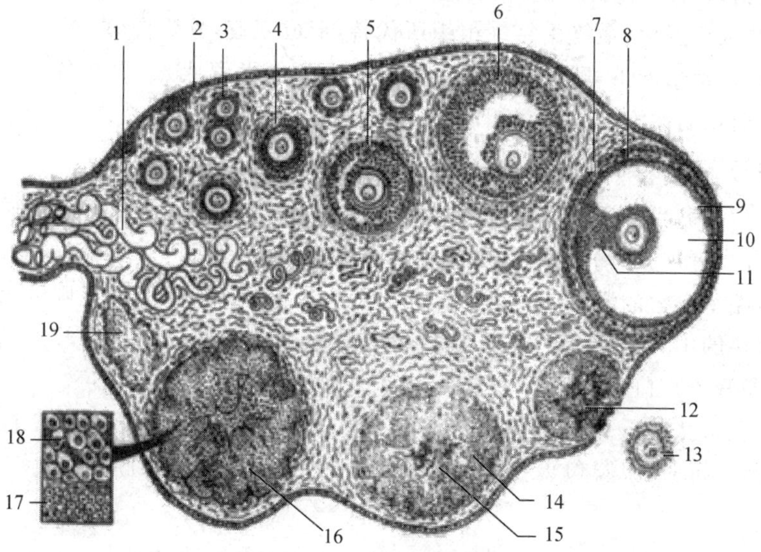

图 3-56 卵巢结构模式图

1. 血管 2. 生殖上皮 3. 原始卵泡 4. 早期生长卵泡(初级卵泡) 5、6. 晚期生长卵泡(次级卵泡) 7. 卵泡外膜 8. 卵泡内膜 9. 颗粒膜 10. 卵泡腔 11. 卵丘 12. 血体 13. 排出的卵 14. 正在形成中的黄体 15. 黄体中残留的凝血 16. 黄体 17. 膜黄体细胞 18. 颗粒黄体细胞 19. 白体

(马仲华,家畜解剖学及组织胚胎学,第3版,2002)

初级卵泡：卵母细胞不断增大，细胞周围出现透明带；卵泡细胞开始生长，细胞由扁平变成立方或柱状，并不断分裂增殖，由单层变为多层。卵泡周围的结缔组织逐渐分化形成卵泡膜。

次级卵泡：卵泡体积逐渐增大，卵泡细胞有6～12层，在卵泡细胞之间出现充有卵泡液的卵泡腔。此时，卵母细胞通常已长到最大体积。随着卵泡腔内卵泡液的增多，卵泡腔也逐渐扩大，使卵母细胞及周围的一些卵泡细胞挤到卵泡腔的一侧，形成卵丘。其余的卵泡细胞被挤到卵泡腔的周边密集排列成数层，构成卵泡壁，称为颗粒层。在次级卵泡的后期卵丘上紧靠透明带表面的卵泡细胞增大变成柱状，围绕透明带呈放射状排列，称为放射冠。

成熟卵泡：由于卵泡液的激增，卵泡体积显著增大并突出于卵巢表面，为成熟卵泡。成熟卵泡的大小，因动物种类而异，牛的直径约15 mm，马的约70 mm，羊、猪的为5～8 mm。

当卵泡腔形成时，初级卵母细胞直径可达100～150 μm，此后不再增大。排卵前初级卵母细胞必须完成第一次成熟分裂，分裂为一个次级卵母细胞和一个第一极体。第二次成熟分裂则在排卵受精后完成，形成一个卵细胞和一个第二极体。初级卵母细胞经两次成熟分裂，只产生一个卵细胞，并且卵细胞染色体的个数只为初级卵母细胞的一半，所以成熟分裂又称为减数分裂。

由于成熟卵泡内卵泡液迅速增加，内压升高，颗粒层和卵泡膜变薄，卵泡体积增大并突出于卵巢表面，最后卵泡破裂，卵母细胞及周围的放射冠随同卵泡液一同排出，此过程称为排卵。

排卵时，由于毛细血管受损可以引起出血，血液充满卵泡腔内，形成红体。随着周围血管伸入卵泡，逐渐将血液吸收，同时卵泡中的颗粒细胞发育成粒性黄体细胞，颜色变黄，称为黄体。黄体是内分泌腺。其分泌物为孕酮或黄体素，有刺激子宫腺分泌和乳腺发育的作用，并保证胚胎附植和在子宫内发育。黄体的发育程度和存在时间，决定于排出的卵是否受精。如果排出的卵已受精，黄体可继续发育，并存在直到妊娠后期，称为妊娠黄体；如母畜未妊娠，称为周期性黄体，并逐渐退化，最终由结缔组织所代替，形成瘢痕，称为白体。

闭锁卵泡：正常情况下，卵巢内绝大多数的卵泡不能发育成熟，而在各发育阶段中逐渐萎缩退化。这些退化的卵泡称为闭锁卵泡。

（二）输卵管

输卵管是位于卵巢和子宫角之间的一对细长而弯曲的管道，有输送卵细胞的作用，同时也是卵细胞受精的场所。分漏斗部、壶腹部和峡部三段。

输卵管前端呈膨大的漏斗状，称输卵管漏斗。漏斗边缘有许多不规则的皱褶，呈伞状，称输卵管伞。漏斗的中央有一个小的开口通腹腔，称输卵管腹腔口。输卵管的后端开口于子宫角前端，为输卵管子宫口。

输卵管的管壁从内至外由黏膜、肌层和浆膜构成。黏膜上皮为单层柱状上皮，表面具有纤毛；肌层主要是环行肌；浆膜包裹在输卵管的外面，并形成输卵管系膜。

（三）子宫

子宫是一个中空的肌质性器官，富于伸展性，是胎儿生长发育和娩出的器官。

1. *子宫的一般形态构造*　子宫借子宫阔韧带附着于腰下部和骨盆腔侧壁，大部分位于腹腔内，小部分位于骨盆腔内。背侧为直肠，腹侧为膀胱；前接输卵管，后接阴道。

家畜的子宫均属双角子宫，即有左、右两个子宫角。整个子宫分子宫角、子宫体和子宫颈三部分。

子宫角1对，在子宫的前部，呈弯曲的圆筒状，位于腹腔内（未经产的牛、羊则位于骨盆腔内）。其前端以输卵管子宫口与输卵管相通；后端会合而成为子宫体。

子宫体呈圆筒状，位于骨盆腔内，部分在腹腔内，向后延续为子宫颈。

子宫颈为子宫后段的缩细部，位于骨盆腔内，壁很厚，黏膜形成许多纵褶，内腔狭窄，称为子宫颈管。子宫颈向后突入阴道内的部分，称为子宫颈阴道部。子宫颈管平时闭合，发情时稍松弛，分娩时扩大。

2. 子宫壁构造 子宫壁由内膜、肌层和浆膜三层构成。

子宫内膜粉红色，膜内有子宫腺，分泌物对早期胚胎有营养作用。子宫肌层由厚的内环行肌和薄的外纵行肌构成，内含丰富的血管和神经。子宫颈的环肌层特别发达，形成子宫颈括约肌，平时紧闭，分娩时开张。浆膜由腹膜延续而来，被覆于子宫的表面。浆膜在子宫角背侧和子宫体两侧形成浆膜褶，称为子宫阔韧带（子宫系膜），将子宫悬吊于腰下部。子宫阔韧带内有卵巢和子宫的血管通过，其中动脉由前向后依次是子宫卵巢动脉、子宫中动脉和子宫后动脉。这些动脉在怀孕时即增粗，其粗细和脉搏性质的变化，可通过直肠检查感觉到，常用于妊娠诊断。

3. 不同家畜子宫形态特征 成年母牛的子宫大部分位于腹腔内。子宫角较长，左、右子宫角的后部因有结缔组织和肌组织相连，表面又包有腹膜，从外表看很像子宫体，故称该部为伪体。子宫角的前部互相分开，卷曲成绵羊角状。子宫体短。子宫颈壁厚而坚实，子宫颈管由于黏膜突起的互相嵌合而呈螺旋状，平时紧闭，不易张开。子宫颈阴道部呈菊花瓣状。子宫体和子宫角的内膜上有特殊的圆形隆起，称为子宫阜，有 100 多个（羊有 60 多个，顶端略凹陷），是胎膜与子宫壁结合的部位。妊娠子宫的位置大部分偏于腹腔的右半部。

马的子宫呈“Y”形。子宫角稍弯曲成弓形，背缘凹，借子宫阔韧带附着于腰下部。腹缘凸而游离。子宫体与子宫角等长。子宫颈阴道部的黏膜褶呈花冠状。

母猪子宫的特点是子宫角特别长，经产母猪可达 1.2～1.5 m；子宫体短，长约 5 cm。2 月龄以前的小母猪，子宫角细而弯曲，似小肠，但壁较厚。子宫角的位置依年龄而不同，在较大的小母猪，位于骨盆腔入口处附近；性成熟后，子宫角增粗，壁厚而色较白，因子宫阔韧带较长，子宫角移向前下方，位于髋结节的前下部。子宫颈较长，在成年猪长 10～15 cm。没有子宫颈阴道部，因此与阴道无明显界限。黏膜褶形成两行半圆形隆起，交错排列，使子宫颈管呈狭窄的螺旋形。

（四）阴道

阴道是母畜的交配器官，也是产道，位于骨盆腔内，背侧为直肠，腹侧为膀胱和尿道，前接子宫，后接尿生殖前庭。阴道壁的外层在前部被覆有浆膜，后部为结缔组织构成的外膜；中层为肌层，由平滑肌和弹性纤维构成；内层为黏膜。阴道黏膜粉红色，较厚，并形成许多纵褶，没有腺体。马和牛的阴道前端，子宫颈阴道部的周围，形成一个环状隐窝，称阴道穹窿。猪无阴道穹窿。

（五）尿生殖前庭与阴门

1. 尿生殖前庭 尿生殖前庭是交配器官和产道，也是尿液排出的径路。位于骨盆腔内，直肠的腹侧，前端腹侧以一横向的黏膜褶——阴瓣与阴道为界；后端以阴门与外界相通。在尿生殖前庭的腹侧壁上，靠近阴瓣的后方有尿道外口。母牛在尿道外口的腹侧面有一黏膜凹陷形成的盲囊，称尿道憩室。在给母牛导尿时，应注意导尿管不要插入憩室内。

2. 阴门　阴门是尿生殖前庭的外口，也是泌尿和生殖系统与外界相通的天然孔，位于肛门下方，以短的会阴部与肛门隔开。阴门由左、右两阴唇构成，两阴唇间的垂直裂缝称阴门裂。阴唇上、下两端的联合，分别称为阴门背侧联合和腹侧联合。在腹侧联合之内，有一小而凸出的阴蒂，它与公畜的阴茎是同源器官，由海绵体构成。

【技能】

1. 公畜生殖系统各器官的识别　观察牛、马和猪的生殖器官模型及标本，识别阴囊、睾丸、附睾、精索和输精管的形态、构造及位置关系。

2. 母畜生殖系统各器官的识别　观察牛、马和猪的生殖器官模型及标本，识别卵巢、子宫的形态、构造及位置关系。

3. 睾丸和卵巢组织构造的观察　利用显微镜观察睾丸和卵巢的组织构造。

【任务总结】

内容		要点
知识	雄性生殖系统	1. 雄性生殖系统构成：睾丸、附睾、输精管和精索、尿生殖道、副性腺、阴囊、阴茎和包皮 2. 睾丸结构，不同家畜睾丸的位置、形态特点 3. 睾丸的组织构造：睾丸小叶、睾丸间隔、曲细精管、直细精管等 4. 附睾、尿生殖道、阴茎的位置及构造 5. 副性腺：前列腺、精囊腺及尿道球腺 6. 阴囊的结构
	雌性生殖系统	1. 雌性生殖系统构成：卵巢、输卵管、子宫、阴道、尿生殖前庭和阴门 2. 牛、马、猪卵巢的位置、形态及构造特点 3. 卵巢的组织构造：原始卵泡、初级卵泡、次级卵泡和成熟卵泡 4. 输卵管的结构：漏斗部、壶腹部和峡部 5. 牛、马、猪子宫结构特点 6. 尿生殖前庭、阴门结构
技能	公畜生殖系统各器官的识别	阴囊、睾丸、附睾、精索和输精管的形态、构造及位置关系
	母畜生殖系统各器官的识别	卵巢、子宫的形态、构造及位置关系
	睾丸和卵巢组织构造的观察	1. 睾丸小叶、睾丸间隔、曲细精管、直细精管 2. 原始卵泡、初级卵泡、次级卵泡和成熟卵泡

◙ 任务 3-9　生殖规律的认识

【任务描述】

生殖是动物机体保持种族延续、繁衍后代的最基本的生理活动，是通过生殖系统各器官的活动得以实现的。生殖过程包括生殖细胞的产生、交配、受精、妊娠及分娩等环节。本单元主要通过观看生理录像并结合畜牧生产实践进行讨论学习，来认知雌性、雄性动物的生殖规律。

【任务目标】

1. 掌握发情周期各阶段母畜的表现及各激素的分泌情况；
2. 掌握受精和分娩的过程；
3. 能进行发情鉴定、精液品质的判定；
4. 能根据公畜、母畜生殖特点合理配种。

【知识】

一、性成熟和体成熟

(一)性成熟

当动物生长发育到一定阶段，生殖器官已基本发育完全，开始具备繁殖后代的能力，这一时期称为性成熟。性成熟的两性个体开始生成成熟的精子和卵子，出现各种性反射、有配种的欲望，能进行交配、受精、妊娠和胚胎发育等生殖活动。

性成熟是一个发展过程，它的开始阶段称初情期。雌性动物初情期的主要表现是开始出现发情，但发情周期不规律；雄性动物的初情期不易判定，一般以开始出现阴茎勃起、爬跨异性、交配等各种性行为为标志。动物从初情期到具有正常生殖能力的性成熟通常需要较长一段时间。

(二)体成熟

动物性成熟时，虽然具备了繁殖能力，但身体还未发育完全，如果立即用于配种繁殖，必将对自身的继续发育和后代的体质产生不良影响，应待身体发育成熟，即达到体成熟以后再用于繁殖。各种家畜性成熟和体成熟的年龄见表 3-4。

表 3-4　动物性成熟和体成熟的年龄

动物种类	性成熟/月龄	体成熟
牛	10～18	2～3 周岁
马	18～24	3～4 周岁
猪	5～8	9～12 月龄
羊	6～8	12～18 月龄
狗	6～8	
兔	4～5	4～8 月龄

性成熟和体成熟的年龄因动物品种、饲养管理和外界环境而异。早熟品种、营养水平高和环境状况好可使性成熟和体成熟的年龄提前；当群体中有异性存在时可使初情期提前。

(三)性季节

猪、牛和家兔在一年之中，除在妊娠期外，都能周期性地出现发情，叫终年多次发情；羊、马等动物只在一定季节里表现多次发情，叫季节性多次发情；犬在一个性季节里，只表现一次发情，叫季节性单次发情。雌性动物在发情季节之间要经过一段无发情表现时期，叫乏情期。

季节性发情的动物，在接近原始类型或较粗放条件下的品种，发情的季节性比较明显。影响季节性发情的因素有营养、光照等。随着驯化程度和饲养管理的改善，季节性限制在逐渐减弱。

二、雄性生殖生理

（一）精子的产生

精子由睾丸曲细精管生殖上皮的生精细胞发育而成。原始的生精细胞分化成精原细胞，再经过多次分裂，增加数目而成为初级精母细胞。初级精母细胞不断生长，体积增大，经两次成熟分裂（减数分裂）成精细胞。第一次成熟分裂生成 2 个次级精母细胞，其中的染色体数减半，每个次级精母细胞经第二次成熟分裂生成 2 个精细胞，此时 DNA 分子数目减半。初级精母细胞经两次成熟分裂成为四个精细胞，精细胞再经历一系列复杂的形态变化成为精子。

精子进入曲细精管管腔，并沿着曲细精管、直细精管及睾丸网进入附睾。附睾管内的条件，很适宜于精子的存活、发育和成熟。如果精子在附睾管中停留时间过长，就会失去受精能力，最后衰老、死亡而被吸收。因此，附睾的主要功能是精子的转运、浓缩、成熟和储藏。

（二）性反射

高等动物的精子进入雌性生殖道是通过性活动（如交配等）来实现的。性活动是复杂的神经反射活动，雄性和雌性动物都具有这种反射。性反射包括勃起反射、爬跨反射、抽动反射、射精反射。这些反射在交配活动中按一定的顺序出现。

（三）精液

精液是由精子和精清组成的黏稠、不透明、呈弱碱性、有特殊臭味的混合物。精子在睾丸中形成后即储存于附睾中，而精清则是副性腺、附睾管和输精管的混合分泌物，精子悬浮在精清之中。精液量的大小主要取决于各副性腺的分泌量。精清内含有果糖、蛋白质、磷脂化合物、无机盐和各种酶等。主要作用为稀释精子，便于精子运行；为精子提供能量，保持精液正常的 pH 和渗透压；刺激子宫、输卵管平滑肌的活动，有利于精子运行。

（四）精子活力判定

精子是高度特异化的浓缩细胞，呈蝌蚪状，分为头、颈、尾三部分。头部呈扁圆形，内有一个核，核的前面为顶体。核的主要成分是脱氧核糖核酸（DNA）和蛋白质。颈部很短，内含供能物质。尾部很长，在精子运行中起重要作用。精子形态的任何异常，如头部狭窄、尾弯曲、双头、双尾等，都是精液品质不良的表现。

精子活动性是评定精子生命力的重要标志。精子的运动形式有三种，即直线前进运动、原地转圈运动和原地颤动。只有呈直线前进运动的精子，才具有受精能力。

环境温度尤其是睾丸的局部温度是影响公畜精子生成的决定性因素。睾丸温度一般较体温低 3～4℃，是生成正常精子的必需条件。离体后的精子容易受外界因素的作用而影响活力，甚至造成死亡。如在 0℃下精子呈不活动状态；阳光直射、40℃以上温度、偏酸或偏碱环境、低渗或高渗环境及消毒液的残余等都会造成精子迅速死亡。因此，在处理精液时要注意避免不良因素的影响。

三、雌性生殖生理

(一)发情周期

母畜性成熟以后,伴随卵巢内卵泡发育、成熟和排卵,母畜整个机体特别是生殖器官,发生一系列形态、功能及行为的周期性变化。我们把家畜从这一次发情开始到下次发情开始的间隔时间,叫做性周期(发情周期)。一般可把发情周期分为发情前期、发情期、发情后期和休情期。

1. 发情前期　是发情周期的准备阶段和性活动的开始时期。此时,卵泡迅速发育生长,充满卵泡液,体积增大,并突出于卵巢表面。子宫黏膜内血管增生、阴道上皮组织增生加厚、腺体活动加强,为受精做好准备。但还看不到阴道流出黏液,没有交配欲。

2. 发情期　是集中表现发情症状的阶段。动物性兴奋强烈,有交配欲;卵巢内的卵泡已成熟并开始排卵;生殖道黏膜充血、肿胀,腺体分泌活动增强,可以看到黏液自阴道流出;子宫和输卵管蠕动加强,子宫颈口微开。

3. 发情后期　是发情结束后的一段时期,不再表现性兴奋和交配欲,生殖系统的变化逐渐消退;卵巢中出现黄体并分泌孕激素(孕酮)。在孕酮作用下,子宫内膜增厚,腺体增生,为接受胚胎附植作准备。如已妊娠,发情周期结束,进入妊娠阶段,直到分娩后再重新出现性周期;如未受精,黄体萎缩退化进入休情期。

4. 休情期　卵巢中黄体退化消失,孕酮分泌减少,整个生殖系统处于相对静止阶段,并向发情前期过渡。待黄体完全消失,卵巢中卵泡开始生长发育,进入下一次发情周期。

(二)排卵

突出于卵巢表面的成熟卵泡,由于不断增多的卵泡液压迫和卵泡液中蛋白分解酶的作用,卵泡壁逐渐变薄,最后破裂。卵泡液和成熟的卵子从破裂卵泡排出的过程叫做排卵。一般家畜卵巢表面的任何地方都可排卵,唯有母马的排卵只发生在排卵窝处。

排卵的类型可分为两种:自发性排卵和诱发性排卵。牛、马、猪、羊等动物卵泡发育成熟后自然发生破裂而排卵的现象称自发性排卵。猫、兔等动物只有交配活动才能发生排卵的现象,称诱发性排卵。

牛、马等动物每次发情一般只有一个卵泡成熟并排出,且左右两侧卵巢交替出现。少数可排出 2 个卵子。而猪、山羊、犬、兔等动物,每次发情能排出多个卵子。每次发情成熟的卵泡数目在很大程度上决定着动物的产仔数。

(三)受精过程

精子与卵子相遇并结合成合子的过程,称为受精,受精部位在输卵管壶腹部。受精后的卵子称为受精卵。受精卵一经形成便开始分裂、发育并成为一个新的个体,因此可把受精卵看成是新生命的开始。

1. 精子受精前准备

(1)精子的运行　是指精子在雌性动物生殖道内由射精部位向受精部位运动的过程。精子的运行除本身具有运动能力外,更重要的是借助于子宫和输卵管的收缩和蠕动。趋近卵子时,精子本身的运动十分重要。精子从射精部位到达受精部位的时间:牛 2～12 min,马约 24 min,猪 15～30 min。

(2)精子保持受精能力的时间　精子在母畜生殖道内保持受精能力的时间：牛 15～56 h，猪 50 h，马可达 6 d 之久，犬也可达 90 h。

(3)精子获能　精子在母畜生殖道内需经过一定的变化才具有受精的能力，这一变化过程叫做精子的获能过程。经获能的精子才能穿越卵的放射冠和透明带，进入卵使其受精。一般情况下，交配往往发生在发情开始或盛期，而排卵发生在发情结束时或结束后。因此精子一般先于卵子到达受精部位，在这段时间内精子可以自然地完成获能过程。

2. 卵子受精前准备

(1)卵子保持受精能力的时间　卵子在输卵管内保持受精能力的时间就是卵子运行至输卵管壶腹部所需的时间。一般来说，猪为 8～10 h，牛为 8～12 h，马为 6～8 h，绵羊为 16～24 h。卵子排出后如未遇到精子，则沿输卵管继续下行，并逐渐衰老，被输卵管分泌物所包裹，精子不能进入，即失去受精能力。

(2)卵子的成熟　马和狗排出的卵子为初级卵母细胞，须在输卵管中完成第一次减数分裂；牛、绵羊、猪排出的卵子虽然已经过第一次减数分裂，也需继续发育才能进行受精过程。

3. 受精过程

(1)精子和卵子的相遇　雄性动物一次射精中精子的总数达几亿或几十亿个，但到达输卵管壶腹部的数量却很少，一般不超过 1 000 个。精子在输卵管壶腹部经获能后与卵子相遇，经过选择性识别迅速引起精子的顶体反应。这一反应表现为精子的顶体中释放出能溶解放射冠的顶体酶，使精子顺利穿过放射冠，到达卵子的透明带外侧。

(2)精子进入卵子　到达透明带外侧的精子先与透明带发生结合，并借顶体酶的作用穿过透明带。之后，精子头部与卵黄膜接触，激活卵子，使其开始发育。最终精子的头穿过卵黄膜，进入卵子。

当精子穿过透明带与卵黄膜接触时，可激活卵黄膜收缩、透明带硬化并封闭，以阻止随后到达的精子再进入，这一反应称为透明带反应。兔无透明带反应，可有多个精子穿过透明带。当精子头部与卵黄膜接触时，卵黄膜紧缩、增厚，并排出部分液体进入卵黄周围，使卵黄膜不再允许其他精子通过，这一反应称为卵黄封闭作用，以保证单精子受精。

(3)合子的形成　精子进入卵子后，头部膨大，细胞核形成雄原核。同时，卵子也继续发育，进行第二次减数分裂，并排出第二极体，卵子的核形成雌原核。雄原核和雌原核形成后，互相接近并接触，核膜破裂、原核和核仁消失、核染色体进行组合形成合子，完成受精过程。接着发生第一次卵裂，表明新的个体开始发育。

(四)妊娠

受精卵在母畜子宫内生长发育成为成熟胎儿的过程。妊娠过程中，除子宫因胚胎生长发育而发生形态和机能的变化外，整个机体也发生一系列生理变化。

1. 卵裂和胚泡的附植　受精卵沿输卵管向子宫移动的同时进行细胞分裂，称为卵裂，经 3～4 d 进入子宫。卵裂达到 16～32 个细胞时，形似桑葚，称为桑葚胚。桑葚胚继续分裂，体积扩大，形成中央含有少量透明液体的空腔，叫做胚泡。在胚泡周围形成一层滋养层，供给胚泡迅速增殖所需要的营养物。其后逐渐埋入子宫内膜而被固定，叫做附植。

从受精卵到附植牢固所需的时间：牛为 45～75 d，猪为 2～3 周，马为 2～3 个月。

2. 胎膜与胎盘　胎膜是胚胎发育过程中形成的暂时性器官，由羊膜、尿囊膜和绒毛膜组成。羊膜包围着胎儿，形成羊膜囊，囊内充满羊水，胎儿浮于羊水中；尿囊膜在羊膜囊的外面，有内、外两层并形成囊腔，内有尿囊液；绒毛膜位于最外层，表面有绒毛。

胎盘由胎儿的绒毛膜和母体的子宫内膜共同构成，是维持妊娠最重要的临时性器官，除对胎儿有营养代谢、呼吸和排泄等功能外，还是重要的内分泌器官。胎盘能分泌孕酮、催乳素等激素。

根据形态结构特点，可将胎盘分为四种类型：弥散型的上皮绒毛膜胎盘（马、猪等动物）、子叶型的结缔组织绒毛膜胎盘（牛、羊等动物）、带状的内皮绒毛膜胎盘（狗、猫等动物）、盘状的血窦绒毛膜胎盘（兔、鼠、人等动物）。

3. 妊娠

（1）妊娠期　从卵子受精到正常分娩所经历的时间，称为妊娠期。各种家畜妊娠期的长短，因动物品种、年龄、营养、季节等因素的不同而有所变化。各种动物的妊娠期见表 3-5。

表 3-5　动物的妊娠期　　d

动物种别	平均妊娠期	变动范围
牛	282	240～311
马	340	307～402
猪	115	110～140
绵羊、山羊	152	140～169
狗	62	59～65
猫	58	55～60
兔	30	28～33
鼠	22	20～25

（2）妊娠期母畜的生理变化　母畜妊娠后，为了适应胎儿的生长发育，各器官生理机能都要发生一系列的变化。

①生殖系统的变化　妊娠黄体分泌大量孕酮，抑制新卵泡生长发育及排卵；子宫重量和体积增大，平滑肌兴奋性降低，黏膜增厚，子宫颈收缩，黏液封闭子宫颈通道；乳腺增大，导管和腺泡发育完全，为泌乳做准备。

②内分泌的变化　孕酮在整个妊娠期维持高水平，至分娩前几天下降；雌激素在妊娠中期分泌增多；催产素和肾上腺皮质激素含量也在分娩前升高。

③其他系统变化　母体代谢增强，食欲旺盛，对饲料的消化和吸收能力提高，体重增加，被毛光亮；后期出现浅而快的胸式呼吸；血容量增加，血凝和血沉加快；妊娠末期，血中碱贮减少，出现酮体，形成生理性酮血症；排尿次数增加，尿中出现蛋白质。

(五)分娩

发育成熟的胎儿和胎衣通过母畜生殖道产出的生理过程称为分娩。分娩主要靠子宫肌肉强烈的节律性收缩（阵缩）来完成，一般分为三个时期：

1. 开口期　子宫阵缩，把胎儿和胎膜挤入子宫颈，迫使子宫颈口开放，部分胎膜突入阴道并因受强烈压迫以至破裂而流出部分羊水。

2. 胎儿娩出期　子宫更为频繁而持久地收缩，且在腹肌和膈肌的协同作用下，腹内压显著升高，迫使胎儿经阴道排出体外。

3. 胎衣排出期　胎儿产出后经一段时间，子宫又开始阵缩，使胎衣与子宫壁分离，随后排出体外。胎衣排出后，子宫收缩压迫血管裂口，阻止继续出血。各种家畜胎衣排出的时间不同，狗、猫等肉食动物胎衣随胎儿同时排出；猪在胎儿全部产出后很快排出胎衣；马的胎衣在1 h内排出；牛胎衣不易脱落，排出较慢，但一般不超过12 h。

四、泌乳

(一)乳腺

1. 乳腺的位置　乳腺由皮肤腺体衍生而来，牛有2对，马和羊仅有1对，位于耻骨部的腹下壁，两股之间；猪的乳腺从后胸到腹股沟部排列成两行，其数量因品种而异，一般有6～10对。

2. 乳腺的结构　乳房的外面被覆柔软的皮肤，皮下为浅筋膜，浅筋膜下为深筋膜，深筋膜与结缔组织和脂肪组织包围整个乳腺，结缔组织和脂肪组织还穿进腺体部将乳腺分为若干个小叶(图3-57)。结缔组织和脂肪组织构成了乳房的间质，具有保护和支持腺体组织的作用；腺体部构成了乳房的实质，腺体部由腺泡和导管系统构成。

腺泡由分泌上皮构成，是生成乳汁的部位，呈泡状或管状，并有一条细小的乳导管通向导管系统，泌乳期的腺泡是中空的，形成腺泡腔；导管系统的起始部与细小的乳导管相连，并逐级汇合成粗大的乳导管，最后汇合成乳池。乳池是乳房下部储藏乳汁的较大腔道，经乳头末端的乳头管开口于外面，乳头管的开口处有括约肌控制。

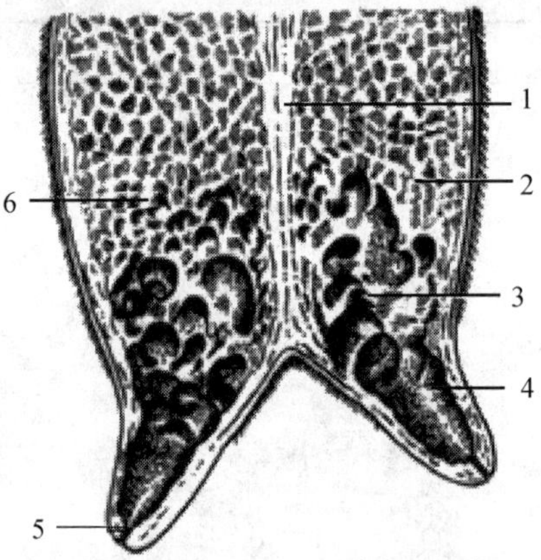

图3-57　牛乳房构造(纵切面)

1. 乳房中隔　2. 腺小叶　3. 乳池腺部
4. 乳头乳池部　5. 乳头管　6. 乳道

(马仲华，家畜解剖学及组织胚胎学，第3版，2002)

母牛乳房的皮肤薄而柔软，长有稀疏的细毛。后部至阴门裂之间，有明显的带有线状毛流的皮肤褶，称乳镜。乳镜越大，乳房愈能舒展，含乳量就愈多。因此，乳镜在鉴定产乳能力方面有重要作用。

3. 乳腺的生长发育　母畜在性成熟前，乳腺主要是结缔组织和脂肪组织增生；性成熟后，在雌激素的作用下导管系统开始发育；母畜妊娠时，导管末端开始出现腺泡。至妊娠中期，腺泡开始出现腺泡腔，导管和腺泡体积不断增大，逐渐代替脂肪组织和结缔组织。到妊娠后期，腺泡的分泌上皮开始具有分泌机能。临产前，腺泡分泌初乳。分娩后，乳腺开始正常的泌乳活动。

经过一定时期的泌乳活动后，腺泡的体积又逐渐缩小，腺泡腔消失，细小乳导管逐渐萎缩，腺体组织又被脂肪组织和结缔组织所代替，乳房体积缩小，最后泌乳停止。待下一次妊娠时，乳腺组织又重新形成，腺泡腔重新扩大，并开始再次泌乳活动。如此反复进行，直到失去生殖能力。

(二)乳的分泌

乳腺的腺泡上皮细胞,从血液中摄取营养物质生成乳汁后,分泌入腺泡腔内的过程,称为乳的分泌。

1. *乳的生成过程* 乳是由腺泡的上皮细胞分泌的。当大量血液流经乳腺血管时,腺泡上皮细胞能选择性地吸收血液中的营养物质,并将其中的一部分物质浓缩,而将另一部分物质经酶的作用,改造成乳的成分。如乳中的酪蛋白是由血液中的氨基酸合成的;乳糖则是由血液中的葡萄糖合成的;乳中的球蛋白、酶、维生素、无机盐则是乳腺上皮细胞由血液选择性吸收后,加以浓缩而形成的。乳汁中含有仔畜生长发育所必需的一切营养物质,是仔畜理想的营养物。

2. *初乳* 母畜在分娩后最初3～5 d内所产的乳叫初乳。初乳色黄而浓稠,稍有咸味和臭味,煮沸时凝固。初乳中成分的含量与常乳相差悬殊。干物质含量高,蛋白质含量超出常乳数倍,而且含有丰富的免疫球蛋白,仔畜摄食后,有利于迅速增加幼畜的血浆蛋白,并使其获得被动免疫,增强抗病能力;初乳中含有较多的无机盐,其中富含镁盐,镁盐具有轻泻作用,促使肠道排除胎粪;初乳中含有丰富的维生素、乳糖、酶等成分。因此,初乳是初生仔畜不可替代的食物。

3. *常乳* 初乳期过后,乳腺所分泌的乳汁叫做常乳。各种动物的常乳,均含有水、蛋白质、脂肪、糖、无机盐、酶和维生素等。蛋白质主要是酪蛋白,其次是白蛋白和球蛋白,当乳变酸时(pH 4.7),酪蛋白与钙离子结合而沉淀而使乳汁凝固。乳中的脂肪叫乳脂,它们形成很小的脂肪球悬浮于乳汁中。乳中唯一的糖类是乳糖,可被乳酸菌分解为乳酸。乳中还含有来自饲料的各种维生素和植物性饲料中的色素(如胡萝卜素、叶黄素等)以及血液中的抗毒素、药物等物质。

(三)排乳

哺乳或挤乳时反射性地引起乳房容纳系统紧张度改变,使腺泡和导管中的乳液迅速流入乳池排出的过程,称为排乳。乳房腺泡的上皮细胞生成的乳汁,不断地分泌到腺泡腔内。当腺泡腔和细小乳导管充满乳汁时,腺泡周围的肌上皮和导管系统的平滑肌反射性收缩,将乳汁转移入乳导管和乳池内。乳腺的全部腺泡腔、导管、乳池构成蓄积乳的容纳系统。

排乳是一种复杂的反射过程。由于哺乳或挤乳时刺激了母畜乳头的感受器,反射性地引起腺泡和细小乳导管周围的肌上皮收缩,于是腺泡乳就流入导管系统,接着乳池的平滑肌强烈收缩,乳池内压迅速升高,乳头括约肌弛缓,乳汁就排出体外。在挤乳期间,乳池内压力保持较高水平,并在一定范围内波动,方可保证乳汁不断流出。最先排出的乳是乳池内的乳,之后排出的是从乳腺腺泡及乳导管所获得的乳,叫做反射乳。哺乳或挤乳刺激乳房不到1 min,就可引起牛的排乳反射。仔猪用吻突冲撞母猪乳房2～5 min之后,才引起排乳,排乳持续30～60 s,两次哺乳间隔约1 h。马的乳池很小,而乳导管粗短,一昼夜可引起多次排乳。

排乳能建立条件反射。挤乳的地点、时间、挤乳设备、挤乳动作、挤乳人员的出现等等,都能作为条件刺激而形成条件反射。因此,固定挤乳的时间、地点、设备和挤乳人员以及按操作规程进行挤乳,可提高产乳量;反之,可使产乳量降低。

【技能】

1. *母畜发情鉴定* 通过外部观察法、直肠检查法进行母畜的发情鉴定。

2. 精液品质判定　借助显微镜观察，进行精液品质的判定。

【任务总结】

内容		要点
知识	性成熟和体成熟	1. 性成熟和体成熟的概念 2. 性季节：终年多次发情、季节性多次发情、季节性单次发情
	雄性生殖生理	1. 精子的产生 2. 精液的组成：精子和精清 3. 精子的结构及运动
	雌性生殖生理	1. 发情周期各阶段母畜表现 2. 排卵、妊娠黄体 3. 精子、卵子受精前准备 4. 受精过程：相遇、进入、合子的形成 5. 胎膜和胎盘、妊娠母畜生理变化 6. 分娩过程：开口期、胎儿娩出期、胎衣排出期
	泌乳	1. 乳腺的位置、结构及生长发育 2. 乳的生成及排乳 3. 初乳的作用
技能	母畜发情鉴定	外部观察、直肠检查
	精液品质判定	显微镜下观察其密度及活动

◎ 任务 3-10　动物体内糖类物质代谢

【任务描述】

认识饲料中的各种糖类物质，分析动物有机体内各种糖类物质的来源、去路和用途，学习动物体内糖类物质的代谢知识。

【任务目标】

1. 掌握糖类物质的生理功能、血糖的来源和去路，了解动物体血糖的调节；

2. 熟悉动物体内糖原的合成与分解过程；

3. 掌握糖的无氧分解、有氧氧化的过程及生理意义；

4. 了解磷酸戊糖途径的基本反应过程，掌握磷酸戊糖途径的生理意义；

5. 掌握糖异生作用的基本途径及生理意义；

6. 能够对动物体内的肝糖原、血糖等糖类物质进行定性、定量测定，并能够对其生化指标进行分析；

7. 具备独立思考及查阅资料解决问题的能力、团队协作能力，养成认真严谨的科学态度，爱护仪器设备，养成良好的操作习惯。

【知识】

一、动物体内糖类物质代谢概况

(一)糖类物质的分类

糖类主要有多糖(淀粉、纤维素、糖原)、双糖(蔗糖、乳糖)、单糖(葡萄糖)等。动物体从外界摄取的糖类物质,不论是多糖还是双糖,在动物体内必须经过酶的消化后分解成为单糖(葡萄糖)才能被吸收和利用。糖类物质广泛存在于动植物体内,特别是植物中糖类物质含量比较丰富,储存形式也多种多样,糖原是糖在动物体内的主要储存形式。

(二)糖类物质的生理功能

1. 作为生物能源　糖是体内供能的主要物质,1 g 葡萄糖完全氧化分解可释放约 15.7 kJ 的能量。氧化分解供能是糖的主要功能。

2. 结合糖类是组织细胞的结构成分　如糖蛋白、蛋白多糖,为结缔组织、软骨、骨基质中的成分等;某些酶、激素、免疫球蛋白、血型物质的化学本质是糖蛋白。

3. 转变为其他物质　糖分解代谢过程中的中间成分,在一定条件下可转变为三脂酰甘油,也可转变为某些氨基酸。这样糖、脂、氨基酸三者的代谢就互相联系起来了。

(三)糖的代谢概况

糖代谢是生物体内基本的代谢活动,它不仅在能量的产生、利用和储存中起着非常重要的作用,而且,其中间产物还可以为其他的合成代谢提供碳骨架。

动物体内糖代谢分为五个主要部分:消化、转运、储存、分解和合成。动物摄入的糖主要是淀粉和糖原(反刍动物为纤维素),它们主要被消化成为葡萄糖(反刍动物例外),其他的糖类也会被转变为葡萄糖或葡萄糖代谢的中间产物。于是,许多重要的代谢途径都是始于或终止于葡萄糖,糖代谢也就转变成了更有效的葡萄糖代谢。

(四)血糖及其调节

动物血液中的葡萄糖称为血糖。体内各组织器官尤其是大脑和红细胞主要以糖作为能源,血糖随血液流到全身组织细胞进行代谢。血糖水平可以反映体内代谢状况,所以测定血糖含量是判断糖代谢正常与否的一项重要指标。

1. 血糖的来源和去路

(1)血糖的来源

①食物中的糖　食物中的糖是血糖的主要来源。

②肝糖原的分解　空腹时肝糖原分解生成的葡萄糖进入血循环成为血糖。

③非糖物质糖异生作用　长期饥饿引起肝糖原减少时,非糖物质如甘油、生糖氨基酸、乳酸等通过糖异生作用转变成葡萄糖或糖原,再进入血循环以补充血糖。

(2)血糖的去路　血糖进入各组织器官中被氧化成二氧化碳和水,并放出能量,供给机体生理活动的需要,这是血糖的主要去路;其次是合成糖原;转变为非糖物质,如脂肪、非必需氨基酸等;转变为其他糖类,如核糖、脱氧核糖、氨基己糖、葡萄糖醛酸等;当血糖超过肾糖阈时,糖由尿排出。

2. 血糖浓度的调节　血糖浓度在神经系统、组织器官及激素的调节下,保持相对恒定。

这种相对恒定有利于保持依靠血糖供给能源的大脑及红细胞中葡萄糖供应的持续性。

二、动物体内糖原的合成与分解过程

糖原是动物体内糖的主要储存形式，是以葡萄糖为基本单位聚合而成的多糖，在体内，糖原主要以肝糖原、肌糖原形式存在。肝糖原的合成与分解主要是为了维持血糖浓度的相对恒定；肌糖原是肌肉糖酵解的主要来源。

糖原合成是由葡萄糖合成糖原的过程。反之，糖原分解则是指肝糖原分解为葡萄糖的过程。糖原合成及分解反应都是从糖原分支的非还原性末端开始，分别由两组不同的酶催化。糖原合成与分解均在细胞的细胞液中进行，因为催化糖原合成与分解所需的酶均存在于细胞液中。

(一)糖原的合成

1. 糖原的合成过程　糖原合成首先以葡萄糖为原料合成尿苷二磷酸葡萄糖，在限速酶糖原合成酶的作用下，将尿苷二磷酸葡萄糖转给肝、肌肉中的糖原蛋白，延长糖链合成糖原。其次糖链在分支酶的作用下再分支合成多支的糖原。具体反应步骤如下：

(1)葡萄糖磷酸化生成6-磷酸葡萄糖　葡萄糖进入细胞后，在ATP和Mg^{2+}存在下，由己糖激酶(肌细胞)或葡萄糖激酶(肝细胞)催化成为6-磷酸葡萄糖(G-6-P)。

$$\text{葡萄糖} \xrightarrow[\text{己糖激酶(肌细胞)}\ \text{葡萄糖激酶(肝细胞)}]{\text{ATP}\ \ Mg^{2+}\ \ \text{ADP}} \text{6-磷酸葡萄糖}$$

(2)1-磷酸葡萄糖的生成　在磷酸葡萄糖变位酶的催化下，6-磷酸葡萄糖转化为1-磷酸葡萄糖(G-1-P)。

$$\text{6-磷酸葡萄糖} \xrightarrow{\text{磷酸葡萄糖变位酶}} \text{1-磷酸葡萄糖}$$

(3)尿苷二磷酸葡萄糖的生成　1-磷酸葡萄糖与尿苷三磷酸(UTP)在尿苷二磷酸葡萄糖焦磷酸化酶的催化下释放焦磷酸，生成尿苷二磷酸葡萄糖(UDPG)。

$$\text{1-磷酸葡萄糖} + \text{UTP} \xrightarrow{\text{UDPG 焦磷酸化酶}} \text{UDPG} + \text{PPi}$$

(4)合成糖原　糖原合成时需要体内原有的小糖原分子作为引物，UDPG中的葡萄糖可看成是"活性葡萄糖"，在体内充作葡萄糖的供体。UDPG中的葡萄糖在糖原合成酶作用下转移到引物上，在非还原性末端以α-1,4-糖苷键连接，每反应1次，糖原引物即增加1个葡萄糖单位：

关键酶

$$G_n + \text{UDPG} \xrightarrow{\text{糖原合酶}} G_{n+1} + \text{UDP}$$

G_n：糖原引物，作为UDPG上葡萄糖基的接受体。

2. 特点

①糖原合成是在细胞液中进行的。

②每增加 1 个葡萄糖单位消耗 2 分子的 NTP(1 分子 ATP 和 1 分子 UTP)。

③糖原合成时的糖单位是由 UDPG 中的葡萄糖所提供的。

④糖原合成的限速酶是糖原合成酶。

(二)糖原的分解

肝糖原分解为葡萄糖以补充血糖的过程,称为糖原的分解。肌糖原不能分解为葡萄糖。

1. 糖原分解过程

(1)1-磷酸葡萄糖的生成　糖原分子在磷酸化酶催化下,生成 1-磷酸葡萄糖。

关键酶

$$G_{n+1} \xrightarrow{\text{磷酸化酶}} G_n + \text{1-磷酸葡萄糖}$$

(2)6-磷酸葡萄糖的生成　1-磷酸葡萄糖在磷酸葡萄糖变位酶催化下转变为 6-磷酸葡萄糖。

$$\text{1-磷酸葡萄糖} \xrightarrow{\text{磷酸葡萄糖变位酶}} \text{6-磷酸葡萄糖}$$

(3)葡萄糖的生成　6-磷酸葡萄糖在 6-磷酸葡萄糖酶的催化下水解生成葡萄糖。6-磷酸葡萄糖酶只存在于肝和肾,肌肉及脑等组织中无此酶,所以只有肝和肾中的糖原可以分解为葡萄糖以补充血糖。

$$\text{6-磷酸葡萄糖} \xrightarrow{\text{6-磷酸葡萄糖酶(肝,肾)}} \text{葡萄糖}$$

2. 特点

①糖原分解是在细胞液中进行的。

②糖原分解的限速酶是磷酸化酶。

三、动物体内糖类物质的分解代谢过程

(一)糖无氧分解

糖的无氧分解就是生物细胞在无氧的条件下,将葡萄糖或糖原经过一系列反应转变为乳酸并产生 ATP 的过程。这一过程与酵母菌使糖发酵过程相似,故称糖酵解。

1. 过程　糖酵解过程从葡萄糖或糖原开始,转变成为乳酸,共包括 10 个反应步骤,全部反应位于细胞质中,一分子葡萄糖经此过程被转换成两分子乳酸,可以分为两个反应阶段。

(1)糖酵解的第一阶段　在此阶段中,葡萄糖或糖原通过磷酸化作用转变成 1,6-二磷酸果糖,然后变成磷酸丙糖,包括四个反应步骤,即葡萄糖的磷酸化、异构化、1,6-二磷酸果糖的生成及磷酸丙糖的生成。从糖原开始的酵解则需要经过磷酸解作用,生成 1-磷酸葡萄糖,然后再转变成 6-磷酸葡萄糖。

①葡萄糖的磷酸化　葡萄糖为起始物,通过 ATP 进行磷酸化,生成 6-磷酸葡萄糖(G-6-P)。反应过程不可逆,是糖酵解的第一个限速步骤。

$$\text{葡萄糖} \xrightarrow[\text{己糖激酶}]{\text{ATP} \quad Mg^{2+} \quad \text{ADP}} \text{6-磷酸葡萄糖}$$

②6-磷酸果糖的形成　在 G-6-P 分子中，1 位碳原子上的羰基或半缩醛不像羟基那样易被磷酸化，需要进行异构化作用，能过磷酸己糖异构酶的催化，将 1 位碳原子上羰基转移到 2 位碳原子上，即醛糖变酮糖，转化为 6-磷酸果糖，2 位碳原子上羰基的存在是后续裂解反应产生两分子的三碳糖所需要的。

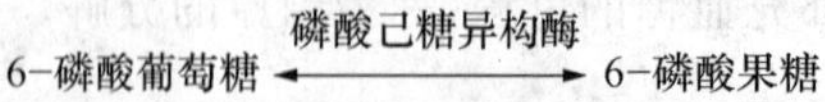

③1,6-二磷酸果糖的形成　经磷酸果糖激酶催化并由 ATP 提供磷酸基和能量，生成 1,6-二磷酸果糖，反应过程不可逆，是糖酵解的第二个限速步骤，是糖酵解速度最主要的调节控制点。

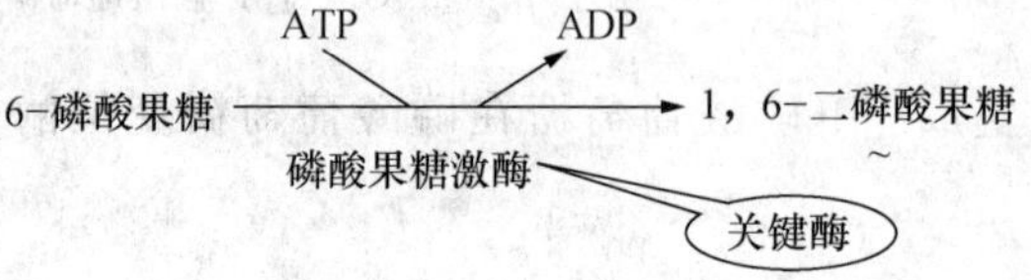

这个阶段是个耗能过程，由葡萄糖转变为 1,6-二磷酸果糖要消耗两分子 ATP。

④磷酸丙糖的生成　1 分子 1,6-二磷酸果糖，在醛缩酶的催化下，裂解为两分子磷酸丙糖，即 3-磷酸甘油醛和磷酸二羟丙酮，这两种物质可以互相转化，由于 3-磷酸甘油醛在后续反应中能被有效移走，所以磷酸二羟丙酮很容易转变为 3-磷酸甘油醛。至此，一分子的葡萄糖转变为两分子的三碳糖。

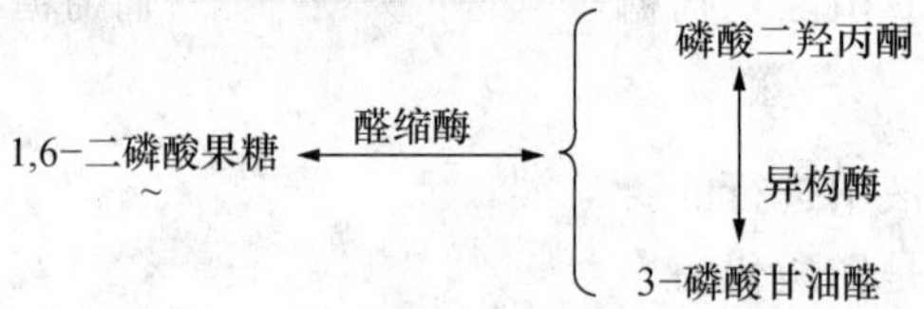

(2)糖酵解的第二阶段　此阶段包括氧化还原及 ATP 的生成等步骤，包括 6 个反应。

①3-磷酸甘油醛的氧化　3-磷酸甘油醛经 3-磷酸甘油醛脱氢酶的催化，并在磷酸参与下脱氢氧化，同时磷酸化生成 1,3-二磷酸甘油酸，脱下的氢则由脱氢酶的辅酶 NAD^+ 接受，在醛基脱氢氧化过程中底物水平磷酸化形成高能磷酸化合物。

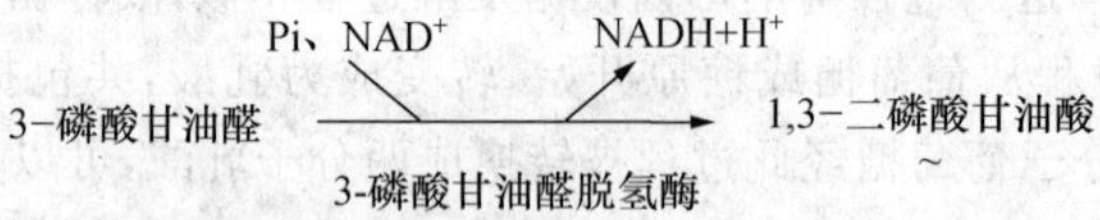

②3-磷酸甘油酸和 ATP 的生成　在甘油磷酸激酶催化下，将高能磷酸基从 1,3-二磷酸甘油酸的酰基磷酸上转移给 ADP，生成 3-磷酸甘油酸和 ATP。

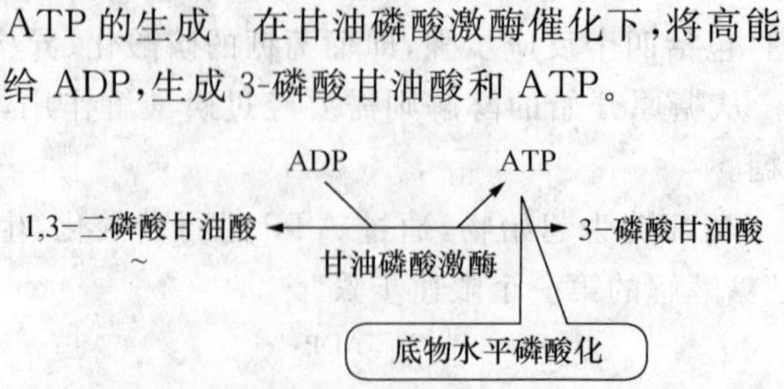

经过这两步连续反应，3-磷酸甘油醛的醛基氧化为羧基，通过底物磷酸化形成 ATP 储存

起来。

③2-磷酸甘油酸的生成　3-磷酸甘油酸在甘油磷酸变位酶的催化下，将磷酸基从它的碳 3 位转移到碳 2 位，形成 2-磷酸甘油酸，这一反应需要 Mg^{2+}，该反应是可逆的。

$$\text{3-磷酸甘油酸} \xrightleftharpoons{\text{甘油磷酸变位酶}} \text{2-磷酸甘油酸}$$

④磷酸烯醇式丙酮酸的生成　2-磷酸甘油酸脱水转变为磷酸烯醇式丙酮酸（PEP），是糖酵解过程中第二个底物磷酸化产生高能磷酸化合物的反应，它由烯醇化酶催化。

$$\text{2-磷酸甘油酸} \xrightleftharpoons{\text{烯醇化酶}} \underset{\sim}{\text{磷酸烯醇式丙酮酸}}$$

烯醇化酶催化的反应是从 2-磷酸甘油酸分子的 2－3 位碳上脱去一分子水生成 PEP。脱水过程中分子内部能量经过重新分布而形成高能磷酸化合物。

⑤磷酸烯醇式丙酮酸转变成丙酮酸　磷酸烯醇式丙酮酸在丙酮酸激酶（丙酮酸激酶需要 Mg^{2+}）的催化下，将其高能磷酸基团转移到 ADP 分子形成 ATP 而储存，同时将烯醇式丙酮酸转变为丙酮酸，这是糖酵解过程的第三个限速步骤，此反应是不可逆反应。

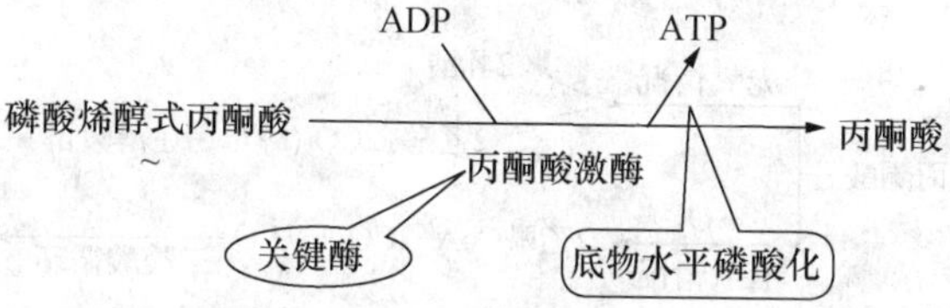

⑥丙酮酸转变成乳酸　丙酮酸在缺氧或无氧情况下，由糖酵解途径产生的 $NADH+H^+$ 提供氢，在乳酸脱氢酶催化下，将丙酮酸还原为乳酸，这是肌肉中糖酵解的最终产物，而 NADH 重新转变为 NAD^+ 继续进行糖酵解。

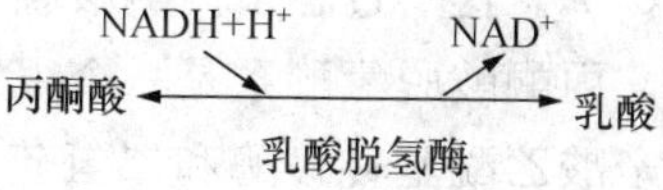

2. 能量　1 分子葡萄糖经糖酵解共生成 4 分子 ATP，而由葡萄糖生成 1,6-二磷酸果糖消耗 2 分子 ATP，因此，葡萄糖酵解过程净生成 2 分子 ATP。糖酵解途径中的能量变化见表 3-6。

表 3-6　糖酵解中 ATP 的消耗和产生

反应	每分子葡萄糖 ATP 的变化
葡萄糖→6-磷酸葡萄糖	－1
6-磷酸果糖→1,6-二磷酸果糖	－1
2 个 1,3-二磷酸甘油酸→2 个 3-磷酸甘油酸	＋2
2 个磷酸烯醇式丙酮酸→2 个丙酮酸	＋2
净变化	＋2

3. 生理意义

①糖酵解是生物界普遍存在的供能途径，从单细胞生物到高等动植物都存在，因为此过程

产生的能量较少，所以它不是生物体获得能量的主要方式。

②糖酵解是生物体在特殊生理和病理情况下补充能量的形式。例如，在动物体激烈运动，机体呼吸和循环机能发生障碍及植物被水淹的情况下，机体通过糖酵解来补充能量供应的不足，以维持生命活动。

③糖酵解的中间产物为脂肪、蛋白质、核酸的合成提供碳源。

(二)糖的有氧分解

在有氧情况下葡萄糖彻底氧化为二氧化碳和水，并释放大量能量的反应过程，称为糖的有氧分解代谢，又称糖的有氧氧化。糖的有氧分解代谢是糖氧化分解的主要方式，绝大多数细胞都通过它获得能量。有氧氧化实际上是丙酮酸在有氧条件下的彻底氧化分解，因此糖的无氧酵解和有氧氧化是在丙酮酸生成以后才有分歧的。

1. 过程　糖的有氧氧化在胞液和线粒体两个部位进行，大致可以分为三个阶段：第一阶段是葡萄糖循糖酵解途径氧化成丙酮酸，是在胞液中进行的。第二阶段是丙酮酸由丙酮酸脱氢酶复合体催化生成乙酰辅酶A(乙酰CoA)。第三阶段是乙酰CoA经过三羧酸循环(TCA)最终氧化成二氧化碳和水，是在线粒体中进行的。每一阶段都伴有能量产生，其中以第三阶段为主。

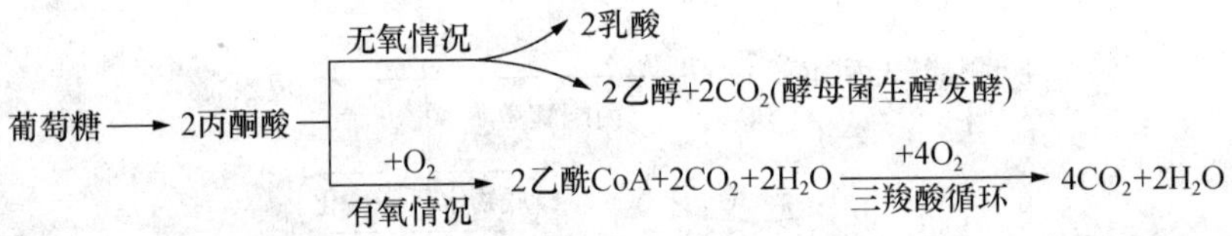

(1)糖被氧化为丙酮酸　糖的有氧分解及葡萄糖在胞液中经多步化学反应生成丙酮酸，此过程与糖酵解途径基本相同。

(2)乙酰CoA的生成　丙酮酸从胞液进入线粒体后，进行脱氢(氧化)和脱羧(脱去CO_2)，并与辅酶A(CoA)结合生成乙酰CoA。这一过程由丙酮酸脱酶系催化，为不可逆反应，是糖有氧氧化过程的主要限速步骤之一。丙酮酸脱氢酶系是一个很复杂的多酶复合体。存在于线粒体内，它至少由丙酮酸脱羧酶、硫辛酸乙酰基转移酶和二氢硫辛酸脱氢酶三种酶，以及焦磷酸硫胺素(TPP)、硫辛酸、辅酶A、黄素腺嘌呤二核苷酸(FAD)和辅酶Ⅰ(NAD^+)五种辅助因子组成。其中TPP含有硫胺素(维生素B_1)，辅酶A含有遍多酸(泛酸)，FAD含有核黄素(维生素B_2)，NAD^+含有烟酰胺(维生素PP)。如果缺乏这些维生素，势必影响丙酮酸的氧化脱羧反应。例如，当维生素B_1缺乏时，体内TPP不足，丙酮酸氧化脱羧受阻，丙酮酸及乳酸在末梢堆积则发生多发性周围神经炎，严重时可影响神经系统和心脏功能而导致脚气病发生。在临床上，对高热、甲亢及大量输入葡萄糖的病人，应注意适当补充有关维生素，以促进糖的氧化分解。

$$\text{丙酮酸} + \text{CoA-SH} + NAD^+ \xrightarrow{\text{丙酮酸脱氢酶系}} \text{乙酰辅酶A} + CO_2 + NADH + H^+$$

(3)乙酰CoA的彻底氧化——三羧酸循环(TCA循环)　三羧酸循环，也叫柠檬酸循环，由于最早由Krebs提出，故也称为Krebs循环。该反应是一个循环反应过程，由乙酰CoA与草酰乙酸缩合生成柠檬酸开始，最后生成CO_2和H_2O，同时放出大量能量，三羧酸循环如图3-58所示。

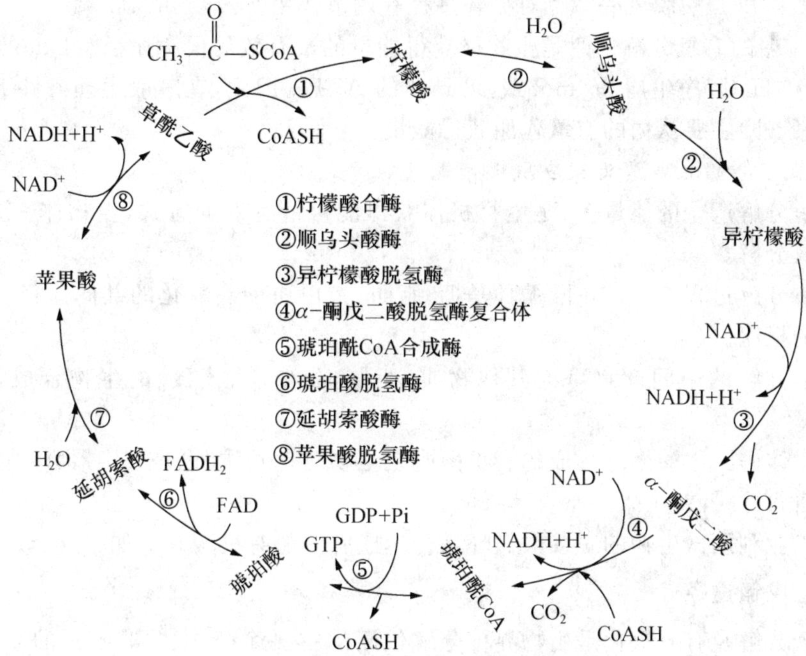

图 3-58　三羧酸循环示意图

三羧酸循环总反应式如下：

$$\text{乙酰 CoA}+2H_2O+3NAD^+ +FAD^+ +ADP+Pi+GDP \rightarrow$$
$$2CO_2+HS\text{-}CoA+3NADH+3H^+ +FADH_2+GTP$$

三羧酸循环有多个反应是可逆的，但由于柠檬酸的合成及 α-酮戊二酸的氧化脱羧是不可逆的，故此循环是单方向进行的。

2. 三羧酸循环的反应特点

①三羧酸循环是由草酰乙酸和乙酰 CoA 缩合成柠檬酸开始，经一系列反应又生成草酰乙酸的循环过程。三羧酸循环每运转一周，消耗一个乙酰基，有 4 次脱氢(其中三次以 NAD^+ 为受氢体，一次以 FAD^+ 为受氢体)和 2 次脱羧反应，脱羧反应生成 2 分子 CO_2，是呼出 CO_2 的主要来源。

②三羧酸循环是糖的有氧分解释放能量生成 ATP 的主要环节，每循环一周产生 12 分子的 ATP。

③三羧酸循环在线粒体中进行。由于柠檬酸合成酶、异柠檬酸脱氢酶、α-酮戊二酸脱氢酶系及琥珀酸脱氢酶系催化的反应在生理条件下是不可逆的，所以整个循环是不可逆的，这保证了线粒体供能系统的稳定性。

④循环中的许多成分可以转变为其他物质。如琥珀酰 CoA 可参加血红素的合成，α-酮戊二酸和草酰乙酸可以氨基化为谷氨酸和天冬氨酸，反过来这些氨基酸脱氨后也生成循环中的成分。草酰乙酸还可以通过糖的异生作用生成糖。丙酸等低级脂肪酸可经琥珀酰 CoA、草酰乙酸等途径异生成糖。

⑤异柠檬酸脱氢酶是三羧酸循环最主要的限速酶，也是该循环的主要调节酶，此外，柠檬

酸合成酶和 α-酮戊二酸脱氢酶系也对循环过程有调节作用。

3. 能量　糖的有氧分解代谢是生物体获得能量的最有效的代谢途径。1 mol 葡萄糖彻底氧化为 CO_2 和 H_2O，净生成 36 mol 或 38 mol 的 ATP。因此，在一般生理条件下，各种组织细胞（除红细胞外）主要从糖的有氧代谢获得能量。

4. 糖有氧分解的生理意义及应用

①糖有氧分解产生的能量多，是生物机体获得能量最有效的方式，生物体 95%的能量来自于糖的有氧分解。

②糖有氧分解过程中的三羧酸循环是糖、脂肪、蛋白质彻底氧化的共同途径，是各类有机物相互转化的枢纽。

③糖有氧分解的中间产物可为其他物质（脂肪、蛋白质、核酸）的生物合成提供碳架和碳素。

④在植物体内三羧酸循环形成的有机酸既是生物氧化基质，也是一定器官中的积累物质。如柠檬果实富含柠檬酸，苹果中富含苹果酸。

⑤发酵工业利用微生物的三羧酸循环途径生成有关的有机酸。例如，柠檬酸、谷氨酸等。

（三）磷酸戊糖途径

糖的无氧分解及有氧氧化是生物界糖分解代谢的主要途径，但并非唯一的途径。许多细胞还有另一种葡萄糖氧化途径，即磷酸戊糖途径，又称磷酸已糖旁路，简称 HMS 途径。动物体中约有 30%的葡萄糖通过此途径分解，这个代谢支路存在于胞浆中。磷酸戊糖途径虽非机体获取能量的主要途径，但在需要时 NADPH 可以通过转氨酶作用，使 NAD^+ 还原成 NADH，后者通过呼吸链氧化和氧化磷酸化过程可生成 ATP，提供能量。

四、动物体内糖异生作用及生理意义

由非糖物质转变为葡萄糖或糖原的过程为糖异生作用。能在体内转变为糖的非糖物质有乳酸、丙酮酸、甘油和生糖氨基酸。糖的异生作用主要在肝脏中进行，在饥饿和酸中毒时，糖异生也发生在肾脏，但是肾皮质异生的葡萄糖只有肝的 1/10。

（一）动物体内糖异生作用的途径

糖异生途径基本上是糖酵解的逆过程，但并不完全相同。糖酵解途径中大多数反应是可逆的，只有已糖激酶、磷酸果糖激酶和丙酮酸激酶所催化的三步反应在肝细胞内均不可逆。前两步需要相应的酶催化才可逆行，后一步则要通过丙酮酸羧化支路，才能使整个糖酵解途径逆行。这三步反应的逆转是：

①6-磷酸葡萄糖由 6-磷酸葡萄糖酶水解成葡萄糖。

②1,6 二磷酸果糖由果糖二磷酸酶水解成 6-磷酸果糖。

③丙酮酸羧化支路。丙酮酸不能直接转变成磷酸烯醇式丙酮酸，但可通过丙酮酸羧化酶和磷酸烯醇式丙酮酸羧激酶催化的两个反应，形成磷酸烯醇式丙酮酸。

$$\text{丙酮酸} + CO_2 + ATP + H_2O \longrightarrow \text{草酰乙酸} + ADP + Pi$$
$$\text{草酰乙酸} + GTP \longrightarrow \text{磷酸烯醇式丙酮酸} + CO_2 + GDP$$

（二）糖异生作用的生理意义

①作为补充血糖的重要来源，保证血糖水平的相对恒定。正常生理条件下，人的血糖浓度

变化范围为 4.44～6.67 mmol/L(80～120 mg/100 mL 血糖)，在饥饿或空腹时，机体依赖氨基酸、甘油等异生成葡萄糖，以维持血糖水平的相对恒定。这对于保证某些主要依赖葡萄糖的组织，如脑组织和代谢活跃的脊髓、神经组织等机体器官的正常功能具有重大意义。

②回收乳酸能量、防止乳酸酸中毒。在某些生理或病理情况下，如剧烈运动时，肌糖原酵解产生大量的乳酸，部分乳酸虽可由尿排出，但大部分乳酸则经血液运送到肝脏，通过糖异生作用再合成肝糖原和葡萄糖，以补充血糖，对于回收乳酸分子中的能量，更新和补充肝糖原，防止乳酸酸中毒的发生等具有重要意义。

③促进肾小管分泌氨的作用，有利于肾脏排 H^+ 保 Na^+，对于维持机体的酸碱平衡有一定的作用。长期禁食后，糖异生作用增强。发生这一变化的原因可能是饥饿造成的代谢性酸中毒使体液的 pH 降低，可以促进肾小管中磷酸烯醇式丙酮酸羧激酶的合成，而使糖异生作用增加。当肾脏中的 α-酮戊二酸经草酰乙酸异生成糖而减少时，可促进谷氨酰胺脱氨生成谷氨酸以及谷氨酸的脱氨反应，肾小管将 NH_3 分泌入管腔中，与原尿中的 H^+ 结合，降低原尿中 H^+ 的浓度，有利于排 H^+ 保 Na^+ 作用的进行，对防止酸中毒，维持机体的酸碱平衡有一定的作用。

④协助氨基酸代谢。实验证明，进食蛋白质后，肝脏中糖原含量增加；在长期禁食、患糖尿病或肾上腺皮质分泌过多时，由于组织蛋白分解，血浆中氨基酸增多，糖异生作用增强。特别在长期饥饿时，氨基酸异生为糖是维持血糖浓度的主要方式。

【技能】

从动物组织中提取糖原并进行鉴定。

糖原是高分子化合物，微溶于水，无还原性，与碘作用生成棕红色。提取肝糖原是将新鲜的肝组织与石英砂及三氯乙酸共同研磨，当肝组织充分破碎后，其中的蛋白质被三氯乙酸所沉淀，而糖原则留在溶液中。过滤除去沉淀后，在上清液中加入乙醇溶液，糖原从溶液中沉淀析出。离心后将沉淀出的糖原溶于水，一部分作碘的颜色反应，一部分经酸水解成葡萄糖后，用班氏试剂检验。

1. 提取肝糖原

①用断头法杀死兔或大鼠，立即取出肝，迅速以滤纸吸取附着的血液。称取约 2 g，置乳钵中，加石英砂少许及 10%三氯乙酸 2 mL，研磨 5 min。

②再加 5%三氯乙酸 4 mL，继续研磨 1 min，至肝脏组织已充分磨成糜状为止，然后以 2 500 r/min 离心 10 min。

③小心将离心管上清液转入另一有刻度的离心管中并量取体积，加入同体积的 95%乙醇，混匀后，静置 10 min，此时糖原呈絮状沉淀析出。

④沉淀溶液以 2 500 r/min 离心 10 min。弃去上清液，并将离心管倒置于滤纸上 1～2 min。

⑤在沉淀内加入蒸馏水 1 mL，用细玻璃棒搅拌沉淀至溶解，即成糖原溶液。

2. 肝糖原的鉴定

①取 2 支试管，一支加糖原溶液 10 滴，另一支加蒸馏水 10 滴，然后两管中各加碘溶液 1 滴，混匀，比较两管溶液颜色有何不同。

②在剩余的糖原溶液内，加浓盐酸 3 滴，放在沸水浴中加热 10 min 以上。取出冷却，然后以 20%NaOH 溶液中和至中性(用 pH 试纸试验)。

③在上述溶液内，加班氏试剂 2 mL，再置沸水浴中加热 5 min，取出冷却。观察沉淀的生成，并进行解释。

3. 注意事项

①实验兔或大鼠在实验前必须饱食，因为空腹时肝糖原易于减少含量或耗尽。

②肝脏离体后，肝糖原会迅速分解。因此在杀死动物后，所得肝脏必须迅速以三氯乙酸处理以防分解。

【任务总结】

内容		要点
知识	糖的分类及生理功能	糖类物质的分类、糖类物质的生理功能
	血糖的来源和去路	血糖的来源、血糖的去路
	血糖的调节	血糖的调节及生理意义
	糖原的合成	糖原合成的过程、反应部位、特点、生理意义
	糖原的分解	糖原分解的过程、反应部位、特点、生理意义
	糖异生途径	糖异生的概念、动物体内糖异生的途径
	糖异生的生理意义	糖异生的生理意义
技能	肝糖原的提取与鉴定	提取肝糖原的方法及注意事项

任务 3-11 动物体内脂类物质代谢

【任务描述】

认识饲料及食物中的各种脂类物质，分析脂类物质的用途，学习动物体内脂类物质的代谢知识。

【知识目标】

1. 掌握脂类物质的生理功能，熟悉脂类的储存、动员和运输；

2. 理解脂肪的分解代谢过程，掌握脂肪酸的 β-氧化途径；

3. 掌握动物体内酮体的生成与利用过程，理解酮体的生理意义，能够对酮体进行定性及定量测定；

4. 掌握脂肪的合成原料及途径；

5. 了解类脂代谢；

6. 能够利用脂类代谢的知识解释生产及生活中的相关问题；

7. 具备独立思考及查阅资料解决问题的能力、团队协作能力，养成认真严谨的科学态度，爱护仪器设备，养成良好的操作习惯。

【知识】

一、动物体内脂类物质代谢概况

脂类是脂肪和类脂的总称，是一类不溶于水而易溶于有机溶剂，并能为机体利用的有机化合物。脂肪由一分子甘油和三分子脂肪酸结合而成，也称甘油三酯或三酰甘油。类脂则包括磷脂、糖脂、固醇及其酯类等，这些物质在动物体内广泛存在。

脂类的生理功能主要有：

1. *脂肪能氧化供能和贮存能量*　氧化 1 g 脂肪能释放 38 kJ 的能量。因此，脂肪是动物体用以贮存能量的主要物质。当摄入糖和脂类等能源物质超过机体所需消耗量时，则转变为脂肪贮存起来；而当摄入能源物质不能满足生理活动需要时，则要动用贮存的脂肪氧化供能。故动物体内贮存脂肪的含量随营养状况的不同而经常改变。

2. *类脂是构成组织细胞的必要成分*　类脂是细胞膜系统结构的基本成分。细胞的膜系统主要由磷脂、胆固醇与蛋白质结合而成的脂蛋白构成。细胞膜系统的完整性是细胞进行正常生理活动的重要保证。

3. *供给不饱和脂肪酸*　机体有几种不饱和脂肪酸不能合成，必须由饲料供给，称为必需脂肪酸。必需脂肪酸不仅是构成磷脂、胆固醇酯和血浆脂蛋白的重要成分，还可以衍生成前列腺素、血栓素和白三烯等生理活性物质，从而参与细胞的代谢调节，并与炎症、过敏反应、免疫系统疾病、心血管系统疾病等病理过程有关。

4. *保护机体组织*　内脏周围的脂肪组织有固定内脏器官、减少摩擦和缓冲外部冲击的作用。因为脂肪导热性差，皮下脂肪还能防寒，从而保持体温的恒定。

5. *协助脂溶性维生素的吸收*　脂溶性维生素（维生素 A、维生素 D、维生素 E、维生素 K）和胡萝卜素可溶于食物的脂肪中，并随同脂肪一起吸收。因此，食物中脂类缺乏或吸收障碍时往往发生脂溶性维生素不足或缺乏。

二、动物体内脂肪的代谢过程

体内各组织细胞除成熟的红细胞外，都能氧化分解脂肪。脂肪氧化时，先在脂肪酶的催化下，水解成甘油和脂肪酸。

(一)甘油代谢

由于脂肪组织甘油激酶活性很低，所以脂肪水解生成的甘油须经血液运送到肝、肾、肠等组织利用。首先在甘油磷酸激酶的催化下，消耗 ATP，生成 α-磷酸甘油，然后再脱氢生成磷酸二羟丙酮，进一步沿糖的分解途径或糖异生途径代谢。

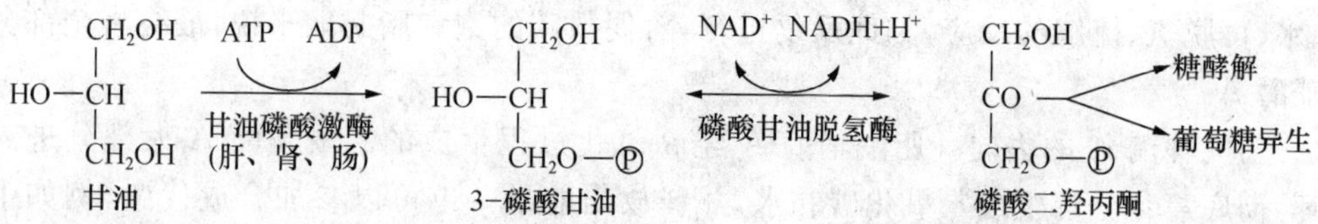

1 mol 甘油如果彻底氧化可产生 22 mol ATP。

(二)脂肪酸的分解代谢

脂肪酸可以在机体的许多组织细胞内氧化分解，提供能量，但以肌肉组织和肝脏最为活跃。脂肪酸的氧化有多种形式，其中以β-氧化为主。

1. 脂肪酸的β-氧化　脂肪酸在酶的作用下，α，β碳原子之间的化学键断裂，β碳原子氧化成羧基，生成乙酰CoA和比原来的脂肪酸少两个碳原子的脂酰CoA的过程，称为脂肪酸的β-氧化。

脂肪酸的β-氧化，包括脂肪酸的活化、活化的脂肪酸经β-氧化生成乙酰辅酶A、乙酰辅酶A进入三羧酸循环氧化分解成二氧化碳和水三个过程。第一个过程是在线粒体外进行的，后两个过程在线粒体内进行。

(1)脂肪酸的活化　脂肪酸的化学性质比较稳定，在氧化分解之前必须转变为化学性质活泼的脂酰辅酶A，所以称为脂肪酸的活化。这一过程需要有ATP和辅酶A参与。

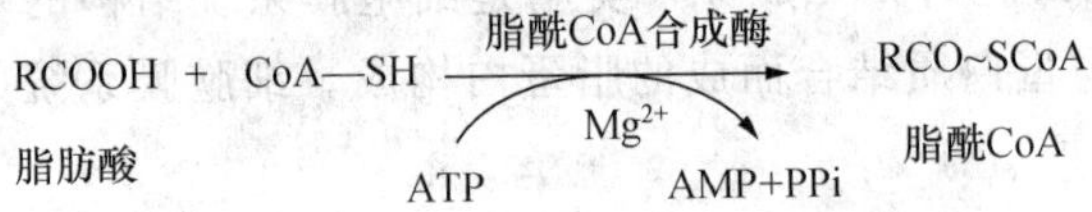

(2)脂酰CoA进入线粒体　脂酰CoA氧化的全部酶都分布在线粒体中，而无论是脂酰CoA还是游离脂肪酸都不能直接通过线粒体内膜进入线粒体，必须借助于肉碱来携带。肉碱通过其羟基与脂酰基连接成脂，生成脂酰肉碱便容易通过线粒体内膜。

位于线粒体内膜外侧的肉碱脂酰转移酶促进脂酰辅酶A转化为脂酰肉碱，后者又经位于内膜内侧的肉碱脂酰转移酶催化而重新转变为脂酰辅酶A。线粒体内膜外侧和内侧的两种肉碱脂酰转移酶为同工酶。

(3)脂肪酸的β-氧化过程　这一过程包括四步连续反应。

① 脱氢　脂酰辅酶A在脂酰辅酶A脱氢酶的催化下，在α和β碳原子上各脱去一个氢原子，生成α，β-烯脂酰辅酶A。脱下的两个氢原子由该酶的辅基FAD接受，生成$FADH_2$。

② 加水　α，β-烯脂酰辅酶A在α，β-烯脂酰辅酶A水合酶催化下，消耗1分子水，生成β-羟脂酰辅酶A。

③再脱氢　β-羟脂酰辅酶A在β-羟脂酰辅酶A脱氢酶的催化下，脱去两个氢原子而生成β-酮脂酰辅酶A。脱下的氢由该酶的辅酶NAD^+接受，生成$NADH+H^+$。

④硫解　β-酮脂酰辅酶A经β-酮脂酰辅酶A硫解酶催化，与一分子辅酶A作用，生成比原来少2个碳原子的脂酰辅酶A和一分子乙酰辅酶A。

脂酰辅酶A经过脱氢、加水、再脱氢、硫解四步反应，生成比原来少2个碳原子的脂酰辅酶A和一分子乙酰辅酶A的过程，称为一次β-氧化过程。新生成的脂酰辅酶A可再经过脱氢、加水、再脱氢、硫解的反应，如此反复进行，对偶数碳的饱和脂肪酸来说，最终将全部分解为乙酰辅酶A。

(4)乙酰辅酶A的去向　脂酰辅酶A经β-氧化过程生成的乙酰辅酶A大部分进入三羧酸循环，彻底氧化分解生成二氧化碳和水，并释放出能量。也可以参加合成代谢，例如生成酮体、长链脂肪酸、胆固醇等。

(5)能量释放　以1分子软脂酸为例，计算经过β-氧化完全分解成二氧化碳和水可产生多少分子的ATP。软脂酸为十六碳的饱和脂肪酸，需要经过7次β-氧化过程，生成7个

$FADH_2$，7 个 $NADH+H^+$，8 个乙酰辅酶 A。乙酰辅酶 A 经过三羧酸循环彻底氧化。

7 分子 $FADH_2$ 产生 7×2 分子 ATP，7 分子 NADH 产生 7×3 分子 ATP，每个乙酰辅酶 A 经过三羧酸循环彻底氧化产生 12 分子 ATP。但在脂肪酸活化时要消耗两个高能键，相当于呼吸链中产生 2 个分子 ATP 所需的能量。因此，1 分子软脂酸彻底氧化净生成 129(7×2＋7×3＋8×12－2＝129)分子 ATP。

2. 酮体的生成与利用　脂肪酸在心肌、肾脏、骨骼肌等组织中能彻底氧化成水和二氧化碳，但在肝脏中氧化很不完全，经常生成一些脂肪酸氧化的中间产物，即乙酰乙酸、β-羟丁酸和丙酮，三者统称为酮体。

(1)酮体的生成　酮体主要在肝细胞线粒体中由乙酰辅酶 A 缩合而成，合成过程如图 3-59 所示。

二分子乙酰辅酶 A 在硫解酶的催化下，缩合成乙酰乙酰辅酶 A，后者再与一分子乙酰辅酶 A 在 β-羟-β-甲基戊二酸单酰辅酶 A 合成酶的催化下缩合成 β-羟-β-甲基戊二酸单酰辅酶 A (HMG-CoA)，然后在 β-羟-β-甲基戊二酸单酰辅酶 A 裂解酶的催化下裂解成乙酰乙酸；乙酰乙酸在肝线粒体 β-羟丁酸脱氢酶催化下又可还原成 β-羟丁酸；丙酮则由乙酰乙酸脱羧生成。

酮体生成的全套酶系位于细胞线粒体的内膜或基质中，其中 HMG-CoA 合成酶是酮体生成的限速酶。除肝脏外，肾脏也能生成少量酮体。

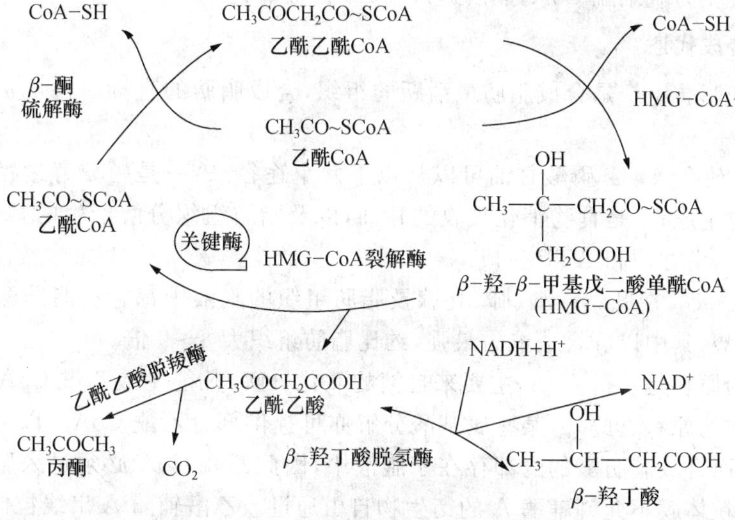

图 3-59　酮体的生成

(2)酮体的利用　生成的酮体，随血液送到肝外组织进行氧化分解。其中的 β-羟丁酸由 β-羟丁酸脱氢酶(其辅酶为 NAD^+)催化，生成乙酰乙酸。乙酰乙酸再在乙酰乙酸-琥珀酰辅酶 A 转移酶的作用下生成乙酰乙酰辅酶 A。乙酰乙酰辅酶 A 在硫解酶的作用下生成 2 分子乙酰辅酶 A，然后进入三羧酸循环，彻底氧化成二氧化碳和水，并释放能量。乙酰乙酸琥珀酰辅酶 A 转移酶在心肌、骨骼肌及大脑等组织活性很高，而肝脏缺乏这种酶，所以肝只能产生酮体供肝外组织利用，而本身不能利用酮体。少量的丙酮可转变为丙酮酸或乳酸后再进一步代谢，同时丙酮又是挥发性物质，还可通过肺部直接呼出体外。

(3)酮体生成的意义　酮体是脂肪酸在肝脏氧化分解时产生的正常中间产物，是肝脏输出能源的一种形式。首先,肝脏输出酮体为肝外组织提供了能源。其次,因为大脑不能利用脂肪供能,所以肝脏输出酮体对低血糖时保证脑的供能,以维持其正常生理功能方面起着重要作用。

(4)酮病 正常情况下,血中酮体含量很少,每 100 mL 血中酮体含量低于 3 mg(0.3 mmol/L)。因酮体中乙酰乙酸及 β-羟丁酸都是相对强的有机酸,如在体内堆积过多可引起代谢性酸中毒。但在饥饿、高脂低糖膳食及糖尿病时,脂肪动员加强,脂肪酸氧化增多,酮体生成过多,超过肝外组织利用酮体的能力,引起血中酮体升高,当高过肾回收能力时,则尿中出现酮体,即为酮病。

饥饿、高脂低糖膳食及糖尿病均造成体内糖氧化利用的减低,呈现胰高血糖素与胰岛素的比值升高,则大量脂酰 CoA 转移入线粒体进行氧化,产生大量乙酰 CoA。另外还使脂解作用增强,则长链脂酰 CoA 增多而堆积起来。在线粒体内,此时由于脂酰 CoA 特别是长链脂酰 CoA 增多,通过别构抑制柠檬酸合成酶,致使乙酰 CoA 难于进入三羧酸循环氧化,在肝内堆积的乙酰 CoA 缩合生成酮体。过多的酮体将随血液循环运至肝外组织氧化利用。肝外组织氧化酮体是有一定限度的。当血酮体过高,如超过肝外组织氧化能力时,则血中酮体将堆积,尿中出现大量酮体,呈现酮病。

3. 丙酸的氧化 人体含有极少量奇数碳原子脂肪酸,进行 β-氧化除生成乙酰 CoA 外,还生成 1 分子的丙酰 CoA。此外,支链氨基酸氧化也可产生丙酰 CoA。丙酰 CoA 经 β-羧化酶及异构酶的作用转变为琥珀酰 CoA,然后进入 TCA 而被氧化。

(三)脂肪的合成代谢

动物的肝脏和脂肪组织是合成脂肪最活跃的组织,合成脂肪的直接原料是 α-磷酸甘油和脂酰辅酶 A。

1. α-磷酸甘油的合成 α-磷酸甘油可以从以下两个途径来:一是糖分解途径的中间产物磷酸二羟丙酮还原生成;二是食物消化吸收的甘油,以及脂肪组织分解产生的甘油,在甘油激酶(肝脏)的催化下,由甘油和 ATP 生成。

2. 脂肪酸的合成 在肝、肾、脑、肺、乳腺及脂肪组织的胞液中都含有脂肪酸合成酶复合体,均能合成脂肪酸,其中以肝合成能力最强,约比脂肪组织大 8~9 倍。

合成脂肪酸的原料是乙酰 CoA,主要来自糖的氧化分解,凡能生成乙酰 CoA 的物质都可以成为合成脂肪酸的原料。此外,某些氨基酸分解亦可提供部分乙酰 CoA。以上过程都是在线粒体内进行的,而合成脂肪酸的酶却存在于胞液中,因此乙酰 CoA 必须进入胞液才能用于合成脂肪酸,而线粒体膜不允许辅酶 A 的衍生物自由通过。乙酰辅酶 A 出线粒体是借助柠檬酸-丙酮酸循环(图 3-60)的转运途径实现的。

(1)软脂酸的合成 合成软脂酸时,除开始需要一分子的乙酰辅酶 A 以外,其余乙酰辅酶 A 必须先羧化成丙二酸单酰辅酶 A。

脂肪酸合成起始于乙酰辅酶 A,在 ACP 酰基转移酶的作用下,其乙酰基与 ACP 巯基相连,生成乙酰载体蛋白。乙酰载体蛋白与丙二酸单酰载体蛋白在 ACP 上的一系列酶的作用下发生缩合、还原、脱水和再还原反应生成丁酰载体蛋白,使乙酰载体蛋白多了 2 个碳原子,完成了脂肪酸合成的第一轮反应。生成的丁酰 ACP 从 ACP 的巯基上转移到缩合酶的半胱氨酸的巯基上,为下一轮反应的丙二酰基的进入做好准备。再经过转移、缩合、还原、脱水、再还原的反应,又使丁酰载体蛋白多了 2 个碳原子。如此反复,碳链不断延长,直到形成十六碳酰基载体蛋白,即软脂酰载体蛋白。生成的软脂酰载体蛋白在硫酯酶作用下,水解释放出软脂酸(又

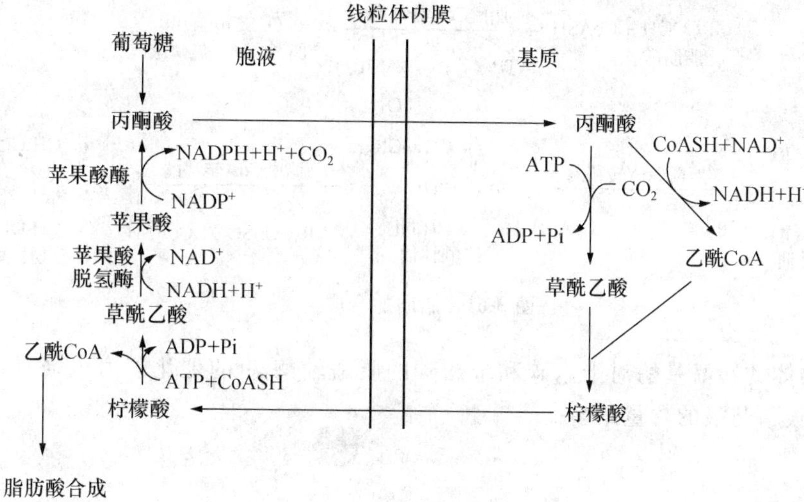

图 3-60　乙酰 CoA 的转运——柠檬酸-丙酮酸循环

称棕榈酸),或由硫解酶催化将软脂酰基从 ACP 上转移到辅酶 A 上,生成软脂酰辅酶 A。绝大多数生物体的脂肪酸合成酶系终止于产生软脂酸。上述许多步还原加氢的反应,都由 $NADPH+H^+$ 供氢。而 $NADPH+H^+$ 主要来自磷酸戊糖途径。动物的肝、乳腺和脂肪组织的脂肪酸合成能力较强,因而这些组织的磷酸戊糖途径的酶活性也较强。

软脂酸合成的总反应为:

$$\text{乙酰 CoA}+7\,\text{丙二酸单酰 CoA}+14NADPH+14H^++H_2O\xrightarrow[\text{(7 次循环)}]{\text{脂肪酸合成酶系}}$$
$$\text{软脂酸}+14NADP^++7CO_2+7H_2O+8CoA\text{-}SH$$

(2)脂肪酸碳链的延长与缩短　机体脂肪酸合成酶系合成的终产物为软脂酸,但组成机体的脂肪酸其碳链长短不一,各占一定的比例,因此根据生物的需要,要对胞浆中合成的软脂酸做进一步的加工和改造(即使其碳链加长或缩短)。碳链的缩短可通过 β-氧化机制,而碳链的加长可由下列两种酶体系进行。

①线粒体酶体系　在线粒体脂肪酸延长酶体系的催化下,软脂酰辅酶 A 与乙酰辅酶 A 缩合,生成十八个碳的 β-酮硬脂酰辅酶 A,然后进行加氢、脱水、再加氢等过程生成硬脂酰辅酶 A。其过程与 β-氧化的逆过程基本相似,但需 β-酮脂酰还原酶、α,β-烯脂酰还原酶及需要 $NADPH+H^+$ 作为供氢体。通过此种方式,每一循环可加上两个碳原子,一般可延长碳链至 24 或 26 碳,但以 18 碳的硬脂酸为最多。

②微粒体酶体系　此系统的特点是利用丙二酸单酰辅酶 A 为原料来加长脂酰辅酶 A 的碳链,以 $NADPH+H^+$ 来供氢,其中间过程与软脂酸的合成反应相似,但没有脂肪酸合成酶系参加,并且也不是以 ACP 为载体,而是以 CoA 为酰基载体。

3. 脂肪的合成　哺乳动物的肝脏和脂肪组织是合成脂肪最活跃的组织。合成过程主要在内质网进行,此途径是肝细胞和脂肪组织合成脂肪的主要途径(图 3-61)。合成需要的 α-甘油磷酸可来自糖酵解或甘油磷酸化。而脂酰辅酶 A 可由体内合成或消化道摄入的脂肪酸经活化生成。

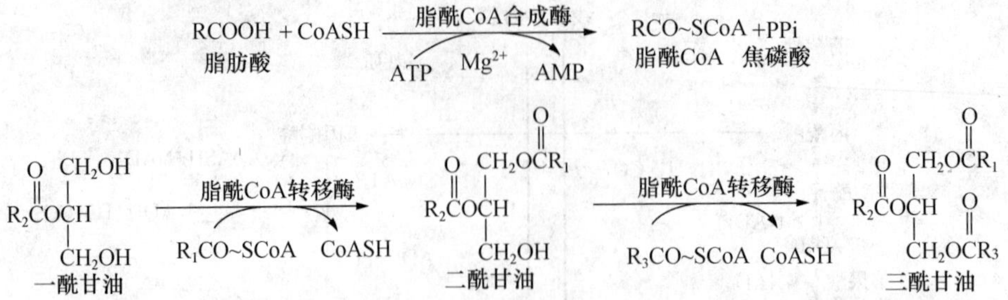

图 3-61 脂肪的合成

此外,动物体的转酰基酶对十六碳和十八碳的脂酰辅酶 A 的催化能力最强,所以脂肪中十六碳和十八碳脂肪酸的含量最多。

【技能】

对动物体的尿酮进行定性测定。

肝脏或反刍动物的胃壁,可以将脂肪酸氧化成酮体,即乙酰乙酸、β-羟丁酸和丙酮。但肝脏不能氧化分解酮体,必须由血液运送至肝外组织如骨骼肌、肾脏等被彻底氧化。当碳水化合物代谢过程发生障碍时,脂肪的分解代谢增强,当酮体的产生超过了肝外组织的利用速度时,血中酮体积聚,称为酮血症;过多的酮体从尿中排出,称为酮尿。

酮体在碱性条件下与亚硝基铁氰化钠作用,生成紫色化合物,由此可鉴定酮体的存在。

1. 方法与步骤

(1)酮体的生成与利用试验

①取饥饿一天的兔 1 只。击毙后,迅速取 1 g 肝脏和 1 g 骨骼肌,用冰冷的缓冲盐水冲洗数遍,每克组织加 5 mL pH 7.4 磷酸盐缓冲液,分别在乳钵中研成肉糜备用。

②取 4 支试管,按下表操作。

试剂	管号			
	1	2	3	4
0.5 mol/L 丁酸溶液/mL	1.0	1.0	1.0	1.0
乐氏溶液/mL	0.5	0.5	0.5	0.5
0.1 mol/L 磷酸盐缓冲液/mL	0.5	0.5	0.5	0.5
蒸馏水/mL	0	0	0	0.5
肝脏糜/滴	10	10	0	0
肌肉糜/滴	0	10	10	0
充分混匀,各管置于 37℃恒温水浴箱保温 40 min,要常摇动				
15%三氯乙酸	0.5	0.5	0.5	0.5

将各管摇匀,静置 5 min 后分别过滤。取白瓷反应板,将各孔中加入少许酮体粉,分别取各管滤液及乙酰乙酸溶液滴于反应板孔中的药粉上 1～2 滴,观察现象,比较结果。

(2)尿酮体测定 取酮体粉少许在滤纸上涂布成圆形,直径约为 5 mm,加尿 1 滴,如出现紫红色为阳性反应。根据颜色深浅,可分别用"＋"、"＋＋"、"＋＋＋"、"＋＋＋＋"表示。

2. 注意事项

①酮体粉要干燥保存，如发现潮湿、变黄即告失败。

②尿酮体定性测定方法也适用于血浆酮体的测定，只需以血浆代替尿即可。

【任务总结】

内容		要点
知识	脂类物质及生理功能	动物体内脂类物质的分类及分布、脂类物质的生理功能
	脂类在动物体内的贮存、动员和运输	脂类在动物体内的贮存形式、脂肪的动员、脂类物质的运输
	脂肪的水解	脂肪在动物体内的代谢途径、水解的过程及参与的酶类
	甘油的分解	甘油在动物体内的分解代谢过程
	脂肪酸的分解代谢途径	脂肪酸的活化与转运机制、脂肪酸的β-氧化过程、脂肪酸代谢过程中能量生成的计算
	酮体的代谢	酮体、酮体的生成与利用途径、酮体的生理意义、酮病及酮病的发病机理
	脂肪的合成代谢	脂肪合成的原料及合成途径
技能	动物体尿酮的定性测定方法	动物体尿酮的定性测定方法及操作要点、注意事项

任务 3-12 动物体内氨基酸的分解代谢

【任务描述】

认识饲料及食物中蛋白质的来源及种类，学习动物体内氨基酸的分解代谢知识。

【任务目标】

1. 掌握蛋白质的生理功能；
2. 掌握蛋白质及必需氨基酸的营养价值；
3. 掌握氨基酸脱氨作用的方式及途径；
4. 掌握动物体尿素生产的途径；
5. 掌握动物体尿酸生产的途径；
6. 掌握动物体内酮酸的代谢去路；
7. 掌握氨基酸脱羧基作用的方式及途径；
8. 掌握动物体内糖、脂类、蛋白质代谢之间的关系；
9. 能够利用氨基酸代谢的知识解释生产及生活中的相关问题；
10. 能够测定样品中的蛋白质含量；
11. 具备独立思考及查阅资料解决问题的能力、团队协作能力，养成认真严谨的科学态度，爱护仪器设备，养成良好的操作习惯。

【知识】

一、动物体内蛋白质代谢概况

蛋白质是生命活动的基础，在生命活动中起着重要作用。体内的大多数蛋白质均不断地进行分解与合成代谢，细胞中不停地利用氨基酸合成蛋白质和分解蛋白质成为氨基酸。动物体内的这种转换过程一方面可清除异常蛋白质，防止它们对细胞的毒害作用；另一方面通过合成和分解调节酶或调节蛋白的活性，使细胞代谢有序进行。所以蛋白质的分解与合成对细胞同样重要。

氨基酸的分解代谢大多数首先脱去氨基，形成的氨以适当的形式被排出体外；另一产物为α-酮酸，可进入糖酵解、三羧酸循环和酮体代谢途径氧化分解提供能量。除此之外，氨基酸还可以通过特殊的代谢途径转化成胺类、激素、生物碱等生理活性物质。

（一）蛋白质的生理功能

动物为了维持生存和正常生长，必须从食物中不断地摄入蛋白质。食物中的蛋白质对于动物的必要性不能被糖类、脂类等别的营养物质代替。

1. 组织细胞的生长、修补和更新　蛋白质是动物组织细胞最重要的成分，约占细胞干重的一半。食物中必须提供充足的蛋白质，在消化道中分解成氨基酸被吸收后，用于合成体蛋白，才能维持组织细胞生长、更新和修补需要。动物体内的蛋白质在完成一定的生理功能后被降解，尽管原有蛋白质分解生成的氨基酸也能被用于新的蛋白质的合成，但由于代谢过程中许多氨基酸被损耗，动物必须不断地从外界获取蛋白质。

2. 转变成生理活性物质　蛋白质还可以转变成一些生理活性物质，包括胺类、神经递质、激素、嘌呤、嘧啶等，在机体内发挥催化、运输、代谢调节等重要作用。某些蛋白质还具有特殊的生理功能，如血红蛋白运输氧，血浆中的多种凝血因子参与血液凝固，肌肉中的肌动球蛋白与肌肉收缩有关。此外，酶、抗体、受体都是蛋白质。

3. 氧化供能　蛋白质也是能源物质，每克蛋白质在体内彻底氧化分解可释放约 17.19 kJ 的能量，与 1 g 葡萄糖相当。在一般营养状况下，蛋白质供给的能量占食物总供热量的 10%～15%。氧化供能不是蛋白质的主要功能，这种功能可由糖及脂类代替。

综上所述，蛋白质是生命的物质基础，所有的动物都需要不断地由食物中摄取蛋白质。当食物中不含蛋白质或蛋白质含量不足时，会导致动物的生长停滞、疾病发生甚至死亡。

（二）必需氨基酸与蛋白质的营养价值

1. 必需氨基酸　动物在合成体蛋白质时，20 种氨基酸都是必需的。体内有氮源时，动物体可由其他原料（主要是糖）合成某些氨基酸，这些氨基酸称为非必需氨基酸。但是另外一些氨基酸，动物体本身不能合成或合成量不能满足需要，必须由食物蛋白质提供，这些氨基酸称为必需氨基酸。对于正在生长的动物，共有 10 种氨基酸是必需的：赖氨酸、色氨酸、苯丙氨酸、甲硫（蛋）氨酸、苏氨酸、亮氨酸、异亮氨酸、缬氨酸、组氨酸、精氨酸。此外，雏鸡还需要甘氨酸。成年反刍动物由于瘤胃中的微生物能够利用饲料中的含氮物质合成各种必需氨基酸，可以被畜体吸收利用，所以提供必需氨基酸对于反刍动物不像其他动物那样重要。对于植物和微生物来说，能够利用糖代谢的中间产物合成所需的氨基酸，所以氨基酸没有必需和非必需之分。

2. 蛋白质的营养价值　食物蛋白质中所含的各种氨基酸在其含量和比例方面与机体本

身的蛋白质存在着差异，摄入细胞内的氨基酸一部分在体内分解，不能全部用于合成体蛋白质。所以，不同的食物蛋白质的利用率存在差别。衡量某种蛋白质营养价值的高低，最常用的一个指标是“生理价值”。食物中蛋白质的生理价值指它被机体用于合成体蛋白的百分数，可通过测定正在生长期的幼小动物体内氮的保留量和吸收量求得。食物蛋白质的氨基酸组成与动物体的蛋白质组成愈接近，其利用率愈高，生理价值也就愈高。与动物体蛋白完全相同的食物蛋白质，其生理价值最高(为 100)。非必需氨基酸在体内能够合成，所以这部分氨基酸不影响蛋白质的营养价值。而必需氨基酸在体内不能合成，所以它们在食物中的含量决定蛋白质的生理价值。食物中必需氨基酸的组成与体蛋白越相似的，其生理价值越高；反之，其生理价值越低。一般，动物蛋白质的生理价值比植物蛋白质高。

在畜禽饲养时，常把原来生理价值较低的不同蛋白质饲料混合使用，其必需氨基酸互相补充，可提高饲料蛋白的生理价值，这称为饲料蛋白质的互补作用。例如，谷类蛋白中赖氨酸含量较少，色氨酸含量较多；豆类蛋白中相反，赖氨酸含量较多，色氨酸含量较少。当它们单独饲喂动物时，生理价值都比较低，但它们混合使用时，可以取长补短，大大提高其生理价值。

二、动物体内氨基酸的分解代谢

任何一种正常蛋白质在体内都要经历降解和更新的过程，经过这种转换可以使蛋白质的生物活性得到调节，以适应外界环境条件的变化和生理机能的需要。一般情况下，动物体内蛋白质处于不断降解与合成的动态平衡。

细胞内的蛋白质代谢是以氨基酸为中心的代谢。动物体内的氨基酸有两个来源：一是外源性氨基酸，是食物蛋白质在消化道中被蛋白酶水解成的氨基酸，通过小肠吸收，进入血液；二是内源性氨基酸，是体蛋白被组织蛋白酶水解产生的和由其他物质合成的。动物体内氨基酸代谢的基本概况如图 3-62 所示。

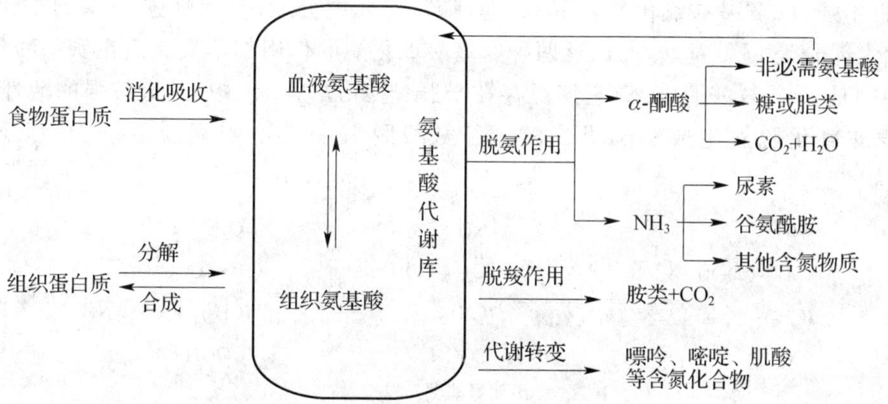

图 3-62 动物体内氨基酸代谢的基本概况

氨基酸的主要功用是合成机体所需要的各种蛋白质和多肽，也能合成其他含氮的生物活性物质。除了维生素以外(维生素 PP 例外)，体内的各种含氮物质几乎都可由氨基酸转变而成，包括蛋白质、肽类激素、氨基酸衍生物、黑色素、嘌呤碱、嘧啶碱、肌酸、胺类、辅酶或辅基等。超过机体蛋白质合成所需要的多余氨基酸不能贮存，也不能以氨基酸的形式直接排出，只能氧化分解并提供能量。

组成蛋白质的氨基酸主要有20种，它们的化学结构不同，其代谢有所差异。但它们都含有α-氨基和羧基，在代谢上有共同的代谢途径。氨基酸的一般分解代谢就是指这种共同的代谢途径。氨基酸的共同代谢途径有脱氨作用和脱羧作用，其中脱氨作用氨基酸分解代谢的主要方式，脱羧作用是次要方式。

(一)氨基酸的脱氨作用

氨基酸的脱氨作用是指氨基酸在酶的催化下脱去氨基生成α-酮酸的过程。这是氨基酸在体内分解的主要方式。动物的脱氨作用主要在肝脏、肾脏、肌肉中进行，主要有氧化脱氨作用、转氨作用、联合脱氨作用等几种方式，其中以联合脱氨作用最为重要。

1. 氧化脱氨作用　氧化脱氨作用是指在酶的催化下氨基酸在氧化脱氢的同时脱去氨基的过程。这一过程分为两步：首先氨基酸在氨基酸氧化酶的催化下，脱去两个氢原子，生成亚氨基酸；然后亚氨基酸自发水解掉一分子水转变成相应的α-酮酸，并释放出氨。

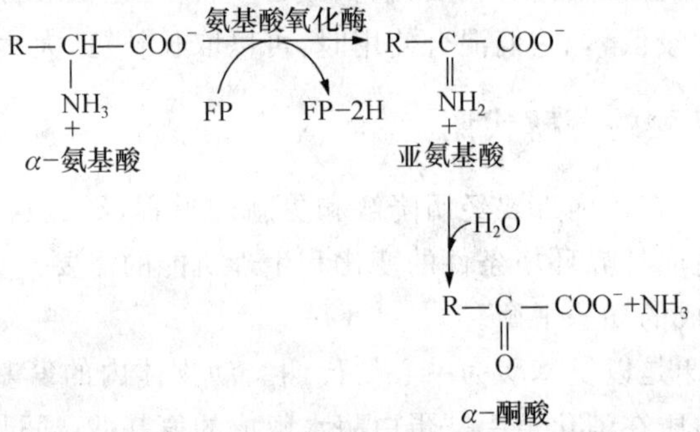

动物体有L-氨基酸氧化酶、D-氨基酸氧化酶和L-谷氨酸脱氢酶等催化氨基酸的氧化脱氨基反应。L-氨基酸氧化酶以FMN为辅基，催化L-氨基酸的氧化脱氨作用，但在体内分布不广，活性不强；D-氨基酸氧化酶以FAD为辅基，在体内分布广，活性强，但由于动物体内的氨基酸绝大部分是L-氨基酸，所以这两种氨基酸氧化酶的作用都不大。而在氨基酸代谢中起重要作用的是L-谷氨酸脱氢酶，它广泛存在于肝、肾和脑等组织中，具有较强的活性，可以催化L-谷氨酸氧化脱氨生成α-酮戊二酸。谷氨酸脱氢酶是不需氧脱氢酶类，以NAD^+或$NADP^+$为辅酶。

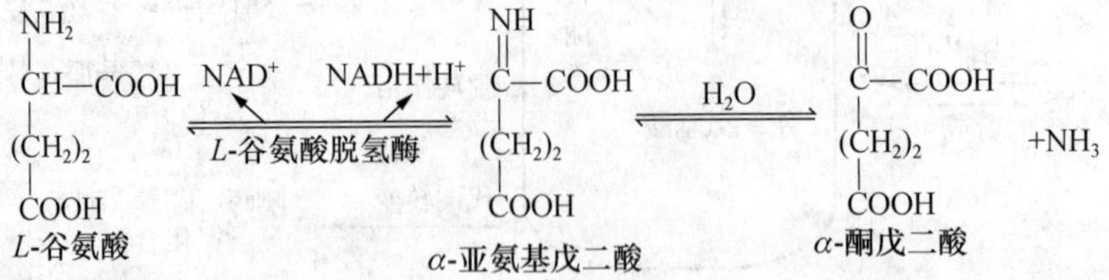

上述谷氨酸脱氢酶催化的反应是可逆的。一般情况下偏向于谷氨酸的合成，因为高浓度氨对机体有害，此反应平衡点有助于保持较低的氨浓度，但当谷氨酸浓度高而氨浓度较低时(氨在肝脏转变为尿素)，则有利于α-酮戊二酸的生成。L-谷氨酸脱氢酶具有很强的专一性，只能催化L-谷氨酸氧化脱氨基反应，对于其他的氨基酸没有作用。所以单靠此酶不能使体内的大多数氨基酸发生脱氨作用，还需要借助其他方式进行。

2. 转氨作用　转氨作用是α-氨基酸和α-酮酸之间的氨基转移反应。α-氨基酸的氨基在相应的转氨酶催化下转移到另一种 α-酮酸的酮基上，结果使原来的氨基酸转变成相应的 α-酮酸，而原来的 α-酮酸则形成了相应的氨基酸。催化转氨基反应的酶叫做转氨酶或氨基转移酶。

上述反应可逆，平衡常数约为 1。反应的实际方向取决于四种反应物的相对浓度。

动物体内参与蛋白质合成的 20 种 α-氨基酸中，除甘氨酸、赖氨酸、苏氨酸和脯氨酸不参加转氨作用，其余均可由特异的转氨酶催化参加转氨作用。体内的转氨酶目前已经发现 50 多种，它们对于氨基的供体要求不严格，但氨基受体一般以 α-酮戊二酸为主。转氨酶的辅酶都是维生素 B_6 的磷酸酯——磷酸吡哆醛，起着传递氨基的作用。下面介绍动物体内有两个最重要并且分布最广泛的转氨酶——谷草转氨酶(GOT)和谷丙转氨酶(GPT)。

谷丙转氨酶在肝脏中活性最高，它催化谷氨酸和丙氨酸之间的氨基转移作用，在氨的转运中起重要的作用。谷草转氨酶在许多组织中都具有很高的活性，尤其在肝脏中，谷草转氨酶的活性远远高于其他的转氨酶，生成的天冬氨酸是合成尿素的前体物质。此外，此酶还参与糖的氧化过程中重要的苹果酸穿梭作用。它们催化的反应如图 3-63 所示。

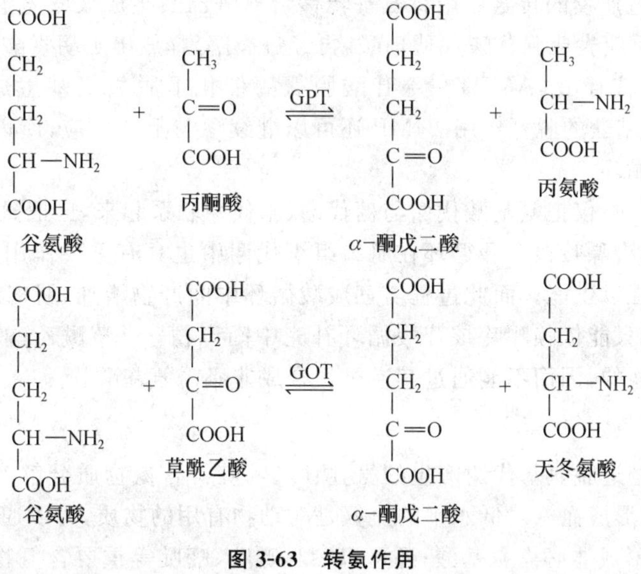

图 3-63 转氨作用

正常时上述转氨酶主要存在于细胞内，血清中的活性很低；各组织器官中以心和肝的活性为最高。但当组织细胞受到炎症性损害，细胞膜通透性增高或细胞破坏时，则转氨酶可以大量释放入血，造成血清中转氨酶活性明显升高。例如，患急性肝炎或其他肝脏疾病者血清 GPT 活性显著升高；患心肌梗死等疾病者血清中 GOT 活性明显上升。所以，临床上可以将它们在血清中含量的变化，作为疾病诊断和预后的指标之一。

转氨作用的生理意义：

动物体内的转氨作用对氨基酸代谢十分重要，既是氨基酸的分解代谢过程，也是体内某些氨基酸(非必需氨基酸)合成的重要途径。通过转氨作用可以调节体内非必需氨基酸的种类和数量，以满足体内蛋白质合成时对非必需氨基酸的需求；转氨作用还是联合脱氨作用的重要组成部分，从而加速了体内氨的转变和运输，沟通了机体的糖代谢、脂代谢和氨基酸代谢的互相联系。

3. 联合脱氨作用　动物体内氧化脱氨作用一般只能催化谷氨酸氧化脱氨；转氨作用虽然普遍存在，但仅仅是氨基的转移，并没有把氨基最终脱去。所以体内大多数氨基酸脱氨基是通过氧化脱氨作用和转氨作用两种方式联合起来进行的，称为联合脱氨作用。联合脱氨作用是机体内不同氨基酸迅速脱氨的主要方式，主要有两种反应途径：

(1)由 *L*-谷氨酸脱氢酶和转氨酶联合催化的联合脱氨作用　由于大多数氨基酸优先利用 α-酮戊二酸作为氨基的受体，所以在转氨酶催化下，各种氨基酸先将 α-氨基转移到 α-酮戊二酸上生成谷氨酸，然后，谷氨酸在体内分布广、活性高的 *L*-谷氨酸脱氢酶催化下生成游离氨和 α-酮戊二酸，而 α-酮戊二酸可以再继续参与转氨作用。此种联合脱氨作用是可逆的过程，主要在肝、肾、脑等组织中进行，它也是体内合成非必需氨基酸的重要途径。

(2)由转氨作用和嘌呤核苷酸循环联合催化的脱氨作用　骨骼肌、心肌和脑组织中 *L*-谷氨酸脱氢酶含量很少、活性很低，所以不能通过上述形式的联合脱氨反应脱氨。相反，这些组织中腺苷酸脱氨酶、腺苷酸代琥珀酸合成酶和腺苷酸代琥珀酸裂解酶的含量及活性都很高，因此，这些组织中存在着另一种氨基酸脱氨基反应。

氨基酸首先通过连续的转氨作用将氨基转移给草酰乙酸生成天冬氨酸，天冬氨酸与次黄嘌呤核苷酸(IMP)反应生成腺苷酸代琥珀酸，再经过裂解，释放出延胡索酸并生成腺嘌呤核苷酸(AMP)。腺嘌呤核苷酸(AMP)在腺苷酸脱氨酶催化下脱去氨基生成次黄嘌呤核苷酸(IMP)，最终完成氨基酸的脱氨作用。IMP 还可以继续参与上述反应，所以，这种联合脱氨作用称为嘌呤核苷酸循环。

嘌呤核苷酸循环不仅把氨基酸代谢与糖代谢、脂代谢联系起来，也把氨基酸代谢与核苷酸代谢联系起来。此外，嘌呤核苷酸循环在肌肉组织代谢中也具有重要作用。肌肉活动增加时需要三羧酸循环增强以供能。而此过程需三羧酸循环中间产物增加，肌肉组织中缺乏能催化这种补偿反应的酶，只能依赖嘌呤核苷酸循环补充中间产物——草酰乙酸。嘌呤核苷酸循环的联合脱氨是不可逆的，因而不能通过其逆过程合成非必需氨基酸。

(二)氨的代谢

机体内氨基酸经过脱氨基代谢产生的氨，嘌呤、嘧啶等含氮物质分解产生的氨，消化道吸收来的氨进入血液，形成血氨。低水平的血氨是对动物有用的物质，可以通过脱氨基过程的逆反应与 α-酮酸结合形成非必需氨基酸；还可以参与嘌呤、嘧啶等重要含氮物质的合成；一少部分氨可以与谷氨酸或天冬氨酸反应分别生成谷氨酰胺和天冬酰胺。但氨具有毒性，特别是高等动物的脑组织对氨的作用特别敏感。血液中的氨含量达到 1%时，就可以引起中枢神经系统中毒，因此在动物体游离的氨形成后立即进行代谢，除极少数用于物质的合成，绝大部分转化成无毒的物质排出体外。

1. 生成尿素——鸟氨酸循环　哺乳动物体内的氨主要去路是合成尿素并随尿排出体外。肝脏是尿素合成最主要的器官，肾和脑等组织也能合成少量的尿素。

尿素循环分为三个阶段：

第一阶段：鸟氨酸与二氧化碳和氨作用，合成瓜氨酸。

第二阶段：瓜氨酸与氨作用，合成精氨酸。

第三阶段：精氨酸被肝脏中精氨酸酶水解产生尿素和重新生成鸟氨酸。

反应从鸟氨酸开始，结果又重新产生鸟氨酸。实际上这些反应形成一个循环，因此尿素循环又称为鸟氨酸循环。

根据研究，鸟氨酸循环的中间步骤可能极为复杂，现将中间步骤分述如下：

(1)氨甲酰磷酸的生成　肝细胞液中由各种氨基酸经转氨作用生成的谷氨酸，通过线粒体膜进入线粒体基质内，在谷氨酸脱氢酶的作用下形成游离的氨。这些 NH_3 和 CO_2、ATP 在氨甲酰磷酸合成酶Ⅰ(存在于肝细胞线粒体内)的催化下，合成氨甲酰磷酸。

$$NH_3+CO_2+H_2O+2ATP \xrightarrow[Mg^{2+}]{\text{氨甲酰磷酸合成酶}} \underset{\text{氨甲酰磷酸}}{H_2N-\overset{\overset{\displaystyle O}{\|}}{C}-O\sim PO_3H_2}+2ADP+2Pi$$

上述反应中每生成一分子氨甲酰磷酸需要消耗 2ATP，是不可逆反应。氨甲酰磷酸合成酶Ⅰ(CPS-Ⅰ)是限速酶，该酶是肝线粒体中含量最丰富的酶之一，能够特异性地利用主要来自于联合脱氨作用产生的游离氨。*N*-乙酰谷氨酸(*N*-AGA)是氨甲酰磷酸合成酶(CPS)的变构激活剂。

(2)瓜氨酸的生成　氨甲酰磷酸是高能磷酸化合物，性质活泼。在鸟氨酸氨甲酰移换酶(OCT)催化下，氨甲酰磷酸易将其氨甲酰基转移给鸟氨酸形成瓜氨酸。

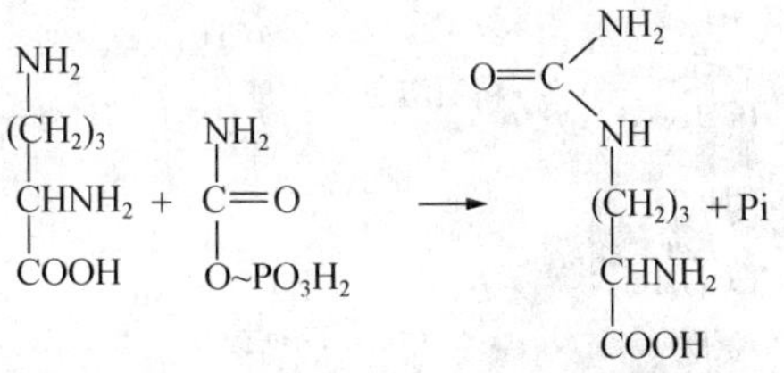

鸟氨酸　　氨甲酰磷酸　　瓜氨酸

此反应也是不可逆反应，发生在线粒体内，产生于细胞液中的鸟氨酸必须通过线粒体膜上的特异性转运系统进入线粒体内。

(3)精氨酸的生成　鸟氨酸循环的后几步都是在细胞液中进行的，瓜氨酸也必须从线粒体中脱出。进入细胞液中的瓜氨酸在 ATP 与 Mg^{2+} 存在时，通过精氨酸代琥珀酸合成酶的催化与天冬氨酸缩合为精氨酸代琥珀酸，同时产生 AMP 及焦磷酸。接着，精氨酸代琥珀酸在精氨酸代琥珀酸裂解酶的催化下分解为精氨酸和延胡索酸。此反应如下：

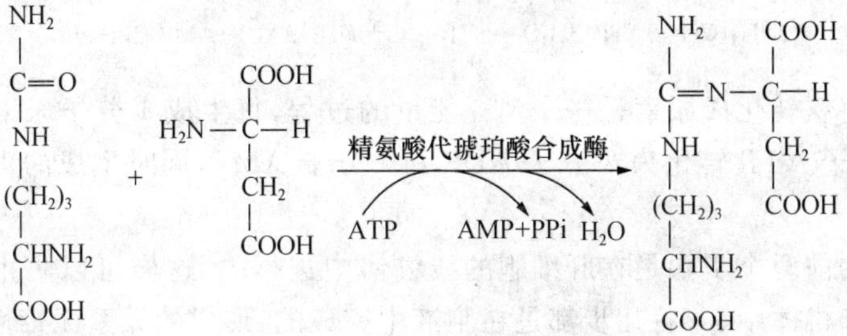

瓜氨酸　　天冬氨酸　　精氨酸代琥珀酸

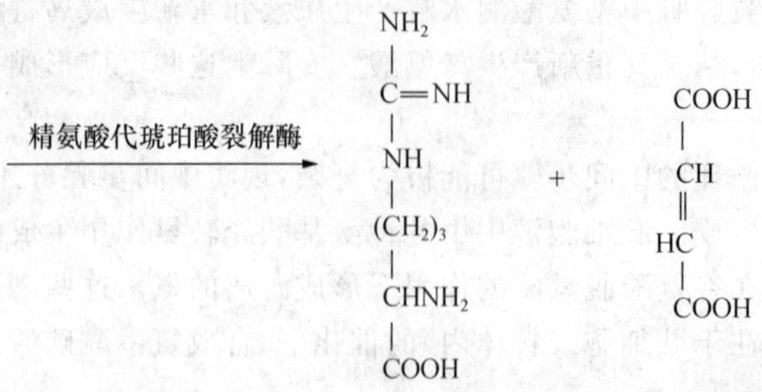

精氨酸　　延胡索酸

在上面两步反应中，天冬氨酸作为氨基的供体。天冬氨酸可由草酰乙酸与谷氨酸经转氨作用生成，而谷氨酸又可以通过其他各种氨基酸把氨基转移给 α-酮戊二酸生成。因此其他各种氨基酸脱下的氨基可以通过天冬氨酸用于尿素的合成。

此外，上述反应中生成的延胡索酸经三羧酸循环变为草酰乙酸，再与谷氨酸进行转氨作用又变成天冬氨酸。这样，尿素循环和三羧酸循环有关的反应就密切联系在一起。

(4)精氨酸的水解　精氨酸在精氨酸酶的催化下水解产生尿素和鸟氨酸。

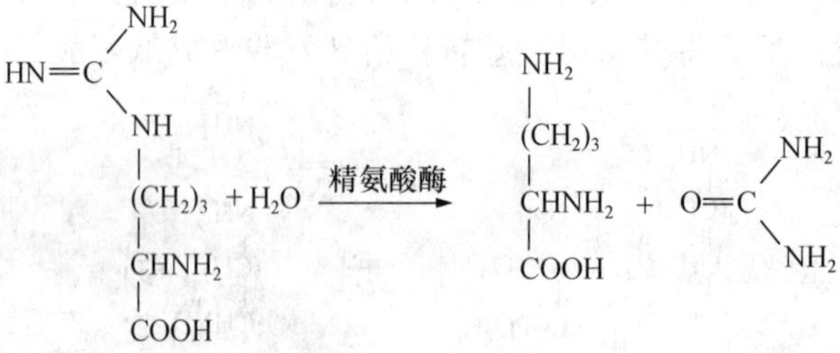

精氨酸　　鸟氨酸　　尿素

此反应中生成的尿素是无毒的物质，可以经过血液循环运输到肾脏部位，随尿液排出体外。生成的鸟氨酸则可以再进入鸟氨酸循环，在线粒体中与氨甲酰磷酸反应用于瓜氨酸的合成，周而复始地进行，完成尿素合成的过程。

综上所述，2 分子 NH_3 和 1 分子 CO_2 结合生成 1 分子尿素。尿素分子中的两个氮原子，一个来自游离氨，另一个来自天冬氨酸（由其他氨基酸通过转氨作用生成）。鸟氨酸、瓜氨酸及精氨酸只是这个循环中的催化剂。

$$2NH_3+CO_2+3ATP+3H_2O \rightarrow NH_2-\overset{\overset{\displaystyle O}{\|}}{C}-NH_2+2ADP+AMP+2Pi+PPi$$

鸟氨酸循环将氨转化成尿素是一个消耗能量的过程，每生成 1 分子尿素要消耗 4 个高能磷酸键，其中 3 分子 ATP 转化为 2 分子 ADP 和 1 分子 AMP，同时生成的无机焦磷酸又消耗了第四个 ATP。

鸟氨酸循环的前两个步骤是在肝细胞的线粒体中进行的，这样可以防止过量游离的氨积累于血液中而引起机体中毒；后几步都是在胞液中完成的，形成的尿素无毒性、易溶于水，通过血液循环的运输送到肾脏，以尿的成分被排出。鸟氨酸循环如图 3-64 所示。

尿素是哺乳动物蛋白质代谢的最终产物。尿素在肝脏中形成后，通过鸟氨酸循环不但消除氨毒，还消耗了一部分由三羧酸循环产生的 CO_2，减少体内多余的 CO_2 溶于血液所产生的酸性。因此，鸟氨酸循环对动物具有十分重要的生理意义。

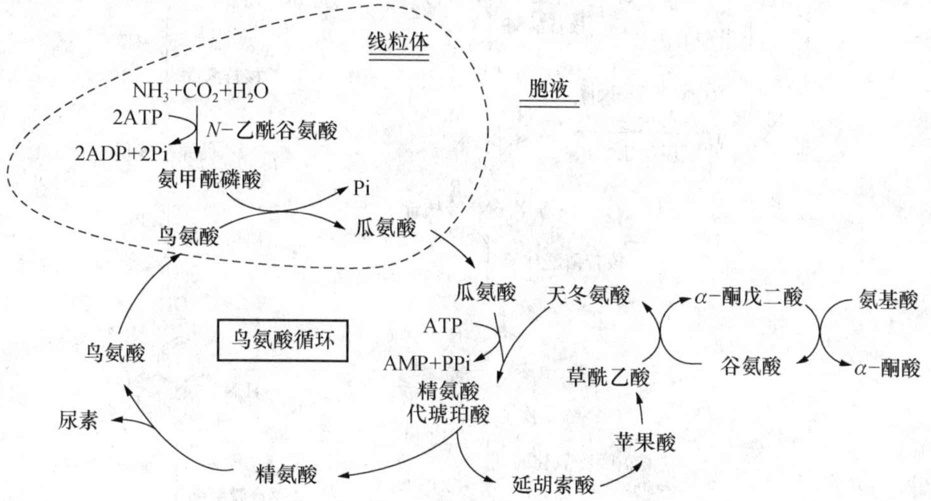

图 3-64 鸟氨酸循环

2. 生成尿酸 家禽体内氨的代谢和哺乳动物有共同之处，也有不同之处。家禽体内的氨可以合成谷氨酰胺、一些氨基酸和含氮物质，但不能合成尿素，大部分的氨通过合成尿酸排出体外。鸟类、爬行动物和灵长类动物（包括人）也可以将嘌呤核苷酸转变成尿酸排泄。大多数动物还可以把尿酸进行进一步的降解，分别生成尿囊素、尿囊酸、乙醛酸、尿素、CO_2、NH_3 等物质。

尿酸主要由细胞代谢分解的核酸和其他嘌呤类化合物以及食物中的嘌呤经酶的作用分解而来，因此，尿酸的合成过程与核苷酸的代谢密切相关。尿酸的合成途径如图 3-65 所示。

AMP 在脱氨酶、GMP 在还原酶催化下可以生成 IMP，IMP 经过水解、氧化后形成尿酸。另外，AMP 和 GMP 经过核苷酸酶水解除去磷酸分别形成腺嘌呤核苷和鸟嘌呤核苷。腺嘌呤核苷脱去氨基形成次黄嘌呤核苷。鸟嘌呤核苷和次黄嘌呤核苷再经过代谢也能转变成尿酸。当尿酸生成过多或排泄不充分时，血液中的尿酸及尿酸盐浓度较高，在肾脏、舌和关节等的软组织处形成结晶沉淀下来，引起剧烈疼痛，导致痛风症。

3. 生成酰胺 动物体内氨基酸脱氨作用所产生的氨除了形成含氮物如尿素排出体外，还可以在脑、肌肉组织中谷氨酰胺合成酶的催化下形成谷氨酰胺。谷氨酰胺是合成蛋白质所需的氨基酸，没有毒性，是体内迅速降解氨毒的一种方式，也是体内氨运输和贮存的形式。此外，脑组织仅能合成极少量尿素，故在脑组织中解除氨毒性的主要机制是形成谷氨酰胺。

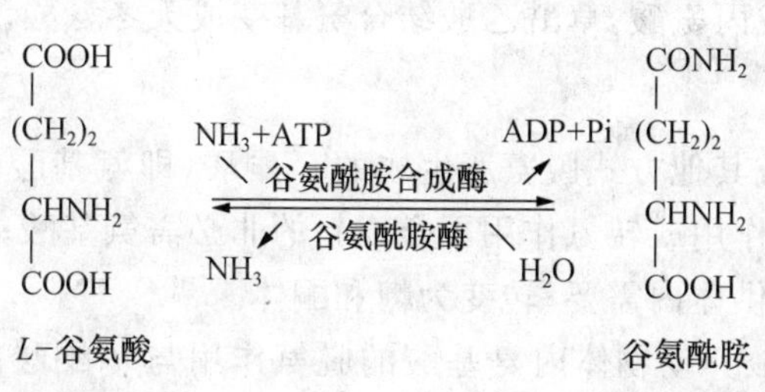

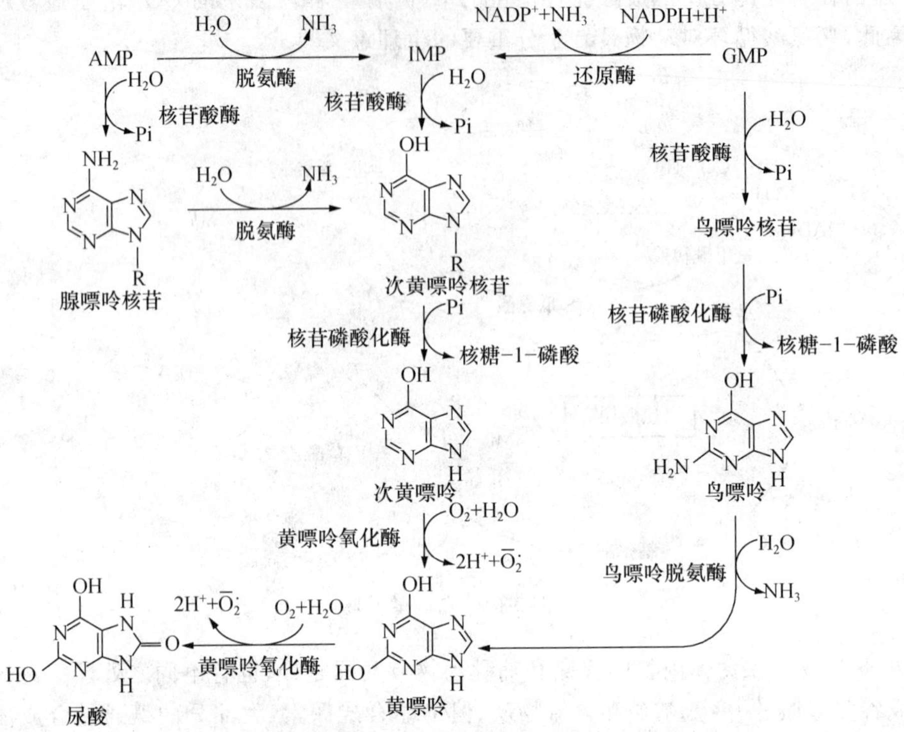

图 3-65 尿酸的合成途径

谷氨酰胺通过血液循环运送到肝脏或肾脏后，在谷氨酰胺酶的催化下水解生成谷氨酸和氨。氨在肝内可以合成尿素；在肾脏以铵盐形式排出体外。当机体内酸过多时，肾小管上皮细胞中的谷氨酰胺酶活性增强，谷氨酰胺分解速度加快，氨的生成量和排出量也随之增多。排出的 NH_3 和尿液中的 H^+ 中和生成 NH_4^+，从而降低尿中 H^+ 的浓度，使 H^+ 不断从肾小管细胞中排出，有利于维持动物机体的酸碱平衡。

谷氨酰胺生成的意义：①肝外组织解除氨毒。②脑、肌肉等组织向肝或肾运输氨的主要形式。经谷氨酰胺酶作用分解成谷氨酸和 NH_3，此 NH_3 是尿氨的主要来源，占尿中氨总量的60%。③氨的储存形式，为某些含氮化合物的合成提供原料，例如，谷氨酰胺的酰胺氮是核苷酸中嘌呤环和嘧啶环氮原子的直接供体。

4. 合成非必需氨基酸　由 *L*-谷氨酸脱氢酶和转氨酶联合催化的联合脱氨作用是可逆的过程，是体内合成非必需氨基酸的重要途径。在 *L*-谷氨酸脱氢酶和转氨酶催化下，游离氨和 α-酮戊二酸结合生成谷氨酸，谷氨酸再将氨基转移到 α-酮酸上生成非必需氨基酸。例如，丙酮酸接受谷氨酸的氨基生成丙氨酸，草酰乙酸结合氨基变成天冬氨酸。

(三) α-酮酸的代谢

氨基酸经联合脱氨或其他方式脱氨所生成的 α-酮酸（即氨基酸的碳骨架），主要有下述三条去路：经过还原氨基化作用或转氨作用再合成新的非必需氨基酸；进入三羧酸循环氧化成二氧化碳和水，放出能量以供体内需要；转变为糖和酮体。

1. 生成非必需氨基酸　动物体内氨基酸的脱氨作用与 α-酮酸的还原氨基化作用是一对可逆反应，并处于动态平衡中。当体内氨基酸过剩时，脱氨作用相应地加强，相反，当机体需要氨基酸时，还原氨基化作用加强，从而合成某些氨基酸。但由 α-酮酸加上氨基只能生成非必需氨基酸，不能转化成必需氨基酸。因为与必需氨基酸相对应的 α-酮酸不能在体内合成，所以必需氨基酸只能从食物中获得。

2. 氧化生成水和二氧化碳　这是 α-酮酸的重要去路之一。脊椎动物体内氨基酸分解代谢过程中，20 种氨基酸脱氨基后可以分别生成不同的 α-酮酸，例如丙氨酸、甘氨酸等转变成乙酰 CoA；精氨酸、组氨酸等转变成 α-酮戊二酸；蛋氨酸、苏氨酸等转变成琥珀酰 CoA；酪氨酸和苯丙氨酸转变成延胡索酸；天冬氨酸、天冬酰胺转变成草酰乙酸。这些产物再经过各自不同的酶系催化进行氧化分解。

虽然各种氨基酸的氧化分解途径各异，但它们脱氨基后生成的 α-酮酸，都是三羧酸循环中的中间产物，可进一步氧化分解生成 CO_2 和水，释放出能量用以合成 ATP。

3. 转变成糖和酮体　当体内不需要将 α-酮酸再合成氨基酸，并且体内的能量供给又极充足时，α-酮酸可以转变为糖及酮体，这已为动物实验所证明。例如，用不同的氨基酸饲养患糖尿病的犬，大多数氨基酸可使尿中葡萄糖的含量增加，少数几种可使葡萄糖及酮体的含量同时增加，而有的氨基酸只能使酮体的含量增加。在体内可以转变为糖的氨基酸称为生糖氨基酸，按糖代谢途径进行代谢；能转变成酮体的氨基酸称为生酮氨基酸，按脂肪酸代谢途径进行代谢；二者兼有的称为生糖兼生酮氨基酸，部分按糖代谢，部分按脂肪酸代谢途径进行代谢。

一般说，生糖氨基酸的分解中间产物大都是糖代谢过程中的丙酮酸、草酰乙酸、α-酮戊二酸、琥珀酰 CoA 或者与这几种物质有关的化合物。体内所有的非必需氨基酸都是生糖氨基酸，因为这些氨基酸转化成糖的过程是可逆的。生酮氨基酸的代谢产物为乙酰 CoA 或乙酰乙酸。由于氨基酸转化成酮体是不可逆的过程，所以生酮氨基酸多数是必需氨基酸（酪氨酸除外）（表 3-7）。

表 3-7　氨基酸和糖、脂肪的共有中间代谢产物

氨基酸简称	共同中间代谢产物	生糖或生酮
天冬	草酰乙酸	生糖
丝、甘、丙、羟、脯、半胱、胱	丙酮酸	生糖
苏	丙酮酸、琥珀酰 CoA	生糖
色	丙酮酸、乙酰乙酸	生糖兼生酮
谷、组、鸟、精、瓜、脯	α-酮戊二酸	生糖
蛋、缬	琥珀酰 CoA	生糖
异亮	琥珀酰 CoA、乙酰 CoA	生糖兼生酮
酪、苯丙	乙酰乙酸、延胡索酸	生糖兼生酮
亮	乙酰乙酸	生酮
赖	乙酰 CoA、α-酮戊二酸	生糖兼生酮

（四）氨基酸的脱羧基作用

机体内的氨基酸除了通过脱氨作用进行主要的代谢外，在少数情况下，部分氨基酸还可以在脱羧酶的作用下，脱去羧基生成 CO_2 和相应的胺，此过程称为氨基酸的脱羧基作用，这是氨基酸分解代谢的次要途径。催化这些反应的是氨基酸脱羧酶，其辅酶是磷酸吡哆醛。

$$NH_2\overset{\overset{\displaystyle R}{|}}{C}HCOOH \longrightarrow RCH_2NH_2+CO_2$$

氨基酸脱羧形成的胺，含量虽然不高，但大多数具有重要的生理功能，故称为生物胺。但这类物质聚集时对动物有毒害作用，会引起机体中毒，发生神经系统和心血管系统机能紊乱。正常情况下，胺类物质发挥其生理作用后，立即在体内广泛存在的胺氧化酶的催化下氧化成醛和氨，醛可再进一步氧化成脂肪酸，最后彻底氧化分解成 CO_2 和 H_2O。

【技能】

掌握测定样品中蛋白质含量的方法。

双缩脲反应是指双缩脲在碱性溶液中与 Cu^{2+} 结合生成紫红色化学物质的现象。蛋白质的肽键结构与双缩脲相似，在碱性溶液中也能与 Cu^{2+} 结合生成紫红色化学物质，而且其颜色深浅与蛋白质的浓度成正比，而与蛋白质和氨基酸的成分无关。用标准蛋白质溶液或已知蛋白质含量的血清作标准，通过双缩脲反应进行光电比色，可求得被测血清中蛋白质的含量，而当测定清蛋白、球蛋白含量时，可用盐析法将血清球蛋白沉淀，测得血清中清蛋白的含量，由总蛋白减去清蛋白，即得出球蛋白的含量。

1. 方法步骤　样品于 4 支试管中充分混匀(具体试剂见下表)，放置 30 min，用 530 nm 的波长进行比色，以空白管调整光密度“0”，读取各测试管及标准管的光密度值。

mL

试剂	空白管	标准管	总蛋白管	清蛋白管
混合液	0.0	0.0	2.0	0.0
上清液	0.0	0.0	0.0	2.0
标准液	0.0	2.0	0.0	0.0
沉淀剂	2.0	0.0	0.0	0.0
双缩脲试剂	5.0	5.0	5.0	5.0

2. 计算

$$总蛋白质含量(g/100\ mL)=\frac{总蛋白质管光密度值}{标准管光密度值}\times 0.003\times 2\times 100/0.1$$

$$清蛋白含量(g/100\ mL)=\frac{清蛋白管光密度值}{标准管光密度值}\times 0.003\times 2\times 100/0.1$$

$$球蛋白含量(g/100\ mL)=总蛋白质含量-清蛋白含量$$

3. 注意事项

①本法因是微量测定，因此取样必须准确。

②显色 30 min 方可比色。

③显色后测定管颜色应与标准管相接近，否则应适当调整稀释倍数。

④分离清蛋白时，可用过滤法。即取血清 0.2 mL 加 21% 亚硫酸钠(或 23% 硫酸钠)3.8 mL，混合后将其放置 3 h，再以定量滤纸过滤，直至得到完全清晰的清蛋白液为止。

【任务总结】

内容		要点
知识	必需氨基酸与蛋白质的营养价值	蛋白质生理功能的表现形式、必需氨基酸、非必需氨基酸、蛋白质的营养价值、蛋白质生理价值的衡量方式
	动物体内氨基酸的分解代谢概况	掌握动物体内氨基酸分解代谢的基本概况
	氨基酸的脱氨作用	氨基酸脱氨作用的方式及途径
	动物体内氨的代谢	尿素、尿酸、谷氨酰胺的合成途径
	α-酮酸的代谢	动物体内 α-酮酸的代谢途径
	氨基酸的脱羧基作用	氨基酸脱羧基作用的方式及途径
	糖、蛋白质、脂肪三大物质的代谢联系	糖、蛋白质、脂肪三大营养物质在动物体内代谢的联系
技能	样品中蛋白质含量的测定	1. 分光光度计、离心机等生化仪器设备的使用方法 2. 双缩脲法测定蛋白质含量的操作技术

项目四　脉管系统

△【情境描述】

通过观察标本及挂图，来学习心血管系统和淋巴系统的组成、心脏及心腔的形态构造、全身主要血管的分布；通过生理现象的观察及讨论来学习心脏活动规律、血液的理化特性及血管生理。

△【知识目标】

掌握心血管系统和淋巴系统的构成；掌握脉管系统主要器官的位置形态、构造特点及生理功能。

△【能力目标】

能在标本或模型上识别心血管系统和淋巴系统主要器官的构造；能检测心血管系统的生理指标。

△【素质目标】

具备团队协作能力；爱护标本和模型；具有较强的分析能力；对动物进行活体检测时注意自身安全。

任务 4-1　心血管系统形态结构的识别

【任务描述】

心血管系统是由心脏、血管（动脉、毛细血管和静脉）和血液组成。其中心脏是血液循环的动力器官，在神经体液调节下，进行有节律的收缩和舒张，并推动血液在血管内周而复始的流动。血液在心血管系统流动的过程中，可以为全身的组织细胞输送氧气和营养物质，同时把组织细胞新陈代谢所产生的废物及二氧化碳运送到排泄器官，最终排出体外。本单元的任务是通过观察标本、挂图，来学习心脏的形态结构、位置和机能及血管的分类和分布。

【任务目标】

1. 掌握心脏的位置、形态结构和机能，并能在活体上找出心脏的体表投影位置；
2. 掌握血管的分类、特点及主要血管的分布；
3. 掌握体循环和肺循环的循环路径；
4. 具备较强的分析能力，能将体循环、肺循环和门脉循环联系起来。

【知识】

一、心脏

(一)心脏的形态与位置

1. 心脏的形态 心脏为一中空的肌质器官(图 4-1 和图 4-2),外包有心包,呈左、右稍扁的倒立圆锥形,其前缘凸,后缘短而直。上部宽大为心基,位置较固定,有进出心的大血管;下部小为心尖,游离于心包腔中。心脏表面有一环行的冠状沟和左、右两条纵沟,在牛心的后面还有一条副纵沟。冠状沟靠近心基,是心房和心室的外表分界,上部为心房,下部为心室。左纵沟位于心的左前方,不达心尖;右纵沟位于心的右后方,可伸达心尖。两条纵沟是左、右心室的外表分界,两沟的右前部为右心室,左后部为左心室。在冠状沟和左、右纵沟内填充有营养心脏的血管和脂肪。

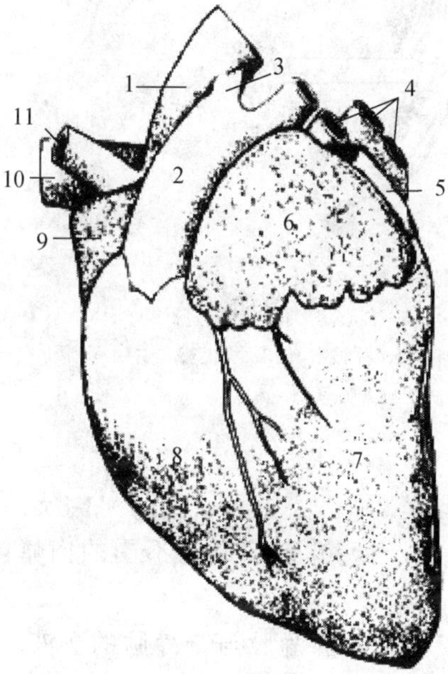

图 4-1 牛心脏左侧面

1. 主动脉 2. 肺动脉 3. 动脉韧带 4. 肺静脉 5. 左奇静脉 6. 左心房 7. 左心室 8. 右心室 9. 右心房 10. 前腔静脉 11. 臂头动脉总干

(马仲华,家畜解剖学及组织胚胎学,第 3 版,2002)

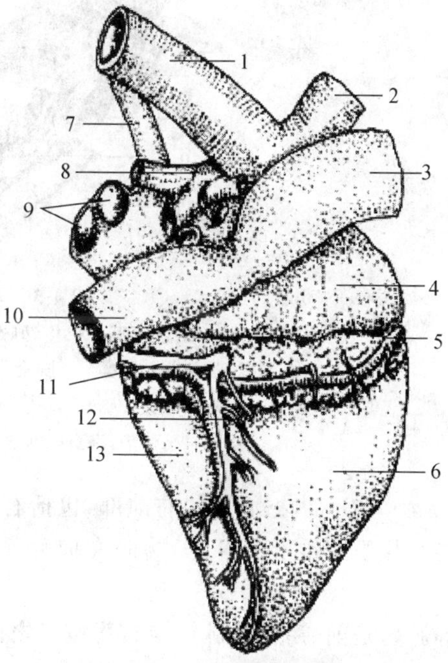

图 4-2 牛心脏右侧面

1. 主动脉 2. 臂头动脉总干 3. 前腔静脉 4. 右心房 5. 右冠状动脉 6. 右心室 7. 左奇静脉 8. 肺动脉 9. 肺静脉 10. 后腔静脉 11. 心大静脉 12. 心中静脉 13. 左心室

(马仲华,家畜解剖学及组织胚胎学,第 3 版,2002)

2. 心脏的位置 心脏位于胸腔纵隔内,夹在左、右两肺之间,略偏左侧,约在胸腔下 2/3 部,其前缘与第三对肋骨(第二对肋间隙)相对,后缘与第六对肋骨(或第五对肋间隙)相对。牛的心基大致位于肩关节的水平线上,心尖距膈 2~5 cm;马的心基大致位于鬐甲最高点至胸骨的腹侧缘连线的中点下 3~4 cm,心尖距膈 6~8 cm,距胸骨约 1 cm;猪的心脏位于第二至第五肋之间,心尖与第七肋软骨和胸骨结合处相对,距膈较近。

(二)心腔的构造

心腔内有纵行的房中隔和室中隔，将心腔分为左右互不相通的两半。每半又被房室隔分为上部的心房和下部的心室，并借房室口相通。因此，心脏被分成四个腔：右心房、右心室、左心房和左心室(图 4-3)。

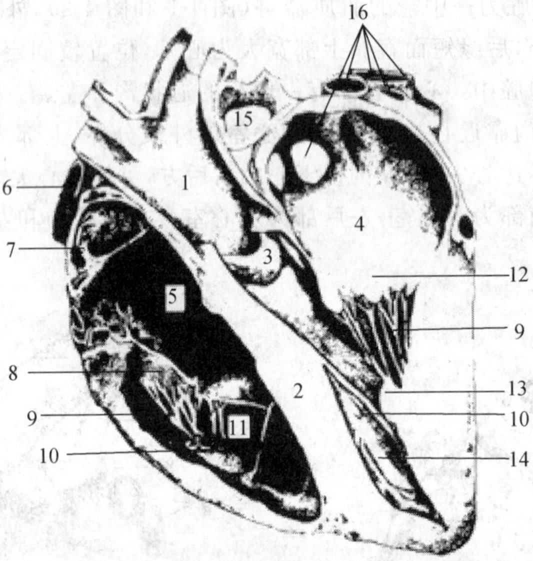

图 4-3 马心脏的纵剖面

1. 主动脉 2. 室中隔 3. 主动脉瓣 4. 左心房 5. 右心房 6. 前腔静脉 7. 梳状肌 8. 三尖瓣 9. 腱索 10. 隔缘肉柱 11. 右心室 12. 二尖瓣 13. 乳头肌 14. 左心室 15. 肺动脉 16. 肺静脉

(马仲华，家畜解剖学及组织胚胎学，第 3 版，2002)

1. *右心房* 占据心基的右前部，包括右心耳和静脉窦。

右心耳呈圆锥形盲囊，尖端向左向后至肺动脉前方，内壁有许多方向不同的肉嵴，称梳状肌。

静脉窦是前、后腔静脉口与右房室口之间的腔，接受前、后腔静脉与奇静脉的血液。前腔静脉开口于右心房的背侧壁，后腔静脉开口于右心房的后壁，两开口间有一发达的肉柱称静脉间嵴，有分流前、后腔静脉血，避免相互冲击的作用。后腔静脉口的腹侧有冠状窦，是心大静脉和心中静脉的开口。在后腔静脉入口附近的房间隔上有卵圆窝，是胎儿时期卵圆孔的遗迹。成年的牛、羊、猪约有 20％的卵圆孔闭锁不全，但一般不影响心脏的功能。右心房通过右房室口和右心室相通。

2. *右心室* 位于心脏的右前部，不达心尖，壁薄腔小。其入口为右房室口，出口为肺动脉口。右房室口以致密结缔组织构成的纤维环为支架，环上附着有 3 个三角形瓣膜，称三尖瓣。其游离缘垂下心室，并通过腱索连于心室的乳头肌。当心房收缩时，房室口打开，血液由心房流入心室；当心室收缩时，心室内压升高，血液将瓣膜向上推使其相互合拢，关闭房室口。由于腱索的牵引，瓣膜不能翻向心房，从而可防止血液倒流。

肺动脉口也有一纤维环支持，环上附着 3 个半月形的瓣膜，称半月瓣。当心室收缩时，瓣膜开放，血液进入肺动脉；当心室舒张时，半月瓣关闭，防止血液倒流入右心室。

3. *左心房* 构成心基的左后部，左心耳也呈圆锥状盲囊，向左向前突出，内壁也有梳状肌。在左心房背侧壁的后部，有6～8个肺静脉入口，猪的左心房上有4个肺静脉的入口。左心房下方有一左房室口与左心室相通。

4. *左心室* 构成心室的左后部，室腔伸达心尖，腔大壁厚。入口为左房室口，出口为主动脉口。左房室口纤维环上附着有两片瓣膜，称二尖瓣，其结构和作用同三尖瓣。

主动脉口的纤维环上也附着有3个半月瓣，其结构及作用同肺动脉口的半月瓣。

(三)心壁的构造

心壁由心外膜、心肌和心内膜三层结构组成。

1. *心外膜* 紧贴于心肌外表面，由间皮和结缔组织构成，为心包腔脏层。

2. *心肌* 为心壁最厚的一层，主要由心肌纤维构成，内有血管、淋巴管和神经等。心肌由房室口的纤维环分为心房肌和心室肌两个独立的肌系，所以心房和心室可分别交替收缩和舒张。心房肌较薄，心室肌较厚，其中左心室壁最厚。

3. *心内膜* 薄而光滑，紧贴于心肌内表面，并与血管的内膜相连续。心瓣膜由心内膜折叠而成。心内膜深面有血管、淋巴管、神经和心传导纤维等。

(四)心脏的血管

心脏本身的血液循环称为冠状循环，由冠状动脉、毛细血管和心静脉组成。冠状动脉有左、右两支，分别由主动脉根部发出，沿冠状沟和左、右纵沟伸延，分支分布于心房和心室，在心肌内形成丰富的毛细血管网。毛细血管网与心肌细胞进行物质交换后，汇合成心大、心中和心小静脉，心大静脉和心中静脉最后注入右心房的冠状窦；心小静脉分成数支，在冠状沟附近直接开口于右心房。

(五)心脏的传导系统

心脏的传导系统由特殊的心肌纤维组成，其主要功能是自动产生并传导心搏动的冲动至整个心脏，调控心的节律性运动。心脏的传导系统包括窦房结、结间束、房室结、房室束和浦肯野氏纤维五部分(图4-4)。

窦房结：位于前腔静脉和右心耳间界沟内的心外膜下，除分支到心房肌外，还分出数支结间束与房室结相连。窦房结能自动产生节律性的兴奋，并传导至心房肌使其收缩；同时，还能将兴奋传至房室结。

房室结：位于房中隔右房侧的心内膜下，可将来自窦房结的兴奋传至心房和房室束。

房室束：为房室结的直接延续，于室中隔两侧心室壁的心内膜下延伸，其小分支在心内膜下分散成浦肯野氏纤维，与普通心肌纤维相连接。房室束可将来自房室结的冲动传至室中隔和心室壁，并通过浦肯野氏纤维传导至普通心肌纤维，使

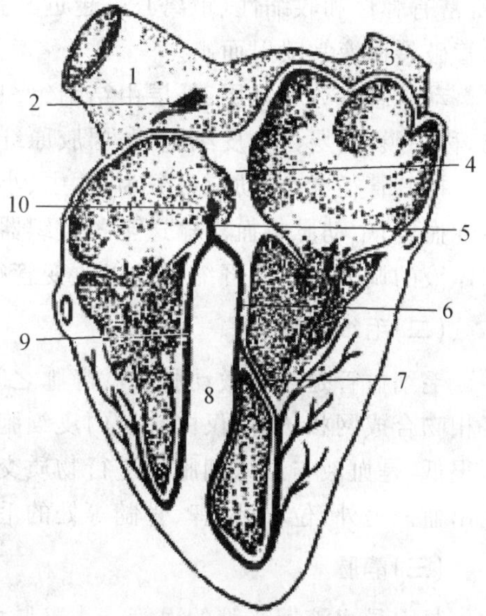

图4-4 心的传导系统示意图

1. 前腔静脉 2. 窦房结 3. 后腔静脉 4. 房中隔 5. 房室束 6. 房室束的左脚 7. 心横肌 8. 室中隔 9. 房室束的右脚 10. 房室结

(马仲华，家畜解剖学及组织胚胎学，第3版，2002)

心室收缩。

(六)心包

心包为包在心外面的锥形囊,囊壁由内层的浆膜和外层的纤维膜组成,可保护心脏(图4-5)。纤维膜为致密结缔组织,在心基部与出入心脏的大血管的外膜相连,在心尖部折转而附着于胸骨背侧,与心包胸膜(被覆在心包外面的纵隔胸膜)共同构成胸骨心包韧带,使心附着胸骨。浆膜衬于纤维膜里面,分壁层和脏层。壁层紧贴于纤维膜内面,在心基大血管根部折转后成为脏层,覆盖于心肌表面形成心外膜。壁层和脏层之间的裂隙称为心包腔,内含少量浆液,称心包液,可润滑心脏,减少其搏动时的摩擦。

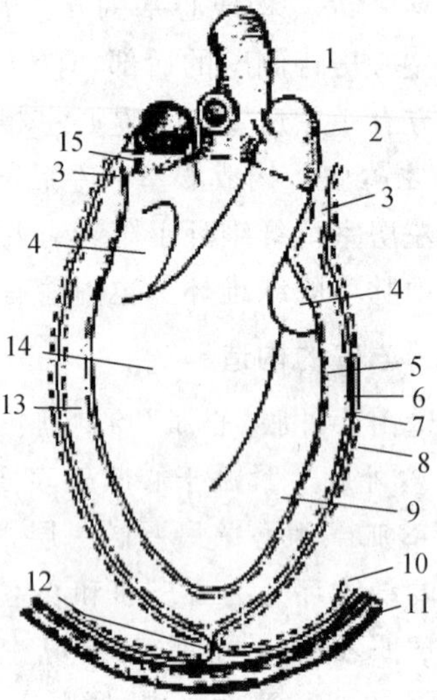

图4-5 心包结构模式图

1. 主动脉 2. 肺动脉 3. 心包脏层转到壁层的地方 4. 心房肌 5. 心外膜 6. 心包壁层 7. 纤维膜 8. 心包胸膜 9. 心 10. 肋胸膜 11. 胸壁 12. 胸骨心包韧带 13. 心包腔 14. 心室肌 15. 前腔静脉

(马仲华,家畜解剖学及组织胚胎学,第3版,2002)

二、血管

根据血管的结构和功能,分为动脉、毛细血管和静脉。

(一)动脉

动脉由心脏发出,并向外周分支,越分越细,可将心脏射出的血液送往全身各处。其管壁厚、管腔小,富有弹性和收缩性,距离心脏越近其弹性越好,空虚时不塌陷;血压高、血流速度快,若动脉血管破裂血液常喷射而出。

动脉管壁分为3层:外层由结缔组织构成,称外膜;中层由平滑肌、胶原纤维和弹性纤维组成,称中膜;内层由内皮细胞、薄层胶原纤维和弹性纤维组成,称内膜。

按其管径大小,动脉可分为大、中、小三类。大动脉管壁坚韧而富有弹性和扩张性,又称为弹性血管;中动脉将血液输送至各组织器官,又称为分配血管;小动脉管壁富含平滑肌,在神经和体液的调节下可作舒缩活动以改变管径大小,从而改变血流阻力,又称阻力血管。

(二)毛细血管

毛细血管是连于微动脉和微静脉之间的血管,在体内分布广。血管短而细,在组织器官内互相吻合成网状;管壁仅由一层内皮细胞构成,非常薄,具有较强的通透性;血流速度很慢,血压很低,是血液与组织细胞间进行物质交换的主要场所。皮下毛细血管破裂常导致皮下弥散性出血。另外,位于肝、脾、骨髓等处的毛细血管形成管腔大而不规则的膨大部,称为血窦。

(三)静脉

是引导血液回心脏的血管。小静脉由毛细血管汇集而成,并不断向心脏汇集成各级静脉。管壁薄、管腔大,越靠近心脏管腔越大,弹性小、易塌陷,出血时呈流水状。静息状态下,静脉系统容纳的血量可达循环血量的60%～70%,故静脉又称容量血管。

静脉管壁构造与动脉相似,也分3层,但中膜很薄,弹性纤维不发达,外膜较厚。四肢部、颈部的静脉内有朝心方向的半月状瓣膜,称为静脉瓣,可防止血液逆流。

三、血液循环路径

(一)体循环

又称大循环,从左心室开始,通过主动脉及其分支,进入全身各部形成毛细血管网,而后汇集成前、后腔静脉,返回右心房。

循环路径:左心室→主动脉→体毛细血管→前、后腔静脉→右心房

(二)肺循环

又称小循环,从右心室开始,经肺动脉进入肺,在肺内形成毛细血管网,而后汇集成肺静脉,返回左心房。

循环路径:右心室→肺动脉→肺毛细血管→肺静脉→左心房

(三)门脉循环

为大循环中的一分支,来自胃、肠、脾、胰、小肠、大肠(直肠后部除外)的静脉血汇合成门静脉,经肝门入肝,在肝小叶间分支成小叶间静脉,再汇入中央静脉,中央静脉汇合成小叶下静脉,最后汇成数支肝静脉出肝后入后腔静脉。

循环路径:门静脉→小叶间静脉→中央静脉→小叶下静脉→肝静脉→后腔静脉

四、全身主要血管

(一)体循环

1. 体循环的动脉(图 4-6) 体循环起于左心室的主动脉口,根部膨大,在此分出左右冠状动脉分布于心脏。主动脉由此开始向后方弯曲形成主动脉弓。主动脉弓根部向前分出臂头动脉总干,向后延续为胸主动脉,穿过膈到腹腔为腹主动脉,延伸至骨盆腔入口处分为左右髂外动脉和左右髂内动脉。

(1)臂头动脉总干 是分布于头颈、前肢及胸前部的动脉主干,沿气管腹侧向前上方伸延至第 3 肋处,分出左锁骨下动脉,主干延续为臂头动脉。臂头动脉在气管腹侧继续前行至第 1 肋附近,分出一支颈动脉总干,主干向右移行为右锁骨下动脉。左、右锁骨下动脉分出一些分支后分别绕过第 1 肋出胸腔,移行为腋动脉。

颈动脉总干:很短,在胸前口处分为左、右颈总动脉,并沿气管外侧向前行至头部。沿途分出许多小支,分布于气管、食管、咽喉、甲状腺和颈部腹侧的肌肉和皮肤。左、右颈总动脉在寰枕关节处分为枕动脉、颈内动脉(仅犊牛存在,成年牛退化)和颈外动脉。

枕动脉及其分支主要分布于脑、脊髓和脑膜上。颈内动脉分布于脑底。颈外动脉向前上伸至下颌关节处分出颌外动脉,本身向前延伸为颌内动脉。颌外动脉移行为面动脉,分布于面部肌肉和皮肤,颌内动脉及分支分布于上颌各器官。马属动物多在颌外动脉处进行脉搏检查。

前肢动脉:是由锁骨下动脉延伸而来,在肩关节内侧称为腋动脉,在臂部称为臂动脉,在前臂部位于前臂内侧的正中沟内,称为正中动脉,在掌部称为指总动脉,指总动脉分为指内、外侧动脉,分别沿指间下行至指端。前肢动脉干各段均有分支分布于相应部位的肌肉、皮肤、骨骼等处。

(2)胸主动脉 胸主动脉是主动脉弓向后的直接延续,沿途分出肋间动脉和支气管食管动脉,分布于胸壁肌肉、支气管、肺、食管和膈。

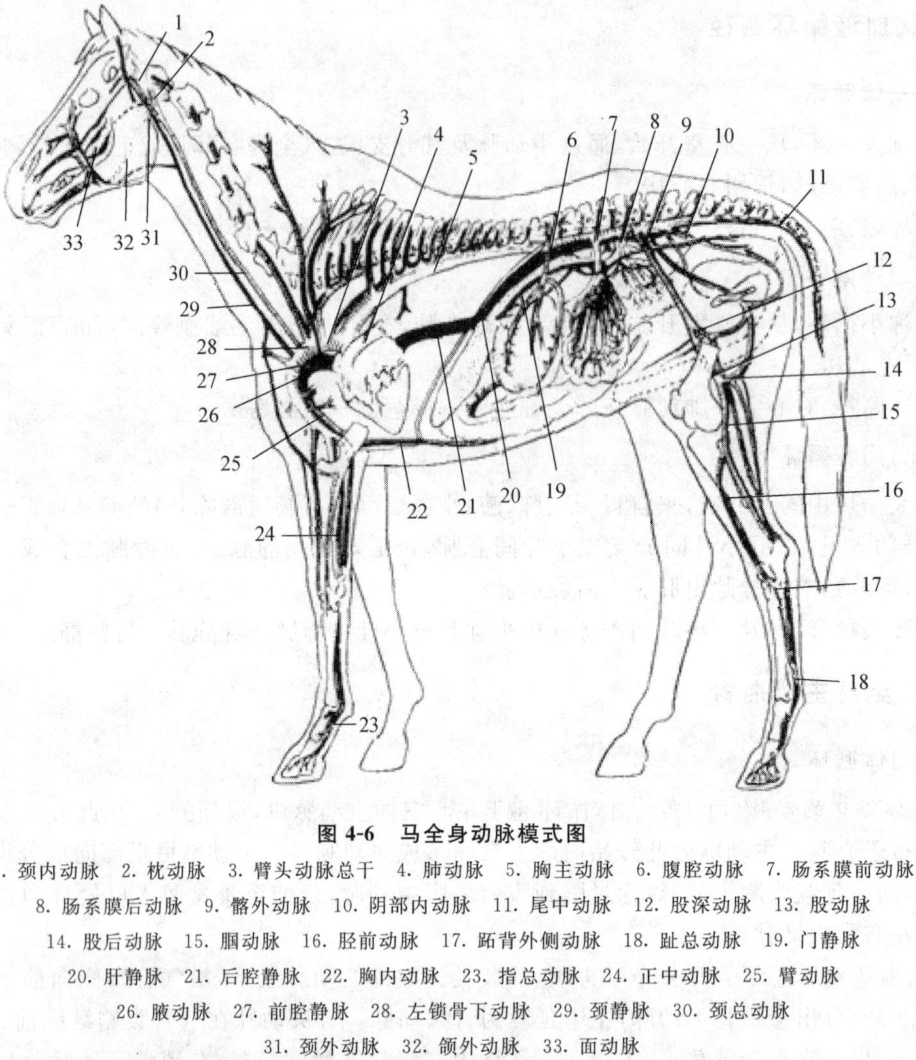

图 4-6 马全身动脉模式图

1. 颈内动脉 2. 枕动脉 3. 臂头动脉总干 4. 肺动脉 5. 胸主动脉 6. 腹腔动脉 7. 肠系膜前动脉 8. 肠系膜后动脉 9. 髂外动脉 10. 阴部内动脉 11. 尾中动脉 12. 股深动脉 13. 股动脉 14. 股后动脉 15. 腘动脉 16. 胫前动脉 17. 跖背外侧动脉 18. 趾总动脉 19. 门静脉 20. 肝静脉 21. 后腔静脉 22. 胸内动脉 23. 指总动脉 24. 正中动脉 25. 臂动脉 26. 腋动脉 27. 前腔静脉 28. 左锁骨下动脉 29. 颈静脉 30. 颈总动脉 31. 颈外动脉 32. 颌外动脉 33. 面动脉

(马仲华,家畜解剖学及组织胚胎学,第3版,2002)

(3)腹主动脉　腹主动脉为腰腹部的动脉主干,其分支可分为壁支和脏支。壁支主要为腰动脉,有6对,分布于腰部肌肉、皮肤及脊髓脊膜等处;脏支主要分布于腹腔、盆腔的器官上,由前向后依次为腹腔动脉、肠系膜前动脉、肾动脉、肠系膜后动脉和睾丸动脉(子宫卵巢动脉)。

腹腔动脉:在膈的主动脉裂孔稍后处由腹主动脉分出,主要分布于脾、胃、肝、胰及十二指肠。

肠系膜前动脉:在第1腰椎腹侧处由腹主动脉分出,主要分布于小肠、结肠、盲肠和胰脏。

肾动脉:在第2腰椎处由腹主动脉分出,成对,分布于肾。

肠系膜后动脉:在第4～5腰椎处由腹主动脉分出,比较细,主要分布于结肠后段和直肠。

睾丸动脉(子宫卵巢动脉):在肠系膜后动脉附近由腹主动脉分出。公畜分布于精索和睾丸等处,母畜分布于卵巢和子宫的前部。

(4)髂外动脉　分布于后肢相应部位的骨骼、肌肉和皮肤。在第5腰椎处由腹主动脉向后左、右两侧分出,在股部为股动脉,在膝关节后为腘动脉,在胫背侧为胫前动脉,在趾背侧为趾背侧动脉。猪、羊、犬等动物多在股动脉处进行脉搏检查。

(5)髂内动脉　腹主动脉延伸到骨盆部成对的最大终支,分布于骨盆腔器官、荐臀部和尾部肌肉皮肤。在尾椎腹侧皮下有尾中动脉,常用于牛的脉搏检查。

2. 体循环的静脉　是把血液送回右心房的血管。由毛细血管汇集成小静脉,小静脉逐渐汇集成较大的静脉,最后汇集成四条大的静脉:前腔静脉、后腔静脉、奇静脉和门静脉。

(1)前腔静脉　前腔静脉是汇集头颈部、前肢部和部分胸壁血液的静脉干,在胸前口处由左、右颈静脉和左、右腋静脉汇合而成,注入右心房。前腔静脉系最主要的血管是颈静脉,它沿颈静脉沟向后延伸,在胸前口处汇入前腔静脉。临床上,颈静脉是静脉注射和采血的常用部位。

(2)后腔静脉　后腔静脉在骨盆腔入口处由左右髂总静脉汇合而成,沿腹主动脉右侧向前伸延,穿过膈的腔静脉孔进入胸腔,注入右心房。后腔静脉收集后肢、骨盆、盆腔器官、腹壁、腹腔器官及乳房的静脉血。

(3)门静脉　位于后腔静脉的下方,是腹腔内一条大的静脉干,它收集胃、脾、胰、小肠、大肠(直肠后部除外)的静脉血,经肝门入肝,在肝内分成数支毛细血管网,再汇成数支肝静脉,汇入后腔静脉。

(4)奇静脉　接受部分胸壁、腹壁的静脉血,也接受支气管及食管的静脉血,在前、后腔静脉口之间注入右心房。

(二)肺循环

1. 肺动脉　起于右心室的肺动脉口,沿主动脉弓的左侧向后上方伸延,至心基的后上方分为左、右两支,分别与左、右支气管一起从肺门入肺。牛的右肺动脉还分出一侧支,到右肺的尖叶。

2. 肺静脉　由肺毛细血管网经过多次汇集而成,由肺门出肺,最后以数支肺静脉注入左心房。

【技能】

1. 心脏形态构造的识别　借助心脏的模型及新鲜标本,观察心包的结构,指出心脏外部构造(心基、心尖、冠状沟、室间沟、左右心房、左右心室及连接在心脏上的血管)及心腔内部构造(房室瓣、动脉瓣)。

2. 心脏体表投影位置的确定　在活体牛上找到心脏的体表投影位置。

【任务总结】

内容		要点
知识	心脏	1. 心脏的位置、形态 2. 心腔的构造:静脉窦、二尖瓣、三尖瓣、心耳、动脉瓣 3. 心壁的构造:心外膜、心肌和心内膜 4. 心脏的传导系统:窦房结、结间束、房室结、房室束和浦肯野氏纤维 5. 心包腔的构成

续表

内容		要点
知识	血管	动脉、静脉和毛细血管的结构特点
	血液循环路径	体循环、肺循环和门脉循环的循环路径
	全身主要血管	1. 体循环的动脉:臂头动脉总干、胸主动脉、腹主动脉、髂外动脉、髂内动脉 2. 体循环的静脉:前腔静脉、后腔静脉、门静脉和奇静脉 3. 肺动脉和肺静脉
技能	心脏形态构造的识别	1. 心脏外部构造(心基、心尖、冠状沟、室间沟、左右心房、左右心室及连接在心脏上的血管) 2. 心腔内部构造(静脉窦、二尖瓣、三尖瓣、心耳、动脉瓣) 3. 心脏的体表投影

任务 4-2 血细胞的识别与血液理化特性的观察

【任务描述】

血液是一种红色、略带腥味的黏性液体,在心脏的推动下在全身血管系统之中循环。血液在不断的流动过程中,实现其运输物质、维持稳态、保护机体以及参与神经体液调节等生理功能。本单元主要任务是通过血涂片的观察来识别血细胞,并学习其生理功能;通过实验来观察血液的理化特性,并能够实施抗凝和促凝措施。

【任务目标】

1. 掌握血液的组成、理化特性及各血细胞的形态结构和机能;
2. 掌握血凝的过程,并能在临床上根据需要采取抗凝和促凝措施;
3. 具备较强的分析能力,能根据血液的理化特性及血细胞数量的改变判定动物机体状态。

【知识】

一、机体内环境

(一)体液的组成

体液是动物机体内的水以及溶解于水中物质的总称。体液占体重的60%～70%,存在于细胞内的液体为细胞内液,是细胞内进行生化反应的场所,占体重的40%～45%;存在于细胞外的液体为细胞外液,包括血浆、组织液、淋巴液和脑脊液等,占体重的20%～25%。各种体液彼此隔开而又相互联系,通过细胞膜和毛细血管壁进行物质交换。

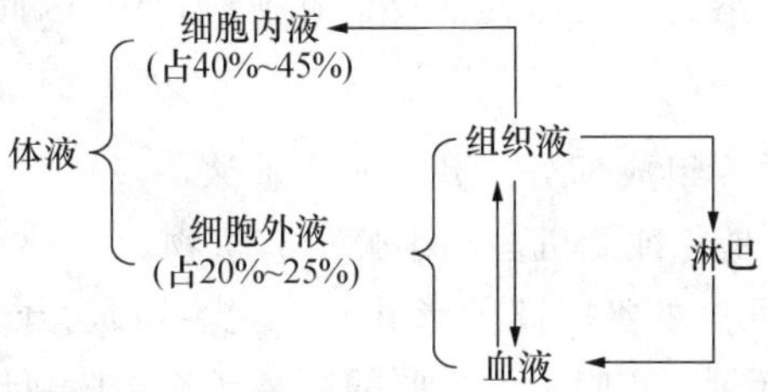

(二)机体的内环境

细胞外液是细胞直接生活的具体环境,故又称为机体的内环境。

家畜从外界获得的氧气和各种营养物质,都先进入血液循环,然后由毛细血管扩散到组织液,以供组织细胞代谢的需要。同时,组织细胞所产生的代谢产物也是先排到组织液中,然后扩散入血液循环再排出体外。由此可见,组织液既是细胞的直接生活环境,也是细胞与外界环境进行物质交换的媒介。

尽管机体外环境不断发生变化,但机体内环境却在神经、体液的调节下保持相对稳定,内环境的稳定是细胞进行生命活动的必要条件。血液通过不停的循环流动,能在组织与各内脏器官之间运输各种物质;血液对内环境某些理化因素的变化具有一定的缓冲作用;血液还可以反映内环境理化性质的微小变化,为维持内环境稳定的调节系统提供必要的反馈信息。因此,血液在维持内环境的稳定起重要作用。

二、血液成分

(一)血液的基本组成

血液由血浆和悬浮在血浆内的有形成分组成,两者合起来称全血。

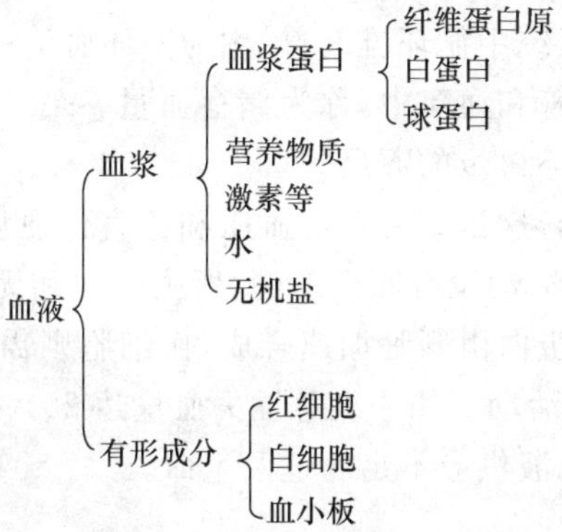

如果将加有抗凝剂(草酸钾或枸橼酸钠等)的血液置于离心管中离心沉淀后,能明显地分成3层:上层淡黄色部分为血浆;下层深红色的沉淀物为红细胞;在红细胞与血浆之间有一白色薄层,为白细胞和血小板。血液离心沉淀后全血中被压紧的红细胞容积占全血容积的百分率,称红细胞比容(红细胞压积),又称为血液比容(血液压积)。大多数家畜的血液比容在34%~45%之间。测定红细胞比容有助于诊断脱水、贫血和红细胞增多症等疾病。

如果离体血液不作抗凝处理,将很快凝固并紧缩成血块,并析出淡黄色的透明液体,称为血清。血清与血浆的主要区别在于:血浆中含有可溶性的纤维蛋白原;而血液在凝固过程中可溶性的纤维蛋白原变成不可溶的纤维蛋白而存留在血凝块中，因此，血清中不含纤维蛋白原。

(二)血浆的组成

血浆是机体内环境的重要组成部分。其中水占血浆的 90%～92%，其余为溶质。溶质中血浆蛋白占 5%～8%，其余是各种无机盐和小分子有机物。

1. 无机盐　血浆中无机盐主要以离子形式存在，少数以分子或与蛋白质结合状态存在。主要的阳离子有 Na^+，K^+，Ca^{2+} 和 Mg^{2+}；主要的阴离子有 Cl^-，HCO_3^-，HPO_4^{2-} 和 SO_4^{2-}。主要的微量元素有铜、锌、铁、锰、碘、钴等，它们主要存在于有机化合物分子中。这些无机离子在维持血浆晶体渗透压、维持体液的酸碱平衡、维持组织细胞的兴奋性等方面起重要作用。

2. 血浆蛋白　血浆蛋白是血浆中多种蛋白质的总称。根据分子量不同，可分为白蛋白(清蛋白)、球蛋白和纤维蛋白原等。其中白蛋白含量最多，是构成血浆胶体渗透压的主体；它还是血液中的运输载体，能与游离脂肪酸、胆色素和激素等水溶性较低的物质相结合并运输。球蛋白能与脂类结合成脂蛋白，对脂类以及脂溶性维生素的运输起重要作用，另外，其中的 γ-球蛋白多数为免疫抗体，也称为免疫球蛋白(IgG)。纤维蛋白原参与血液的凝固过程。

3. 血浆中其他有机物

(1)非蛋白含氮化合物　通常称这类化合物所含的氮为非蛋白氮。它们主要是蛋白质代谢的中间产物或终末产物，包括尿素、尿酸、肌酐、氨基酸、胆红素和氨等。

(2)血浆中不含氮的有机物　如葡萄糖、甘油三酯、磷酸、胆固醇和游离脂肪酸等，它们与糖代谢和脂类代谢有关。

(3)血浆中微量的活性物质　主要包括酶类、激素和维生素等。

(三)血量

动物体内的血液总量称为血量。血量占体重的 6%～8%，并随动物的种类、性别、年龄、营养状况、妊娠、泌乳和所处的外界环境而发生变化。

绝大部分血液在心血管系统中循环流动着，称为循环血量；其余部分(主要是红细胞)储存在肝、脾和皮肤等处的毛细血管和血窦中，称为储存血量。当动物剧烈运动或大出血时，储存血量可被释放出来，以补充循环血量的不足。

机体的血量是相对稳定的，这是维持正常血压和器官供血所必需的条件。如一次失血量不超过总血量的 10%，对生命活动没有明显影响，所失的水和无机盐可在 1～2 h 内由组织间液渗入到血管得到补充，血浆蛋白由肝脏加速合成，血细胞则需较长时间恢复；如一次失血量达 20%，则会影响正常的生命活动。如一次急性失血量达 25%～30%，可引起血压急剧下降，导致脑和心脏等重要器官的血液供应不足而危及生命。

三、血液的有形成分

(一)红细胞

1. 红细胞的形态与数量　哺乳动物成熟的红细胞无核，呈双面内凹的圆盘状。在血涂片标本上，周围染色较深，中央染色较浅。单个红细胞呈淡黄绿色，大量红细胞聚集在一起则呈红色。

红细胞的数量以每升血中含有多少 10^{12} 个表示(10^{12}/L)。红细胞在血细胞中数量最多，其正常数量随动物种类、品种、性别、年龄、饲养管理和环境条件而有所变化。如高产品种、幼龄动物、雄性动物、高原居住的动物、强健动物、饲养条件好的动物其红细胞的数量相对较多。

红细胞的细胞质内充满大量血红蛋白(Hb),约占红细胞成分的33%。血红蛋白由亚铁血红素和珠蛋白结合而成,具有携带氧和二氧化碳的功能。血红蛋白的含量受动物品种、性别、年龄、饲养管理等因素的影响,常以每升血液中含有的质量(g/L)来表示。

各种动物的红细胞和血红蛋白量见表4-1。

表4-1 各种动物的红细胞和血红蛋白量

动物种类	红细胞数/(10^{12}/L)	血红蛋白量/(g/L)
牛	7.0(5.0～10.0)	110(80～150)
绵羊	10.0(8.0～12.0)	120(80～160)
山羊	13.0(8.0～18.0)	110(80～140)
马	7.5(5.0～10.0)	115(80～140)
猪	6.5(5.0～8.0)	130(100～160)
鸡	3.5(3.0～3.8)	100(80～120)
犬	6.8(5.5～8.5)	150(120～180)

单位容积内红细胞数量、血红蛋白含量同时或其中之一显著减少而低于正常值,都称为贫血。

2. 红细胞的生理特性

(1)红细胞膜的通透性 红细胞膜对各种物质具有选择通透性。水、氧和二氧化碳等分子可以自由通过;葡萄糖、氨基酸、尿素较易通过;Cl^-、HCO_3^- 和 H^+ 也较易通过;Ca^{2+} 则很难通过;Na^+ 在正常状态下进入细胞后又被推出于细胞膜外,并经 Na^+-K^+ 交换而将 K^+ 纳入细胞内,以维持细胞膜内外 K^+ 与 Na^+ 的浓度差,保持细胞的正常兴奋性。

(2)红细胞的渗透脆性 将红细胞置于等渗溶液中,红细胞能维持其正常形态而不变形。若将红细胞置于高渗溶液中,则红细胞由于水分逐渐外移而皱缩,严重时即丧失其机能。若将红细胞放入低渗溶液中,红细胞将因吸水而膨胀,细胞膜终被胀破并释放出血红蛋白,这种现象称为溶血。红细胞对低渗溶液有一定的抵抗力,当周围液体的渗透压降低不大时,细胞虽有胀大但并不破裂溶血,红细胞对低渗的这种抵抗力称为红细胞渗透脆性。对低渗的抵抗力大,则脆性小;反之,对低渗的抵抗力小,则脆性大。衰老的红细胞脆性大,在某些病理状态下,红细胞脆性会显著增大或减小。

(3)红细胞的悬浮稳定性 红细胞能均匀地悬浮于血浆中不易下降的特性,称为红细胞的悬浮稳定性,其大小可用红细胞沉降率表示。通常以1 h内红细胞下沉的距离表示红细胞的沉降率(简称血沉)。动物种类不同血沉也不同,例如:牛的血沉慢,1 h内红细胞仅沉降不到1 mm;马的血沉快,1 h内可下降几十毫米。当动物患某些疾病时,红细胞的沉降率会发生明显变化。因此,测定血沉具有诊断价值。

3. 红细胞的功能 红细胞的主要功能是运输氧和二氧化碳,并对酸、碱物质具有缓冲作用,而这些功能均靠红细胞中的血红蛋白来实现。

(1)气体运输 血红蛋白(Hb)是红细胞内容物的主要成分,约占红细胞干重的90%。血红蛋白能与氧结合,形成氧合血红蛋白(HbO_2)。此外,血红蛋白也可以与二氧化碳结合。因此，血红蛋白具有运输氧和二氧化碳的功能。

血红蛋白与氧结合形成氧合血红蛋白是氧合过程；当血液中氧含量不同时，氧能容易地与氧合血红蛋白结合、分离。但当血液中含有亚硝酸盐成分时，血红蛋白中亚铁离子可被氧化成三价的高铁血红蛋白。此时，血红蛋白与氧的结合非常牢固而不易分离，因而失去运氧功能。如果生成的高铁血红蛋白的量超过血红蛋白总量的2/3，将导致组织缺氧、窒息而危及生命。

血红蛋白与一氧化碳结合的亲和力比氧大200多倍，空气中的CO浓度只要达到0.05%时，血液中就约有30%～40%的血红蛋白与之结合，使血红蛋白运输氧的能力降低，严重时发生CO中毒死亡。

(2)酸碱缓冲功能　HHb和HbO_2均为弱酸性物质，它们一部分以酸分子形式存在，另一部分与红细胞内的钾离子构成血红蛋白钾盐，因而组成了2个缓冲对，即KHb/HHb和$KHbO_2/HHbO_2$，共同参与血液酸碱平衡的调节作用。

4. 红细胞的生成与破坏

(1)红细胞的生成　正常情况下，红骨髓是哺乳动物出生以后生成红细胞的唯一器官。造血过程中除了需要骨髓造血机能正常以外，还需要供应造血原料和促进红细胞成熟物质。

蛋白质和铁是红细胞生成的主要原料，若供应或摄取不足，造血将发生障碍，出现营养性贫血。促进红细胞发育和成熟的物质，主要是维生素B_{12}、叶酸和铜离子。维生素B_{12}和叶酸可促进骨髓原细胞分裂增殖；铜离子是合成血红蛋白的激动剂。

红细胞数量能保持相对恒定，主要依赖于促红细胞生成素的调节，该物质可促进骨髓内原血母细胞的分化、成熟和血红蛋白的合成，并促进成熟的红细胞的释放。

(2)红细胞的破坏　红细胞的破坏主要是由于自身的衰老所致。衰老的红细胞变形能力减退，脆性增高，容易在血流的冲击下破裂，但大部分衰老的红细胞滞留于脾、肝和骨髓的单核巨噬细胞系统中，随之被吞噬细胞所吞噬。红细胞被破坏后，释放出的血红蛋白很快被分解成为珠蛋白、胆绿素和铁。珠蛋白和铁可重新参加体内代谢，胆绿素立即被还原成胆红素经粪、尿排出。

(二)白细胞

1. 白细胞的数量和分类　白细胞不仅存在于血液中，还存在组织中。位于血液中的白细胞大多为球形；组织中的白细胞由于做变形运动，因而形态多变。

根据白细胞胞浆中有无粗大的颗粒可分成颗粒细胞和无颗粒细胞两大类。颗粒细胞按其染色特点，又可分为3类，即中性粒细胞、嗜酸性粒细胞和嗜碱性粒细胞。无颗粒细胞包括单核细胞和淋巴细胞。

白细胞的数量以每升血液中有多少10^9个表示(10^9/L)，其变动范围较大，可随动物生理状态而变化。如下午的数量比早晨多，运动后比安静时多，但是各类白细胞之间的百分比却是相对恒定的。通常，中性粒细胞和淋巴细胞的数量最多，嗜酸性粒细胞很少，最少的是嗜碱性粒细胞。

2. 白细胞的形态与功能

(1)中性粒细胞　胞体呈球形，胞质中有许多细小而分布均匀的淡紫色中性颗粒，可被酸性、碱性染料着色。细胞核呈蓝紫色，其形状分为杆状核和分叶形。具有很强的变形运动和吞噬能力。能吞噬入侵的细菌、坏死细胞和衰老红细胞，可将入侵微生物限定并杀灭于局部，防止其扩散。

(2)嗜酸性粒细胞 数量较少，细胞呈球形。胞核多分2叶。细胞质内充满粗大而均匀的圆形嗜酸性颗粒，一般染成橘红色。嗜酸性粒细胞能缓解过敏反应和限制炎症过程。当机体发生抗原-抗体相互作用而引起的过敏反应时，可吸引大量嗜酸性粒细胞趋向局部，并吞噬抗原-抗体复合物，从而减轻对机体的危害。

(3)嗜碱性粒细胞 数量最少，细胞呈球形。细胞核常呈S形。细胞质内含有大小不等、分布不均的嗜碱性颗粒，被染成深紫色，胞核常被颗粒掩盖。颗粒内有肝素、组胺。组胺对局部炎症区域的小血管有舒张作用，能加大毛细血管的通透性，有利于其他白细胞的游走和吞噬活动。肝素具有抗凝血作用。

(4)单核细胞 是白细胞中体积最大的细胞，呈圆形或椭圆形。细胞核呈肾形、马蹄形或不规则形，着色较浅，呈淡紫色。细胞质呈弱嗜碱性，内有散在的嗜天青颗粒，常被染成浅灰蓝色。巨噬细胞是体内吞噬能力最强的细胞，能吞噬较大的异物和细菌，并能激活淋巴细胞的特异性免疫功能，促使淋巴细胞发挥免疫作用。

(5)淋巴细胞 数量较多，呈球形。细胞核较大，呈圆形或肾形，呈深蓝或蓝紫色。胞质很少，仅在核周围形成蓝色的一薄层。其中B淋巴细胞参与机体体液免疫过程，T淋巴细胞参与机体细胞免疫过程。

3. 白细胞的生成与破坏 各类白细胞来源不同：颗粒白细胞由红骨髓的原始粒细胞分化而来；单核细胞大部分来源于红骨髓，小部分来源于单核巨噬细胞系统，经短暂的血液中生活之后进入疏松结缔组织，最后分化成巨噬细胞；淋巴细胞生成于脾、淋巴结、胸腺、骨髓、扁桃体及散在于肠黏膜下的集合淋巴结内。

白细胞的寿命比较短，只有几小时或几天。衰老的白细胞，除大部分被单核吞噬细胞系统的巨噬细胞清除外，有相当数量的粒性白细胞由唾液、尿、胃肠黏膜和肺排出，有的在执行任务时被细菌或毒素所破坏。

(三)血小板

1. 血小板的形态与数量 哺乳动物的血小板很小，呈两面凸起的圆盘形或椭圆形。血小板由骨髓中成熟的巨核细胞的胞质碎片形成。在血涂片上，其形状不规则，常成群分布于血细胞之间。

2. 血小板的功能

(1)参与凝血过程 血小板表面能吸附纤维蛋白原、凝血酶原等多种凝血因子；另外，血小板本身也含有与凝血有关的血小板因子。因此，血小板是凝血过程的重要参与者。

(2)参与止血过程 血管壁受损伤后，血小板会发生黏附和聚集成团，堵塞破口，促进血栓形成；血小板释放的5-羟色胺、肾上腺素等物质，可使血管收缩。

(3)纤维蛋白溶解 血小板胞浆颗粒中含有纤溶酶原，经活化后可促进纤维蛋白溶解。

四、血液的理化特性

(一)颜色、密度和气味

动物血液呈红色，颜色随红细胞中血红蛋白的含氧量而变化。含氧量高的动脉血呈鲜红色，含氧量低的静脉血则呈暗红色。

动物血液的相对密度变动于1.046～1.052范围内。其中红细胞相对密度最大，白细胞次之，血浆最小。血液相对密度的大小取决于所含红细胞数量和血浆蛋白的浓度。

血液中因含有氯化钠而呈咸味，因含有挥发性脂肪酸而具有特殊的血腥味，肉食动物腥味更重。

(二)血液的黏滞性

血液流动时，由于内部分子间相互摩擦产生阻力，表现出流动缓慢和黏着的特性，叫做黏滞性。哺乳动物全血的黏滞性是水的4～6倍。血液黏滞性的大小主要取决于红细胞数量和血浆蛋白浓度。红细胞数量越多，血浆蛋白浓度越高，黏滞性也越大。血液黏滞性是形成血压的因素之一，并能影响血流速度。

(三)血浆的渗透压

溶液促使水向半透膜另一侧溶液中渗透的力量，称为渗透压。渗透压的高低取决于溶液中溶质颗粒的多少，而与溶质的种类和颗粒的大小无关。在单位体积的溶液中，颗粒越多，渗透压越高。

血浆的渗透压由两部分溶质构成：一部分由血浆中的晶体物质，特别是各种电解质构成，叫做晶体渗透压；另一部分是由血浆蛋白质构成的胶体渗透压。血浆胶体渗透压虽小，但由于蛋白质不易透过毛细血管壁，而且血浆蛋白浓度又高于组织液，因此有利于血管中保留一定的水分。

有机体细胞的渗透压与血浆的渗透压相等。与细胞和血浆的渗透压相等的溶液，叫做等渗溶液。常用的等渗溶液是0.9%氯化钠溶液和5%葡萄糖溶液，0.9%氯化钠又称为生理盐水。渗透压比它高的溶液称为高渗溶液，如10%的氯化钠溶液；渗透压比它低的溶液称为低渗溶液。

(四)血液的酸碱性

动物血浆的pH在7.35～7.45之间，变动的范围很窄。生命活动能够耐受的血液pH最大范围为6.9～7.8。血液酸碱度保持相对恒定，主要依赖于血液中的酸碱缓冲对物质和一些器官的代谢调节。

1. 血液中的缓冲物质　血液中含有多种缓冲物质，它们是成对存在的，通常是由弱酸和碱性弱酸盐缓冲对组成。血浆中主要的缓冲对有 $NaHCO_3/H_2CO_3$，Na_2HPO_4/NaH_2PO_4 等；红细胞中的缓冲对有：KHb/HHb、$KHbO_2/HHbO_2$。这些缓冲对中，以 $NaHCO_3/H_2CO_3$ 最为重要。当血液中的酸性物质增加时，碱性弱酸盐与之起反应，使其变为弱酸，于是酸性降低；而当血液中的碱性物质增加时，则弱酸与之起反应，使其变为弱酸盐，缓解了碱性物质的冲击。生理学中常把血浆中的 $NaHCO_3$ 含量称为血液的碱贮。在一定范围内，碱贮增加表示机体对固定酸的缓冲能力增强。

2. 机体其他器官的调节　机体可以通过呼吸活动排出 CO_2 以调节血浆中的 H_2CO_3 浓度；在尿的生成过程中，既可以排泄酸性物质，又可以回收 $NaHCO_3$，这样有利于保持两者的正常比值。

五、血液凝固

(一)血液凝固

血液凝固是指血液由流动的液体状态转变为不流动的胶冻状凝块的过程。凝血过程是多因子参与的一系列酶促反应，使血浆中呈溶解状态的纤维蛋白原转变成为凝胶状态的纤维蛋白，呈丝状交错重叠，并将血细胞网罗其中，成为胶冻样血凝块。

血凝过程大体可分为三步：

1. 凝血酶原激活物的形成　凝血酶原激活物是由多种凝血因子经过一系列的化学反应而形成的复合物。凝血因子是血浆与组织中直接参与凝血的物质，目前，已发现的凝血因子有十几种，部分凝血因子以酶原的形式存在于血液中。当组织受到损伤(外源性系统)或血管内皮损伤(内源性系统)时，就会使没活性的凝血因子被激活，在 Ca^{2+} 的参与下，即可形成凝血酶原激活物。

2. 凝血酶原转变成凝血酶　凝血酶原激活物在 Ca^{2+} 的参与下，使血浆没有活性的凝血酶原转变为有活性的凝血酶。

3. 纤维蛋白原转变为纤维蛋白　凝血酶在 Ca^{2+} 的参与下，使纤维蛋白原转变为非溶解状态的纤维蛋白。纤维蛋白呈细丝状，互相交织成网，把血细胞网罗在一起，形成胶冻状的血凝块。

血凝形成后由于血小板收缩蛋白的收缩作用，使血凝块回缩而变得结实，同时析出清亮的液体，即血清。

(二)血液中的抗凝物质和纤维蛋白溶解系统

正常情况下，血液在血管内流动而不凝固，除了由于血管壁光滑，无组织损伤面，不易激活相关凝血因子外；更主要的原因是血液中含有抗凝物质和纤维蛋白溶解物质。

1. 血液中的抗凝物质

肝素：由肥大细胞和嗜碱性粒细胞合成并释放，肝素进入血液后可抑制凝血酶原激活物的形成，并使凝血酶失活。

抗凝血酶物质：血浆中有多种抗凝血酶物质，其中以抗凝血酶Ⅲ最为重要。

2. 血浆中的纤维蛋白溶解系统　纤维蛋白被分解液化的过程称为纤维蛋白溶解，简称纤溶。体内局部凝血过程所形成的血凝块中的纤维蛋白，当完成防止出血的保护功能后，最终需被清除，以利于组织再生和血流通畅，这就需要纤溶物质来完成。参与纤溶的物质有纤溶酶原、纤溶酶以及激活物和抑制物等，总称纤维蛋白溶解系统，简称纤溶系统。

(三)抗凝和促凝措施

在实际工作中，常采取一些措施促进凝血过程(减少出血、提取血清时)或防止、延缓凝血过程(如避免血栓形成，获取血浆等)。

1. 抗凝或延缓凝血的常用方法

①去除血中钙离子　在凝血的 3 个步骤中，都需要 Ca^{2+} 的参与。除去血浆中的钙离子就能抑制凝血。如加草酸钾、草酸铵等，可与血浆中 Ca^{2+} 结合成不易溶解的草酸钙。

②低温延缓血凝　凝血过程是一系列酶促反应，而酶的活性受温度影响较大，把血液置于低温环境下可延缓血液凝固。另外，低温措施还能增强抗凝剂的效能。

③接触面光滑延缓血凝　将血液置于特别光滑的容器或预先涂有石蜡的器皿内，可以减少血小板的破坏，延缓血凝。

④使用肝素　肝素是最有效的抗凝剂。

⑤使用双香豆素　双香豆素的主要结构与维生素 K 很相似，但作用与维生素 K 相对抗，

它可阻止某些凝血因子在肝内合成，故注射于循环血液后能延缓血凝。

⑥搅拌　若将流入容器内的血液，迅速用木棒搅拌，由于血小板迅速破裂等原因，加快了纤维蛋白的形成，并使形成的纤维蛋白附着在木棒上。这种去掉纤维蛋白原的血液叫做脱纤血，不再凝固。

此外，水蛭素具有抗凝血酶的作用。皮肤被水蛭叮咬时，常因有水蛭素的存在，出血不易凝固。

2. 加速凝血的方法

①血液加温能提高酶的活性，加速凝血反应。

②接触面粗糙，可促进凝血因子的活化，促使血小板解体释放凝血因子，最后形成凝血酶原激活物。

③一些凝血因子需要维生素 K 的参与下在肝脏内合成。因此，维生素 K 对出血性疾病具有加速血凝和止血的作用，是临床诊断上常用的止血剂。

【技能】

在显微镜下观察各血细胞的形态、构造。

【任务总结】

内容		要点
知识	机体内环境	1. 体液的组成：细胞内液、细胞外液 2. 机体内环境：细胞外液或组织液
	血液成分	1. 血液的基本组成：血浆和有形成分 2. 血浆和血清的区别 3. 循环血量和贮存血量
	血液的有形成分	1. 红细胞的形态、数量及功能 2. 红细胞的生理特性：红细胞膜的通透性、红细胞的渗透脆性和悬浮稳定性 3. 溶血和贫血 4. 白细胞的分类、各白细胞的形态及生理作用 5. 血小板的生理功能
	血液的理化特性	1. 血液的颜色、密度和气味 2. 血液的黏滞性：红细胞数量和血浆蛋白浓度 3. 血浆渗透压：胶体渗透压、晶体渗透压 4. 等渗溶液、碱贮
	血液凝固	1. 血液凝固过程：凝血酶原激活物的形成，凝血酶原转变成凝血酶，纤维蛋白原转变为纤维蛋白 2. 血液中的抗凝血物质：肝素、抗凝血酶物质 3. 临床常用促凝和抗凝措施
技能	血细胞的观察	红细胞、各类白细胞的形态及构造

任务 4-3 心脏各指标的检测

【任务描述】

心脏是推动血液流动的动力器官。心脏有规律的收缩和舒张活动，像泵一样产生推动力，推动血液周而复始地在循环系统中定向流动。本单元任务是通过实验现象的观察，学习心肌的生理特性，通过动手实践操作学会听诊心音和测定心率。

【任务目标】

1. 掌握心动周期及各时期压力变化、心输出量及影响因素、心肌的生理特性；
2. 掌握心音的产生原因，并能借助听诊器进行心音的听诊及心率的测定；
3. 具备安全意识，进行心音听诊时避免动物抓挠、踢咬。

【知识】

一、心动周期

（一）心动周期

心脏每收缩和舒张一次，称为一个心动周期。在一个心动周期中，首先是两心房同时收缩，接着心房舒张。心房开始舒张时，两心室几乎立即同时收缩。两心室收缩的持续时间要长于心房。继之，心室开始舒张，此时心房仍处于收缩后的舒张状态，即心房和心室共同舒张状态。至此一个心动周期完结，接着心房又开始收缩而进入下一个心动周期。这样，一个心动周期中可顺序出现三个时期：心房收缩期、心室收缩期和心房心室共同舒张期（间歇期）。

以健康成年猪为例，如果每分钟心脏平均搏动 75 次，即每分钟平均有 75 个心动周期，则每个心动周期持续时间为 0.8 s。其中心房收缩期 0.1 s，舒张期 0.7 s；心室收缩期 0.3 s，舒张期 0.5 s。间歇期约 0.4 s，占 50％。在心动周期中，由于心房和心室收缩期都比舒张期短，所以心肌在每次收缩之后能够有效地补充消耗和排除代谢产物。这是心肌所以能够不断活动而不发生疲劳的根本原因。心动周期中的间歇期占总时间的 50％。这样，就保证了心脏有充分的时间让静脉血回流和充盈心室，并使心肌本身能从冠状循环中得到足够的血液供应。由于心房的舒缩对射血意义不大，所以一般都以心室的舒缩为标志，把心室的收缩期叫心缩期，而把心室的舒张期叫心舒期。

心动周期的持续时间与心率关系密切，心率越快，心动周期越短，收缩期和舒张期均相应缩短，但舒张期缩短更显著。因此，当心率过快时，心脏工作时间延长，而休息及充盈的时间明显缩短，使心脏泵血功能减弱。

（二）心脏的泵血过程

1. *心房收缩期*　此期正处于间歇期末，心室的压力低于心房的压力，房室瓣仍处于开放状态，所以心房收缩时，容积缩小，内压升高，血液便通过开放的房室瓣进入心室，使心室血液更充盈。

2. *心室收缩期*　心房舒张后，心室开始收缩，室内压逐渐升高，当超过房内压时，房室瓣关闭，使血液不能逆流回心房。心室继续收缩，压力急剧上升，当超过外周动脉内压时，血液冲开动脉瓣，迅速射入主动脉和肺动脉内。

3. 间歇期　心室开始舒张，室内压急剧下降，而高压的动脉血流往回冲撞半月瓣而将其关闭，防止血液逆流回心室。而后心室内压继续下降至低于房内压时，房室瓣开放，吸引心房血液流入心室，为下一个心动周期做准备。

二、心音

心动周期中，由于心肌收缩、瓣膜启闭，血流冲击心室壁和大动脉壁引起的振动所产生的声音，称为心音。在胸壁的适当部位可以听到“通—嗒”两个声音，分别叫第一心音和第二心音，偶尔还能听到较弱的第三心音。

第一心音发生在心缩期之初，故又称为心缩音。心缩音音调低、持续时间较长。产生的原因主要包括心室肌收缩时，房室瓣关闭以及血液冲开主动脉瓣、肺动脉瓣所引起的动脉管壁的震动。

第二心音发生于心舒期的开始，又称为心舒音。心舒音音调高而持续时间短。产生的原因主要包括半月瓣突然关闭、血液冲击瓣膜以及心室内压下降、主动脉中血液减速等引起的振动。

各种家畜心脏的位置一般都在第 3～6 肋之间，稍偏左侧，故听取心音时一般均站在动物的左侧来进行。

三、心率

动物在安静状态下每分钟内心脏搏动的次数称为心跳频率，简称心率。动物的心率因种类、品种、年龄、性别以及其他生理情况不同而异。通常幼龄动物比成年动物心率快，雄性动物的比雌性动物的稍快，禽类比家畜的快。心率的快慢直接影响每个心动周期的时间，心率加快，每个心动周期持续的时间就被缩短，而且主要缩短的是间歇期。因此，过快的心率不利于心脏的舒缓休息。各种畜禽心率的正常变异范围见表 4-2。

表 4-2　各种畜禽心率的正常变异范围　次/min

动物	心率	动物	心率
奶牛	60～80	狗	80～130
山羊、绵羊	60～80	猫	110～130
马	28～42	兔	120～150
猪	60～80	鸡	300～400

四、心输出量

(一)每搏输出量和每分输出量

一个心动周期中一侧心室射出的血量，称为每搏输出量。正常情况下，左、右心室的射血量是相等的。一侧心室每分钟射出的血量称为每分输出量，它等于每搏输出量与心率的乘积：心输出量＝每搏输出量×心率。

一般所说的心输出量即每分输出量，它是评价心泵功能的一个重要指标。

正常情况下，每一心动周期中，心室收缩时并没有射出心室内的全部血量。生理学上将每搏输出量占心舒末期容积的百分比，称为射血分数。通常射血分数为55%～65%，当加强收缩时，射血分数可达到85%以上。

(二)心力贮备

心输出量与机体所处状况、代谢水平相适应。剧烈运动时，心输出量较平静时可成倍增加，心输出量随机体需要而相应增大的能力，称为心力贮备。

心力贮备有两种表现形式：一是心率贮备，是指通过加快心率来增加每分输出量；二是搏出量贮备，是指通过加强心肌收缩来增加每搏输出量。当充分动用心率贮备和搏出量贮备时，每分输出量可达平静时的5～6倍。

(三)影响心输出量的主要因素

心输出量等于每搏输出量与心率的乘积。因此，其大小取决于心率和每搏输出量，而每搏输出量的大小主要受静脉回流量和心室肌收缩力的影响。

1. *静脉回流量* 静脉回心血量越多，心脏在舒张期容积就越大，心肌受牵拉越大，则心室的收缩力量就越强，每搏输出量也就越多；相反，静脉回心血量越少，每搏输出量也就越少。也就是说在生理范围内，心脏能将回流的血液全部射出。心脏的这种调节不需要神经和体液的参与，属自身调节。

2. *心室肌的收缩力* 在静脉回流量和心舒末期容积不变的情况下，心肌可以在神经调节和体液调节下，改变心肌的收缩力量。例如，动物在使役、运动和应激时，在交感-肾上腺素的调节下，心肌的收缩力量增强，使心舒末期的体积比正常时进一步缩小，减少心室的残余血量，从而使搏出量明显增加。

3. *心率* 在一定范围内，心率与心输出量呈正比关系，即心输出量随心率加快而增大。但心率过快会使心动周期的时间缩短，特别是舒张期的时间缩短。这样就能造成心室还没有被血液完全充盈的情况下进行收缩，结果每搏输出量减少。此外，心率过快会使心脏过度消耗供能物质，从而使心肌收缩力降低。所以，动物心力衰竭时，尽管心率增快，但并不能增加心输出量而使循环功能好转。

五、心肌的生理特性

心肌细胞按结构和功能，可分为普通心肌细胞和特殊分化的心肌细胞。普通心肌细胞又称工作细胞，是构成心房和心室的细胞。这类心肌细胞富含肌原纤维，主要功能是收缩做功，提供心泵活动的动力。特殊分化的心肌细胞又称自律细胞，包括P细胞和浦肯野氏细胞，P细胞主要存在于窦房结中，是窦房结中产生自动节律性兴奋的细胞，故又称为起搏细胞；浦肯野氏细胞广泛存在于除窦房结和房室结以外的所有心传导系统中。自律细胞无收缩能力，但具有产生自动节律性兴奋的能力，并将兴奋进行传导。

心肌细胞的生理特性包括自律性、兴奋性、传导性和收缩性。正常生理状态下，自律性是自律细胞所特有的，而收缩性是工作细胞的生理特性。

(一)自律性

心肌自律细胞在无外来刺激的情况下，能自动发生节律性兴奋的特性，称为自动节律性，简称自律性。自律细胞均具有自律性，其中窦房结P细胞的自律性最高，以猪为例，每分钟可发生兴奋70次左右；其次为房室交界和房室束及其分支，每分钟40～60次；浦肯野氏纤维自律性最低，每分钟发生兴奋不足20次。由于窦房结自律性最高，它产生的节律性冲动按一定顺序传播，引起其他自律细胞以及心房、心室肌细胞的兴奋，产生与窦房结一致的节律性活动，因此窦房结是心脏的正常起搏点，其所形成的节律叫做窦性节律。而其他自律细胞通常处于窦房结的控制之下而不表现其自身的自律性，故称为潜在起搏点。如果窦房结功能发生障碍，潜在起搏点则可取代窦房结的功能而表现自律性，以较低的频率引发心脏活动，其表现的心搏节律称为异位节律。

(二)传导性

传导性指心肌细胞的兴奋沿着细胞膜向外传播的特性。正常生理情况下，由窦房结发出的兴奋可以按一定途径传播到心脏各部，顺次引起整个心脏中的全部心肌细胞进入兴奋状态。

兴奋在心脏不同部位的传导速度各不相同，具有快—慢—快的特点。窦房结发出的兴奋经心房传导组织，迅速传给左、右心房，激发两心房同步收缩。继之，兴奋以1.7 m/s速度迅速通过窦房结之间的传导组织，传到房室交界。但是，兴奋通过房室交界的速度变慢，仅达0.02 m/s，兴奋在此被延搁约0.1 s，称为房-室延搁。这一延搁具有重要的生理意义，它可使兴奋到达心房和心室的时间前后分开，使心房收缩结束后才开始心室收缩，保证心室收缩之前充盈更多血液，以利泵血功能。随后，心室传导组织传导速度又变快，其中浦肯野氏纤维传导速度最快。这样，兴奋经房-室延搁后，迅速传到心室肌，使左、右心室同步收缩。

(三)兴奋性

心肌对适宜刺激发生反应的能力，称兴奋性。

1. 心肌兴奋时其周期性变化　当心肌发生一次兴奋后，其兴奋性也经历各个时期的变化之后，才恢复正常。

绝对不应期和有效不应期：心肌在受到刺激而出现一次兴奋后，有一段时间兴奋性极度降低到零(从去极化开始到复极达－55 mV)，无论给予多大的刺激，心肌细胞均不发生反应，这一段时间称为绝对不应期。绝对不应期过后有段时间(从－55 mV复极到－60 mV)，给予强烈刺激可使膜发生局部兴奋，但不能爆发动作电位。从去极开始到复极达－60 mV这段时间内，给予刺激均不能产生动作电位，称为有效不应期。心肌细胞的绝对不应期比其他任何可兴奋细胞都长得多，对保证心肌细胞完成正常功能极其重要。

相对不应期：在心肌开始舒张的一段时间内(相当于复极－60 mV到－80 mV)，给予超过阈刺激的强刺激，可引起心肌细胞产生兴奋，称为相对不应期。此期心肌的兴奋性已逐渐恢复，但仍低于正常。

超常期：在心肌舒张完毕之前的一段时间内(－80 mV到－90 mV)，给予较弱的阈下刺激，就可引起兴奋，此期称为超常期。超常期过后，心肌细胞的兴奋性恢复至正常水平。

2. 期前收缩和代偿性间歇　正常心脏是按窦房结的自动节律性进行活动的，窦房结产生的每次兴奋，都在前一次心肌收缩过程完成后才传到心房肌和心室肌。如果在心室的有效不应期之后，心肌受到人为的刺激或起自窦房结以外的病理性刺激时，心室可产生一次正常节律以外的收缩，称为期外收缩。由于期外收缩发生在下一次窦房结兴奋所产生的正常收缩之前，故又称为期前收缩。期前兴奋也有自己的有效不应期，当紧接在期前收缩后的一次窦房结的兴奋传到心室时，常正好落在期前兴奋的有效不应期内，因而不能引起心室兴奋和收缩。必须等到下一次窦房结的兴奋传来，才能发生收缩。所以在一次期前收缩之后，往往有一段较长的心脏舒张期，称为代偿性间歇。代偿性间歇后的收缩往往比正常收缩强而有力。

（四）收缩性

心肌的收缩性是指心房和心室工作细胞具有接受阈刺激产生收缩反应的能力。正常情况下它们仅接受来自窦房结的节律性兴奋的刺激。心肌细胞的收缩性具有同步收缩和不发生强直收缩的特点。

1. 同步收缩　兴奋在心房或心室内传导很快，几乎同时到达所有的心房肌或心室肌，从而引起全心房肌或全心室肌同时收缩，称为同步收缩。同步收缩效果好，力量大，有利于心脏射血。

2. 不发生强直收缩　心肌一次兴奋后，其有效不应期长，相当于整个收缩期和舒张早期。在此时期内，任何刺激都不能使心肌再发生兴奋而收缩。因此，心肌不会像骨骼肌那样发生强直收缩，能始终保持收缩后必有舒张的节律性活动，从而保证心脏的射血和充盈的正常进行。

【技能】

1. 心音听诊　在活体牛上准确找到心音听诊位置并使用听诊器进行心音的听诊。
2. 心率测定　在活体动物上测量心率。

【任务总结】

内容		要点
知识	心动周期	1. 心动周期：心房收缩期、心室收缩期和心房心室共同舒张期 2. 心脏的泵血过程
	心音	1. 心音产生的原因 2. 心音听诊位置
	心率	常见家畜的心率
	心输出量	1. 每搏输出量和每分输出量 2. 影响心输出量的主要因素：静脉回流量、心室肌的收缩力和心率
	心肌的生理特性	1. 心肌生理特性：自律性、兴奋性、传导性和收缩性 2. 心肌兴奋时其周期性变化：绝对不应期和有效不应期、相对不应期、超常期 3. 期前收缩和代偿性间歇
技能	心音听诊	心音听诊的位置、方法
	心率测定	常见家畜的心率、心率测定方法

任务4-4 血管活动规律的认识

【任务描述】

血管是复杂的弹性管道，血液在血管内流动，受心动周期中心缩期和心舒期的影响，再加上血液本身含有细胞成分，因此血管的活动具有自身的规律特点。本单元主要内容是通过实验现象的观察、讨论分析动脉血压的构成及影响因素、动脉脉搏的形成、静脉回流及静脉血压、不同微循环路径的功能以及影响组织液生成的因素。

【任务目标】

1. 掌握血压的形成及影响因素、促使静脉回流的因素、微循环各循环路径及功能；
2. 掌握动脉脉搏的产生，并能进行脉搏的测定；
3. 掌握组织液的生成，并能根据影响组织液生成的因素来分析临床相关病例；
4. 具备安全意识，进行脉搏测定时避免动物抓挠、踢咬。

【知识】

一、动脉血压

(一)动脉血压的形成

1. *血压的形成* 血压是指血管内的血液对于单位血管壁的侧压力，也即压强。以毫米汞柱(mmHg)为单位，并以大气压作为生理上的零值。根据国际标准计量单位，压强单位为帕(Pa)，1 mmHg 相当于 133 Pa 或 0.133 kPa。

血管内有血液充盈是形成血压的基础。血液充盈的程度决定于血量与血管系统容量之间的相互关系：血量增多、血管容量减少，则充盈程度升高；反之，血量减少、血管容量增大，则充盈程度下降。

心脏射血是形成血压的动力。心室收缩所释放的能量，可分解为两部分：一部分以动能形式推动血液流动；另一部分以势能形式作用于动脉管壁，使其扩张。当心动周期进入舒张期，心脏停止射血时，动脉管壁弹性回缩，将储存于管壁的势能释放出来，转变为动能，继续推动血液向外周流动。

外周阻力是形成血压的重要因素。如果仅有心室收缩做功，而不存在外周阻力的话，那么心室收缩的能量将全部表现为动能，射出的血液，毫无阻碍地流向外周，对血管壁不能形成侧压力。

可见，除了必须有血液充盈血管之外，血压的形成是心室收缩和外周阻力两者相互作用的结果。

由于血液从大动脉流向外周并最后流回心房，沿途不断克服阻力而大量消耗能量，所以从大动脉、小动脉至毛细血管、静脉，血压递降，直至能量耗尽，以至当血液返回接近右心房的大静脉时，血压可降至零，甚至是负值，即低于大气压。

2. 动脉血压的形成 通常所说的血压，就是指体循环系统中的动脉血压，它是决定其他各类血管血压的主要动力。在每次心动周期中，动脉血压随着心室的舒缩活动而发生明显波动。

在心室收缩期，动脉血压升高，其最高值称为收缩压。在心室舒张期末，动脉血压降至最低值，称为舒张压。收缩压与舒张压的差值，称为脉压。在一定程度上，脉压可以反映动脉管壁的弹性。在一个心动周期中每一瞬间动脉血压都是变动的，其平均值称为平均动脉压，简称平均压。由于在一个心动周期中，心缩期往往短于心舒期，因此，平均压不等于收缩压与舒张压的简单平均值。平均压通常可按下式计算：

$$平均动脉压 = 舒张压 + 1/3(收缩压 - 舒张压) = 舒张压 + 1/3\ 脉压$$

各种动物的血压见表 4-3。

表 4-3 各种成年动物颈动脉或股动脉的血压 kPa

动物	收缩压	舒张压	脉压	平均动脉压
牛	18.7	12.6	6.1	14.7
绵羊	18.7	12.0	6.7	14.3
猪	18.7	10.6	8.1	13.3
马	17.3	12.6	4.7	14.2
鸡	23.3	19.3	4.0	20.6
兔	16.0	10.6	5.4	12.4
犬	16.0	9.3	6.7	11.6

(二)影响动脉血压的因素

影响动脉血压的主要因素有每搏输出量、外周阻力、动脉管壁弹性及循环血量等。

1. 每搏输出量 在心率和外周阻力恒定的条件下，每搏输出量增加可使动脉内容量加大，收缩压升高。与此同时，弹性管壁的扩张使舒张压也有所增大，但由于收缩压升高时血液流速加快，因此，舒张压升高不如收缩压升高那样明显。

当心率加快时，由于心舒期缩短，回心血量减少，使每搏输出量相应减少，如外周阻力不变，则使收缩压降低。

2. 外周阻力 外周阻力增加时，动脉血流向外周的阻力加大，使心舒期之末动脉内血量增加，因此，舒张压明显升高。同样，外周阻力降低时，舒张压也明显下降。

血液黏滞度是构成外周阻力的因素之一。当黏滞度增加(如动物脱水、大量出汗)时，血液密度加大，与血管壁之间以及血液成分之间的相互摩擦阻力也加大，这些因素都使血流的外周阻力加大。在其他条件恒定时，外周阻力加大可使动脉血压升高。

3. 大动脉管壁弹性 大动脉管壁弹性扩张主要是起缓冲血压的作用，使收缩压降低，舒张压升高，脉搏压减少。反之，当大动脉硬化，弹性降低，缓冲能力减弱时，则收缩压升高而舒张压降低，使脉搏压加大。

4. 循环血量 循环血量增加可使血压升高，但主要使射血量增加，所以当其他因素不变时，也是以收缩压升高为显著。

在分析各种因素对血压的影响时，都是在假定其他因素不变的情况下，某单个因素变化时对血压变化可能产生的影响。在整体情况下，只要有一个因素发生变化就会影响其他因素的变化，因此，血压的变化是各个因素相互作用的结果。在各种因素中，每搏输出量和外周阻力是影响血压变化最经常、最主要的因素。

二、动脉脉搏

心室收缩时，血液射向主动脉，使主动脉内压在短时间内迅速升高，富有弹性的主动脉管壁向外扩张。心室舒张时，主动脉内压下降，血管壁又发生弹性回缩而恢复原状。因此，心室的节律性收缩和舒张使主动脉壁发生同样节律扩张和回缩的振动。这种振动沿着动脉管壁以弹性压力波的形式传播，形成动脉脉搏。通常临床上所说的脉搏就是指动脉脉搏。

由于脉搏是心搏动和动脉管壁的弹性所产生，它不但能够直接反映心率和心动周期的节律，而且能够在一定程度上通过脉搏的速度、幅度、硬度、频率等特性反映整个循环系统的功能状态。所以检查动脉脉搏有很重要的临床意义。

检查各种动物脉搏的部位：牛在尾中动脉、颌外动脉、腋动脉或隐动脉；马在颌外、尾中动脉或面横动脉；猪在桡动脉；猫和犬在股动脉或胫前动脉。

马的脉搏检查：检查部位以颌外动脉为最好。检查时，人站在马的左侧，以左手紧握马笼头，右手以食指、中指和拇指沿下颌骨的下缘，前后触摸。在血管切迹附近，可摸到颌外动脉似一条橡皮管在手指下滑动，并感到它的跳动，即为脉搏。

牛的脉搏检查：检查部位以尾中动脉为最佳。检查者站在牛的正后方，左手将牛尾略微提起。在尾的上半部，用右手的食指和中指伸入尾的腹部，拇指放在尾的背部，轻压腹面正中的尾中动脉进行检查。

羊的脉搏检查：检查部位以股动脉为最好。检查者蹲在动物的后方，一只手握住其后肢，另一只手伸入股内侧，可摸到股动脉进行检查。

三、静脉血压与静脉回流

(一)静脉血压

血液通过毛细血管后，绝大部分能量都消耗于克服外周阻力，因而到了静脉系统后血压已所剩无几，微静脉血压降至约 1.9 kPa。到腔静脉时血压更低，到右心房时血压已接近于零。通常将右心房和胸腔内大静脉的血压，称为中心静脉压。

(二)静脉回流

单位时间内由静脉回流心脏的血量等于心输出量。静脉对血流阻力很小，由微静脉回流至右心房的过程中，血压仅下降约 2.0 kPa。动物躺卧时，全身各大静脉均与心脏处于同一水平，靠静脉系统中各段压差就可以推动血液流回心脏。但在站立时，因受重力影响血液将积滞在心脏水平以下的腹腔和四肢的末梢静脉中，这时需借助外在因素的作用促使其回流。主要的外在因素有：

1. 骨骼肌的挤压作用　骨骼肌收缩时，对附近静脉起挤压作用，推动其中的血液推开静脉管内壁上的静脉瓣，朝心脏方向流动。静脉瓣游离缘只朝心脏方向开放，因此，肌肉舒张时静脉血不至于倒流。

2. 胸腔负压的抽吸作用　呼吸运动时胸腔内压产生的负压变化，是促进静脉回流的另一个重要因素。胸腔内的压力是负压（低于大气压），吸气时更低，所以吸气时产生的负压可牵引胸腔内柔软而薄的大静脉管壁，使其被动扩张，静脉容积增大，内压下降，因而对静脉血回流起抽吸作用。此外，心舒期心房和心室内产生的较小负压，对静脉回流也有一定的抽吸作用。

四、微循环

血液循环的主要功能是完成体内的物质运输，实现血液与组织细胞间的物质交换。血液与组织间的物质交换是在微动脉与微静脉之间的毛细血管网实现的，因此将微动脉和微静脉之间的血液循环称为微循环。

典型的微循环是由微动脉、后微动脉、毛细血管前括约肌、真毛细血管、通血毛细血管、动静脉吻合支和微静脉等部分组成。

在微循环系统中，血液由微动脉到微静脉之间有三条不同的路径：

1. 直捷通路　血液经微动脉、后微动脉、通血毛细血管流入微静脉。此路径流程短，血流快，并经常处于开放状态，物质交换功能较小。主要功能是促使血液迅速通过微循环，以免全部滞留于毛细血管网中，影响回心血量。

2. 营养通路　又称迂回通路，血液经微动脉、后微动脉、真毛细血管网流入微静脉。真毛细血管管壁薄，途径长，血流速度慢，通透性好，有利于物质交换，是血液与组织细胞进行物质交换的主要场所。

3. 动-静脉短路　血液经微动脉、动静脉吻合支流入微静脉。此通路管壁较厚，途径最短，血流速度快，但经常处于关闭状态。它基本无物质交换作用，但对体温调节有一定的作用。

五、组织液和淋巴液

组织液分布在细胞的间隙内，是血液与组织细胞间物质交换的媒介。体内绝大部分组织液呈胶冻状，不能自由流动，它构成了组织细胞与血液之间进行物质交换的必需环境。

（一）组织液的生成与回流

组织液是血浆通过毛细血管管壁滤出而形成的。组织液形成后又被毛细血管壁重吸收回到血液中去，以保持组织液量的动态平衡。毛细血管管壁薄，有较强的通透性，故除血细胞和大分子物质（如高分子蛋白质）外，水和其他小分子物质，如营养物质、代谢产物、无机盐等，都可以透过毛细血管壁。因此，组织液中各种离子成分与血浆相同，但蛋白质浓度明显低于血浆。

组织液的生成和重吸收，决定于以下4种因素：①毛细血管血压；②血浆胶体渗透压（简称血浆胶压）；③组织静水压；④组织液胶体渗透压（简称组织液胶压）。其中，①和④是促使液体由毛细血管内向血管外滤过的力量，而②和③是将液体从血管外重吸收入毛细血管内的力量。滤过因素与重吸收因素之差称为有效滤过压：

有效滤过压＝（毛细血管血压＋组织液胶压）－（组织静水压＋血浆胶压）

如果有效滤过压为正值，则血浆中的液体由毛细血管滤出，形成组织液；如果为负值，则组织液回流入血液。一般在毛细血管动脉端生成组织液，在静脉端大部分组织液回流入血液，部分组织液通过淋巴回流。

(二)影响组织液生成的因素

正常情况下,组织液的生成和重吸收保持着动态平衡,使血容量和组织液量能维持相对稳定。一旦与有效滤过压有关的因素改变和毛细血管通透性发生变化,将直接影响组织液的生成。

1. 毛细血管血压　凡能使毛细血管血压升高的因素都可促进组织液的生成。例如肌肉运动及局部炎症时,可使组织液生成增加。

2. 血浆胶体渗透压　当血浆蛋白生成减少(如慢性消耗性疾病、肝病等)或蛋白排出增加(如肾病)时,均可导致血浆蛋白减少,使血浆胶压下降,从而使组织液生成增加,甚至发生水肿。

3. 淋巴回流　由于一部分组织液经由淋巴系统流回血液,当淋巴回流受阻(丝虫病、肿瘤压迫等)时,可导致局部水肿。

4. 毛细血管通透性　如出现烧伤、过敏反应时,可使毛细血管通透性增大,血浆蛋白可能漏出,使血浆胶压下降,组织液胶压上升,有效滤过压加大。

(三)淋巴回流

生成的组织液约90%在毛细血管静脉端回流入血,其余10%则进入毛细淋巴管,即成为淋巴液。

毛细淋巴管逐级汇集成小淋巴管和大淋巴管,在大、小淋巴管中都有瓣膜。瓣膜的作用是控制淋巴液作单向流动,即只能由外周向心脏方向流动。此外,骨骼肌收缩活动、邻近动脉的搏动等,均可推动淋巴液回流。

淋巴液回流具有重要的生理意义。首先,可以回收蛋白,因为血浆蛋白质经毛细血管内皮细胞的"胞吐"作用转运到组织液后,不能由毛细血管壁重吸收,但能较容易地进入淋巴系统,回流至血液。其次,淋巴液回流可以协助消化管吸收营养物,如大部分脂类就是经过淋巴途径吸收的。此外,淋巴回流对调节体液平衡、清除组织中的异物等,也有重要的作用。

【技能】

对活体牛进行脉搏测定。

【任务总结】

内容		要点
知识	动脉血压	1. 血压的形成:血管内有血液充盈,心脏射血,外周阻力 2. 动脉血压:收缩压、舒张压、脉压 3. 影响动脉血压的因素:每搏输出量、外周阻力、大动脉管壁弹性、循环血量
	动脉脉搏	1. 动脉脉搏的产生 2. 家畜脉搏的检查部位
	静脉血压与静脉回流	促使静脉回流的外在因素:骨骼肌的挤压作用、胸腔负压的抽吸作用
	微循环	微循环的循环路径及作用

续表

内容		要点
知识	组织液和淋巴液	1. 组织液的生成 2. 影响组织液生成的因素：毛细血管血压、血浆胶体渗透压、淋巴回流、毛细血管通透性 3. 淋巴液的生成、淋巴回流的生理意义
技能	脉搏测定	脉搏测定的部位及方法

任务 4-5 淋巴系统的识别

【任务描述】

本单元主要内容是通过讨论分析来学习淋巴管构成，主要淋巴器官的位置、形态与构造，并能在家畜尸体和活体上找到常检的淋巴结。

【任务目标】

1. 掌握淋巴的生成及生理意义；
2. 掌握胸腺、脾和淋巴结的位置、形态和作用；
3. 能在尸体找到常检淋巴结；
4. 掌握脾和淋巴结的组织学构造，并在显微镜下观察。

【知识】

淋巴系统由淋巴管、淋巴组织、淋巴器官和淋巴组成。淋巴管是起于组织间隙，最后注入静脉的管道；淋巴组织是含有大量淋巴细胞的网状组织；被膜包裹淋巴组织即形成淋巴器官，淋巴器官可产生淋巴细胞，参与免疫活动；淋巴是无色或微黄色的液体，由淋巴浆和淋巴细胞组成(未通过淋巴结的淋巴无淋巴细胞)。淋巴系统是机体内重要的防卫系统。

一、淋巴管与淋巴的生成

(一)淋巴的生成

血液经动脉流到毛细血管时，部分液体在毛细血管动脉端从管壁滤出进入组织间隙生成组织液，物质交换后，大部分组织液由毛细血管的静脉端回流入血管，小部分组织液透过毛细淋巴管壁进入毛细淋巴管而形成淋巴。淋巴液在淋巴管内向心流动，最后注入静脉。因此，淋巴回流是血液循环的辅助部分。

(二)淋巴管

淋巴生成后，沿毛细淋巴管—淋巴管—淋巴干—淋巴导管—前腔静脉或颈静脉回流到血液。

1. *毛细淋巴管* 以盲端起始于组织间隙，并彼此吻合成网，其管壁由一层内皮细胞构成，通透性大于毛细血管，组织液中的大分子物质如蛋白质、细菌、异物等较易进入毛细淋巴管。

因而当动物受到感染时，其炎症病灶首先在淋巴系统表现出来。

2. 淋巴管　由毛细淋巴管汇合而成，数量较多，其形态构造与静脉相似，但管径较细且粗细不等，常呈串珠状，管壁较薄，管内瓣膜较多。淋巴管行进过程中要经过许多淋巴结。按所在位置，淋巴管可分为浅层淋巴管和深层淋巴管。前者汇集皮肤及皮下组织的淋巴液，多与浅静脉伴行；后者汇集肌肉、骨和内脏的淋巴液，多伴随深层血管和神经。

3. 淋巴干　为身体一个区域内大的淋巴集合管，由淋巴管汇集而成，多与大血管伴行。主要淋巴干有：

(1)气管淋巴干　伴随颈总动脉，分别收集左、右侧头颈、肩胛和前肢的淋巴，最后注入胸导管(左)和右淋巴导管或前腔静脉或颈静脉(右)。

(2)腰淋巴干　伴随腹主动脉和后腔静脉前行，收集骨盆壁、部分腹壁、后肢、骨盆内器官及结肠末端的淋巴，注入乳糜池。

(3)内脏淋巴干　由肠淋巴干和腹腔淋巴干形成，分别汇集空肠、回肠、盲肠、大部分结肠和胃、肝、脾、胰、十二指肠的淋巴，最后注入乳糜池。

4. 淋巴导管　由淋巴干汇集而成，包括胸导管和右淋巴导管。

(1)胸导管　为全身最大的淋巴管，起始于乳糜池，穿过膈上的主动脉裂孔进入胸腔，沿胸主动脉的右上方、右奇静脉的右下方向前行，然后越过食管和气管的左侧向下行，在胸腔前口处注入前腔静脉。胸导管收集除右淋巴导管以外的全身淋巴。

乳糜池是胸导管的起始部，呈长梭形膨大，位于最后胸椎和前1～3腰椎腹侧，在腹主动脉和右膈脚之间。

(2)右淋巴导管　短而粗，为右侧气管淋巴干的延续，收集右侧头颈、右前肢、右肺、心脏右半部及右侧胸下壁的淋巴，末端注入前腔静脉。

(三)淋巴的生理意义

淋巴是体液的重要组成部分，具有重要生理意义。

1. 调节血浆和组织细胞之间的体液平衡　部分组织液靠淋巴回流，因此对组织液的生成与回流平衡起着重要的作用。如果淋巴回流受阻，可引起淋巴淤积而出现组织液增多，局部肿胀等症状。

2. 免疫、防御、屏障作用　淋巴在循环、回流入血过程中，要经过许多淋巴器官，而且液体中含有大量免疫细胞，能有效地参与机体的免疫反应。所以，淋巴系统具有重要的免疫、防御、屏障作用。

3. 回收组织液中的蛋白质　由毛细血管动脉端滤出的血浆蛋白，只能经过淋巴回流，才不至于在组织液中堆积。

4. 运输脂肪　由小肠黏膜上皮细胞吸收的脂肪微粒，主要经肠绒毛内毛细淋巴管回收，然后经过乳糜池-胸导管回流入血。因而胸导管内的淋巴液呈现白色乳糜状。

二、淋巴器官

机体中的淋巴组织以多种形式广泛分布于各部。有的淋巴细胞弥散性分布，与周围组织无明显界限，称为弥散淋巴组织，常分布于咽、消化道及呼吸道等与外界接触较频繁的部位或器官的黏膜内。有的密集呈球形或卵圆形，轮廓清晰，称为淋巴小结，单独存在的淋巴小结称淋巴孤结，成群存在时称淋巴集结，如回肠黏膜内的淋巴孤结和淋巴集结。当淋巴组织与网状组织一起由被膜包裹，形成独立的器官，称之为淋巴器官，包括中枢淋巴器官（胸腺、腔上囊）和外周淋巴器官（淋巴结、脾、扁桃体和血淋巴结等）。中枢淋巴器官发育较早，其原始淋巴细胞来源于骨髓的干细胞，在中枢淋巴器官的影响下，分化成 T 细胞和 B 细胞。外周淋巴器官发育较迟，其淋巴细胞由中枢淋巴器官迁移而来，定居在特定区域内，就地繁殖，再进入淋巴和血液循环，参与机体免疫。

（一）胸腺

位于胸腔前部纵隔内，分颈胸两部，呈红色或粉红色，单蹄类和肉食类动物的胸腺主要在胸腔内，猪和反刍动物的胸腺除胸部外，颈部也很发达，向前可到喉部（图 4-7）。胸腺在幼畜发达，性成熟后逐渐退化，到老年几乎被脂肪组织所代替。胸腺是 T 淋巴细胞增殖分化的场所，是机体免疫活动的重要器官，并可分泌胸腺激素。

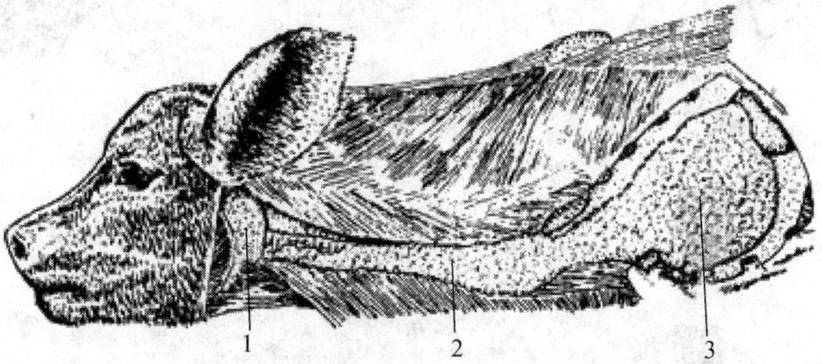

图 4-7 犊牛的胸腺

1. 腮腺 2. 颈部胸腺 3. 胸部胸腺

（马仲华，家畜解剖学及组织胚胎学，第 3 版，2002）

（二）脾

1. *脾的位置、形态* 脾是动物体内最大的淋巴器官，位于腹前部、胃的左侧。

牛脾呈长而扁的椭圆形、蓝紫色、质硬，位于瘤胃背囊左前方；羊脾扁平略呈钝三角形，红紫色，质软，位于瘤胃左侧；猪脾狭而长，上宽下窄，呈紫红色，质软，以胃脾韧带与胃大弯相连；马脾呈扁平镰刀形，上宽下窄，蓝红或铁青色，位于胃大弯左侧（图 4-8）。

2. *脾的功能* 通过淋巴细胞活动参与机体的免疫活动；通过巨噬细胞的吞噬作用，清除流经脾的血液中的微生物和异物。此外，脾还是体内重要的造血和贮血器官。

3. *脾的组织学构造*

（1）被膜 为覆盖在脾表面较厚的一层富含弹性纤维和平滑肌的结缔组织膜，其表面覆以浆膜。被膜伸入脾脏内部形成许多小梁，并吻合成网状，构成脾实质的网状支架。被膜和小梁内的平滑肌舒缩，对脾的贮血量有重要的调节作用。

（2）实质 脾的实质又称为脾髓，由淋巴组织组成，可分为红髓和白髓（图 4-9）。

①红髓 由脾索和脾窦组成，因含有许多红细胞而切面呈红色，故称红髓，约占脾实质的 2/3。

脾索：为彼此吻合成网的淋巴组织索，与脾窦相间排列。索内除网状细胞外，还有大量的 B 淋巴细胞、巨噬细胞、浆细胞和各种血细胞。巨噬细胞能吞噬衰老的红细胞、血小板以及入侵的病菌和异物。

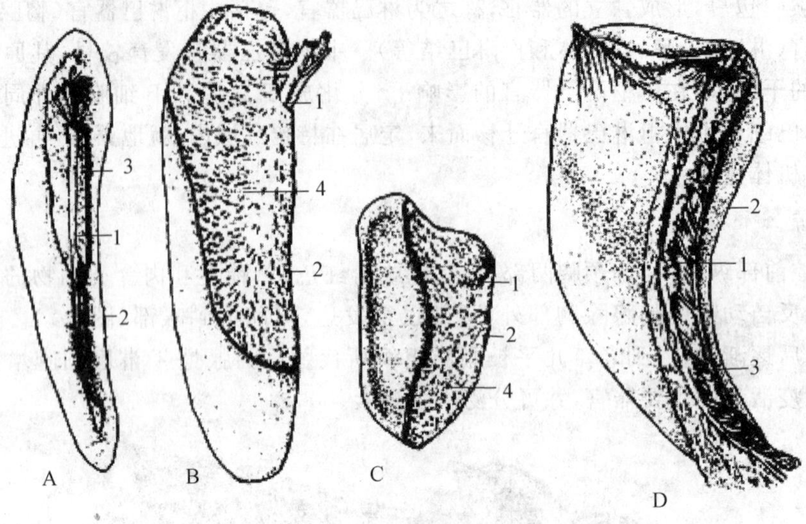

图 4-8 脾的形态

A.猪脾 B.牛脾 C.羊脾 D.马脾

1. 脾门 2. 前缘 3. 胃脾韧带 4. 脾和瘤胃粘连处

(马仲华,家畜解剖学及组织胚胎学,第3版,2002)

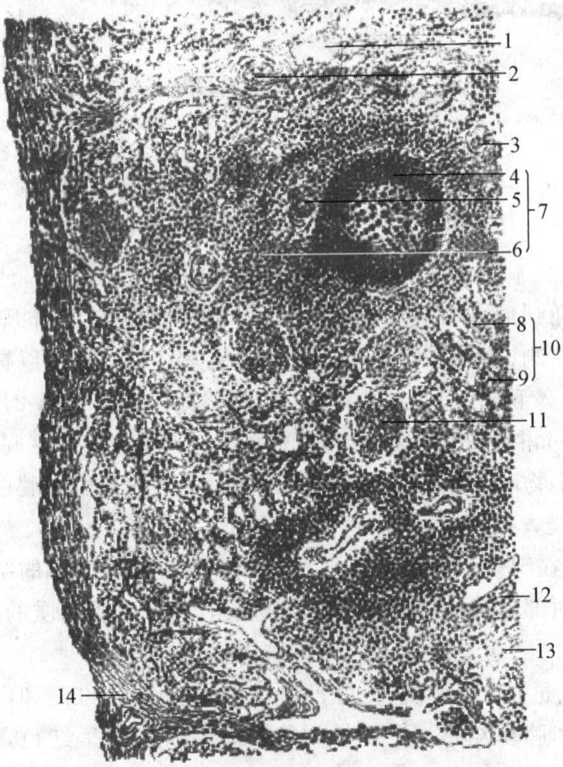

图 4-9 猪脾的白髓和红髓

1. 小梁静脉 2. 小梁动脉 3、11. 鞘动脉 4. 淋巴小结 5. 中央动脉 6. 淋巴鞘 7. 白髓 8. 脾窦 9. 脾索 10. 红髓 12. 平滑肌纤维 13. 小梁 14. 被膜

(马仲华,家畜解剖学及组织胚胎学,第3版,2002)

脾窦:即为血窦,位于脾索之间,形状不规则,相互吻合成网,具有一定的伸缩性。窦壁内皮细胞呈长杆状,沿脾窦长轴平行排列,内皮细胞之间有裂隙,基膜也不完整,这些均有利于血细胞从脾索进入脾窦。

②白髓 主要由密集的淋巴组织构成,分散于红髓之间,在新鲜脾的切面上呈分散的灰白色小点状,故称白髓。包括动脉周围淋巴鞘和淋巴小结。

动脉周围淋巴鞘:为长筒状,淋巴组织紧包在穿行的中央动脉周围,它相当于淋巴结的副皮质区,主要是T细胞定居的地方,为脾的胸腺依赖区,当发生细胞免疫应答时,此区明显增厚。

淋巴小结:又称为脾小体,位于淋巴鞘的一侧,主要由B淋巴细胞构成,与淋巴结的淋巴小结相似。健康动物脾小体数量较少,体积较小,当发生体液免疫应答时,数量增多,体积增大。

(三)淋巴结

1. 淋巴结的形态、位置 淋巴结位于淋巴管径路上,单个或成群分布,多位于凹窝或隐蔽处,如腋窝、关节屈侧、内脏器官门部及大血管附近。其大小不一、形态多样,直径从1 mm到数厘米不等,呈球形、卵圆形、肾形、扁平状等。淋巴结一侧凹陷为淋巴门,是输出淋巴管、血管及神经出入处,另一侧隆凸,有多条输入淋巴管进入。

2. 淋巴结的功能 淋巴结的主要功能是产生淋巴细胞,滤过淋巴,清除侵入体内的细菌和异物以及产生抗体等。局部淋巴结肿大,常反映其收集区域有病变,对临床诊断如兽医卫生检疫有重要实践意义。

3. 畜体主要淋巴结的分布

(1)浅层主要淋巴结

①下颌淋巴结 位于下颌间隙,牛的在下颌间隙后部,其外侧与颌下腺前端相邻;猪的更靠后,表面有腮腺覆盖;马的与血管切迹相对。

②颈浅淋巴结 又称肩前淋巴结,位于肩关节前上方。牛的颈浅淋巴结位于臂头肌和肩胛横突肌深面。猪的颈浅淋巴结分背、腹两组,背侧淋巴结相当于其他家畜的颈浅淋巴结,腹侧淋巴结则位于腮腺后缘和胸头肌之间。

③髂下淋巴结 又称股前淋巴结或膝上淋巴结,位于膝关节上方,在股阔筋膜张肌前缘皮下。

④腹股沟浅淋巴结 位于腹底壁皮下,大腿内侧,腹股沟皮下环附近。公畜的称阴茎背侧淋巴结,位于阴茎两侧;母畜的称乳房淋巴结,位于乳房基部后上方,母猪的在倒数第二对乳头的外侧。

⑤腘淋巴结 位于臀股二头肌与半腱肌之间,腓肠肌外侧头的脂肪中。

(2)深层主要淋巴结

①咽后淋巴结 有内、外两组。内侧组位于咽的背侧壁,与颈前淋巴结无明显界限;外侧组位于腮腺深面。

②颈深淋巴结 分前、中、后3组。颈前淋巴结位于咽、喉的后方,甲状腺附近;颈中淋巴结分散在颈部气管的中部;颈后淋巴结位于颈后部气管的腹侧,表面被覆有颈皮肌和胸头肌。

③气管支气管淋巴结 又称肺门淋巴结,位于肺门附近,气管的周围。

④肝门淋巴结 位于肝门附近。

⑤脾淋巴结　位于脾门附近。

⑥肠系膜淋巴结　位于肠系膜前、后动脉附近和肠系膜中，数目很多。收集小肠、大肠各段的淋巴及其他腹腔淋巴，最后汇入肠淋巴干。

⑦髂内淋巴结　位于髂外动脉起始部附近。

⑧髂外淋巴结　位于旋髂深动脉前、后支分叉处。

4. 淋巴结的组织学构造　淋巴结由被膜和实质构成(图 4-10)。

(1)被膜　为覆盖在淋巴结表面的结缔组织膜。被膜结缔组织伸入实质形成许多小梁并相互连接成网，与网状组织共同构成淋巴结的支架。进入淋巴结的血管沿小梁分布。

(2)实质　淋巴结的实质可分为皮质和髓质(图 4-10)。

①皮质　位于淋巴结的外周，颜色较深。由淋巴小结、副皮质区和皮质淋巴窦组成。

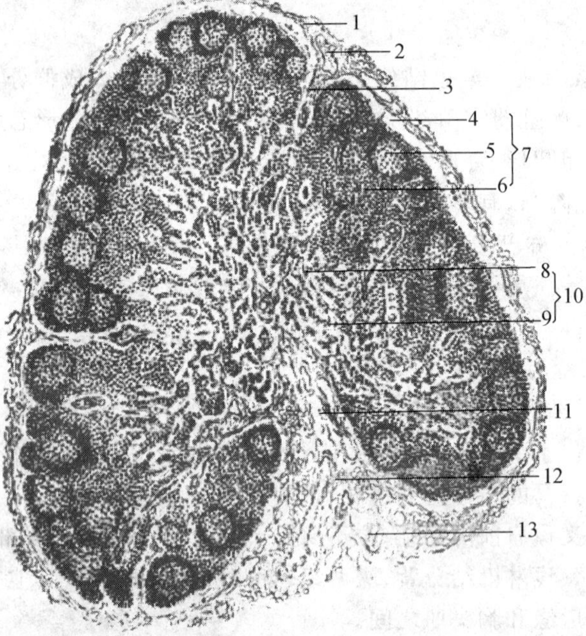

图 4-10　牛的淋巴结(低倍)

1. 被膜　2. 输入淋巴管　3. 小梁　4. 皮质淋巴窦　5. 淋巴小结　6. 副皮质区　7. 皮质　8. 髓窦　9. 髓索　10. 髓质　11. 门部　12. 血管　13. 输出淋巴管

(马仲华，家畜解剖学及组织胚胎学，第 3 版，2002)

淋巴小结：位于皮质区浅层，呈圆形或椭圆形，可分为中央区和周围区。中央区着色淡，除网状细胞外，主要有 B 淋巴细胞、巨噬细胞、少量的 T 淋巴细胞和浆细胞等。此区的淋巴细胞增殖能力较强，称为生发中心。周围区着色较深，聚集大量的小淋巴细胞。淋巴小结的大小和数量与抗原刺激有关，无菌饲养动物无淋巴小结。

副皮质区：位于皮质深层和淋巴小结之间，为弥散淋巴组织，属胸腺依赖区，主要由 T 淋巴细胞构成。在抗原的刺激下，T 淋巴细胞可大量繁殖，离开淋巴结，经淋巴管而进入血液。

皮质淋巴窦：位于被膜下、淋巴小结与小梁之间互相通连的腔隙，是淋巴流经的部位。窦内存在着网状细胞、淋巴细胞和巨噬细胞。皮质淋巴窦接受来自输入淋巴管的淋巴，淋巴在淋巴窦内缓慢流动，有利于巨噬细胞清除异物和细菌等。

②髓质 位于中央部和门部，颜色较淡。由髓索和髓质淋巴窦组成。

髓索：由索状的淋巴组织互相连接而成，彼此吻合成网，与副皮质区的弥散淋巴组织直接相连续，索内主要含B细胞和浆细胞，还有一些巨噬细胞、T细胞和肥大细胞等。其中浆细胞数量变化很大，当有抗原刺激时，浆细胞数量大增，产生抗体，表现为髓索增粗。

髓质淋巴窦：位于髓索之间和髓索与小梁之间，结构与皮质淋巴窦相同，接受来自皮质淋巴窦的淋巴，并将淋巴液汇入输出淋巴管。经淋巴结过滤后的淋巴中细菌和异物较少，而含有较多的淋巴细胞和抗体。

猪淋巴结的结构特点：猪淋巴结特殊，无明显的门部。小猪淋巴结的“皮质”和“髓质”的位置恰好和其他动物的相反，多数淋巴小结占据中央区域；成年猪的淋巴小结常沿淋巴结深层的小梁淋巴窦分布。淋巴结周围主要为松散的未分化的淋巴组织，其中含有巨噬细胞和浆细胞。窦腔狭窄，无明显的髓索。输入淋巴管从多处进入被膜，一直穿行到中央，汇入小梁淋巴窦，最后汇集成几支输出淋巴管，从被膜的不同地方穿出。

(四)其他淋巴器官

1. 扁桃体 位于舌、软腭和咽的黏膜下组织内，形状和大小因动物种类不同而异，仅有输出淋巴管，注入附近的淋巴结。由于扁桃体处于暴露位置，故抗原可从口腔直接感染。其主要作用：一是可产生淋巴细胞；二是对抗原起反应，构成全身防御系统的一部分。

2. 血淋巴结 一般呈圆形或卵圆形，紫红色，直径5～12 mm，结构与淋巴结相似，但无淋巴输入管和输出管，其中充盈血液而无淋巴。主要分布于主动脉附近、胸腹腔脏器的表面和血液循环的通路上，有滤血的作用。血淋巴结多见于牛、羊，但灵长类和马属动物也有分布。

三、淋巴细胞

(一)淋巴细胞

淋巴细胞呈球形，大小不一，一般在5～18 μm之间，其胞核大，胞质少。根据其体积可分为大、中、小三种。大淋巴细胞见于骨髓、脾和淋巴结的生发中心，它是机体受抗原刺激后，由静止状态的淋巴母细胞分化而来，大淋巴细胞经几次分裂后可变成直径5～8 μm的小淋巴细胞。小淋巴细胞可分为T细胞、B细胞、K细胞和NK细胞。

T细胞：是骨髓的淋巴干细胞在胸腺分化、成熟的淋巴细胞，也称胸腺依赖性淋巴细胞，用胸腺(thymus)一词英文字头“T”来命名。该细胞成熟后进入血液和淋巴液，参与细胞免疫。

B细胞：B细胞在哺乳动物的骨髓分化发育，称骨髓依赖性淋巴细胞，用骨髓(bone marrow)一词英文字头“B”命名；在鸟类，B细胞在腔上囊分化发育，称腔上囊依赖细胞。B淋巴细胞进入血液和淋巴后在抗原刺激下分化成浆细胞，产生抗体，参与体液免疫。

K细胞：又称杀伤细胞，是发现较晚的淋巴样细胞，分化途径尚不明确，具有非特异性杀伤功能。它能杀伤与抗体结合的靶细胞，且杀伤力较强。

NK细胞：又称自然杀伤细胞，它不依赖抗体，不需抗原作用即可直接杀伤某些肿瘤细胞或感染病毒的细胞。

淋巴细胞的功能为参与机体的免疫反应，机体内除淋巴细胞具有免疫功能，粒性白细胞、单核细胞、巨噬细胞等都具有免疫功能。

(二)单核巨噬细胞系统

它是指分散在许多器官和组织中的一些具有很强吞噬能力的细胞，这些细胞都来源于血液的单核细胞。主要包括疏松结缔组织中的组织细胞、肺内的尘细胞、肝血窦中的枯否氏细胞、血液中的单核细胞、脾和淋巴结内的巨噬细胞、脑和脊髓内的小胶质细胞等。

单核巨噬细胞系统的主要机能是吞噬侵入体内的细菌、异物以及衰老、死亡的细胞，并能清除病灶中坏死的组织和细胞；在炎症的恢复期参与组织的修复；肝脏中的枯否氏细胞还参与胆色素的制造等。

【技能】

1. 脾脏的识别　观察牛、马和猪脾脏的模型及标本，识别其形态、构造特点。

2. 主要淋巴结的识别　在猪或牛的尸体标本上找出下颌淋巴结、颈深淋巴结、肩前淋巴结、股前淋巴结、腹股沟浅淋巴结、腹股沟深淋巴结、肺门淋巴结、肠系膜淋巴结等。

3. 脾和淋巴结组织构造的观察　利用显微镜观察脾和淋巴结的组织构造。

【任务总结】

<table>
<tr><th colspan="2">内容</th><th>要点</th></tr>
<tr><td rowspan="3">知识</td><td>淋巴管与淋巴的生成</td><td>1. 各级淋巴管：毛细淋巴管、淋巴管、淋巴干、淋巴导管
2. 淋巴导管：胸导管和右淋巴导管
3. 淋巴的生理意义</td></tr>
<tr><td>淋巴器官</td><td>1. 不同家畜胸腺的位置、形态
2. 不同家畜脾的位置、形态及功能
3. 脾的组织学构造：红髓、白髓
4. 淋巴结的位置、形态及功能
5. 畜体主要淋巴结的分布
6. 淋巴结的组织学构造：淋巴小结、副皮质区、髓索和髓质淋巴窦</td></tr>
<tr><td>淋巴细胞</td><td>1. T 细胞、B 细胞、K 细胞、NK 细胞的作用
2. 单核巨噬细胞系统</td></tr>
<tr><td rowspan="3">技能</td><td>脾脏的识别</td><td>不同家畜脾的形态构造特点</td></tr>
<tr><td>主要淋巴结的识别</td><td>下颌淋巴结、颈深淋巴结、肩前淋巴结、股前淋巴结、腹股沟浅淋巴结、腹股沟深淋巴结、肺门淋巴结、肠系膜淋巴结</td></tr>
<tr><td>脾和淋巴结组织构造的观察</td><td>1. 脾索、脾窦、动脉周围淋巴鞘、淋巴小结
2. 淋巴小结、副皮质区、髓索和髓质淋巴窦</td></tr>
</table>

项目五　神经系统和内分泌系统

▲【情境描述】

通过观察标本及挂图，来学习神经系统的组成，脑、脊髓的形态结构。通过讨论分析来学习躯体神经和植物性神经的区别，植物性神经机能，条件反射的形成条件，主要激素对机体的调节。

▲【知识目标】

掌握神经系统的主要组成；掌握脑、脊髓的形态结构；掌握植物性神经的分布、特点；掌握条件反射的形成机理；掌握主要神经递质、受体及产生的作用；掌握内分泌系统主要器官的位置和功能。

▲【能力目标】

能在标本或挂图上识别脑、脊髓的形态结构；能分析条件反射的形成条件；能分析主要激素作用、对机体的影响。

▲【素质目标】

具备团队协作能力；具有较强的综合分析能力学习神经系统、内分泌系统对机体活动的调节。

任务5-1　神经系统构造的观察

【任务描述】

神经系统是畜体的调节系统，它能接受来自体内、外环境的各种刺激，并将刺激转变为神经冲动进行传导。一方面它既调节机体内各器官系统的活动，使之协调成为统一整体；另一方面能使畜体适应外界环境的变化，保证机体与环境间的相对平衡。本单元主要任务是通过观察标本及挂图，来识别脑和脊髓的构造、主要躯体神经；通过讨论学习植物性神经的分布与特点、躯体神经和植物性神经的区别。

【任务目标】

1. 掌握神经系统的组成；
2. 掌握植物性神经的分布特点，并能区别躯体神经和植物性神经；
3. 能在模型上识别脑、脊髓的形态结构；
4. 具备分析能力，能将神经元的结构功能与脊髓、脑的构成相联系。

【知识】

神经系统可分为中枢神经系统和外周神经系统两部分。中枢神经系统包括脑和脊髓。外周神经系统包括躯体神经和植物性神经。躯体神经由脑神经和脊神经组成，自脑部出入的神经称脑神经；从脊髓出入的神经称脊神经。控制心肌、平滑肌和腺体活动的神经称植物性神经，植物性神经又分为交感神经和副交感神经。

- 神经系统
  - 中枢神经系统
    - 脑
    - 脊髓
  - 外周神经系统
    - 躯体神经
      - 脑神经
      - 脊神经
    - 植物性神经
      - 交感神经
      - 副交感神经

神经元是神经系统结构和功能的基本单位。神经元借突触彼此联系构成了整个中枢和外周神经。神经元的胞体和树突在中枢内聚集构成脊髓灰质、大脑皮质和小脑皮质。神经元的胞体在外周聚集构成神经节。神经元的树突在中枢形成脑、脊髓的白质，在外周形成神经。神经纤维与感受器和效应器相联系形成各种末梢器官。

一、脊髓

(一)脊髓的位置与形态

脊髓位于椎管内，呈上下略扁的圆柱形。其前端在枕骨大孔处与延髓相连；后端到达荐骨中部，逐渐变细呈圆锥形，称脊髓圆锥。脊髓末端有一根细长的终丝。脊髓各段粗细不一，有两个膨大部位：颈、胸交界处形成颈膨大，由此发出支配前肢的神经；腰、荐交界处形成腰膨大，由此发出支配后肢的神经。由于脊柱比脊髓长，荐神经和尾神经要在椎管内向后伸延一段，才能到达相应的椎间孔，它们包围脊髓圆锥和终丝，共同构成马尾。

脊髓背侧有一背正中沟，腹侧有一正中裂。

(二)脊髓的内部结构

脊髓中部颜色较深，呈蝴蝶形，为灰质部；外周颜色较浅，为白质部。在灰质中央有一个脊髓中央管(图 5-1)。

1. *灰质*　主要由神经元的胞体构成，有一对背侧角(柱)和一对腹侧角(柱)，背侧角(柱)和腹侧角(柱)之间为灰质联合。在脊髓的胸段和腰前段腹侧角基部的外侧，还有稍隆起的外侧角(柱)。腹侧柱内有运动神经元的胞体。支配骨骼肌纤维。外侧柱内有植物性神经节前神经元的胞体。背侧柱内含有中间(联络)神经元的胞体，这些中间神经元接受脊神经节内的感觉神经元的冲动，传导至运动神经元或下一个中间神经元。

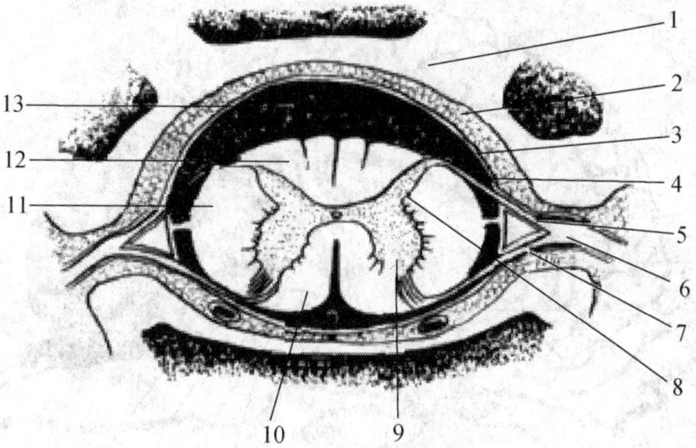

图 5-1　脊髓横断面模式图

1. 椎弓　2. 硬膜外腔　3. 脊硬膜　4. 硬膜下腔　5. 背侧根　6. 脊神经节　7. 腹侧根
8. 背侧柱　9. 腹侧柱　10. 腹侧索　11. 外侧索　12. 背侧索　13. 蛛网膜下腔

（马仲华，家畜解剖学及组织胚胎学，第 3 版，2002）

2. *白质*　白质由神经纤维构成，被灰质分成背侧索、腹侧索和外侧索。背侧索位于两个背侧柱及背正中沟之间，主要由脊神经节内的感觉神经元的中枢突构成；腹侧索位于两个腹侧柱及腹正中裂之间，外侧索位于背侧柱和腹侧柱之间，外侧索和腹侧索均由来自背侧柱的中间神经元的轴突（上行纤维束）以及来自大脑和脑干的中间神经元的轴突（下行纤维束）组成。

3. *脊神经根*　脊髓两侧发出成对的脊神经根，每一脊神经根又分为背侧根（或感觉根）和腹侧根（或运动根）。背侧根较粗，上有脊神经节。脊神经节由感觉神经元的胞体构成，其外周突随脊神经伸向外周；中枢突构成背侧根，进入脊髓背侧索或与背侧柱内的中间神经元发生突触。腹侧根较细，由腹侧柱和外侧柱内的运动神经元的轴突构成。背侧根和腹侧根在椎间孔附近合并为脊神经。

二、脑

脑是神经系统中的高级中枢，位于颅腔内，在枕骨大孔与脊髓相连。脑可分大脑、小脑、脑干三个部分（图 5-2 和图 5-3）。大脑位于前方，脑干位于大脑与小脑之间，小脑位于脑干的背侧，大脑与小脑之间有大脑横裂将二者分开。

（一）脑干

脑干通常包括延髓、脑桥、中脑和间脑。

脑干也由灰质和白质构成。灰质是由功能相同的神经细胞集合成团块状的神经核，分散存在于白质中。脑干内的神经核可分为两类：一类是与脑神经直接相连的脑神经核，其中接受感觉纤维的，称脑神经感觉核；发出运动纤维的，称脑神经运动核。另一类为传导径上的中继核，是传导径上的联络站。此外，脑干内还有网状结构，它由纵横交错的纤维网和散在其中的神经细胞构成，在一定程度上也集合成团，形成神经核。网状结构既是上行和下行传导径的联络站，又是某些反射中枢。脑干的白质为上、下行传导径。脑干联系着视、听、平衡等专门感觉器官，是内脏活动的反射中枢；是联系大脑高级中枢与各级反射中枢的重要径路；也是大脑、小脑、脊髓以及骨骼肌运动中枢之间的桥梁。

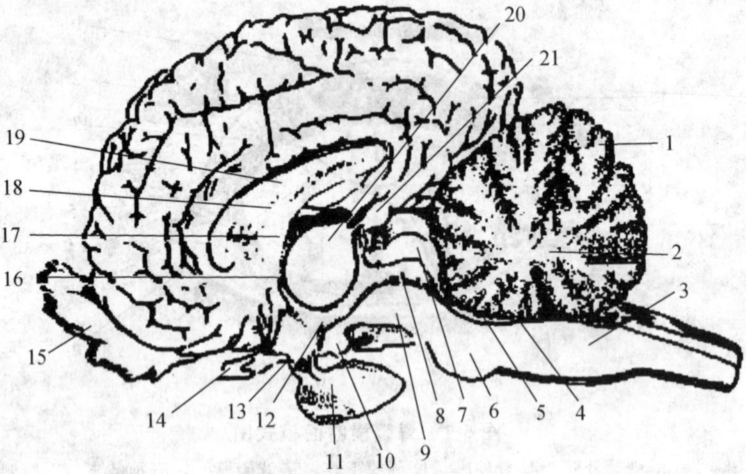

图 5-2　马脑(正中切面)

1. 小脑皮质　2. 小脑髓树　3. 延髓　4. 第四脑室　5. 前髓帆　6. 脑桥　7. 四叠体
8. 中脑导水管　9. 大脑脚　10. 乳头体　11. 脑垂体　12. 第三脑室
13. 灰结节　14. 视神经交叉　15. 嗅球　16. 室间孔　17. 穹窿
18. 透明隔　19. 胼胝体　20. 丘脑中间块　21. 松果体

(马仲华,家畜解剖学及组织胚胎学,第3版,2002)

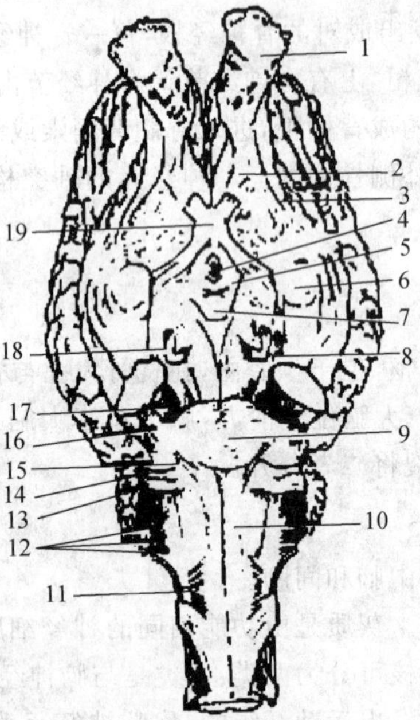

图 5-3　马脑(腹侧面)

1. 嗅球　2. 内侧嗅回　3. 外侧嗅回　4. 漏斗　5. 灰结节　6. 梨状叶　7. 乳头体
8. 大脑脚　9. 脑桥　10. 延髓锥体　11. 舌下神经根　12. 舌咽、迷走和副神经根
13. 前庭耳蜗神经根　14. 面神经根　15. 外展神经根　16. 三叉神经根
17. 滑车神经根　18. 动眼神经根　19. 视神经交叉

(马仲华,家畜解剖学及组织胚胎学,第3版,2002)

1. 延髓　为脑干的末段，位于枕骨基部的背侧，呈前宽后窄略扁的锥形体，自脑桥向后伸至枕骨大孔与脊髓相连。形似脊髓，在腹侧正中裂的两侧各有一条纵行隆起，称为锥体。锥体由大脑皮质运动区发出到脊髓腹侧角的传导束构成。该束纤维在延髓后端大部分与对侧的交叉，形成锥体交叉，交叉后的纤维沿脊髓外侧索下行。延髓背侧面的前部扩展，形成第四脑室底壁后半部分。背侧及两侧各有一股纤维束，连于小脑。延髓中含有与唾液分泌、吞咽、呼吸、心血管活动有关的神经中枢。

2. 脑桥　位于小脑腹侧，在大脑脚与延髓之间。背侧面凹，构成第四脑室底壁的前部；腹侧面呈横行的隆起。其中的横行纤维自两侧向后向背侧伸入小脑，形成小脑中脚（又称脑桥臂）。在脑桥腹侧部与小脑中脚交界处有粗大的三叉神经（V）根。

第四脑室：位于延髓、脑桥与小脑之间，前端通中脑导水管，后端通延髓中央管。

3. 中脑　位于脑桥前方，包括四叠体、大脑脚及两者之间的中脑导水管。

四叠体为中脑的背侧部分，主要由前后两对圆丘构成。前丘较大，是皮质下视觉反射中枢；后丘较小，是皮质下听觉反射中枢。后丘的后方有滑车神经（Ⅳ）根，是唯一从脑干背侧面发出的脑神经。

大脑脚是中脑的腹侧部分，位于脑桥之前，为一对由纵行纤维束构成的隆起。

中脑导水管位于四叠体和大脑脚之间，前接第三脑室，后通第四脑室。

4. 间脑　位于中脑和大脑之间，被两侧大脑半球所覆盖，内有第三脑室。间脑由丘脑和下丘脑（丘脑下部）组成。

丘脑：为1对卵圆形的灰质团块，占间脑的最大部分，内部由白质分隔为许多不同机能的核群组成，左、右两丘脑的内侧部相连，断面呈圆形，称丘脑间黏合，其周围的环状裂隙为第三脑室，其前方经左、右脑室间孔与大脑半球内的侧脑室相通，后方经中脑导水管与第四脑室相通。

丘脑一部分核是上行传导径的总联络站，接受来自脊髓、脑干和小脑的纤维，由此发出纤维至大脑皮质。在丘脑后部的背外侧，有外侧膝状体和内侧膝状体。外侧膝状体接受视束来的纤维，发出纤维至大脑皮质，是视觉冲动传向大脑皮质的最后联络站。内侧膝状体接受由耳蜗神经核来的纤维，发出纤维至大脑皮质，是听觉冲动传向大脑的最后联络站。丘脑还有一些与运动、记忆和其他功能有关的核群。在左、右丘脑的背侧、中脑四叠体的前方，有一椭圆形小体，为松果体，属内分泌腺。

下丘脑位于丘脑腹侧，包括第三脑室侧壁内的一些结构，是植物性神经系统的皮质下中枢。从脑底面看，由前向后依次为视交叉、视束、灰结节、漏斗、脑垂体、乳头体等结构。丘脑下部形体虽小，但与其他各脑有广泛的纤维联系。接受来自嗅脑、大脑皮质额叶、丘脑和纹状体等的纤维；发出纤维至丘脑、垂体后叶、脑干网状结构、脑神经核和植物性神经核，通过植物性神经主要调节心血管和内脏的活动。

第三脑室：位于间脑内，呈环形围绕着丘脑间黏合，向后通中脑导水管，其背侧壁为第三脑室脉络丛。

（二）小脑

小脑近似球形，位于大脑后方，在延髓和脑桥的背侧，其表面有许多沟和回。小脑被两条纵沟分为中间的蚓部和两侧的小脑半球。小脑借小脑后脚、小脑中脚及小脑前脚分别与延髓、脑桥和中脑相连。小脑灰质主要覆盖于小脑半球的表面；小脑白质在深部，呈树枝状分布，白质中有分散存在的神经核。

(三)大脑

大脑位于脑干前方,主要由左、右两个完全对称的大脑半球组成,借胼胝体相连。胼胝体位于大脑纵裂底,构成侧脑室顶壁,将左、右大脑半球连接起来。两个大脑半球内分别有一个呈半环形的狭窄腔隙,叫侧脑室,两侧脑室分别以室间孔与第三脑室相通。大脑半球包括大脑皮质和白质、嗅脑、基底核和侧脑室等结构。

1. 大脑皮质　覆盖于大脑半球表面,其表面凹凸不平,凹陷处为脑沟,凸起处为脑回,以增加大脑皮质的面积。每个大脑半球根据机能和位置不同,可分5个叶,即额叶、顶叶、颞叶、枕叶、边缘叶(图5-4)。

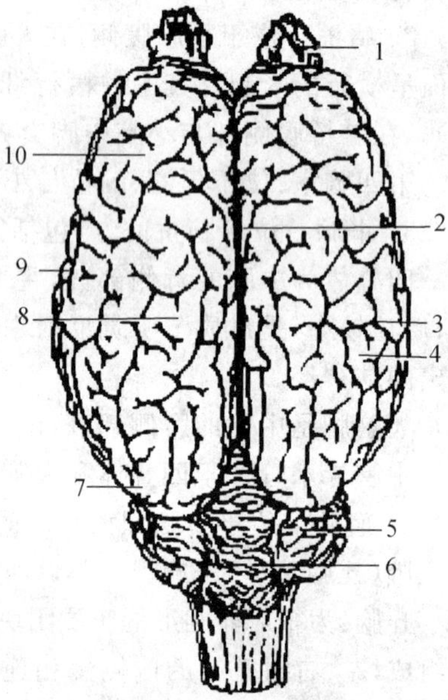

图5-4　马脑(背侧面)

1. 嗅球　2. 大脑纵裂　3. 脑沟　4. 脑回　5. 小脑半球　6. 小脑蚓部　7. 枕叶　8. 顶叶　9. 颞叶　10. 额叶

(马仲华,家畜解剖学及组织胚胎学,第3版,2002)

2. 白质　位于皮质深面,主要由3种纤维组成:连合纤维是联系左、右半球的横向神经纤维,构成胼胝体。联络纤维是联系同侧半球各部分之间的神经纤维。投射纤维是大脑皮层与皮层下中枢相联系的神经纤维,分上行(感觉)和下行(运动)两种。以上这些纤维把脑的各部分与脊髓联系起来,再通过外周神经与各个器官联系起来,因而大脑皮质能支配机体所有的活动。

3. 嗅脑　主要包括位于大脑腹侧前端的嗅球以及沿大脑腹侧面延续的嗅回、梨状叶、海马等部分。其中有些结构与嗅觉有关,有些则与嗅觉无关,属于大脑边缘系统,与内脏活动、情绪变化及记忆有关。

4. 基底核　是大脑白质中基底部的灰质核团,位于大脑半球基底部。主要有尾状核和豆状核,两核之间有白质(上、下行的投射纤维)构成的内囊。尾状核、内囊和豆状核在横切面上灰质、白质交错呈花纹状,故又称纹状体。纹状体是锥体外系统的主要联络站,有维持肌紧张和协调肌肉运动的作用。

5. 侧脑室　位于左、右大脑半球内,共有两个。以室间孔与第三脑室相通。侧脑室底壁的前部为尾状核,后部为海马;顶壁为胼胝体。在尾状核与海马之间有侧脑室脉络丛。

三、脑脊膜

(一)脑脊膜

1. 脊膜　脊髓外周包有3层结缔组织膜,由外向内依次为脊硬膜、脊蛛网膜和脊软膜。脊硬膜是一层较厚而坚韧的致密结缔组织。脊硬膜与椎管内面骨膜之间有一宽的腔隙,称硬膜外腔,内含大量的脂肪和疏松结缔组织。硬膜外腔麻醉就是自腰荐间隙将麻醉剂注入硬膜外腔,以麻醉脊神经根。硬膜与蛛网膜之间的腔隙称为硬膜下腔。在脊蛛网膜与脊软膜之间的周隙,称为蛛网膜下腔,内含脑脊液。

2. 脑膜　脑膜和脊膜一样,分为脑硬膜、脑蛛网膜和脑软膜三层。脑硬膜与脑蛛网膜之间形成硬膜下腔,脑蛛网膜和脑软膜之间形成蛛网膜下腔。但脑硬膜与衬于颅腔内壁的骨膜紧密结合而无硬膜外腔。脑硬膜内含有若干静脉窦，接受来自脑的静脉血。

在脑室壁的一些部位，脑软膜上的血管丛与脑室膜上皮共同折入脑室，形成脉络丛，脉络丛是产生脑脊液的部位。

（二）脑脊液

脑脊液是由各脑室脉络丛产生的无色透明液体，充满于脑室、脊髓中央管和蛛网膜下腔。各脑室中的脑脊液均汇集到第四脑室，经第四脑室脉络丛流入蛛网膜下腔后，流向大脑背侧，再经脑蛛网膜粒透入脑硬膜中的静脉窦，最后回到血液循环中。

脑脊液的主要作用是维持脑组织渗透压和颅内压的相对恒定，保护脑和脊髓免受外力的震荡，供给脑组织营养，参与代谢产物的运输等。若脑脊液循环障碍，可导致脑积水或颅内压升高。

（三）脑、脊髓的血管

脑的血液主要来自颈动脉及枕动脉，这些血管在脑底部吻合成一动脉环，由此分出小动脉分布于脑。脊髓的血液来自椎动脉、肋间动脉和腰动脉等分支，在脊髓腹侧汇合成一脊髓腹侧动脉，它沿腹正中裂伸延，分布于脊髓。静脉血则汇入颈内静脉和一些节段性的同名静脉。

四、主要躯体神经

（一）脑神经

脑神经共有 12 对，多数从脑干发出。根据脑神经所含纤维的种类不同，分为感觉神经、运动神经和混合神经。脑神经名称的记忆口诀：一嗅二视三动眼，四滑五叉六外展，七面八听九舌咽，十迷一副舌下全。脑神经名称、分布、所含纤维及机能见表 5-1。

表 5-1　脑神经分布简表

名称	与脑联系部位	纤维成分	分布部位	机能
Ⅰ嗅神经	嗅球	感觉	鼻黏膜	传导嗅觉
Ⅱ视神经	间脑膝状体	感觉	视网膜	传导视觉
Ⅲ动眼神经	中脑大脑脚	运动	眼球肌	眼球运动
Ⅳ滑车神经	中脑四叠体	运动	眼球肌	眼球运动
Ⅴ三叉神经	脑桥	混合	面部皮肤，口、鼻腔黏膜，咀嚼肌	头部皮肤、口、鼻腔、舌等感觉，咀嚼运动
Ⅵ外展神经	延髓	运动	眼球肌	眼球运动
Ⅶ面神经	延髓	混合	面、耳、睑肌和部分味蕾	面部感觉、运动，唾液分泌
Ⅷ位听神经	延髓	感觉	内耳	听觉和平衡觉
Ⅸ舌咽神经	延髓	混合	舌、咽和味蕾	咽肌运动、味觉、舌部感觉
Ⅹ迷走神经	延髓	混合	咽、喉、食管、气管和胸腹腔内脏	咽、喉和内脏器官的感觉和运动
Ⅺ副神经	延髓和颈部脊髓	运动	咽、喉、食管以及胸头肌和斜方肌	头、颈、肩带部的运动
Ⅻ舌下神经	延髓	运动	舌肌和舌骨肌	舌的运动

(二)脊神经

脊神经为混合神经,由椎管中的背侧根(感觉根)和腹侧根(运动根)汇合而成,分为背侧支和腹侧支,每支均含有感觉纤维和运动纤维。背侧支分布于颈背侧、鬐甲、背部、腰部和荐尾部的肌肉和皮肤;腹侧支粗大,分布于颈侧、胸壁、腹壁以及四肢肌肉和皮肤。

按照从脊髓发出的部位,脊神经分颈神经、胸神经、腰神经、荐神经和尾神经(图 5-5)。

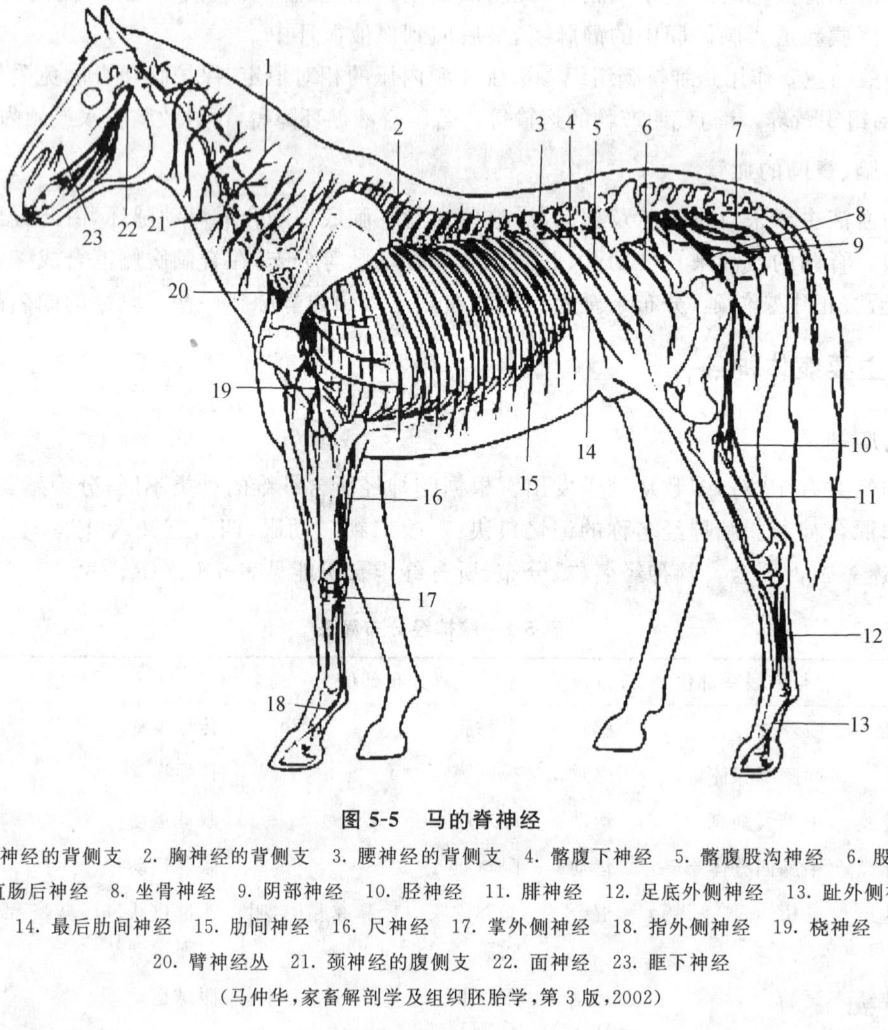

图 5-5 马的脊神经

1. 颈神经的背侧支 2. 胸神经的背侧支 3. 腰神经的背侧支 4. 髂腹下神经 5. 髂腹股沟神经 6. 股神经 7. 直肠后神经 8. 坐骨神经 9. 阴部神经 10. 胫神经 11. 腓神经 12. 足底外侧神经 13. 趾外侧神经 14. 最后肋间神经 15. 肋间神经 16. 尺神经 17. 掌外侧神经 18. 指外侧神经 19. 桡神经 20. 臂神经丛 21. 颈神经的腹侧支 22. 面神经 23. 眶下神经

(马仲华,家畜解剖学及组织胚胎学,第 3 版,2002)

1. 分布于躯干的神经

(1)脊神经的背侧支　分布于颈背侧、鬐甲、背部、腰部。

(2)脊神经的腹侧支　分布于脊柱腹侧、胸腹壁。

膈神经:由第Ⅴ、Ⅵ、Ⅶ对颈神经腹侧支联合而成,经胸前口入胸腔,沿纵隔后行,分布于膈。

肋间神经:为胸神经腹侧支。在每一肋间隙沿肋间动脉后缘下行,分布于肋间肌。最后一对肋间神经在第一腰椎横突末端前下缘进入腹壁,分布于腹肌和腹部皮肤,以及阴囊皮肤、包皮或乳房等处。

髂腹下神经(髂腹后神经):为第一腰神经腹侧支。经过第二、三腰椎横突之间进入腹壁肌肉,分布于腹肌和腹部皮肤。

髂腹股沟神经:为第二腰神经的腹侧支。沿第四腰椎横突末端的外侧缘延伸于腹肌之间,分布于腹肌、腹壁和股内侧皮肤。

生殖股神经:来自第二、三、四腰神经的腹侧支,沿腰肌间下行,分为前、后两支,向下伸延穿过腹股沟管与阴部外动脉一起分布于睾外提肌、阴囊和包皮(公畜)或乳房(母畜)。

阴部神经:来自第二、三、四荐神经的腹侧支,沿荐结节阔韧带向后向下伸延,其终支绕过坐骨弓,在公畜至阴茎背侧,成为阴茎背神经,分支分布于阴茎;在母畜称为阴蒂背神经,分布于阴蒂、阴唇。

直肠后神经:其纤维来自第三、第四(马)或第四、第五(牛)荐神经的腹侧支,有1～2支,在阴部神经背侧沿荐结节阔韧带的内侧面向后向下伸延,分布于直肠和肛门,在母畜还分布于阴唇。

2. 分布于前肢的神经　由臂神经丛发出。臂神经丛位于腋窝内,在斜角肌背侧部和腹侧部之间穿出,丛根主要由第六、七、八颈神经和第一、二胸神经的腹侧支构成。由此发出的神经有:肩胛上神经、肩胛下神经、腋神经、桡神经、尺神经和正中神经等。其中正中神经是前肢最长的神经,由臂神经丛向下伸延到蹄。

3. 分布于后肢的神经　由腰荐神经丛发出。腰荐神经丛由第四至六腰神经及第一、二荐神经的腹侧支构成,可分前、后两部。前部为腰神经丛,在髂内动脉之前,位于腰椎横突和腰小肌之间;后部为荐神经丛,部分位于荐结节阔韧带外侧,部分位于荐结节阔韧带内。由此丛发出的主要神经有:股神经、坐骨神经、闭孔神经、臀前神经和臀后神经。

其中坐骨神经是体内最粗最大的神经,扁而宽,自坐骨大孔穿出盆腔,沿荐结节阔韧带的外侧向后向下伸延,经大转子与坐骨结节之间,绕过髋关节后方,约在股骨中部,分为腓总神经和胫神经。坐骨神经在臀部有分支分布于闭孔肌;在股部分出大的分支,分布于半膜肌、臀股二头肌和半腱肌。

五、植物性神经

植物性神经是分布于内脏器官、血管和皮肤的平滑肌、心肌和腺体等的传出神经,又称为自主神经。

(一)植物性神经的特点

植物性神经与躯体运动神经相比较,具有下列特点:①躯体运动神经支配骨骼肌,而植物性神经支配平滑肌、心肌和腺体。②躯体运动神经神经元的胞体存在于脑和脊髓,神经冲动由脑和脊髓传至效应器只需一个神经元;而植物性神经的神经冲动由中枢部传至效应器则需通过两个神经元:第一个神经元称为节前神经元,位于脑干和脊髓灰质外侧柱,由它发出的轴突称节前纤维;第二个神经元称为节后神经元,位于外周神经系统植物性神经节内,由它发出的轴突称节后纤维。节前纤维离开中枢后,在植物性神经节内与节后神经元形成突触;节后神经元发出的节后纤维将中枢发出的冲动传至效应器。③躯体运动神经纤维一般为粗的有髓纤维,通常以神经干的形式分布;而植物性神经的节前纤维为细的有髓纤维,节后纤维为细的无髓纤维。④躯体运动神经一般都受意识支配;而植物性神经在一定程度上不受意识支配,具有相对的自主性。

(二)植物性神经的分类

根据中枢位置和功能的不同,植物性神经可分为交感神经和副交感神经。

1. 交感神经　中枢位于胸腰段脊髓灰质侧角中,外周部分包括交感神经干、神经节(椎旁神经节和椎下神经节)和神经丛等。交感干分为颈部交感干、胸部交感干、腰部交感干及荐部交感干等。颈部交感干常与迷走神经合并成迷走交感干。交感神经节主要有颈前神经节、颈中神经节、颈后神经节、腹腔肠系膜前神经节、肠系膜后神经节。

交感神经的神经节发出的节后纤维分布如下:①加入到每一对脊神经内,伴随脊神经分布于血管、皮肤的腺体和竖毛肌。②颈前神经节的分支攀附于头部血管及连于脑神经,伴随血管和脑神经分布于头部的腺体和平滑肌。③颈中神经节和颈后神经节的分支分布于心、气管、肺、食管以及前肢和颈部的血管和皮肤。④腹腔肠系膜前神经节的分支分布于胃、肠、肝、胰、肾和脾等。⑤肠系膜后神经节的分支分布于结肠、直肠、输尿管、膀胱以及公畜的睾丸、附睾、输精管或母畜的卵巢、输卵管和子宫等。

2. 副交感神经　中枢位于脑干和荐部脊髓。节后神经元位于器官内或器官附近。

由脑干发出的副交感神经与某些脑神经一起行走,分布到头、颈和胸腹腔器官。其中迷走神经是体内行程最长、分布最广的混合神经。它由延髓发出,出颅腔后行,在颈部与交感神经干形成迷走交感干,经胸腔至腹腔,伴随动脉分布于胸腹腔器官。其节后纤维主要分布于咽、喉、气管、食管、胃、脾、肝、胰、小肠、盲肠及大结肠。

从荐部发出的副交感神经形成2～3支盆神经。盆神经与腹后神经一起形成盆神经丛,分布于小结肠、直肠、膀胱和生殖器官。

3. 交感神经与副交感神经的区别　交感神经和副交感神经都是内脏神经,但两者在结构和功能上又有区别:①交感神经的节前神经元存在于胸腰段脊髓的灰质外侧柱,而副交感神经的节前神经元主要存在于脑干和荐段脊髓的灰质外侧柱。交感神经的节后纤维长,而副交感神经的节后纤维短。②交感神经作用范围广泛,而副交感神经作用范围较局限。③畜体的绝大部分器官或组织都接受交感神经和副交感神经的双重支配,但交感神经的支配更广。一般认为肾上腺髓质、四肢血管、头颈部的大部分血管以及皮肤的腺体和竖毛肌等,没有副交感神经支配。④在中枢神经的调节下,交感神经和副交感神经对同一器官的作用既相互对抗,又相互统一。

【技能】

1. 脑形态构造的观察　在脑的模型上,指出脑的外部结构(大脑半球、小脑半球、蚓部、脑沟和脑回、嗅球、脑垂体、大脑脚、脑桥和延髓)和内部主要结构(胼胝体、大脑白质和灰质、中脑、间脑、各脑室)。

2. 脊髓形态构造的观察　在脊髓的模型上,指出脊髓背正中沟、腹正中裂、颈膨大、腰膨大、脊髓圆锥和马尾。

【任务总结】

内容		要点
知识	脊髓	1. 脊髓的位置与形态 2. 脊髓的内部结构:背侧角、腹侧角、外侧角、背侧索、腹侧索和外侧索
	脑	1. 脑干的结构:延髓、脑桥、中脑和间脑 2. 第四脑室、中脑导水管、第三脑室 3. 中脑结构:四叠体、大脑脚及中脑导水管 4. 间脑结构:丘脑和下丘脑 5. 大脑结构:大脑皮质和白质、嗅脑、基底核和侧脑室
	脑脊膜	1. 脊膜:脊硬膜、脊蛛网膜和脊软膜 2. 脑膜:脑硬膜、脑蛛网膜和脑软膜 3. 脑脊液的作用
	主要躯体神经	1.12 对脑神经 2. 分布于躯干的神经:膈神经、肋间神经、髂腹下神经、髂腹股沟神经、生殖股神经、阴部神经、直肠后神经 3. 分布于前肢的神经:肩胛上神经、肩胛下神经、腋神经、桡神经、尺神经和正中神经 4. 分布于后肢的神经:股神经、坐骨神经、闭孔神经、臀前神经和臀后神经
	植物性神经	1. 植物性神经的特点 2. 交感神经和副交感神经的分布 3. 交感神经和副交感神经的区别
技能	脑形态构造的观察	1. 脑的外部结构:大脑半球、小脑半球、蚓部、脑沟和脑回、嗅球、脑垂体、大脑脚、脑桥和延髓 2. 脑的内部结构:胼胝体、大脑白质和灰质、中脑、间脑、各脑室
	脊髓形态构造的观察	脊髓背正中沟、腹正中裂、颈膨大、腰膨大、脊髓圆锥和马尾

【拓展知识】

感觉器官

感觉器官是由感受器及其辅助装置构成的。感受器是感觉神经末梢的特殊装置,广泛分布于身体各器官和组织内,能接受体内外各种刺激。感受器通常根据所在部位和所接受刺激的来源,分为外感受器、内感受器和本体感受器三大类。

外感受器能接受外界环境的各种刺激,如皮肤的触觉、压觉、温觉和痛觉,舌的味觉,鼻的嗅觉以及接受光波和声波的感觉器官眼和耳。

内感受器分布于内脏以及心、血管等处，能感受体内各种物理和化学刺激，如压力、渗透压、温度、离子浓度等刺激。

本体感受器分布于肌、腱、关节和内耳，能感受运动器官所处状况和身体位置的刺激。

一、视觉器官

视觉器官能感受光的刺激，经视神经传至中枢，引起视觉。视觉器官包括眼球及其辅助器官。

(一)眼球

眼球位于眼眶内，后端有视神经与脑相连。眼球的构造分眼球壁和折光装置两部分。

1. 眼球壁　自外向内依次分为纤维膜、血管膜、视网膜(图 5-6)。

(1)纤维膜　位于眼球最外层，厚而坚韧，前部约 1/5 透明为角膜；后部约 4/5 为巩膜。

角膜：无色透明，具有折光作用。角膜内没有血管和淋巴管，但分布有丰富的感觉神经末梢，所以感觉灵敏。

巩膜：由白色不透明的致密结缔组织构成，具有保护眼球和维持眼球形状的作用。巩膜内有血管、色素细胞。角膜与巩膜相连处称角巩膜缘，其深面有静脉窦，是眼房水流出的通道。

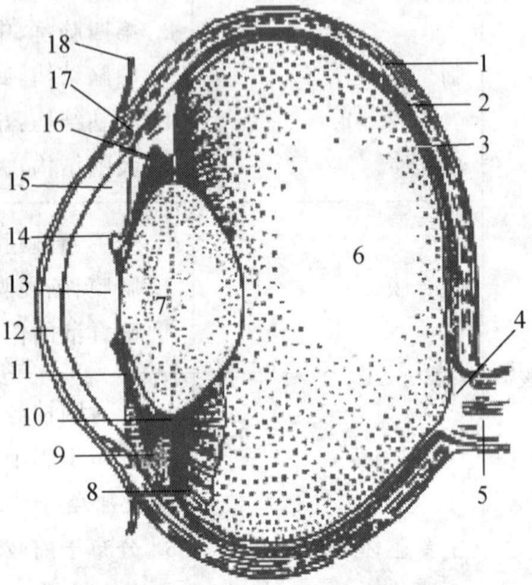

图 5-6　眼球纵切面模式图

1. 巩膜　2. 脉络膜　3. 视网膜　4. 视乳头　5. 视神经　6. 玻璃体　7. 晶状体　8. 睫状突　9. 睫状肌　10. 晶状体悬韧带　11. 虹膜　12. 角膜　13. 瞳孔　14. 虹膜粒　15. 眼前房　16. 眼后房　17. 巩膜静脉窦　18. 球结膜

(马仲华，家畜解剖学及组织胚胎学，第 3 版，2002)

(2)血管膜　是眼球壁的中层，富含血管和色素细胞，有营养眼组织的作用，并形成暗的环境，有利于视网膜对光的感应。血管膜由前向后分为虹膜、睫状体和脉络膜三部分。

虹膜：位于角膜与晶状体之间，是一环形薄膜，虹膜颜色因色素细胞的多少及分布而有差异。虹膜中央的小孔为瞳孔，猪为圆形，其他家畜为横椭圆形。

睫状体：位于虹膜与脉络膜之间的增厚部分，呈环状围于晶状体周围，可分为内部的睫状突和外部的睫状肌。睫状肌受副交感神经支配，收缩时具有调节视力的作用。

脉络膜：约在血管膜的后 2/3 部分，呈暗褐色，衬在巩膜内面。在脉络膜的后部内面，视神经乳头上方的一半月形区域为照膜，照膜的作用是将外来光线反射到视网膜，加强光刺激作用，有助于动物在暗光下对外界的感应。猪没有照膜。

(3)视网膜　又叫神经膜，位于眼球壁最内层，分视部和盲部，二者交界处呈锯齿状，称锯齿缘。

视部：位于脉络膜内侧，具有感光作用，即通常所说的视网膜。在视网膜中央区的腹上侧，有一白色圆盘形隆起，称视乳头，此处是视神经穿出眼球的地方，无感光作用，称为盲点。

盲部：覆盖在虹膜和睫状体的内面，很薄，无感光作用。

2. 折光装置　包括晶状体、眼房、眼房水和玻璃体。其作用是与角膜一起,将通过眼球的光线经过屈折,使焦点集中在视网膜上,形成影像。

(1)晶状体　位于虹膜与玻璃体之间,呈双凸透镜状,透明而富弹性。晶状体的外面包有一弹性囊。晶状体借晶状体悬韧带连接于睫状体。睫状肌的收缩与松弛,可改变悬韧带对晶状体的拉力,从而改变晶状体的凸度,以调节焦距,使物体的投影能聚集于视网膜上。晶状体混浊时,光线不能透过,看不见物体,临床上称白内障。

(2)眼房和眼房水　眼房位于晶状体与角膜之间,被虹膜分为前房与后房,两者借瞳孔相通。眼房水为无色透明液体,充满于眼房内,由睫状突和虹膜产生,渗入巩膜静脉窦。眼房水除供给角膜和晶状体营养外,还有维持眼内压的作用。如果眼房水循环障碍,则房水增多,眼内压增高,导致青光眼。

(3)玻璃体　充满于晶状体与视网膜之间的无色透明胶状物质,外包一层很薄的透明膜,叫玻璃体膜。

(二)眼球的辅助器官

眼的辅助器官有眼睑、泪器、眼球肌和眶骨膜。

1. 眼睑　位于眼球前面,分为上眼睑和下眼睑。眼睑外面覆有皮肤,内面衬有睑结膜。睑结膜折转覆盖于巩膜前部,为球结膜。在睑结膜与球结膜之间的裂隙为结膜囊。睑结膜和球结膜共同称为眼结膜,正常的眼结膜呈淡红色,在某些疾病时,常发生变化,如感冒发烧时充血变红,贫血或大失血时苍白等。眼睑缘长有睫毛。

第三眼睑:又称瞬膜,为位于眼内角的结膜褶,略呈半月形,含有一三角形软骨板。家畜发生破伤风时,一刺激即瞬膜外露。

2. 泪器　由泪腺和泪道组成。泪腺位于眼球的背外侧,有十余条导管,开口于上眼睑结膜囊内。泪腺分泌泪水,有湿润和清洁眼球表面的作用。泪道为泪水排出的管道,由泪小管、泪囊和鼻泪管组成。

3. 眼球肌　附着在眼球外面的一小块随意肌,使眼球多方向转动。眼球肌具有丰富的血管、神经,活动灵活,不易疲劳。

4. 眶骨膜　是个圆锥形纤维鞘,又称眼鞘,包围眼球、眼肌、眼血管和神经及泪腺。

二、位听器官

位听器官包括位觉器官和听觉器官两部分。由外耳、中耳和内耳三部分组成。外耳和中耳是收集和传导声波的部分,内耳是听觉感受器和平衡感受器存在的地方。

(一)外耳

外耳包括耳廓、外耳道和鼓膜三部分。

1. 耳廓　位于头部两侧,以耳廓软骨为支架,内外均覆有皮肤。一般呈圆筒状,上端较大,开口向前;下端较小,连于外耳道。耳廓内面的皮肤长有长毛,但在耳廓基部毛很少而含有很多皮脂腺。耳廓转动灵活,便于收集声波。

2. 外耳道　是从耳廓基部到鼓膜的一条管道,内面衬有皮肤,皮肤内含有皮脂腺和耵聍腺,其分泌物称耵聍(耳蜡)。

3. 鼓膜　位于外耳和中耳之间,是构成外耳道底的一片圆形纤维膜,坚韧而有弹性,外面覆盖皮肤，内面衬有黏膜，由鼓室黏膜折转形成。

（二）中耳

中耳包括鼓室、听小骨和咽鼓管（图 5-7）。

鼓室为位于岩颞骨内部的一个小腔，内面衬有黏膜，外侧壁有鼓膜，内侧壁与内耳为界。内侧壁上有前庭窗和耳蜗窗。

鼓室内有 3 块听小骨，由外向内顺次为锤骨、砧骨和镫骨。这三块听小骨以关节连成一个听骨链，一端以锤骨柄附着于鼓膜，另一端以镫骨底的环状韧带附着于前庭窗。声波对鼓膜的振动，借此骨链传递到内耳前庭窗。

咽鼓管为一衬有黏膜的软骨管，一端开口于鼓室的前下壁，另一端开口于咽侧壁。空气从咽腔经此管到鼓室，可以保持鼓膜内外两侧大气压力的平衡，防止鼓膜被冲破。

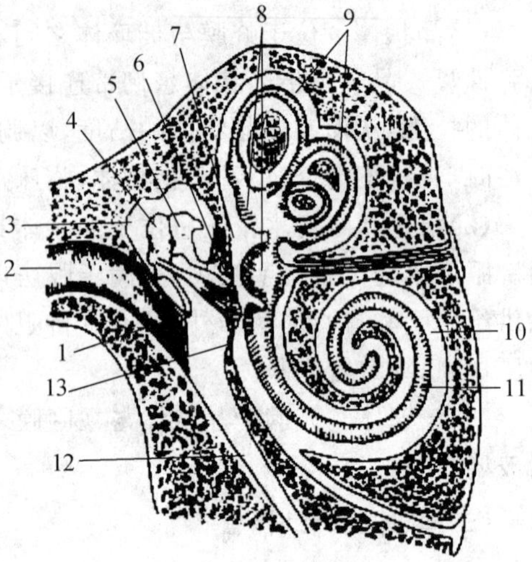

图 5-7 耳的构造模式图

1. 鼓膜 2. 外耳道 3. 鼓室 4. 锤骨 5. 砧骨 6. 镫骨及前庭窗 7. 前庭 8. 椭圆囊和球囊 9. 半规管 10. 耳蜗 11. 耳蜗管 12. 咽鼓管 13. 耳蜗窗

（马仲华，家畜解剖学及组织胚胎学，第 3 版，2002）

（三）内耳

是盘曲于岩颞骨内的管道系统，由骨迷路和膜迷路组成。骨迷路是外部的骨管，包括前庭、半规管和耳蜗；膜迷路为套在骨迷路内的膜性管道，相应地也分为膜前庭（椭圆囊、球囊）、膜半规管和蜗管。在膜前庭和膜半规管的内壁上有位置感觉器，在蜗管的内壁上有听觉感受器。在膜迷路内充满内淋巴，在膜迷路与骨迷路之间充满外淋巴。

由外耳道传入的声波使鼓膜振动，并经听小骨传至前庭，导致迷路中的内、外淋巴振动，最终使耳蜗管顶壁上的基膜发生共振，并引起基膜上的听觉感受器兴奋，冲动经耳蜗神经传到中枢，产生听觉及听觉反射。

任务 5-2 神经系统对机体活动的影响

【任务描述】

神经系统是动物生命活动中起主导作用的整合和调节系统。本单元的主要任务是通过讨论分析来学习神经元的功能、反射活动的特点及条件反射的形成、突触传递过程以及神经系统对躯体运动和内脏活动的调节。

【任务目标】

1. 掌握神经纤维和突触传递兴奋的特征，主要神经递质、受体及产生的作用；
2. 理解神经系统各部的功能，条件反射的概念、形成机理；
3. 具备安全意识，试验操作过程中避免蟾毒喷入眼内。

【知识】

一、神经纤维兴奋传递

神经系统主要由神经元和神经胶质细胞构成。神经元是神经系统的结构和功能单位，具有接受、整合和传递信息的功能。神经元的胞体和树突能接受信息并进行整合；轴突能产生神经冲动并传导动作电位。

神经纤维的主要功能是传导动作电位，即传导冲动或兴奋。神经纤维传递兴奋具有以下特征：

1. 完整性　神经纤维只有在结构和生理机能都完整时，才有传导冲动的能力。当神经纤维被撕裂、切断、挤压或受到物理、化学刺激（如低温、麻醉等）时，其生理完整性受到破坏，均可发生传导阻滞。

2. 绝缘性　一条神经干中包含有数量很多的神经纤维，但各条纤维之间传导的冲动互不干扰，以保证神经调节具有极高的精确性。

3. 双向传导性　神经纤维上的任何一点受到刺激，所产生的冲动可沿纤维同时向两端传导。

4. 不衰减性　神经纤维传导冲动时，不论传导的距离多远，冲动的幅度、数量、速度都始终保持相对恒定，以保证机体调节机能的及时、迅速和准确。

5. 相对不疲劳性　实验表明，用50～100次/s的感应电流连续刺激蛙的神经9～12 h，神经纤维仍保持传导冲动的能力，这说明神经纤维具有相对不疲劳性。

一般来说，神经纤维的直径越大，其传导速度越快；有髓纤维比无髓纤维传导速度快（有髓纤维传导兴奋是以跳跃的方式）。在一定范围内，温度降低则传导速度减慢（临床上出现低温麻醉方法）。

二、突触与突触传递

神经系统的调节功能是通过多个神经元互相联系、联合活动而实现的。神经元之间的信息传递通过突触联系完成。一个神经元的轴突末梢与其他神经元的胞体或突起相互接触所形成的特殊结构，称为突触。神经冲动通过突触从一个神经元传递给另一个神经元的过程称为突触传递。

（一）化学性突触传递的机理

1. 兴奋性突触的传递　当神经冲动传至突触前膜时，引起突触前膜去极化，促使突触小泡释放某种兴奋性递质（乙酰胆碱、去甲肾上腺素等）。递质通过突触间隙，与突触后膜上的相应受体结合，引起突触后膜对 Na^+、K^+、Cl^- 的通透性增大，尤其是对 Na^+ 的通透性增大，使 Na^+ 快速内流，导致突触后膜局部去极化，产生兴奋性突触后电位（EPSP）。单个兴奋性突触产生的一次 EPSP 一般不足以激发神经元产生动作电位，只有在许多兴奋性突触同时产生 EPSP，或单个兴奋性突触相继产生一连串 EPSP 时，突触后膜才把许多 EPSP 总和起来。达到所需阈电位时，便触发突触后神经元的轴突始端首先爆发动作电位，并沿轴突传导，使整个突触后神经元进入兴奋状态。

2. 抑制性突触的传递　当神经冲动传至突触前膜时，突触小泡所释放的是抑制性递质，该递质扩散到后膜，并与后膜特异受体结合，使后膜对 K^+、Cl^- 通透性升高，尤其 Cl^- 通透性增大。Cl^- 进入细胞内，K^+ 逸出膜外，使后膜内负电位增大而出现超极化，形成所谓的抑制性突触后电位(IPSP)。抑制性突触后电位使突触后神经元的兴奋性降低。总和起来的抑制性突触后电位不仅有抵消兴奋性突触后电位的作用，而且使突触后神经元不易发生兴奋，表现为突触后神经元的活动被抑制。

在中枢神经系统中，一个神经元常与许多其他神经元构成突触联系，在这些突触中，有的是兴奋性突触，有的是抑制性突触，突触后神经元的状态取决于同时产生的 EPSP 与 IPSP 的代数和。如果 EPSP 占优势并达到阈电位水平，突触后神经元产生兴奋；相反，若 IPSP 占优势，突触后神经元则呈现抑制状态。

(二)突触传递特性

1. 单向传递　突触传递冲动只能从突触前神经元沿轴突传递到下一个神经元的胞体或突起，不能逆向传递。因为只有突触前膜才能释放递质，递质也只能作用于突触后膜的特异性受体。这样才能使神经冲动循着特定的方向和途径传播，从而保证整个神经系统的调节和整合活动能有规律地进行。

2. 总和作用　在突触传递过程中，只有同一突触前神经末梢连续传来一系列冲动，或许多突触前神经末梢同时传来一排冲动时，释放较多的神经递质，使兴奋性突触后电位积累达到阈值时，才能激发突触后神经元产生动作电位。这种现象称为兴奋总和作用。同样，在抑制性突触后膜也可以发生抑制总和。

3. 突触延搁　突触传递需经历递质的释放、扩散、作用于突触后膜及突触后电位的总和等过程，需要耗费较长时间，称为突触延搁。据测定，冲动通过一个突触需 0.3～0.5 ms。在反射活动中，兴奋通过中枢的突触数越多，延搁耗费的时间就越长。

4. 对内环境变化的敏感性和易疲劳　神经元间的突触最易受内环境变化的影响。缺氧、酸碱度升降、离子浓度变化等均可改变突触传递能力。因为突触间隙与细胞外液相沟通，细胞外液中许多物质到达突触间隙而影响突触传递。此外，突触部位是反射弧中最易发生疲劳的环节。

(三)神经递质及受体

1. 神经递质　神经递质是指突触前神经元合成并在末梢释放，经突触间隙扩散，特异性地作用于突触后神经元或效应器上的受体，导致信息从突触前传递到突触后的一些化学物质。

神经递质根据其产生部位可分为中枢递质和外周递质。外周递质包括乙酰胆碱、去甲肾上腺素和嘌呤类或肽类；中枢递质主要有乙酰胆碱、单胺类、氨基酸类和肽类。

2. 受体　受体是指细胞膜或细胞内能与某些化学物质(如递质、激素等)发生特异性结合并诱发生物学效应的特殊生物分子。能与受体发生特异性结合的化学物质称配体。其中能产生生物效应的物质称为激动剂；只发生特异性结合，但不产生生物效应的化学物质则称为拮抗剂。

3. 主要的递质与受体

(1)乙酰胆碱(ACh)及其受体　在外周神经系统，释放乙酰胆碱作为递质的神经纤维称胆碱能神经纤维。所有植物神经节前纤维、绝大多数副交感神经的节后纤维、全部躯体运动神经以及支配汗腺和舒血管平滑肌的交感神经纤维都属于胆碱能纤维。在中枢神经系统中，以乙酰胆碱作为递质的神经元，称为胆碱能神经元，胆碱能神经元在中枢的分布极为广泛。脊髓腹侧角运动神经元、脑干网状结构前行激动系统、大脑基底神经节等部位的神经元皆属于胆碱能神经元。

凡是能与乙酰胆碱结合的受体，都叫胆碱能受体。胆碱能受体可分为毒蕈碱受体和烟碱受体 2 种。

①毒蕈碱受体(M 受体)　分布在胆碱能节后纤维所支配的心脏、肠道、汗腺等效应器细胞和某些中枢神经元上。当乙酰胆碱作用于这些受体时，可产生一系列植物神经节后胆碱能纤维兴奋的效应，包括心脏活动的抑制，支气管平滑肌的收缩，胃肠平滑肌的收缩，膀胱逼尿肌的收缩，虹膜环形肌的收缩，消化腺分泌的增加以及汗腺分泌的增加和骨骼肌血管的舒张等，这些作用称为毒蕈碱样作用(M 样作用)。

②烟碱受体(N 受体)　这些受体存在于中枢神经系统内和所有植物性神经节后神经元的突触后膜和神经-肌肉接头的终板膜上。发生的效应是导致节后神经元和骨骼肌的兴奋，这些作用称为烟碱样作用(N 样作用)。

(2)儿茶酚胺及其受体　儿茶酚胺类递质包括肾上腺素、去甲肾上腺素和多巴胺。在外周神经系统，大多数交感神经节后纤维释放的递质是去甲肾上腺素，因此称这类神经纤维为肾上腺素能纤维。最近研究表明，在植物性神经系统中，还有少量的神经末梢释放多巴胺。在中枢神经系统中，以肾上腺素为递质的神经元称为肾上腺素能神经元，其胞体主要分布在延髓。以去甲肾上腺素为递质的神经元称为去甲肾上腺素能神经元，其胞体主要分布在延髓和脑桥。

凡是能与去甲肾上腺素或肾上腺素结合的受体均称为肾上腺素能受体，可分为 α 受体与 β 受体 2 种。肾上腺素、去甲肾上腺素与 α 受体结合引起效应器的兴奋，但也有抑制的情况，如小肠平滑肌；与 β 受体结合则引起效应器的抑制，但对心脏的作用是兴奋。部分肾上腺素能受体的分布与效应见表 5-2。

表 5-2　部分肾上腺素能受体的分布与效应

效应器	受体	效应
瞳孔放大肌	α	收缩
睫状肌	β	舒张
心肌	β	心率加快、传导加速、收缩加强
冠状动脉	α、β	收缩、舒张(在体内主要为舒张)
骨骼肌血管	α、β	收缩、舒张(舒张为主)
皮肤血管	α	收缩
脑血管	α	收缩
肺血管	α	收缩
腹腔内脏血管	α、β	收缩、舒张(除肝血管外，收缩为主)
支气管平滑肌	β	舒张
胃平滑肌	β	舒张
小肠平滑肌	α、β	舒张
胃肠括约肌	α	收缩

三、反射

(一)反射与反射弧

反射是神经系统活动的基本形式,是指在中枢神经系统参与下,有机体对内外环境刺激的应答性反应。所有机体功能活动的神经调节都是通过反射实现的。

实现反射活动的结构称为反射弧,它包括感受器、传入神经、反射中枢、传出神经和效应器5个部分。感受器一般是神经组织末梢的特殊结构,是一种换能装置,可将所感受的各种刺激的信息转变为神经冲动。感受器的种类多,分布广,并具有严格的选择性,只能接受特定的某种适宜刺激。反射中枢是中枢神经系统中调节某一特定生理功能的神经细胞群。简单的反射活动,其神经中枢的部位较局限,如膝跳反射中枢在腰部脊髓;而较复杂的反射活动,如呼吸活动,它的反射中枢则分散存在于延髓、脑桥、下丘脑直至大脑皮层等部位。效应器是实现反射的"执行机构",如骨骼肌、平滑肌、心肌和腺体等。

反射弧反射的基本过程:特定刺激被特定感受器接受→感受器兴奋→(以神经冲动形式通过)传入神经→反射中枢(分析、综合)→传出神经→效应器(产生相应活动)。反射弧中任何一个环节被破坏,反射活动即不能完成。

(二)中枢兴奋过程的特征

1. 单向传递　在中枢神经系统中,冲动只能沿着特定的方向和途径传播,即感受器兴奋产生冲动通过传入神经传到中枢,中枢通过传出神经传到效应器,这种现象称为单向传递。

2. 中枢延搁　从刺激作用于感受器起,到效应器发生反应所经历的时间,称为反射时。其中兴奋通过突触时所经历的时间较长,即所谓突触延搁。兴奋在中枢内通过突触所发生的传导速度明显减慢的现象,叫做兴奋的中枢延搁。

3. 总和　在反射过程中,单条神经纤维的传入冲动到达中枢一般不能引起反射活动,但若干条纤维同时把冲动传至同一中枢或一条纤维连续传入若干个冲动,就能引起反射动作,这种现象叫总和。反射总和实际上就是突触总和。

4. 扩散与集中　由机体不同部位传入中枢的冲动,常最后集中传递到中枢同一部位。这种现象称为中枢兴奋的集中。例如饲喂时,由嗅觉、视觉和听觉器官传入中枢的冲动,可共同引起唾液分泌中枢的兴奋,从而导致唾液分泌。从机体某一部位传入中枢的冲动,常不限于中枢的某一局部,而往往可引起中枢其他部位发生兴奋,这种现象称为中枢的扩散。例如,当皮肤受到强烈伤害性刺激时,所产生的兴奋传到中枢后,引起机体的许多骨骼肌发生防御性收缩反应的同时,还出现心血管、呼吸、消化和排泄系统等活动的改变,这就是中枢兴奋扩散的结果。

5. 后放　在一个反射活动中,当刺激停止后,传出神经仍可在一定时间内连续发放冲动,使反射能延续一段时间,这种现象称为后放。

(三)条件反射

反射活动是中枢神经系统的基本活动形式。反射活动分为条件反射和非条件反射。

1. 非条件反射与条件反射

(1)非条件反射　非条件反射是通过遗传获得的先天性反射活动,它能保证机体各种基本生命活动的正常进行。它是神经系统反射活动的低级形式,是动物在种族进化中固定下来的,而且也是外界刺激与机体反应间的联系。它有固定的神经反射路径,不受客观条件影响而改变。其反射中枢多数在皮层下部位，切除大脑皮层后，这种反射还存在。能引起非条件反射的刺激称为非条件刺激。非条件反射的数量有限，如食物反射、防御反射以及各种内脏反射，这些反射只能保证动物的基本生存和简单的适应。

(2)条件反射　条件反射是通过后天接触环境、训练等而建立起来的反射。它是反射活动的高级形式，是动物在个体生活过程中获得的外界刺激与机体反应间的暂时联系。它没有固定的反射路径，易受客观环境影响而改变。其反射中枢在大脑皮层，切除大脑皮层，此反射消失。凡能引起条件反射的刺激称条件刺激。条件刺激在条件反射形成之前，对这个反射还是一个无关的刺激，只有与某种反射的非条件刺激相伴或提前出现并多次重复后能引起某种反射，才能成为条件刺激。

(3)条件反射与非条件反射的区别　见表 5-3。

表 5-3　条件反射与非条件反射的区别

非条件反射	条件反射
初生时即有，是长期进化过程中获得的反射，是先天的本能行为	是后天生活过程中，在一定条件下形成的反射，是后天获得的复杂行为
有固定的神经反射路径，较稳定不变	暂时性反射路径，不稳定、不强化，易消退
通过皮层下各级中枢参与就能完成的反射	主要靠大脑皮层的参与才能完成的反射
数目少，恒定不灵活，适应性有限，只能维持基本生命活动和种族延续	数目大，有极大的易变性、灵活性，具有精确而完善的适应性

2. 条件反射的形成　条件反射是一个复杂的过程。动物采食时，食物入口引起唾液分泌，这是非条件反射。如食物在入口之前，给予哨声刺激，最初哨声和食物没有联系，只是作为一个无关的刺激而出现，哨声并不引起唾液分泌。但如果哨声与食物总是同时出现，经过多次结合后，只给哨声刺激也可引起唾液分泌，便形成了条件反射，这时的哨声就不再是与吃食物无关的刺激了，而成为食物到来的信号。

可见，形成条件反射的基本条件，就是条件刺激与非条件刺激在时间上的结合，这一结合过程称强化。任何条件刺激与非条件刺激结合应用，都可以形成条件反射。

3. 影响条件反射形成的因素　条件反射必须建立在非条件反射的基础上。条件反射的形成主要受两方面因素的影响：①条件刺激必须与非条件刺激多次反复紧密结合；条件刺激必须在非条件刺激之前或同时出现；刺激强度要适宜，已建立起来的条件反射要经常用非条件刺激来强化和巩固，否则条件反射会逐渐消失。②要求动物必须健康、清醒。昏睡或病态的动物是不易形成条件反射的。此外，还应避免周围环境其他刺激对动物的干扰。

四、神经系统的感觉分析功能

各种内外环境变化作用于感受器，产生神经冲动，这些神经冲动经一定的传导通路进入中枢神经系统，再经多次转换神经元，最后抵达大脑皮层的特定部位，产生相应的感觉。

(一)脊髓的感觉传导功能

来自各感受器的神经冲动，除通过脑神经传入中枢外，大部分经脊神经背根进入脊髓，然后分别经各自的上行传导路径传至丘脑，再经更换神经元抵达大脑皮层。

由脊髓传到大脑皮层的感觉传导路径分为2类:浅感觉传导路径传导痛觉、温觉和轻触觉;深感觉传导路径传导肌肉本体感觉和深部压觉。

(二)丘脑的感觉投射系统

丘脑是重要的感觉总转换站,各种感觉通路(嗅觉除外)都要汇集在此处更换神经元,然后向大脑皮层投射;同时,丘脑也能对感觉进行粗糙的分析和综合。

根据丘脑各核团向大脑皮层投射特征的不同,丘脑的感觉投射系统可分为2类,即特异性投射系统和非特异性投射系统。

1. *特异性投射系统* 从机体各种感受器传入的神经冲动(如视觉、听觉和皮肤、深部躯体痛觉)进入中枢神经后,均沿专一特定的传入通路到达丘脑,再通过纤维投射到大脑皮层的特定区域,产生特定感觉,称为特异性投射系统。特异性投射系统的功能是传递精确的信息到大脑皮层,引起特定的感觉,并激发大脑皮层发出传出神经冲动。

2. *非特异性投射系统* 特异性传导系统的纤维途经脑干时发出侧支与脑干网状结构内的神经元发生突触联系,传入冲动到网状结构与很多神经元作用后,失去了各种感觉的特异性,然后抵达丘脑,从丘脑再发出纤维弥散地投射于大脑皮质,叫非特异性投射系统。其生理作用是激发整个大脑皮层,维持和提高其兴奋性,使大脑处于觉醒状态。

特异性投射系统与非特异性投射系统两者互相影响,互相依存,引起大脑皮层产生感觉。

(三)大脑皮层的感觉分析功能

大脑是感觉的最高级中枢。各种感觉传入冲动最终都到达大脑皮层,通过对信息的精细分析和综合而产生感觉,并发生相应的反应。

大脑皮层的不同区域在感觉功能上具有不同的分工,即不同感觉在大脑皮层内有不同的代表区:①躯体感觉区位于大脑皮层的顶叶,产生触觉、压觉、温觉和痛觉以及本体感觉;②视觉感觉区在枕叶距状裂的两侧;③听觉感觉区在颞叶外侧;④嗅觉感觉区在边缘叶的前梨状区和大脑基底的杏仁核;⑤味觉感觉区在颞叶外侧裂附近;⑥内脏感觉区在边缘叶的内侧面和皮层下的杏仁核等部。大脑皮层的这些感觉区在功能上经常密切联系,协同活动,产生各种复杂的感觉。

五、神经系统对躯体运动的调节

躯体运动是动物对外界进行反应的主要活动。任何躯体运动,必须在神经系统各个部位的调节下,以骨骼肌收缩活动为基础来进行姿势和位置的改变实现。

(一)脊髓对躯体运动的调节

脊髓是躯干与四肢骨骼肌反射的低级中枢所在部位,通过脊髓可以完成一些较简单的反射活动,如屈肌反射和牵张反射。

1. *屈肌反射* 当肢体皮肤受到伤害性刺激时(如针刺、热烫等),该肢体的屈肌强烈收缩,伸肌舒张,使该肢体出现屈曲反应,以使该肢体脱离伤害性刺激,此种反应称为屈肌反射。当伸肌反射出现时,与伸肌相拮抗的屈肌便发生舒张,使肢体伸直。这是兴奋和抑制交互影响脊髓不同运动神经元的结果,这种神经支配的关系称为交互神经支配。交互神经支配可使一切反射活动成为协调的动作,从呼吸运动、眼球运动、复杂的随意的肢体运动直至最简单的牵张反射,都有拮抗肌群的交互抑制。

屈肌反射的强度与刺激的强度有关，例如足部的较弱刺激仅引起跗关节屈曲，如刺激强度加强，则膝关节及髋关节也将发生屈曲。如刺激更强，则可在同侧肢体发生屈肌反射的同时，对侧肢体出现伸直的反射活动，这称为对侧伸肌反射。对侧伸肌反射属于姿势反射，具有保持身体平衡、维持姿势的意义。

2. 牵张反射　当骨骼肌受到外力牵拉使其伸长时，能反射性地引起受牵拉的同一肌肉收缩，称为牵张反射。

牵张反射分腱反射和肌紧张两种类型。腱反射是指快速牵拉肌腱时发生的牵张反射。例如，叩击跟腱引起腓肠肌收缩的跟腱反射，就是典型的腱反射。肌紧张是当骨骼肌受到缓慢而持续的牵拉时，该肌肉经常处于持续的轻度收缩的状态。例如，支持体重的关节受重力作用而使其趋向弯曲时，势必使伸肌受到持续的牵拉，从而使伸肌紧张，以对抗关节的屈曲，维持直立姿势。

(二)脑干对肌紧张的调节

1. 脑干网状结构对肌紧张的调节　脑干网状结构是中枢神经系统中最重要的皮层下整合调节机构。脑干网状结构是指从延髓、脑桥、中脑内侧全长直到间脑这一脑干中央部分的广大区域，其中抑制区能抑制肌紧张和运动；易化区能加强肌紧张和运动。正常情况下，这 2 个作用相反的区域保持动态平衡，维持适宜的肌紧张，以保证正常的躯体运动，如果两者的作用平衡失调，就将引起肌紧张亢进或减弱。

2. 去大脑僵直　在中脑前、后丘之间切断动物的脑干，可出现四肢僵直、脊柱硬挺、头尾扬起、躯体呈角弓反张姿态，称之为去大脑僵直。

3. 脑干对姿势的调节　中枢神经系统调节骨骼肌的肌紧张或产生相应运动，以保持或改变动物躯体在空间的姿势，称为姿势反射。对侧伸肌反射和牵张反射是简单的姿势反射，状态反射和翻正反射是较为复杂的姿势反射。

状态反射：动物头部在空间的位置改变或头部与躯干的相对位置改变时，反射性地改变躯体肌肉的紧张性，称为状态反射。

翻正反射：当动物被推倒或使它从空中仰面放落时，它能迅速翻身、起立或改变为四肢朝下的姿势而着地，这种复杂的姿势反射称为翻正反射。

(三)小脑对躯体运动的调节

小脑是躯体运动调节的重要中枢。它具有维持身体平衡、调节肌紧张和协调随意运动的功能。破坏动物的小脑后，导致肌肉软弱无力，肌紧张降低，平衡失调，站立不稳，四肢分开，步态蹒跚，体躯摇摆，容易跌倒。全部切除禽类小脑后，不能行走或飞翔；切除一侧小脑后，则同侧腿部僵直。

(四)大脑皮层对躯体运动的调节

大脑皮层是中枢神经系统控制和调节躯体运动的最高级中枢，它是通过锥体系统和锥体外系统来实现的。皮层运动区支配对侧躯体的骨骼肌，呈左右交叉支配关系。即左侧运动区支配右侧躯体的骨骼肌，右侧运动区支配左侧躯体的骨骼肌。

1. 锥体系统　皮层运动区内存在着许多大锥体细胞，这些细胞发出粗大的下行纤维组成锥体系统。其纤维的一部分经脑干交叉到对侧，与脊髓的运动神经元相连，具有调节骨骼肌的精细动作和随意运动的功能。

2. 锥体外系统　除了大脑皮层运动区外，其他皮层运动区也能引起对侧或同侧躯体某部分的肌肉收缩。这些部分和皮质下神经结构发出的下行纤维，大部分组成锥体外系统，该系统调节肌群活动，主要是调节肌紧张，使躯体各部分协调一致。

动物的锥体外系统较锥体系统发达。当锥体外系统受损后，机体虽能产生运动，但动作不协调、不准确。

六、神经系统对内脏活动的调节

(一)植物性神经的功能

调节内脏活动的神经称为植物性神经。植物性神经系统包括传入神经和传出神经，但其传入神经常与躯体神经并行，习惯上植物性神经主要指支配内脏器官和血管的传出神经。根据其从中枢神经的发出部位和功能特征，分为交感神经和副交感神经。内脏器官一般受交感神经和副交感神经的双重支配，这两种神经对同一内脏器官的调节作用既是相反的，又互相协调统一。

1. 交感神经　交感神经的机能活动一般比较广泛，主要作用在于促使机体适应环境的急骤的变化(如剧烈运动、窒息和大失血等)。交感神经兴奋可使心脏活动加强加快，心率加快，皮肤与腹腔内脏血管收缩，促进大量的血液流向脑、心及骨骼肌；使肺活动加强、支气管扩张和肺通气量增大；使肾上腺素分泌增加，抑制消化及泌尿系统的活动。

2. 副交感神经　副交感神经活动比较局限，主要在于使机体休整，促进消化、贮存能量以及加强排泄，提高生殖系统功能。这些活动有利于营养物质的同化，增加能量物质在体内的积累，提高机体的储备力量。

交感神经和副交感神经的主要功能见表 5-4。

表 5-4　交感神经和副交感神经的主要功能

器官	交感神经	副交感神经
心血管	心搏动加快、收缩加强，腹腔脏器、皮肤、唾液腺与生殖器官等血管收缩，肌肉血管收缩或舒张(胆碱能)	心搏动减慢、收缩减弱，分布于脑软膜与外生殖器的血管舒张
呼吸	支气管平滑肌舒张	支气管平滑肌收缩，黏液腺分泌
消化	分泌黏稠的唾液，抑制胃肠运动，促进括约肌收缩，抑制胆囊活动	分泌稀薄的唾液，促进胃液、胰液分泌，促进胃肠运动，括约肌舒张，胆囊收缩
泌尿	逼尿肌舒张，括约肌收缩	逼尿肌收缩，括约肌舒张
眼	瞳孔放大，睫状肌松弛，上眼睑平滑肌收缩	瞳孔缩小，睫状肌收缩，泪腺分泌
皮肤	竖毛肌收缩，汗腺分泌	
代谢	促进糖的分解，促进肾上腺髓质的分泌	促进胰岛素的分泌

(二)中枢对内脏活动的调节

1. 脊髓对内脏活动的调节　脊髓有调节内脏活动的低级中枢。在脊髓的外侧角存在着交感神经和部分副交感神经的节前神经元，它们构成植物性反射的初级中枢，能整合简单的植物性反射，例如排粪反射、排尿反射、勃起反射、血管运动反射、出汗与竖毛反射等。这些简单反射均受高级中枢的调节。

2. 低位脑干对内脏活动的调节　低位脑干是许多内脏活动的基本中枢部位。在延髓内存在与心血管、呼吸和消化系统等内脏活动有关的神经元。其一旦受损，可立即致死，故延髓又称“生命中枢”。此外，脑桥有角膜反射中枢、呼吸调整中枢等。

3. 下丘脑对内脏活动的调节　下丘脑是调节内脏活动的较高级中枢，能够调节体温、营养摄取、水平衡、内分泌、情绪反应、生物节律等许多生理过程。

4. 大脑皮层对内脏活动的调节

(1)新皮层　电刺激动物的新皮层，除引起躯体运动外，也可使内脏发生反应。例如，可引起直肠和膀胱运动变化，呼吸和心血管活动变化，消化道运动和唾液分泌变化等，这些都说明新皮层对内脏活动有调节的作用。

(2)边缘系统　大脑半球内侧面皮层与脑干连接部和胼胝体旁的环周结构称边缘叶。边缘叶和与它相关的某些皮层下神经核合称大脑边缘系统。该系统是调节内脏活动十分重要的高级中枢，能调节许多低级中枢的活动，其调节作用复杂而多变。

【技能】

反射弧分析　观察正常脊蛙、剥离皮肤脊蛙、麻醉坐骨神经脊蛙、破坏脊髓的蛙，将其后腿浸入0.5%的 H_2SO_4 中，其蛙腿反射情况并分析原因。

【任务总结】

内容		要点
知识	神经纤维兴奋传递	1. 神经元各部功能 2. 神经纤维传递兴奋的特征：完整性、绝缘性、双向传导性、不衰减性、相对不疲劳性
	突触与突触传递	1. 化学性突触传递的机理：兴奋性突触的传递、抑制性突触的传递 2. 突触传递特性：单向传递、总和作用、突触延搁、对内环境变化的敏感性和易疲劳 3. 乙酰胆碱(ACh)及其受体 4. 儿茶酚胺及其受体
	反射	1. 反射的概念、反射弧结构 2. 中枢兴奋过程的特征：单向传递、中枢延搁、总和、扩散与集中、后放 3. 非条件反射与条件反射的区别 4. 条件反射的形成及影响因素
	神经系统的感觉分析功能	1. 脊髓的感觉传导功能：浅感觉传导路径、深感觉传导路径 2. 丘脑的感觉投射系统：特异性投射系统、非特异性投射系统 3. 大脑皮层的感觉分析功能

续表

内容		要点
知识	神经系统对躯体运动的调节	1. 屈肌反射和牵张反射 2. 脑干对肌紧张的调节 3. 小脑对躯体运动的调节 4. 大脑皮层对躯体运动的调节：锥体系统和锥体外系统的作用
	神经系统对内脏活动的调节	1. 交感神经和副交感神经对内脏活动的调节作用 2. 中枢对内脏活动的调节作用
技能	反射弧分析	分析反射弧结构

任务 5-3　内分泌系统对机体活动的影响

【任务描述】

内分泌系统由分布于全身的内分泌腺和散在的内分泌细胞构成。内分泌腺又称无管腺，其分泌物称激素，直接进入血液或淋巴，随血液循环周流全身，以调节各器官系统的功能活动。畜体的内分泌腺主要有脑垂体、甲状腺、甲状旁腺、肾上腺和松果体等。本单元的主要任务是通过案例、讨论来学习主要内分泌腺的结构特点及功能。

【任务目标】

1. 掌握内分泌系统主要器官的位置和功能；
2. 能分析主要激素的作用及对机体的影响。

【知识】

一、激素

（一）激素的概念

由内分泌腺或散在的内分泌细胞所分泌的高效能的生物活性物质称为激素。激素经过细胞分泌后进入血液或淋巴，通过循环系统运到全身各处，调节细胞、组织或器官的生理活动。常把激素作用的细胞、组织或器官，称为靶细胞、靶组织或靶器官。

（二）激素的分类

体内各种激素按其化学本质分为两大类：

1. 多肽类激素　如脑垂体、甲状腺、甲状旁腺、胰岛和肾上腺髓质的分泌物。这类激素容易被胃肠道的消化酶分解破坏，因此不宜口服，应用时必须注射。

2. 类固醇激素　如肾上腺皮质和性腺所分泌的激素，这类激素可口服。

目前，许多激素已经能提纯或人工合成，并应用于畜牧生产和兽医治疗工作中。

二、垂体对机体活动的调节

(一)垂体的结构

垂体为一卵圆形或扁圆形小体，其形状、大小，各种家畜略有不同。垂体位于脑的底面，在蝶骨构成的垂体窝内，借漏斗与下丘脑相连，其表面被覆结缔组织膜。垂体可分为结节部、远侧部、中间部和神经部。远侧部、结节部和中间部合称腺垂体；神经部称为神经垂体。

(二)垂体的功能

是体内重要的内分泌腺，它与下丘脑有直接的联系，并与其他内分泌腺有密切的生理联系。它直接受控于中枢神经系统，调节其他内分泌腺的功能活动。

1. 腺垂体　腺垂体能分泌生长素、催乳素、促甲状腺激素、促肾上腺皮质激素、促性腺激素和促黑素细胞激素等。

(1)生长素(GH)

具有促进生长作用：GH 能促进骨、软骨、肌肉及其他组织细胞分裂增殖。

具有促进代谢作用：GH 可加速蛋白质合成；促进脂肪分解，增强脂肪酸氧化，提供能量；能抑制外周组织摄取与利用葡萄糖，减少葡萄糖的消耗，以提高血糖水平。

(2)催乳素(PRL)　PRL 的主要作用是促进乳腺发育并维持泌乳；少量的 PRL 可促进黄体的生成并维持分泌孕激素；PRL 对于雄性动物可促进前列腺和精囊腺的发育。

(3)促甲状腺激素(TSH)　TSH 的主要作用是促进甲状腺生长、合成并释放甲状腺激素。

(4)促肾上腺皮质激素(ACTH)　ACTH 的生理作用是促进肾上腺皮质增生和肾上腺皮质激素的合成与释放。

(5)促性腺激素(GTH)　分卵泡刺激素(FSH)和黄体生成素(LH)2 种。

在 LH 和性激素协同作用下，FSH 可促进雌性动物卵巢细胞增生繁殖和卵泡生长发育并分泌卵泡液；FSH 作用于雄性动物睾丸时可促进生精上皮的发育、精子的生成和成熟。

LH 与 FSH 协同作用可促进卵泡生长发育、卵泡破裂并排卵和转变为黄体；LH 能促进睾丸间质细胞增殖并合成雄激素。

(6)促黑素细胞激素(MSH)　MSH 的主要作用是刺激黑素细胞内黑素的生成和扩散，使皮肤颜色变暗、变黑。

2. 神经垂体　下丘脑-神经垂体合成和分泌的激素总称神经垂体激素，主要有加压素(又称抗利尿激素)和催产素。

(1)抗利尿激素(ADH)　ADH 的主要功能是调节血液渗透压、血容量和血压。当血浆渗透压增高或血容量减少时，ADH 分泌增加，引起抗利尿作用，减少水分从机体排出；而在血浆渗透压降低或水负荷时，ADH 分泌减少，引起利尿，增加水分排出，以维持渗透压和水分的平衡。另外，ADH 还可促进血管平滑肌的收缩、血压升高，但一般认为是药理性作用，正常情况下没有重要意义。

(2)催产素(OXT)　OXT 有促进乳汁排出和刺激子宫收缩的作用。

在临产的母畜可见 OXT 分泌增加，增强子宫阵缩，促进胎儿产出，并对胎衣排出和子宫复位有重要作用；OXT 作用于乳腺可诱发肌上皮和导管平滑肌收缩，促进乳的排出。

三、甲状腺对机体活动的调节

(一)甲状腺的结构

甲状腺为致密的实质性器官,一般位于喉后方,气管的两侧和腹侧面。其表面包有结缔组织被膜,被膜的结缔组织深入腺体内,把腺体分隔成许多小叶。小叶内含有大小不一的滤泡,其周围有丰富的毛细血管和淋巴管。各种家畜甲状腺的形状不同(图 5-8)。

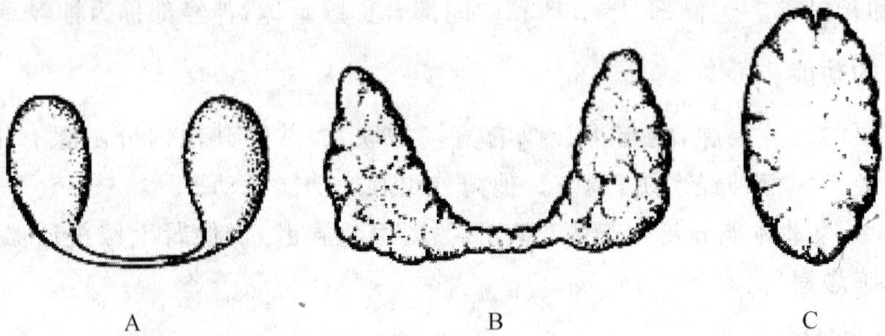

图 5-8 甲状腺的形态

A. 马 B. 牛 C. 猪

马的甲状腺呈红褐色,由两个侧叶和峡组成,侧叶卵圆形,长约 3.4～4 cm,宽约 2.5 cm,厚约 1.5 cm。腺峡不发达,由结缔组织构成。

牛的甲状腺为黄褐色,位于喉后方和前 2～3 气管环周围,也是由左、右两侧叶和腺峡组成。侧叶较发达,呈不规则三角形,长约 6～7 cm,宽约 5～6 cm,厚约 1.5 cm。腺小叶明显。腺峡较发达,由腺组织构成。绵羊和山羊的甲状腺无腺峡。

猪的甲状腺呈深红色,侧叶和腺峡结合为一整体,位于胸前口处气管的腹侧面。长约 4～4.5 cm,宽约 2～2.5 cm,厚约 1～1.5 cm。

(二)甲状腺的功能

甲状腺主要分泌甲状腺激素,包括四碘甲腺原氨酸(又称甲状腺素,T_4)和三碘甲腺原氨酸(T_3)。另外,甲状腺内还有内分泌细胞,称滤泡旁细胞,能产生降钙素。

1. *甲状腺激素的作用* 甲状腺激素的主要作用是促进物质与能量代谢,促进生长发育过程。

(1)产热效应 甲状腺激素可提高绝大多数组织的耗氧率,增加产热量;甲状腺激素还能促进脂肪酸氧化,产生大量热能。

(2)对代谢的影响 甲状腺素可促进小肠对葡萄糖和半乳糖的吸收,从而升高糖,同时又能促进外周组织对糖的利用以降低血糖;甲状腺激素可促进脂肪酸氧化,增强儿茶酚胺与胰高血糖素对脂肪的分解作用;生理剂量的甲状腺激素促进蛋白质合成,而大剂量则促进蛋白质分解,并使血浆、肝和肌肉中的游离氨基酸增加。

(3)对生长、发育的作用 甲状腺是机体生长、发育和成熟的重要因素,可促进细胞分化和组织器官的发育。在神经、肌肉和骨的正常发育中起作用。胚胎期缺碘可导致甲状腺激素合成不足或出生后甲状腺功能低下,以致脑神经发育受阻,智力低下;同时长骨生长停滞,身材矮小,表现为呆小症。

(4)对神经系统的影响 甲状腺激素不但影响中枢神经系统的发育,对已分化成熟的神经系统活动也有作用。胚胎期和幼年期甲状腺激素缺乏可见大脑生长和神经纤维髓鞘形成均迟缓，脑细胞体积减小，轴突和树突数量减少，传导和反应能力降低。成年后甲状腺功能减退时可见兴奋性降低，对刺激感觉迟钝，反应缓慢，学习和记忆力减退，嗜睡等。相反，当甲状腺机能亢进时，兴奋性增加，表现不安、过敏、易激动、睡眠减少等。

(5)对生殖、泌乳的影响　幼畜缺乏甲状腺激素可见性腺发育停止，不表现副性征；成年动物甲状腺激素不足将影响公畜精子成熟，母畜发情、排卵和受孕。乳牛甲状腺机能不足，可见产奶量和乳脂率下降。

另外，甲状腺激素可引起心率加快，心收缩力增强，心输出量和血压升高；增加消化腺的分泌和消化道运动等。

2. 降钙素的作用　降钙素可增强成骨细胞活性，促进骨组织钙化和降低血钙；可抑制肾小管对钙、磷、钠、氯的重吸收。

四、甲状旁腺对机体活动的调节

(一)甲状旁腺的结构

甲状旁腺是内分泌器官中体积最小的腺体，是呈扁圆形或椭圆形的黄褐色小体，通常有两对，位于甲状腺附近。

马有前、后两对甲状旁腺。前甲状旁腺大多数位于食管和甲状腺前半部之间，有些在甲状腺的背缘，少数在甲状腺内面；后甲状旁腺位于颈部后 1/4 的气管上。

牛有内、外两对甲状旁腺。外甲状旁腺通常位于甲状腺的前方；内甲状旁腺较小，通常位于甲状腺的内侧面，靠近甲状腺的背缘和后缘。

猪只有一对甲状旁腺，大小不定，位于颈总动脉分叉处附近，有胸腺时，则埋于胸腺内。

(二)甲状旁腺的功能

甲状旁腺分泌的甲状旁腺素，主要作用是调节血钙浓度。①在维生素 D 存在的情况下，可促进小肠对钙的吸收。②刺激破骨细胞的活动，使骨骼中磷酸钙溶解并转入血液中，以补充血磷，提高血钙含量。③促进肾小管对钙重吸收和磷的排泄(即保钙排磷)，使血钙浓度升高，血磷降低。

甲状旁腺素升高血钙的作用与降钙素降低血钙的作用，有着密切的关系，二者分泌都受血钙浓度的调节。

五、肾上腺对机体活动的调节

(一)肾上腺的结构

肾上腺是一对较小的扁平腺体，呈红褐色。左、右肾上腺分别位于肾的前内侧缘附近，借助于肾脂肪囊与肾相连，通常左侧大于右侧。肾上腺表面有致密结缔组织被膜，深入腺体内，构成腺体支架。腺体分外周的皮质部和中央的髓质部。

牛的肾上腺左、右形态不一。右肾上腺呈钝三角形，位于右肾前内侧；左肾上腺呈蚕豆形，位于后腔静脉内侧，不与左肾接触。

马的肾上腺呈近似三角形或椭圆形的形状，位于肾前内侧缘、靠近肾门处。

猪的肾上腺长而窄，表面有沟，位于肾内侧缘的前半部下面。右肾上腺呈长三棱形，左肾上腺前半呈三棱形，后半宽而薄，后端常有尖突。

(二)肾上腺的功能

肾上腺包括肾上腺皮质和肾上腺髓质。肾上腺皮质分泌盐皮质激素、糖皮质激素和性激素；肾上腺髓质分泌多巴胺、肾上腺素、去甲肾上腺素，三者总称为儿茶酚胺类激素。

1. 肾上腺皮质激素

(1)盐皮质激素 主要作用是调节体内的电解质和水分，以维持其稳态。醛固酮能促进肾小管对钠离子的重吸收和钾离子的排泄(即保钠排钾)，相应地增加水的重吸收。

(2)糖皮质激素 以氢化可的松(皮质醇)为主，还有皮质酮和皮质素。糖皮质激素的主要作用是：①影响物质代谢。促进糖异生作用，保持血糖浓度的相对稳定；促进肝外组织蛋白质的分解代谢，以增加对肝脏提供的氨基酸；促进脂肪的分解代谢。②调节水盐代谢，但作用比醛固酮弱。③机体在多种有害刺激，如感染、中毒、疼痛、寒冷、精神紧张等的作用下，糖皮质激素释放的浓度升高，使机体对这些有害刺激的耐受力增强。临床上用大剂量的氢化可的松抗炎症、抗过敏、抗休克等。

2. 肾上腺髓质激素 肾上腺髓质激素的总效应是与交感神经系统协同动员机体应付紧急情况。

(1)对心血管系统的作用 肾上腺素与去甲肾上腺素都能增加心率，升高血压，但前者增加心率的作用较大，升高血压主要通过增加心输出量，而表现收缩压升高；后者对心率影响较小，升高血压主要通过缩血管作用而使外周阻力增加，表现舒张压升高。

(2)对代谢的影响 肾上腺素与去甲肾上腺素都能刺激代谢，促进肝糖原和脂类分解，增加血糖和血浆游离脂肪酸的水平。此外，还能增加组织的耗氧量，提高基础代谢，但肾上腺素的作用强于去甲肾上腺素。

(3)对神经系统和其他器官组织的作用 肾上腺素和去甲肾上腺素都能提高中枢神经系统的兴奋性，使动物警觉和清醒，对外界刺激的反应性增强；都可刺激呼吸中枢，增大通气量；还能使皮肤、竖毛肌、眼扩瞳肌以及胃肠道和泌尿道的括约肌收缩。

六、胰岛对机体活动的调节

胰岛是胰腺的内分泌部，是分散在外分泌部腺泡之间的不规则细胞群，主要有 α 和 β 细胞两种，α 细胞分泌胰高血糖素，β 细胞分泌胰岛素。

(一)胰岛素

胰岛素的作用主要有以下三方面：

1. 调节糖代谢 促进肝糖原生成和葡萄糖分解，以及促进糖转变为脂肪，从而使血糖降低。因此，胰岛素分泌不足时，血糖升高，当超过肾糖阈时，则大量的血糖从尿中排出，导致依赖性糖尿病。

2. 调节脂肪代谢 促进脂肪的合成，抑制脂肪的分解，使血中游离脂肪酸减少。因此，胰岛素分泌不足时，脂肪即大量分解，血内脂肪酸浓度增高，在肝脏内不能充分氧化而转化为酮体，出现酮血症并伴有酮尿，严重时可导致酸中毒和昏迷。

3. 调节蛋白质代谢 促进蛋白质合成，抑制蛋白质分解。

(二)胰高血糖素

胰高血糖素的作用与胰岛素相反：它可促进糖原分解，促进糖异生，升高血糖；能促进脂肪分解，促进脂肪酸氧化，使酮体增多。

七、性腺对机体活动的调节

性腺是雄性的睾丸和雌性的卵巢的总称。睾丸间质细胞为睾丸的内分泌组织，能分泌雄激素。卵巢内有卵泡生长时，卵泡周围卵泡膜上的内层细胞能分泌雌激素。排卵后生成的黄体能分泌孕酮和雌激素。这些性激素对家畜的生长、发育、生殖和代谢等都起着重要作用。

（一）雄激素

主要成分是睾酮，其主要生理作用为：①促进雄性生殖器官的生长发育，并维持其成熟状态；②促进精子的发育成熟，并延长附睾内精子的贮存时间；③刺激和维持雄性副性征的出现；④刺激公畜产生性欲和性行为；⑤促进蛋白质的合成和肌肉的生长，促进骨钙、磷的沉积和生长；⑥促进公畜皮脂腺的分泌增强，特别是公羊和公猪比较明显。

（二）雌激素

作用最强的雌激素为雌二醇，其主要生理作用为：①促进母畜生殖器官的生长发育；②促进雌性动物特征的出现，并维持其状态；③促进母畜发情；④刺激母畜发生性欲和性兴奋。

（三）孕激素

又称孕酮，其主要作用为：①在雌激素作用的基础上，进一步促进排卵后子宫内膜增生，血管和腺体增长，腺体分泌子宫乳，为受精卵在子宫附植和发育准备条件；②抑制子宫平滑肌的活动，为胚胎创造安静环境，以维持正常的妊娠过程，故有保胎作用；③在雌激素作用的基础上，进一步刺激乳腺腺泡的生长，使乳腺发育完全，准备泌乳；④抑制发情和排卵。

（四）松弛素

由妊娠末期的黄体分泌，至分娩时大量出现，分娩后随即消失。其主要功能是为分娩作准备，使子宫颈扩张和变软，抑制子宫平滑肌收缩，使耻骨联合和其他骨盆关节松弛和分离。

【任务总结】

内容		要点
知识	激素	激素的概念及分类
	垂体对机体活动的调节	腺垂体和神经垂体分泌激素的主要作用
	甲状腺对机体活动的调节	1. 不同家畜甲状腺的位置、形态构造 2. 甲状腺激素的作用
	甲状旁腺对机体活动的调节	甲状旁腺的功能
	肾上腺对机体活动的调节	1. 肾上腺的位置 2. 肾上腺皮质激素和肾上腺髓质激素对机体的调节作用
	胰岛对机体活动的调节	胰岛素和胰高血糖素对机体的调节作用
	性腺对机体活动的调节	1. 雄激素的生理作用 2. 雌激素、孕激素的生理作用

项目六　家禽解剖

▲【任务描述】

通过实践操作学习鸡的采血技术及解剖技术，再配合挂图学习家禽的解剖结构以及生理特征。

▲【知识目标】

掌握家禽的解剖生理特征。

▲【能力目标】

能正确地进行鸡的采血及解剖。

▲【素质目标】

具备团队协作能力；使用解剖器械进行鸡解剖时注意安全。

【知识】

家禽在动物分类学上属鸟纲，主要包括鸡、鸭、鹅等。在人类长期饲养和驯化下，虽然飞翔能力已退化，但身体结构特征和生理机能仍保留着飞禽的许多原有特点。本单元的主要任务是借助标本、模型及挂图来学习家禽的解剖生理特征。

一、运动系统

(一)骨骼

家禽为适应飞翔，骨骼发生了重要变化，具有轻便性和坚固性的特征。一是大多数骨髓腔内充满着与肺及气囊相通的空气，重量相对较轻；二是骨质致密，含有丰富的钙盐，且有的骨块愈合成为一个整体，十分坚硬。禽类骨骼依其所在部位可分为头骨、躯干骨、前肢骨和后肢骨(图 6-1)。

1. 头骨　家禽头骨分为颅骨和面骨。颅骨大部分愈合，呈圆形，内含脑和位听器官；面骨不发达，位于颅骨前方，鸡呈尖圆锥形体，鸭呈前方钝圆的长方形体。在颞骨与下颌骨之间有一方骨，通过翼骨、腭骨及颧骨与上喙相连。鼻骨与额骨间形成关节，当开口时，不仅可下降下喙，而且可同时抬起上喙，使口腔开张更大。

2. 躯干骨　躯干骨由脊柱、肋和胸骨构成。

(1)脊柱　包括颈椎、胸椎、腰荐椎和尾椎。

颈椎的数目多，鸡 13～14 枚，鸭 14～15 枚，鹅 17～18 枚，鸽子 12～13 枚，其中寰椎小，呈狭环状，枢椎棘突明显，3～14 颈椎的形态基本相似。颈椎形成“乙”状弯曲，使颈部运动灵活，

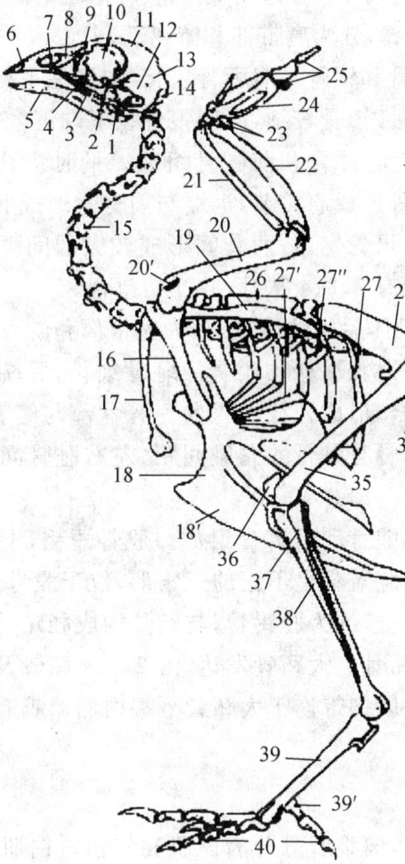

图 6-1 鸡的全身骨骼

1. 方骨 2. 翼骨 3. 颧骨 4. 腭骨 5. 下颌骨 6. 颌前骨 7. 上颌骨 8. 鼻骨 9. 泪骨 10. 眶间隔 11. 额骨 12. 颞骨 13. 顶骨 14. 枕骨 15. 颈椎 16. 乌喙骨 17. 锁骨 18. 胸骨 18′. 胸骨嵴 19. 肩胛骨 20. 肱骨 20′. 气孔 21. 桡骨 22. 尺骨 23. 腕骨 24. 掌骨 25. 指骨 26. 胸椎 27. 椎肋骨 27′. 胸肋骨 27″. 钩突 28. 髂骨 29. 髂骨孔 30. 尾椎 31. 尾综骨 32. 坐骨 33. 耻骨 34. 闭孔 35. 股骨 36. 髌骨 37. 腓骨 38. 胫骨 39. 大跖骨 39′. 小跖骨 40. 趾骨

(马仲华,家畜解剖学及组织胚胎学,第 3 版,2002)

利于啄食、警戒和梳理羽毛。

胸椎、腰荐椎数目较少,且互相愈合,活动不灵活。胸椎:鸡、鸽有 7 个,鸭、鹅有 9 个。鸡、鸽的第 2～5 胸椎愈合成一整体,第 7 胸椎与腰荐椎(11～14 个)和前 6～7 个尾椎在发育早期愈合而成为一块综荐骨。尾椎共有 11～12 个,前 6～7 个参与综荐骨的形成,后 5～6 个不愈合,其中最后一枚最大,为三棱形的尾综骨,支撑羽毛和尾脂腺。

(2)肋骨 肋的对数与胸椎数目相同,鸡、鸽有 7 对,鸭、鹅有 9 对。第 1～2 对肋为浮肋,不与胸骨相接,其余每一肋骨都由椎骨肋和胸骨肋两部分构成。椎骨肋靠近胸椎,与相应的胸椎形成关节;胸骨肋靠近胸骨,与胸骨形成关节。两部分肋骨之间互相成直角。除第 1 对和最后 2～3 对肋外,其他肋骨的椎骨肋上有钩状突,与后面的肋骨相接触,起加固胸廓的作用。

(3)胸骨 又叫龙骨,非常发达,由胸骨体和几个突起组成,构成胸腔的底壁和腹底壁的支架，在胸骨腹侧正中有纵行隆起，叫龙骨突。胸骨末端与耻骨末端的距离叫龙(胸)耻间距。

3. 前肢骨　家禽的前肢演变成翼，分为肩带部和游离部。

(1)肩带部　包括肩胛骨、乌喙骨和锁骨。肩胛骨狭长，与脊柱平行。乌喙骨粗大，斜位于胸廓之前，下端与胸骨成牢固的关节。锁骨较细，两侧锁骨在下端汇合，又称叉骨。

(2)游离部　又称翼部，由臂骨、前臂骨和前脚骨组成。平时折叠成“Z”形，紧贴在胸廓上。臂骨发达，近端与肩胛骨、乌喙骨形成肩关节，远端与前臂骨形成肘关节，在近端还有较大的气孔。前臂骨由桡骨和尺骨构成，尺骨发达，两骨间形成较大的间隙。前脚骨由腕骨、掌骨和指骨构成，腕骨仅保留两块。掌骨有2、3、4掌骨，并互相愈合。

4. 后肢骨　后肢骨发达，支持机体后躯的体重，分为盆带部和游离部。

(1)盆带部　由髂骨、坐骨和耻骨构成，合称髋骨。耻骨细长，后端游离。为适应产蛋，两侧的耻骨、坐骨分离，骨盆底部不结合，形成开放性骨盆。骨盆部与综荐骨间形成广泛而牢固的骨性结合，适应后肢支撑体重。龙骨与耻骨的龙耻间距、左右耻骨间的耻骨间距的大小，是衡量母禽产蛋率高低的一个标志。

(2)游离部　由股骨、膝盖骨、小腿骨和后脚骨组成。股骨短粗，上端与髋骨形成髋关节，下端与膝盖骨、小腿骨构成膝关节。膝盖骨呈不正的三角形，位于股骨远端上面。小腿骨包括胫骨和腓骨，胫骨远端与近列跗骨愈合，称为胫跗骨，与跖骨构成胫跖关节。后脚骨包括跗骨、跖骨和趾骨。跖骨分为大跖骨和小跖骨。大跖骨发达，由2、3、4跖骨及远列跗骨愈合形成，又称为跗跖骨。小跖骨(第1跖骨)小，以韧带连于大跖骨下端内侧。鸡有4个趾，第1趾向后向内，其余3趾向前，以第三趾最发达。

(二)肌肉

禽类的肌纤维较细，无脂肪沉积，肉眼看可分为白肌和红肌。白肌颜色较淡，血液供应较少，肌纤维较粗，线粒体和肌红蛋白较少，糖原较多，收缩快，作用短暂。红肌呈暗红色，血液供应丰富，肌纤维较细，线粒体和肌红蛋白多，收缩缓慢，作用较持久。鸡等飞翔能力差或不能飞翔的家禽，肌肉以白肌为主；鸭、鹅等善飞翔的水禽，以红肌为主。

家禽的皮肌薄，分布广泛。部分皮肌止于皮肤羽区的羽囊，控制羽毛活动；部分皮肌终止于翼的皮肤褶(翼膜)，称翼膜肌，以辅助翼的伸展，飞翔时有紧张翼膜的作用；部分皮肌起着支持嗉囊的作用。

禽类缺乏面部肌系，但开闭上下颌的肌肉较发达；且有一系列舌骨肌，使舌在采食、吞咽时可作灵敏而迅速的运动。

禽类颈部肌肉发达，大多分化为多节肌及其复合体，以保证颈部的灵活运动。胸壁肌包括肋间外肌和肋间内肌，但无膈肌。腹壁肌肉也分4层，但较薄弱。

肩带肌较复杂，主要作用于翼，其中最发达的是胸肌(也叫胸大肌)、乌喙上肌(胸小肌)，它们是飞翔的主要肌肉，可占肌肉总重量的一半以上，也是肌肉注射的主要部位之一。

家禽的盆带肌不发达，腿肌发达。栖肌是家禽特有的肌肉，相当于哺乳动物的耻骨肌，位于股部内侧，呈纺锤形，以一薄的扁腱向下绕过膝关节的外侧和小腿后面，下端并入趾浅屈肌腱内，止于第2、3趾。当腿部屈曲时，栖肌收缩，可使趾关节机械性屈曲。所以家禽栖息时，能牢牢地抓住栖架，不会跌落。

二、被皮系统

被皮系统由皮肤和皮肤的衍生物组成。主要机能是保护家禽体内的器官和组织不受外界机械性侵袭，调节体温，排泄废物，感觉外界环境的各种刺激等。

(一)皮肤

家禽的皮肤薄而柔软，由表皮和真皮构成，容易与躯体剥离。真皮又分为浅层和深层，深层具有羽囊和羽肌。皮下组织疏松，有利于羽毛的活动；皮下脂肪仅见于羽区；皮肤没有汗腺和皮脂腺。禽的皮肤在翼部形成的皮肤褶叫翼膜，有利于飞翔。水禽的皮肤在趾间形成蹼，有利于在水内游动。

(二)皮肤的衍生物

皮肤的衍生物有羽毛、冠、肉垂、耳叶、喙、爪、尾脂腺、鳞片等。

1. 羽毛　羽毛是家禽特有的皮肤衍生物，可分为 3 类：正羽、绒羽、纤羽。正羽也叫廓羽，覆盖在家禽的体表，主干为羽轴，下段为羽根，上段为羽茎。羽茎两侧是羽片，由许多平行排列的羽枝构成。每一羽枝又向两侧分出两排小羽枝。正羽覆盖的部位，称羽区，其余部位为裸区，以利肢体运动和散发体温。绒羽密生于皮肤表面，蓬松的羽枝呈放射状直接从羽根发出，形如绒而得名，主要有保温作用。纤羽纤细，长短不一，形如毛发，分布在机体的各部。

鸡从出壳到成年要经过 3 次换羽。雏鸡刚出壳时，除了翼和尾外，全身覆盖绒羽，这种羽毛保温性能差，出壳不久即开始换羽，由正羽代替，通常在 6 周龄左右换完，换羽的顺序为翅、尾、胸、腹、头。第二次换羽发生在 6～13 周龄，换为青年羽。第三次换羽发生在由 13 周到性成熟期，换为成年羽。更换成年羽后，从第二年开始，每年秋冬都要换羽一次。在换羽时，需要大量的营养物质，故蛋鸡在换羽期间停止产蛋。

2. 冠、肉垂、耳叶　都是由皮肤衍生而成。

冠：表皮很薄，真皮厚。冠是第二性征的标志，公鸡的冠特别发达，呈直立状，母鸡冠常倒向一侧。公鸡和产蛋期的母鸡，冠因在真皮的中间层充满纤维性黏液组织而直立；去势的公鸡及停止产蛋的母鸡，冠因纤维性黏液组织消失而倾斜。冠的结构、形态可作为辨别鸡品种、成熟程度和健康状况的标志。

肉垂：也称肉髯，左右各一，两侧对称，鲜红色，位于喙的下方。

耳叶：呈椭圆形，位于耳孔开口的下方，呈红色或白色。

3. 喙、鳞片、爪、距　都是表皮角质层增厚、同时角蛋白钙化而成，故很坚硬。

喙：见消化系统。

鳞片：是分布在跖、趾部的高度角化皮肤。

爪：位于家禽的每一个趾端，鸡的呈弓形，由坚硬的背板和软角质的腹板形成。

距：在鸡的跖部内侧，公鸡明显。

4. 尾脂腺　家禽的皮肤没有皮肤腺，但有一对尾脂腺，位于尾综骨的背侧。鸡的尾脂腺较小，呈豌豆形，水禽的尾脂腺发达，呈卵圆形。尾脂腺分泌物中含脂肪、卵磷脂和麦角固醇等。其中麦角固醇在紫外线的作用下，能变成维生素 D，供皮肤吸收利用。家禽在整理羽毛时，用喙压迫尾脂腺，挤出分泌物，用喙涂于羽毛上，使羽毛润泽。尾脂腺对水禽尤为重要。

三、消化系统

家禽的消化系统由消化管和消化腺两部分组成。消化管包括口咽、食管、嗉囊、腺胃、肌胃、小肠、大肠、泄殖腔、泄殖孔；消化腺包括唾液腺、胃腺、肠腺、胰腺、肝(图 6-2)。

(一)消化系统的构造特点

1. 口咽、食管和嗉囊

(1)口咽　家禽的口腔与咽之间没有明显的界限，直接相通，故称口咽。

禽没有唇、齿、软腭，颊不明显，上下颌形成喙。口咽顶部前壁正中，有前狭后宽的鼻孔，后部正中有咽鼓管漏斗，咽鼓管开口于漏斗内。口咽部黏膜内有丰富的毛细血管，可使大量血液冷却，有散热作用。

①喙　为包在颌前骨、下颌骨外面高度角化的皮肤套，分为上喙和下喙。喙因高度钙化而坚硬，含有大量的感觉神经末梢。鸡、鸽的喙呈尖端向前的圆锥形，适于摄取细小的饲料，撕碎较大的食物。雏鸡上喙的尖部有蛋齿，由角化的上皮细胞形成，孵出时，用来划破蛋壳。

鸭、鹅的喙长而宽，末端钝圆，呈铲状。除上喙尖部外，大部分被覆有较柔软、光滑的角质蜡膜。在喙的边缘形成许多横褶，便于在水中采食时，将水滤出。

②舌　鸡、鸽的舌与喙形状相似；鸭、鹅的舌长而厚，较灵活。家禽的舌肌不发达，黏膜上缺乏味觉乳头，仅分布有数量少、结构简单的味蕾，味觉机能较差，但对水的温度敏感。

③唾液腺　唾液腺很发达，分布广泛。主要分布于口腔、咽黏膜的固有层内，几乎连成一片，其导管直接开口于咽黏膜的表面。唾液腺分泌黏液性唾液。

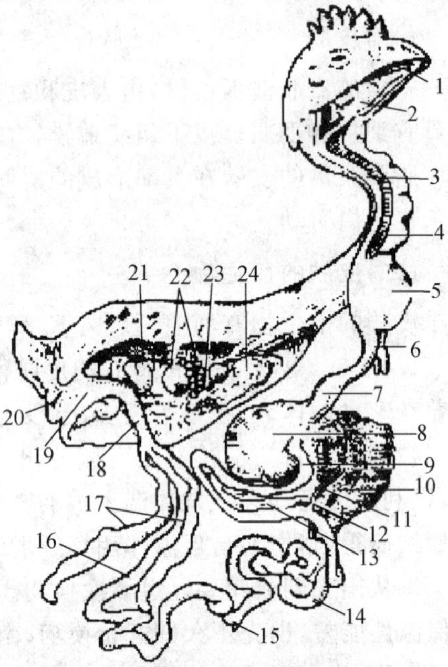

图 6-2　鸡消化系统模式图

1. 口腔　2. 咽　3. 食管　4. 气管　5. 嗉囊　6. 鸣管　7. 腺胃　8. 肌胃　9. 十二指肠　10. 胆囊　11. 肝管及胆管　12. 胰管　13. 胰　14. 空肠　15. 卵黄囊憩室　16. 回肠　17. 盲肠　18. 直肠　19. 泄殖腔　20. 肛门　21. 输卵管　22. 卵巢　23. 心　24. 肺

(马仲华，家畜解剖学及组织胚胎学，第 3 版，2002)

(2)食管和嗉囊　家禽的食管较宽，壁薄，易扩张，可分为颈段和胸段。食管壁由黏膜层、肌层和外膜构成。在黏膜层有食管腺，分泌黏液。颈部食管后部的黏膜层内含有淋巴组织，形成淋巴滤泡，称为食管扁桃体，鸭较发达。

鸡、鸭的食管在胸前口处膨大，形成嗉囊；鸭、鹅没有真正的嗉囊，但颈部食管粗大，也有贮存食物的作用。鸽的嗉囊的上皮细胞在育雏期增殖而发生脂肪变性，脱落后与分泌的黏液形成嗉囊乳(鸽乳)，用以哺育幼鸽。

2. 胃　家禽的胃分为腺胃和肌胃(图 6-3)。

(1)腺胃　又称前胃，呈短纺锤形，位于腹腔左侧、肝左右两叶之间。前以贲门与食管的胸段相接，后以峡与肌胃相接。胃壁较厚，内腔较小，食物存留的时间比较短。

腺胃黏膜表面分布有乳头，鸡的较大，鸭、鹅的较小、较多。腺胃黏膜浅层形成许多隐窝，隐窝内有单管状腺，叫腺胃浅腺，能分泌黏液。前胃的深腺是复管泡状腺，分布于黏膜的肌层之间，以集合管开口于黏膜乳头上，分泌盐酸和胃蛋白酶。

(2)肌胃　位于腹腔的左下部，紧接腺胃之后，呈双面凸的圆盘状，壁厚而坚实，由平滑肌构成。肌胃内含有沙砾，因此又叫砂囊。肌胃黏膜内有许多腺体，其分泌物与脱落的上皮细胞一起，在酸的作用下形成一层角质层，由于胆汁的返流作用而呈黄色，其上有搓板楞状皱褶，称作鸡内金，对胃壁及黏膜有保护作用。

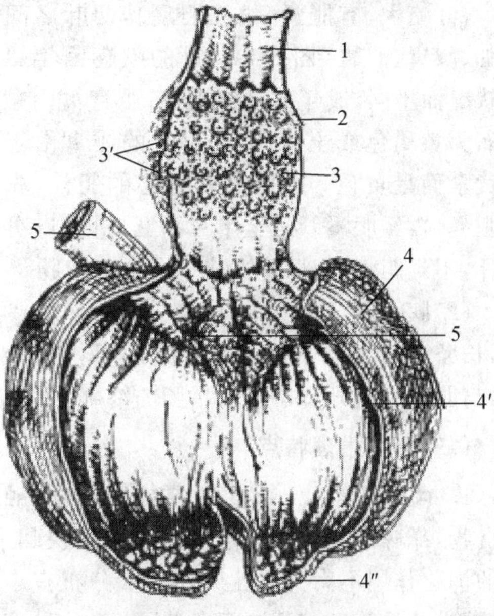

图 6-3　鸡的胃(纵剖开)

1. 食管　2. 腺胃　3. 乳头及前胃深腺开口　3′. 深腺小叶　4. 肌胃的厚肌　4′. 肌胃角质层　4″. 肌胃后囊的薄肌　5. 幽门

(马仲华，家畜解剖学及组织胚胎学，第 3 版，2002)

3. 肠和泄殖腔

(1)小肠　小肠分为十二指肠、空肠、回肠。

十二指肠：位于腹腔右侧，形成“U”字形肠袢，分降支、升支，两支平行，以韧带相连接，其折转处可达骨盆腔。升支和降支之间夹有胰腺。升支在胃的幽门处移行为空肠。鸭的十二指肠形成双层马蹄铁状弯曲。

空肠：形成许多环状肠袢，鸡、鸽的肠袢数目较多，鸡 10～11 圈；鸭、鹅较少，6～8 圈。在空肠的中部有一小的突起，叫卵黄囊憩室，是卵黄囊柄的遗迹。

回肠：较短，以系膜与两盲肠相连。

(2)大肠　家禽的大肠有盲肠和直肠(也称结直肠)。

盲肠两条，长 14～23 cm，沿回肠两侧向前伸延，分为盲肠基、盲肠体、盲肠尖三部分。盲肠基部较窄，以盲肠口通直肠。在盲肠基部黏膜内有淋巴组织分布，称为盲肠扁桃体，鸡的最明显，是诊断疾病时主要检查的部位。鸽的盲肠很不发达，小如芽状。禽没有明显的结肠，直肠短，也称结直肠。

(3)泄殖腔　是直肠末端膨大形成的腔道，是消化系统、泌尿系统、生殖系统的共同通道。泄殖腔内以两个环行的黏膜褶，将泄殖腔分为粪道、泄殖道、肛道三部分。

粪道是直肠的末端，较膨大，前接直肠，黏膜上有短的绒毛。

泄殖道较短，前以环行褶与粪道为界，后以半月褶与肛道为界。背侧有一对输尿管的开口。在输尿管开口的背侧略后方，雄禽有一对输精管乳头，是输精管的开口；雌禽在输尿管的左侧有一个输卵管的开口。

肛道通过泄殖孔与外界相通，在肛道的背侧有腔上囊(法氏囊)的开口。腔上囊呈椭圆形，性未成熟禽类的腔上囊体积最大，性成熟后开始退化。在肛道的背侧壁和外侧壁内有肛道背侧腺、外侧腺，能分泌黏液。

泄殖孔是泄殖腔对外的开口，也称肛门，由背侧唇和腹侧唇围成，内有环行括约肌。

4. 肝和胰

(1)肝　位于腹腔前部,胸骨背侧。前方与心脏接触,体积相对较大,质地较脆。分为左右两叶,右叶略大,有胆囊(鸽无胆囊),两叶之间夹有心脏、腺胃、肌胃(图 6-4)。肝的颜色因年龄和肥育状况而不同,成年禽呈红褐色,肥育禽因贮存脂肪而为黄褐色或土黄色,刚出壳的雏禽由于吸收卵黄素而呈黄色。肝脏右叶分泌的胆汁,先贮存于胆囊,再经胆囊管运至十二指肠;肝左叶分泌的胆汁,不经胆囊,由肝管直接排入十二指肠。

(2)胰　位于十二指肠袢内,淡黄色或淡红色,长条分叶状。鸡有 2～3 条胰管,鸭、鹅有 2 条,与胆管一起开口于十二指肠的终部。

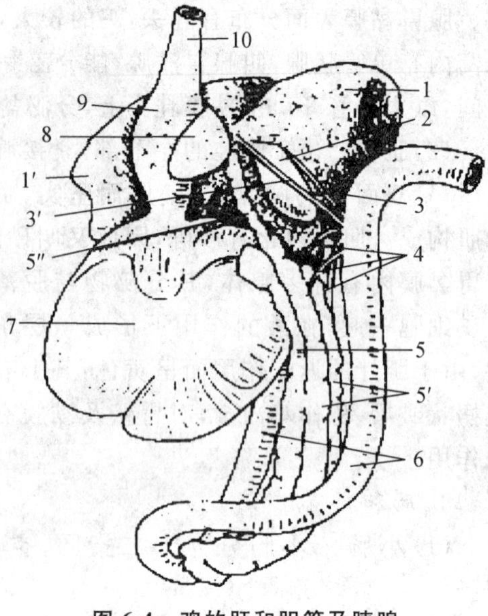

图 6-4　鸡的肝和胆管及胰腺

1. 肝右叶　1′. 肝左叶　2. 胆囊　3. 胆囊肠管　3′. 肝肠管　4. 胰管　5. 胰腺背叶　5′. 胰腺腹叶　5″. 胰腺脾叶　6. 十二指肠袢　7. 肌胃　8. 脾　9. 腺胃　10. 食管

(马仲华,家畜解剖学及组织胚胎学,第 3 版,2002)

(二)消化生理特点

1. 口腔的消化　禽类主要依靠视觉、触觉寻觅食物,靠喙采食。由于家禽采食后很快咽下,口腔的消化作用不大。口腔壁和咽壁分布有丰富的唾液腺,其导管直接开口于黏膜,分泌的黏液有润滑饲料的作用。

吞咽动作主要是靠头部向上抬举,借舌的运动和食物的重力,把食物由口咽推向食管。唾液呈弱酸性反应,含有少量的淀粉酶。

2. 嗉囊的消化　嗉囊的主要机能是贮存、浸泡、软化食物。嗉囊内的温度、含水量及呈弱酸性的黏液,可为唾液淀粉酶提供适宜的环境,而且也适合细菌(主要是乳酸菌)的生长繁殖,糖类饲料在嗉囊内可进行初步消化。

食物在嗉囊停留的时间,因食物的性质、数量和家禽的饥饿程度而不同,一般停留 3～4 h。鸽在育雏期,嗉囊的上皮细胞增生并发生脂肪变性,脱落后与分泌的黏液一起形成嗉囊乳,也叫鸽乳,内含大量的蛋白质、脂肪、无机盐、淀粉酶及蔗糖酶等,用来哺育幼鸽。

3. 胃的消化

(1)腺胃的消化　腺胃的黏膜能分泌酸性胃液,内含盐酸、胃蛋白酶和黏液。但禽类胃腺没有壁细胞,盐酸和胃蛋白酶都由主细胞分泌,胃液呈连续性分泌。虽然腺胃可以分泌胃液,但因为其体积小,食物在此停留的时间短,所以胃液的消化作用并不在腺胃,而主要是在肌胃进行。盐酸可活化胃蛋白酶、溶解矿物质;胃蛋白酶可分解蛋白质。

腺胃可推动食团进入肌胃,并可使食团在腺胃和肌胃之间来回移动。

(2)肌胃的消化　肌胃不分泌胃液,主要机能是靠胃壁强有力的收缩和沙砾间的相互摩擦,机械性磨碎粗硬饲料。沙砾的作用很重要,在肌胃内有助于磨碎较坚硬的食物。如果将肌胃内的沙砾除去,消化率会降低 25%～30%。肌胃的内容物非常干燥,pH 2.0～3.5,适宜来自腺胃的胃蛋白酶进行蛋白质的消化。

肌胃平均每隔 20～30 s 收缩 1 次,饲喂时及饲喂后半小时内收缩频率增加,而且肌胃的收缩强度与饲料的性质有关,饲料越坚硬,肌胃的收缩力越强。

4. 小肠的消化 家禽小肠的消化与哺乳动物基本相似。小肠是消化的主要部位。

小肠内的消化液有胰液、胆汁和小肠液。

胰液由胰腺分泌，呈弱碱性，含有胰蛋白分解酶、胰脂肪酶、胰淀粉酶和其他糖类分解酶，作用与家畜相似。胰液的分泌是连续的。

胆汁由肝脏分泌，呈酸性，鸡 pH 5.88，鸭 pH 6.4，含有胆酸盐、淀粉酶和胆色素。禽类胆汁的分泌是连续的，不进食时，肝胆汁部分流入胆囊而浓缩，其余少量直接流入十二指肠。进食时分泌增加，输入十二指肠的量也显著增加。

小肠液由小肠腺分泌，内含肠激酶、肠肽酶、脂肪酶、淀粉酶和多种双糖酶。食物的机械性刺激和促胰液素能引起分泌增加。

家禽小肠的运动与家畜相似，主要为蠕动运动和节律性分节运动，也有明显的逆蠕动。

5. 大肠的消化 大肠的消化主要在盲肠。

盲肠的容积大，能容纳大量的粗纤维饲料。盲肠内有适宜的 pH、丰富的营养物质及严格的厌氧条件，适宜微生物的生长繁殖。据测定，1 g 盲肠内容物含有 10 亿个细菌。食物在盲肠内存留的时间较长，6～8 h 才能排出，适宜微生物进行消化作用。盲肠内的微生物可发酵分解饲料中的纤维素，产生挥发性脂肪酸，在盲肠吸收。另外，盲肠内的微生物还能分解饲料中的蛋白质和氨基酸，合成 B 族维生素和维生素 K。因此，大肠的消化对食草、食菜的禽有重要意义。

6. 吸收 家禽对营养物质的吸收与哺乳动物相似，主要通过小肠绒毛进行。但由于小肠绒毛中无中央乳糜管，脂肪及其他各种可吸收物质由黏膜上皮直接进入血液。母禽在产蛋期间，小肠吸收钙的作用增强。

嗉囊、盲肠只能吸收少量的水、无机盐和挥发性脂肪酸，直肠和泄殖腔只能吸收较少的水和无机盐，腺胃、肌胃吸收的能力很差。

四、呼吸系统

(一)呼吸系统的构造特点

1. 鼻腔 家禽的鼻腔较窄，鼻孔位于上喙的基部。鸡的鼻孔有膜质性鼻瓣，其周围有小羽毛，可防止小虫、灰尘等异物进入。鸭、鹅的鼻孔有柔软的蜡膜。鸽的两鼻孔与上喙的基部形成发达的蜡膜，其形态是品种的重要特征之一。

在眼球的前下方有一个三角形眶下窦，鸡的较小，鸭、鹅的较大。眶下窦有两个开口，一个通鼻腔，一个通后鼻甲腔。家禽在患呼吸道疾病时，眶下窦往往发生病变。

在眼眶顶壁和鼻腔侧壁有鼻腺，其分泌物对调节机体渗透压起重要作用。鸡的不发达，鸭、鹅等水禽的较发达，呈半月形。

2. 咽、喉 喉位于咽的底部，舌根的后方，由环状软骨和勺状软骨构成。喉腔内无声带，喉口呈裂缝状，由两个发达的黏膜褶形成。喉软骨上分布有扩张和闭合喉口的肌性瓣膜，此瓣膜平时开放，仰头时关闭，故鸡吞食、饮水时常仰头下咽。

3. 气管、鸣管和支气管

(1)气管 家禽的气管长而粗，由“C”形的软骨环构成，相邻的软骨环相互套叠，可以伸缩，以适应头部的灵活运动。气管与食管伴行，在颈的下半部偏至右侧，进入胸腔前又转至颈腹侧。入胸腔后，在心基上方分为两个支气管，分叉处形成鸣管。气管黏膜下层富含血管，可借蒸发散热调节体温，禽类气管是重要的体温调节部位。

(2)鸣管　鸣管也叫后喉,是禽类特有的发音器官(图 6-5)。鸣管以气管为支架,由几块支气管软骨和一块鸣骨构成。鸣骨呈楔形,位于鸣腔的分叉处。在鸣管的内侧壁、外侧壁覆有两对弹性薄膜,分别叫内鸣膜和外鸣膜。两鸣膜之间形成一对夹缝,当呼吸时,空气经过夹缝,振动鸣膜而发声。

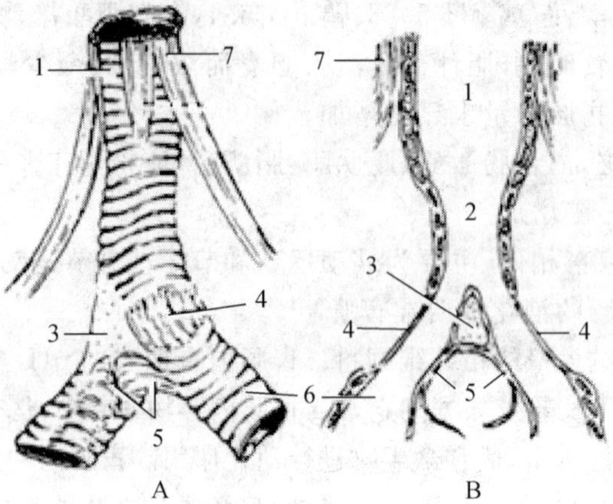

图 6-5　鸡的鸣管

A. 外形　B. 纵剖面

1. 气管　2. 鸣腔　3. 鸣骨　4. 外侧鸣膜　5. 内侧鸣膜

6. 支气管　7. 胸骨气管肌及气管肌

(马仲华,家畜解剖学及组织胚胎学,第 3 版,2002)

公鸭的鸣管在左侧形成一个膨大的骨质性鸣管泡,无鸣膜,故发出的声音嘶哑。刚孵出的雏鸭可通过触摸鸣管,来鉴别雌雄。

(3)支气管　支气管经心基的上方入肺,其支架为"C"形软骨环。

4. 肺　禽的肺较小,呈扁平的四边形,鲜红色,质地柔软,一般不分叶。位于 1～6 肋之间,其背侧面嵌入肋骨间,形成肋沟。在腹侧面有肺门和几个气囊的开口。在肺的后方,有膜质的膈。

支气管在肺门处进入肺后,纵贯全肺,并逐渐变细,称为初级支气管,其后端出肺,连接腹气囊。从初级支气管上分出背内侧、腹内侧、背外侧、腹外侧四群次级支气管,末端出肺,形成气囊。次级支气管再分出众多的袢状三级支气管,连于两群支气管之间。从三级支气管分出辐射状的肺房。肺房是不规则的囊腔,上皮为单层扁平上皮,相当于家畜的肺泡囊。肺房的底部又分出若干个漏斗,漏斗的后部形成丰富的肺毛细管,相当于家畜的肺泡,是气体交换的场所。一条三级支气管及其所分出的肺房、漏斗、肺毛细管,构成一个肺小叶。

5. 气囊　气囊是禽类所特有的器官,是初级支气管或次级支气管出肺后形成的黏膜囊,多数与含气骨相通。气囊可分前后两群,前群气囊包括 1 个锁骨间气囊、1 对颈气囊(鸡是 1 个)和 1 对胸前气囊;后群气囊包括 1 对胸后气囊和 1 对腹气囊(图 6-6)。气囊所形成的憩室可伸入到许多骨内和器官之间。

气囊具有贮存空气、参与肺的呼吸、加强气体交换、减轻体重、散发体热、调节体温、加强发音等作用。但最重要的功能还是作为贮气装置而参与肺的呼吸作用。当吸气时,新鲜空气进入肺的气囊,呼气时,气囊内的空气流入肺内,进行 2 次气体交换,以适应禽体新陈代谢的需要。这就是鸟纲动物的"双重呼吸"(图 6-7)。

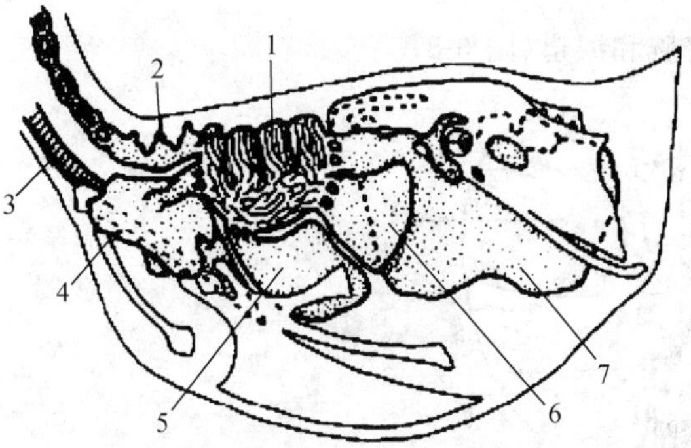

图 6-6　禽气囊分布模式图

1. 肺　2. 颈气囊　3. 气管　4. 锁骨间气囊　5. 胸前气囊　6. 胸后气囊　7. 腹气囊

（马仲华，家畜解剖学及组织胚胎学，第 3 版，2002）

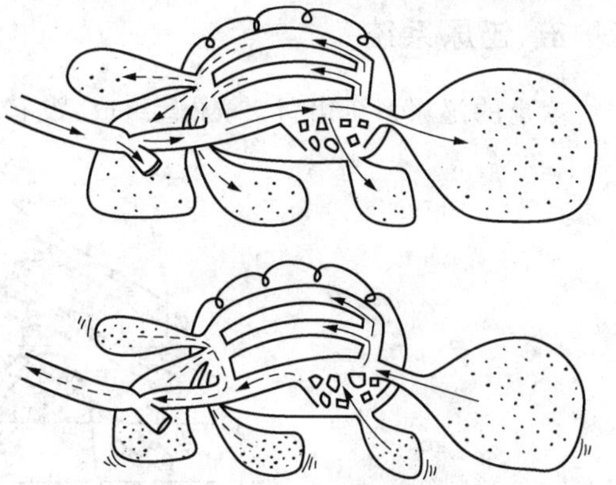

图 6-7　禽气囊作用模式图

上图为吸气时，下图为呼气时；实线示吸入的新鲜空气径路，虚线示经气体交换后的空气径路

（马仲华，家畜解剖学及组织胚胎学，第 3 版，2002）

另外，公禽的腹气囊紧贴睾丸，使睾丸能维持较低的温度，保证精子的正常生成。禽的某些呼吸系统疾病或某些传染病常在气囊发生病变。

（二）呼吸生理特点

1. 呼吸运动　家禽的膈为不发达的质膜，胸腔内的压力与腹腔内压几乎完全相等，不存在经常性负压，即使造成气胸，也不像哺乳动物那样导致肺萎缩。

禽类的肺较小，嵌于肋骨之间，由于膜质的膈基本没有收缩能力，肺只能随着肋骨做相应的吸气和呼气运动。当吸气肌收缩时引起胸骨、胸骨肋向前下方移动，使胸腔容积增大，气囊容积也随之增大，内压降低，空气经呼吸道进入肺，再进入气囊，产生吸气动作。呼气时，呼气肌收缩，胸骨和肋骨回位，体腔缩小，气囊、肺因受压容积缩小，压力增大，气体经呼吸道排出体外，产生呼气动作。平静呼吸时，呼气也是主动过程。

2. 气体交换和运输　家禽吸入的新鲜空气，一部分到达肺毛细管，与其周围的毛细血管直接进行气体交换，另一部分进入气囊。在呼气时，气囊中的气体经回返支气管进入肺，达肺毛细管，再一次与毛细血管进行气体交换。因此，家禽每呼吸 1 次就能在肺内进行 2 次气体交换，这是禽类呼吸生理最突出的特征，其意义在于使禽类有足够的机会满足气体交换的需要。

禽类气体运输方式基本与哺乳动物相似。

3. 呼吸式　家禽正常的呼吸式为胸腹式呼吸。腹壁肌与胸壁肌协同作用，共同完成呼吸动作。

4. 呼吸频率　家禽的呼吸频率变化较大，可因种别、年龄、性别、环境温度、生理状态的不同而发生变化。几种成年家禽的呼吸频率见表 6-1。

表 6-1　几种成年家禽的呼吸频率

性别	鸡	鸭	鹅	鸽	火鸡
公	12～20	41	20	25～30	28
母	20～36	110	40	25～30	49

五、泌尿系统

家禽的泌尿系统由肾、输尿管组成，没有膀胱和尿道(图 6-8)。

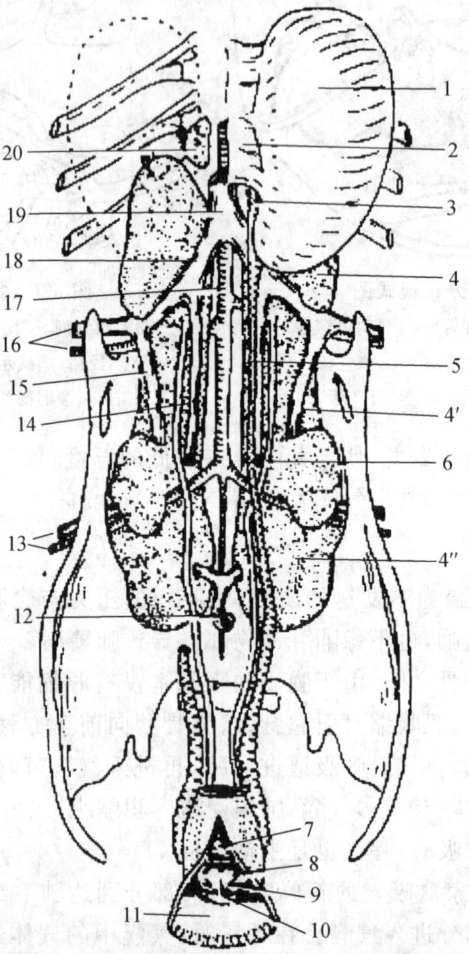

图 6-8　公鸡泌尿和生殖器官(腹侧观，右侧睾丸和部分输精管切除，泄殖腔从腹侧剖开)

1. 睾丸　2. 睾丸系膜　3. 附睾　4、4′、4″. 肾前部、中部和后部　5. 输精管　6. 输尿管　7. 粪道　8. 输尿管口　9. 输精管乳头　10. 泄殖道　11. 肛道　12. 肠系膜后静脉　13. 坐骨血管　14. 肾后静脉　15. 肾门后静脉　16. 股血管　17. 主动脉　18. 髂总静脉　19. 后腔静脉　20. 肾上腺

(马仲华，家畜解剖学及组织胚胎学，第 3 版，2002)

(一)泌尿系统的构造特点

1. 肾　家禽的肾较发达，占体重的 1%以上，位于综荐骨两旁髂骨内侧的肾窝内，前端可达最后肋骨，向后几乎达综荐骨的后端。禽肾红褐色，呈长条豆荚状，每侧肾分前、中、后三叶，前叶略圆，中叶狭长，后叶略膨大。肾质软而脆，剥离时易碎，肾外无脂肪囊。无肾门，血管、神经、输尿管在不同部位进出肾脏。输尿管在肾内不形成肾盂或肾盏，而是分支为初级分支和次级分支。

禽肾表面有许多深浅不一的裂和沟，较深的裂将肾分为数十个肾叶，每个肾叶又被其表面的浅沟分为数个肾小叶。肾的实质由许多肾小叶构成，肾小叶表层为皮质区，含有许多肾单位；深部为髓质区，主要由集合管和髓袢构成。禽肾单位的肾小球不发达，构造简单，仅有2～3条血管袢。

2. 输尿管　输尿管是输送尿液的肌质性管道，分别从肾的中部发出，沿肾的腹面向后伸延，末端开口于泄殖道顶壁的两侧。输尿管管壁薄，常因尿液中含有尿酸盐而显白色。

(二)泌尿生理特点

家禽的新陈代谢较旺盛，皮肤中没有汗腺，代谢产生的废物主要通过肾排出。尿生成的过程与家畜的基本相似，但具有以下特点：

①原尿生成的量较少。因为家禽的肾小球不发达，滤过面积小，有效滤过压较低。

②肾小管具有较强的分泌和排泄机能，能将自身的代谢产物(如氢离子、氨等)和血液中的某些药物(如青霉素)排泄到尿中。

③肾小管重吸收能力较强，能重吸收绝大部分的水、葡萄糖和部分氯、钠、碳酸氢盐等对机体有用的物质。

④蛋白质代谢的主要产物是尿酸，大部分经肾小管排泄到尿中。禽尿因含有较多的尿酸盐而呈奶油色。

⑤家禽无肾盂和膀胱，生成的尿液直接通过输尿管排泄到泄殖腔中，并随粪便一起排出体外。

六、生殖系统

(一)雄禽生殖系统特点

雄禽的生殖系统由睾丸、附睾、输精管和交配器官组成，无副性腺和精索等结构(图6-8)。

1. 睾丸和附睾

(1)睾丸　是成对的实质性器官，位于腹腔内，以较短的系膜悬吊在肾前叶的腹面，周围与胸腹气囊相接触。幼禽的睾丸很小，如小公鸡的只有米粒大，呈黄色。成年禽明显增大，在性成熟后的繁殖季节睾丸体积最大，呈黄白色或白色。

睾丸外面包有薄的白膜，间质不发达，小梁也很少，不形成睾丸小叶和睾丸纵隔，但有丰富的曲细精管和直细精管。曲细精管产生精子，直细精管能分泌精清，精子与精清一起形成精液。

家禽的精液呈弱碱性，pH为7.0～7.6，每次的射精量较少，但精子浓度较高。频繁交配时，射精量和精子数都减少。公鸡在12周龄开始生成精子，但直到22～26周龄才产生受精率较高的精液。1～2岁的公禽，精液的质量最佳。精液的质量可受年龄、机体状态、营养、交配次数、环境、气候、光照、内分泌等因素的影响。

(2)附睾　禽的附睾不发达，附着于睾丸的背内侧缘，又叫睾丸旁导管系统。有贮存、浓缩、运输精子、分泌精清等功能。睾丸和附睾与较大的血管相邻，在进行阉割手术时，要特别注意。

2. 输精管　输精管是一对细而弯曲的管道，与输尿管并行，其末端形成射精管，以乳头开口于泄殖腔。输精管在繁殖季节加长增粗，因贮存精子而呈白色。输精管有分泌精清、贮存精子、运输精液的机能。

3. 交配器官　公鸡无阴茎，但有交配器官，不发达，是3个并列的小突起，称阴茎体，位于肛门腹唇的内侧。刚孵出的小鸡肛道腹侧有膨大的阴茎结构，可以依此鉴别雌雄。

鸭、鹅有发达的阴茎，长6～9 cm，平时位于肛道腹侧偏左，交配时勃起变硬加长而伸出。

(二)雌禽生殖系统特点

母禽的生殖器官仅由左侧卵巢和左侧输卵管构成，右侧在个体发育的过程中停止发育并逐渐退化(图6-9)。

1. 卵巢　位于左肾的前下方，以短的系膜悬挂在左肾前叶的腹侧。卵巢的体积和外形随年龄的增长和机能状态而有较大变化。幼禽的较小，呈扁平的椭圆形，灰白色或白色，表面呈桑葚状。性成熟时，卵巢可达2 cm×3 cm，重2～6 g，卵泡内贮积大量卵黄，突出卵巢表面，如一串葡萄状。在产蛋期，卵巢经常保持4～5个体积依次递增的大卵泡。排卵时，卵泡膜在薄而无血管的卵泡斑处破裂，将卵子排出。卵泡没有卵泡腔和卵泡液，排出后不形成黄体。在非繁殖季、孵化季节及换羽期，卵泡停止排卵和成熟，卵巢萎缩。

2. 输卵管　家禽左侧输卵管发达，是一条长而弯曲的管道，以输卵管背侧韧带悬挂在腹腔背侧偏左。小母鸡输卵管较平直而短；在产蛋期，输卵管长达60～70 cm，为躯体长的1倍；在孵卵期回缩至30 cm；在换羽期只有18 cm。

输卵管根据其构造和机能的特点，由前向后，可分为漏斗部、蛋白分泌部(膨大部)、峡部、子宫部和阴道部五部分。

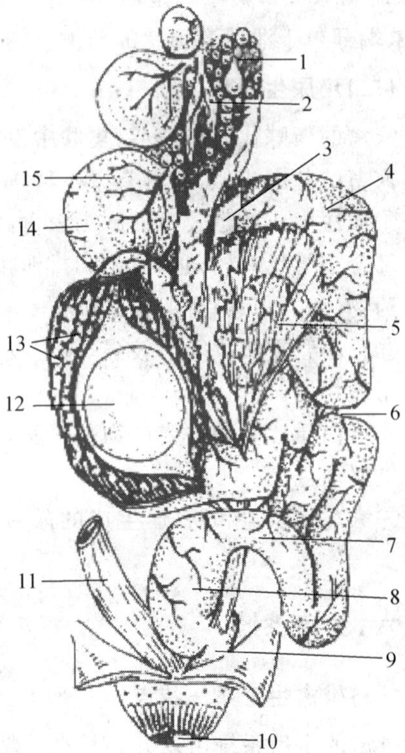

图6-9　母鸡生殖器官

1. 卵巢　2. 排卵后的卵泡膜　3. 漏斗　4. 膨大部　5. 输卵管腹侧韧带　6. 背侧韧带　7. 峡　8. 子宫　9. 阴道　10. 肛门　11. 直肠　12. 在膨大部中的卵　13. 黏膜褶　14. 卵泡斑　15. 成熟卵泡

(马仲华，家畜解剖学及组织胚胎学，第3版，2002)

(1)漏斗部　位于卵巢的后方，由输卵管的前端扩展而成，其游离缘呈薄而软的黏膜褶，称输卵管伞，中央有输卵管的腹腔口。漏斗部有摄取卵子的作用，也是受精的场所。

(2)蛋白分泌部(膨大部)　长而弯曲，管腔大，管壁厚，管壁内有大量腺体，有分泌蛋白的作用。黏膜形成螺旋形的纵襞，在繁殖期呈乳白色。

(3)峡部　短而窄，管壁薄而坚实，黏膜呈黄褐色，内有腺体，能分泌角质蛋白，形成卵壳膜。

(4)子宫部　是输卵管的膨大部，管壁较厚且多肌肉，管腔大，常呈扩张状态，黏膜淡红色。黏膜内有壳腺，能分泌钙质、角质和色素，形成蛋壳。当卵通过时，由于平滑肌的收缩，使卵在其中反复转动，使分泌物分布均匀。

(5)阴道部　是输卵管的末端，呈"S"形，开口于泄殖道的左侧，是雌禽的交配器官。阴道部的黏膜呈白色，形成细而低的褶，在与子宫相连的一段含有管状的子宫腺，叫精小窝，能贮存精子。黏膜内有腺体，分泌物在卵壳表面形成一薄层致密的角质膜。

3. 母禽的生殖生理特点　母禽的生殖生理特点主要表现在：没有发情周期；胚胎不在母体内发育，而是在体外孵化，没有妊娠过程；在一个产蛋周期中，能连续产卵；卵泡排卵后，不形成黄体；卵内含有大量的卵黄和蛋白质，可满足胚胎发育的全部需要，卵的外面包有坚硬的壳。

4. 蛋的形成和产蛋

(1)蛋的形成　蛋的形成是卵巢和输卵管各部共同作用的结果。蛋黄是在卵巢形成的，蛋白、壳膜和蛋壳是在输卵管各段形成的。

蛋黄：由肝脏合成，经血液循环转运到卵巢的卵泡中逐渐蓄积形成的卵黄物质。主要成分是卵黄蛋白和磷脂。卵黄物质在卵中以同心圆的成层排列方式沉积。

蛋白：卵到输卵管膨大部，并在此处停留 3 h，膨大部的大量腺体，分泌浓稠的胶状蛋白围绕在卵黄的四周，构成蛋的全部蛋白。

壳膜：卵在输卵管推动下至峡部，并在此处停留约 1.25 h，形成主要由角蛋白和少量碳水化合物组成的内外壳膜。在蛋白的钝端部，两层壳膜互相分离，形成气室，其内储有空气，满足禽胚在早期发育阶段对氧的需求。

蛋壳：卵在子宫部停留 19～20 h。子宫黏膜下有壳腺细胞，能分泌大量钙盐和少量蛋白质。在壳膜上有许多小突起，是钙盐沉积的部位。当卵到达壳腺部后，壳腺细胞即开始从血液中转运钙，沉积在壳膜上形成蛋壳。蛋壳的色素在子宫内最后 4～5 h 形成。

壳外膜：前述形成的蛋，当其通过阴道产出时，在蛋壳上被覆一层薄的透明角质，称为壳外膜。有防止蛋内水分蒸发、阻止蛋外微生物侵入和润滑阴道部等作用。

从卵黄进入输卵管到蛋完全形成，大约需要 25 h(表 6-2)。

表 6-2　蛋的形成

部位	对蛋形成的作用	时间
卵巢	蛋黄	7～9 d
漏斗部	受精	15 min
膨大部	形成蛋白	3 h
峡部	形成壳膜	1.25 h
子宫部	形成蛋壳	19～20 h
阴道部	形成壳膜并产出	1～10 min

(2)产蛋　家禽产蛋大多数是连续性的。连续多天产蛋后，停产 1～2 d。然后又连续多天产蛋，又停产 1～2 d。如此循环，叫做产蛋周期。蛋在输卵管中完全形成后，在输卵管的强烈收缩作用下很快产出。蛋在输卵管内停留期间，蛋的尖端始终朝后，在即将产出时，蛋在壳腺部旋转 180°，钝端向后产出。蛋产出时，阴道和泄殖腔外翻，蛋不与泄殖腔直接接触，使产出的蛋表面比较干净。

5. 就巢性　俗称抱窝，是母禽特有的性行为。表现为愿意坐窝、孵卵和育雏。抱窝期间雌禽食欲不振，体温升高，羽毛蓬松，发出“咯咯”声，很少离卵运动、寻觅食物。就巢期间停止产蛋。就巢性受激素的调控，是由催乳素引起的，注射雌激素可使其停止。

附 蛋的结构

蛋由蛋壳、蛋白和蛋黄三部分组成。

1. 蛋壳 最外面的硬壳，主要成分是碳酸钙。在蛋壳的内侧是蛋壳膜，分为内外两层，外层叫蛋外壳膜，厚而粗糙；内层叫蛋内壳膜，薄而致密。在蛋的钝端形成气室。蛋壳上密布小的气孔，在胚胎发育过程中可进行水分和气体的代谢。

2. 蛋白 位于蛋壳内、蛋黄外，靠近蛋黄周围的是浓蛋白，接近蛋壳为稀蛋白。蛋黄两端形成白色螺旋形的系带，有固定蛋黄的作用。

3. 蛋黄 呈黄色的球状，也就是家禽的卵细胞。位于蛋的中央，由薄而透明的蛋黄膜包裹。在蛋黄上面有一白色圆点，受精蛋称胚盘，结构致密；未受精蛋称胚珠，结构松散。

七、脉管系统

(一)禽类的心血管系统

心血管系统由心脏、血管和血液构成。

1. 心脏 禽类的心脏位于胸腔前下方，心基朝向前方，与第 1 肋骨相对；心尖夹于肝脏的左、右叶之间，与第 5 肋骨相对。禽心脏与哺乳动物不同的是右房室瓣是一片厚的肌瓣，呈新月形。右心室壁内较平滑，缺乳头肌和腱索结构。

心脏的传导系统除窦房结、房室结、房室束干和左右脚外，房室束还发出返支，环绕主动脉口，与房室结绕过右房室口的分支相连，形成右房室环。另外，禽的房室束及其分支无结缔组织包裹，兴奋易扩布到心肌，这与禽的心跳频率较高有关。

2. 血管

(1)动脉分布特点 肺动脉干由右心室发出，在接近臂头动脉的背侧分为左、右肺动脉，肺动脉通过肺膈，在肺的腹侧面稍前方进入肺门。

主动脉由左心室发出，先形成右主动脉弓，主干延续为降主动脉。主动脉弓分支为左、右臂头动脉，其分支分布于头颈部和翼部。降主动脉沿体腔背侧正中后行，沿途分支分布到体壁和内脏器官。

(2)静脉分布特点 肺静脉有左、右两支，注入左心房。

大循环的静脉汇集形成两条前腔静脉和一条后腔静脉，开口于右心房的静脉窦(鸡的左前腔静脉直接开口于右心房)。

前腔静脉由同侧的颈静脉、锁骨下静脉汇集形成。两侧颈静脉在颅底有颈静脉间吻合，称为桥静脉。翼部的尺深静脉是前肢的最大静脉，在皮下可清楚地看到其走向，是家禽采血和静脉注射的部位。

后腔静脉由左右髂总静脉汇合形成。

3. 血液 家禽的血液由血细胞和血浆组成。血细胞有红细胞、白细胞、凝血细胞三种。红细胞有核，呈卵圆形，体积比家畜的大，数量比家畜的少。白细胞有异嗜性粒细胞、嗜酸性粒细胞、嗜碱性粒细胞、淋巴细胞、单核细胞，数量比家畜的多。无血小板，有凝血细胞。凝血细胞呈卵圆形，有核，较小，多三五个聚集在一起，参与血液凝固过程。

4. 心脏生理 与哺乳动物相比较，禽类的特点是：①在心房充盈期，心房内压有 2 次升高，第一次可能与房室瓣关闭，血液向心房方向返回同时发生，第二次出现在心房充满达最大程度时。②家禽的心率快，高于哺乳动物。公鸡 302 次/min，母鸡 357 次/min，成年鸭 200

次/min,鹅120～160次/min。

(二)淋巴系统

1. 淋巴器官

(1)胸腺　家禽胸腺位于颈部皮下气管的两侧,从颈前部到胸部沿颈静脉直到胸腔入口的甲状腺处。呈淡黄色或黄红色。每侧有5叶(鸭、鹅)或7叶(鸡),呈一长链状。幼禽发达,在接近性成熟时最大,以后随着年龄的增长逐渐退化。成年鸡只留下痕迹。

胸腺的作用主要是产生T淋巴细胞。造血干细胞经血液进入胸腺后,经过繁殖,发育成近成熟的T淋巴细胞。这些细胞可以转移到脾脏、盲肠扁桃体和其他淋巴组织中,在特定的区域定居、繁殖,并参与细胞免疫活动。

(2)法氏囊　又叫腔上囊,是家禽所特有的免疫器官,位于泄殖腔背侧,开口于肛道。鸡的法氏囊呈圆形,鸭、鹅的为长椭圆形。鸡的法氏囊在4～5月龄最发达,性成熟开始退化,至10月龄基本消失。鸭、鹅3～4月龄最发达,1年左右消失。

法氏囊的组织结构分为黏膜层、黏膜下层、肌层和浆膜。黏膜层形成纵褶,鸡12～14条,鸭2～3条,表面被覆假复层柱状纤毛上皮,固有层内有大量排列密集的淋巴小结。

法氏囊的主要机能是产生B淋巴细胞,参与机体的体液免疫。B淋巴细胞受到抗原刺激后,可迅速增生,转变为浆细胞,产生抗体,起防御作用。

(3)脾脏　位于腺胃与肌胃交界处的右背侧,红褐色。鸡的脾呈球形,鸭、鹅的脾呈钝三角形,背面平,腹面凹。外包有薄的结缔组织膜,红髓与白髓的界限不清。

禽类脾脏的功能主要是造血、滤血和参与免疫反应等,无贮血和调节血量的作用。

(4)淋巴结和淋巴组织　淋巴组织广泛分布于禽类体内。但鸡和鸽无淋巴结。水禽有2对淋巴结:一对是颈胸淋巴结,呈纺锤形,位于颈基部,在颈静脉与椎静脉形成的夹角内;另一对是腰淋巴结,呈长条状,位于腰部主动脉的两侧。

在消化管黏膜固有层和黏膜下层内,具有弥散性淋巴集结,较大的有两种:回肠淋巴集结,存在于鸡的回肠后段,直径约1 cm;盲肠扁桃体,位于回-盲-直肠连接部的盲肠基部,鸡的发达,外表略膨大。

(5)哈德氏腺　也称瞬膜腺,较发达,呈淡红色,位于第三眼睑(瞬膜)的深部,为复管泡状腺。腺体内含有许多淋巴组织和大量的淋巴细胞,参与机体的免疫。

2. 淋巴管　禽体内的淋巴管丰富,在组织内密布成网,较大的淋巴管通常伴随血管而行。淋巴管除少数在胸腔前口处直接注入静脉外,多数汇集于胸导管。胸导管有一对,沿主动脉两侧前行,开口于左、右前腔静脉。有的禽类具有一对淋巴心,其收缩搏动可推动淋巴流动,如鹅的淋巴心位于第一尾椎处,在尾肌腹侧的淋巴管上,靠近尾静脉。鸡在胚胎发育期也有一对淋巴心,但孵出后不久即消失。

八、感觉器官

(一)视觉器官

家禽的视觉发达,眼睛较大,位于头部两侧。视觉器官由眼球和眼球的辅助器官构成。眼球呈扁平形,角膜较凸,巩膜坚硬,虹膜呈黄色,虹膜内的瞳孔开大肌和瞳孔括约肌收缩迅速有力,睫状肌除调节晶状体外,还能调节角膜的曲度。瞬膜(第三眼睑)发达,是半透明的薄膜,能将眼球完全盖住，有利于水禽的潜水和飞翔。在瞬膜内有瞬膜腺，又叫哈德氏腺，能分泌黏液性分泌物，有清洁、湿润角膜的作用。哈德氏腺还是禽体的淋巴器官，参与机体免疫。

(二)位听器官

家禽无耳廓，有短的外耳道。外耳孔呈卵圆形，周围有褶，被小的羽毛覆盖，可减弱啼叫时剧烈震动对脑的影响，还能防止小昆虫、污物的侵入。中耳只有一块听小骨，叫耳柱骨，中耳腔内有通颅骨内气腔的小孔。内耳由骨迷路和膜迷路构成，半规管较发达，耳蜗不形成螺旋状，是略弯曲的短管。内耳的主要功能是产生听觉、位置觉，维持身体平衡。

九、体温

家禽的体温比家畜高，正常的成年家禽直肠温度：鸡 39.6～43.6℃，鸭 41.0～42.5℃，鹅 40.0～41.3℃，鸽 41.3～42.2℃。

在通常的情况下，家禽耐热能力较强，致死体温可高达 46～47℃。家禽的正常体温受气候、光照、禽体的活动和内分泌等因素的影响。如在白天，气温高，光照强，禽体活动频繁，体温维持在高限范围内。

家禽没有汗腺，体表又被覆羽毛，散热的能力差。当外界温度过高时，会出现翅膀下垂、站立、热喘息、咽喉颤动等异常表现，以加强散热，减少产热。当外界温度过低时，家禽出现单腿站立、坐伏、头藏于翅膀下、相互拥挤、争相下钻、肌肉寒战、羽毛蓬松等表现，以减少散热，加强产热。

【技能】

一、鸡的采血

通过动手操作，学会鸡冠采血、鸡翼下静脉采血及心脏采血技术。

(一)鸡冠采血

将鸡只保定好，用酒精棉球消毒鸡冠，待酒精干燥后，在消毒部位用针头刺破鸡冠，待血液流出后采取。采血后用干燥棉球进行压迫止血。

(二)鸡翼下静脉采血

1. 保定

提翅保定：左手通过待采血鸡颈上方往后抓住鸡翅根部，分别以拇指和其余四指固定好鸡的左、右双翅而使鸡悬空提起，暴露左翅翼下静脉，此时术者可把左手腕部置于左脚膝盖上以便更稳定地控制好鸡。

踏翅保定：抓住待采血鸡双翅让其右侧着地，用左脚尖踏住鸡的双翅而使鸡体充分固定，暴露左翅翼下静脉。若需要还可用右脚尖踩住鸡的双脚进一步加以固定。

2. 采血　保定后，在肩关节内侧向上可见翼下静脉，于翼下静脉根部采血处消毒，选择好进针点，将采血针头沿翅膀外展(从近心端向远心端)方向进针，待准确刺入血管中，掌握好方向、角度，顺着血管方向向前推进至针头长度的 3/5 左右，等血液流出后吸取。也可用细的针头刺入静脉内让血液自由流出。采血后，用干棉球进行压迫止血。

(三)鸡心脏采血

1. 保定　助手左手握鸡的两腿向后拉，右手按住鸡体部，右侧卧保定。鸡体矢状面与地面平行，背侧向助手，腹侧向术者。

2. 确定部位　以龙骨突为准，距 4 cm 处划一条与背平行的线，再由龙骨突向后 2 cm 处划一垂直线，交点即是进针处。以手指按压稍有凹陷(龙骨间隙)，触之心动明显。操作时左手拇指抵于龙骨突上，其余四指轻轻向上向背侧分开心区周围羽毛，拔除细绒毛，再用左手食指稍向背部推压皮肤，绷紧固定，酒精消毒，右手持注射器采血。

3. 采血　使用 7 号针头，避开皮下血管，由进针处垂直小心刺入，当触及心脏时即有搏动感，再继续进针 0.3～0.4 cm 即有回血，若无回血再稍进针或提针，同时抽动活塞，便可见回血，固定针头抽至需要量。切不可乱刺。

二、鸡的解剖

(一)鸡的解剖技术

(1)将鸡致死(可从静脉放血或用铁钉插入枕骨大孔，捣毁延髓等)，如不拔毛，用水将颈部、胸部、腹部的羽毛浸湿，以免羽毛飞扬。也可用热水浸烫，拔尽羽毛，冲洗干净。仰卧于解剖台上。

(2)用力掰开两腿，使髋关节脱臼。这样鸡体比较平稳，便于解剖。

(3)从喙的腹侧开始，沿颈部、胸部、腹部到泄殖孔，剪开皮肤，并向两侧剥离到两前肢、后肢与躯干相连处。

(4)在胸骨与泄殖腔之间剪开腹壁。在头部剪开一侧口咽，到食管的前端，暴露出口咽，将细塑料管或玻璃管插入喉或气管，慢慢吹气，观察气囊。可见中空壁薄的腹气囊等。

(5)从胸骨后缘两侧肋骨中部，剪开到锁骨，剪断心脏、肝脏与胸骨相连接的结缔组织，把胸骨翻向前方(此项操作，注意勿伤气囊)，再将细塑料管或细玻璃管插入咽或气管，慢慢吹气，观察其他的气囊，如颈气囊、锁骨间气囊、前胸气囊、后胸气囊等。

(6)剪除胸骨，观察体腔内各器官的形态、位置。

(二)鸡主要器官的识别

依次摘取内脏器官进行观察。主要观察消化、呼吸、泌尿、生殖器官，以及心脏、脾、腔上囊和坐骨神经等。

【任务总结】

内容		要点
知识	运动系统	1. 禽类骨骼特点 2. 各段椎骨的数量及特点 3. 前、后肢骨骼特点
	被皮系统	1. 皮肤的衍生物：羽毛、冠、肉垂、耳叶、喙、爪、尾脂腺、鳞片 2. 尾脂腺的作用
	消化系统	1. 口腔特点：无唇、齿、软腭，上下颌形成喙 2. 食管特点：嗉囊 3. 胃特点：腺胃、肌胃 4. 肠特点：卵黄囊憩室、两根盲肠、盲肠扁桃体 5. 泄殖腔：粪道、泄殖道、肛道

续表

内容		要点
知识	呼吸系统	1. 喉软骨:环状软骨和勺状软骨 2. 气管特点:鸣管 3. 肺的位置、形态特点 4. 气囊位置及作用 5. 呼吸过程特点:呼吸 1 次在肺内进行 2 次气体交换
	泌尿系统	1. 泌尿系统组成:由肾、输尿管组成,没有膀胱和尿道 2. 肾的位置、形态特点
	生殖系统	1. 雄禽生殖系统特点:无副性腺和精索等结构,睾丸位于腹腔内 2. 雌禽只有左侧卵巢和左侧输卵管发育 3. 输卵管构造:漏斗部、蛋白分泌部(膨大部)、峡部、子宫部和阴道部 4. 蛋的形成过程
	脉管系统	1. 血液特点:无血小板,有凝血细胞 2. 心脏的位置及结构特点 3. 特有的免疫器官:法氏囊、哈德氏腺
技能	鸡的采血	鸡冠采血、翼下静脉采血、心脏采血的位置及方法
	鸡的解剖	1. 鸡的解剖术式 2. 消化、呼吸、泌尿、生殖器官,以及心脏、脾、腔上囊和坐骨神经的识别

参考文献

[1] 马仲华.家畜解剖学及组织胚胎学.3 版.北京:中国农业出版社,2002.
[2] 彭克美.畜禽解剖学.2 版.北京:高等教育出版社,2009.
[3] 周其虎.动物解剖生理.北京:中国农业出版社,2008.
[4] 曲强.动物生理.北京:中国农业大学出版社,2007.
[5] 南京农业大学.家畜生理学.3 版.北京:中国农业出版社,1998.
[6] 山东畜牧兽医学校.家畜解剖生理.3 版.北京:中国农业出版社,2005.
[7] 白彩霞.动物解剖生理.北京:北京师范大学出版社,2011.
[8] 韩行敏.畜禽解剖生理.北京:中国轻工业出版社,2012.
[9] 刘军.动物解剖生理.北京:中国轻工业出版社,2012.
[10] 姜凤丽.动物科学基础.北京:中国农业大学出版社,2007.
[11] 范作良.家畜生理.北京:中国农业出版社,2001.
[12] 程会昌.动物解剖学与组织胚胎学.北京:中国农业大学出版社,2007.
[13] 沈霞芬.家畜组织学与胚胎学.3 版.北京:中国农业出版社,2001.